에듀윌과 함께 시작하면,
당신도 합격할 수 있습니다!

대학 진학 후 진로를 고민하다 1년 만에
서울시 행정직 9급, 7급에 모두 합격한 대학생

다니던 직장을 그만두고
어릴 적 꿈이었던 경찰공무원에 합격한 30세 퇴직자

용기를 내 계리직공무원에 도전해
4개월 만에 합격한 40대 주부

직장생활과 병행하며 7개월간 공부해
국가공무원 세무직에 당당히 합격한 51세 직장인까지

누구나 합격할 수 있습니다.
시작하겠다는 '다짐' 하나면 충분합니다.

마지막 페이지를 덮으면,

**에듀윌과 함께
공무원 합격이 시작됩니다.**

eduwill

누적판매량 250만 부 돌파!
59개월 베스트셀러 1위 공무원 교재

7·9급공무원 교재

| 기본서 (국어/영어/한국사) | 기본서 (행정학/행정법총론) | 단원별 기출&예상 문제집 (국어/영어/한국사) | 단원별 기출&예상 문제집 (행정학/행정법총론) | 기출문제집 (국어/영어/한국사) | 기출문제집 (행정학/행정법총론/사회복지학개론) |

9급공무원 교재

| 기출 오답률 TOP 100 (국어+영어+한국사 300제) | 기출PACK 공통과목(국어+영어+한국사) /전문과목(행정법총론+행정학) | 실전동형 모의고사 (국어/영어/한국사) | 실전동형 모의고사 (행정학/행정법총론) | 봉투모의고사 (일반행정직 대비 필수과목 /국가직·지방직 대비 공통과목 1, 2) | 지방직 합격면접 |

7급공무원 교재

군무원 교재

| PSAT 기본서 (언어논리/상황판단/자료해석) | PSAT 기출문제집 | 민경채 PSAT 기출문제집 | 기출문제집 (행정학/행정법/헌법) | 기출문제집 (국어/행정법/행정학) | 파이널 적중 모의고사 (국어+행정법+행정학) |

경찰공무원 교재

| 기본서 (경찰학) | 기본서 (형사법) | 기본서 (헌법) | 기출문제집 (경찰학/형사법/헌법) | 실전동형 모의고사 2차 시험 대비 (경찰학/형사법/헌법) | 합격 경찰면접 |

계리직공무원 교재

기본서
(우편상식_우편일반)

기본서
(금융상식_예금일반+보험일반)

기본서
(컴퓨터일반·기초영어)

단원별 문제집
(우편상식_우편일반)

단원별 문제집
(금융상식_예금일반+보험일반)

단원별 기출&예상 문제집
(컴퓨터일반·기초영어)

소방공무원 교재

기본서
(소방학개론/소방관계법규
/행정법총론)

단원별 기출문제집
(소방학개론/소방관계법규
/행정법총론)

기출PACK
(소방학개론+소방관계법규
+행정법총론)

(ebook)파이널 적중 모의고사
(소방학개론/소방관계법규
/행정법총론)

국어 집중 교재

매일 기출한자(빈출순)

매일 푸는 비문학(4주 완성)

영어 집중 교재

빈출 VOCA

매일 3문 독해(4주 완성)

빈출 문법(4주 완성)

기출판례집(빈출순) 교재

행정법

헌법

형사법

단권화 요약노트 교재

국어 문법 단권화 요약노트

영어 단기 공략
(핵심 요약집)

한국사 흐름노트

행정학 단권화 요약노트

행정법 단권화 요약노트

* 에듀윌 공무원 교재 누적판매량 합산 기준(2012년 5월 14일~2023년 8월 31일)
* YES24 수험서 자격증 공무원 베스트셀러 1위 (2017년 3월, 2018년 4월~6월, 8월, 2019년 4월, 6월~12월, 2020년 1월~12월, 2021년 1월~12월, 2022년 1월~12월, 2023년 1~10월 월별 베스트, 매월 1위 교재는 다름)
* YES24 국내도서 해당분야 월별, 주별 베스트 기준 (좌측 상단부터 순서대로 2023년 7월, 2021년 5월, 2023년 11월 1주, 2023년 11월 2주, 2022년 11월 2주, 2023년 3월 1주, 2023년 4월, 2020년 6월 1주, 2023년 11월 1주, 2023년 11월 1주, 2023년 6월 3주, 2023년 6월, 2021년 12월 3주, 2023년 11월 3주, 2023년 7월 3주, 2023년 11월 3주, 2023년 5월 1주, 2023년 4월, 2023년 7월 1주, 2022년 6월 3주, 2022년 9월 2주, 2021년 9월)

더 많은
공무원 교재

1초 합격예측
모바일 성적분석표

1초 안에 '클릭' 한 번으로 성적을 확인하실 수 있습니다!

활용 GUIDE

실시간 성적분석 방법!

STEP 1 ▶ QR 코드 스캔

STEP 2 ▶ 모바일 OMR 입력

STEP 3 ▶ 자동채점 & 성적분석표 확인

STEP 1

QR 코드 스캔

- 교재의 QR 코드를 모바일로 스캔 후 에듀윌 회원 로그인
- QR 코드 하단의 바로가기 주소로도 접속 가능

STEP 2

모바일 OMR 입력

- 회차 확인 후 '응시하기' 클릭
- 모바일 OMR에 답안 입력
- 문제풀이 시간까지 측정 가능

STEP 3

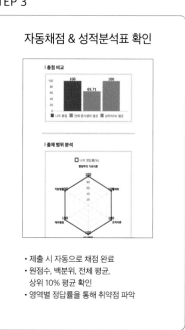

자동채점 & 성적분석표 확인

- 제출 시 자동으로 채점 완료
- 원점수, 백분위, 전체 평균, 상위 10% 평균 확인
- 영역별 정답률을 통해 취약점 파악

계리직공무원,
에듀윌을 선택해야 하는 이유

합격자 수 수직 상승
2,100%

명품 강의 만족도
99%

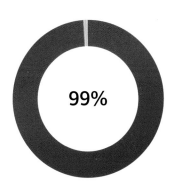

**계리직
공무원**

베스트셀러 1위
59개월(4년 11개월)

5년 연속 계리직공무원 교육
1위

1위 에듀윌만의
체계적인 합격 커리큘럼

원하는 시간과 장소에서
온라인 강의

① 초보 수험 가이드 무료 제공
② 기출문제 해설강의 무료 제공
③ 전 과목 기초 특강과 합격필독서 무료 제공

쉽고 빠른 합격의 첫걸음 합격필독서 무료 신청

최고의 학습 환경과 빈틈 없는 학습 관리
직영 학원

① 현장 강의와 온라인 강의를 한번에
② 확실한 합격관리 시스템, 아케르
③ 완벽 몰입이 가능한 프리미엄 학습 공간

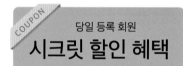

COUPON
당일 등록 회원
시크릿 할인 혜택

합격전략 설명회 신청 시 당일 등록 수강 할인권 제공

친구 추천 이벤트

"친구 추천하고 한 달 만에
920만원 받았어요"

친구 1명 추천할 때마다 현금 10만원 제공
추천 참여 횟수 무제한 반복 가능

※ *a*o*h**** 회원의 2021년 2월 실제 리워드 금액 기준
※ 해당 이벤트는 예고 없이 변경되거나 종료될 수 있습니다.

친구 추천 이벤트
바로가기

계리직 단원별 기출&예상 문제집 플래너

PART	CHAPTER	1회독			2회독			3회독		
I. 컴퓨터 구조	컴퓨터 시스템 개요	☐	월	일	☐	월	일	☐	월	일
	자료 표현과 연산	☐	월	일	☐	월	일	☐	월	일
	논리 회로	☐	월	일	☐	월	일	☐	월	일
	중앙 처리 장치와 명령어	☐	월	일	☐	월	일	☐	월	일
	기억 장치와 입출력 장치	☐	월	일	☐	월	일	☐	월	일
	고성능 컴퓨터 시스템(병렬 처리)	☐	월	일	☐	월	일	☐	월	일
	최신 컴퓨터 기술	☐	월	일	☐	월	일	☐	월	일
II. 운영 체제	운영 체제의 개요	☐	월	일	☐	월	일	☐	월	일
	프로세스 관리	☐	월	일	☐	월	일	☐	월	일
	기억 장치 관리	☐	월	일	☐	월	일	☐	월	일
	파일 관리	☐	월	일	☐	월	일	☐	월	일
III. 데이터베이스	데이터베이스 개요	☐	월	일	☐	월	일	☐	월	일
	데이터 모델 및 언어	☐	월	일	☐	월	일	☐	월	일
	정규형과 데이터베이스 설계	☐	월	일	☐	월	일	☐	월	일
	고급 기능	☐	월	일	☐	월	일	☐	월	일
IV. 데이터 통신과 인터넷	데이터 통신 시스템	☐	월	일	☐	월	일	☐	월	일
	정보의 전송 방식 및 기술	☐	월	일	☐	월	일	☐	월	일
	통신 프로토콜	☐	월	일	☐	월	일	☐	월	일
	인터넷	☐	월	일	☐	월	일	☐	월	일
	멀티미디어	☐	월	일	☐	월	일	☐	월	일
V. 소프트웨어 공학	소프트웨어 생명 주기	☐	월	일	☐	월	일	☐	월	일
	소프트웨어 개발 계획	☐	월	일	☐	월	일	☐	월	일
	요구 분석과 소프트웨어 설계	☐	월	일	☐	월	일	☐	월	일
	소프트웨어 테스트와 유지 보수	☐	월	일	☐	월	일	☐	월	일
	객체 지향 프로그램 개발	☐	월	일	☐	월	일	☐	월	일
VI. 스프레드시트	데이터 입력 및 편집	☐	월	일	☐	월	일	☐	월	일
	수식의 활용	☐	월	일	☐	월	일	☐	월	일
	데이터 관리 및 분석	☐	월	일	☐	월	일	☐	월	일
VII. 정보 보호	정보 보안 및 보호의 개요	☐	월	일	☐	월	일	☐	월	일
	암호학	☐	월	일	☐	월	일	☐	월	일
	보안 기법	☐	월	일	☐	월	일	☐	월	일
	악성 코드 및 해킹 기법	☐	월	일	☐	월	일	☐	월	일
	정보 보안 관련 법규	☐	월	일	☐	월	일	☐	월	일
VIII. 기초영어	어휘 및 숙어	☐	월	일	☐	월	일	☐	월	일
	회화	☐	월	일	☐	월	일	☐	월	일
	독해	☐	월	일	☐	월	일	☐	월	일

플래너 활용TIP

1. 문제풀이 전 플래너에 학습 계획을 세워보세요.
2. 계획한 날짜에 맞춰 단원별 기출&예상 문제집을 회독했다면, 해당 날짜에 ☑ 표시하세요.

계리직 단원별 기출&예상 문제집 약점체크표

에듀윌 계리직 기본서에서 개념 확인!!

PART	CHAPTER	복습이 필요한 문항 번호	연계학습
I. 컴퓨터 구조	컴퓨터 시스템 개요		14~19p
	자료 표현과 연산		20~29p
	논리 회로		30~42p
	중앙 처리 장치와 명령어		43~55p
	기억 장치와 입출력 장치		56~69p
	고성능 컴퓨터 시스템(병렬 처리)		70~75p
	최신 컴퓨터 기술		76~88p
II. 운영 체제	운영 체제의 개요		114~118p
	프로세스 관리		119~129p
	기억 장치 관리		130~139p
	파일 관리		140~148p
III. 데이터베이스	데이터베이스 개요		176~186p
	데이터 모델 및 언어		187~204p
	정규형과 데이터베이스 설계		205~210p
	고급 기능		211~222p
IV. 데이터 통신과 인터넷	데이터 통신 시스템		252~260p
	정보의 전송 방식 및 기술		261~268p
	통신 프로토콜		269~290p
	인터넷		291~297p
	멀티미디어		298~303p
V. 소프트웨어 공학	소프트웨어 생명 주기		322~327p
	소프트웨어 개발 계획		328~337p
	요구 분석과 소프트웨어 설계		338~346p
	소프트웨어 테스트와 유지 보수		347~357p
	객체 지향 프로그램 개발		358~365p
VI. 스프레드시트	데이터 입력 및 편집		388~392p
	수식의 활용		393~411p
	데이터 관리 및 분석		412~415p
VII. 정보 보호	정보 보안 및 보호의 개요		430~432p
	암호학		433~440p
	보안 기법		441~445p
	악성 코드 및 해킹 기법		446~449p
	정보 보안 관련 법규		450~454p
VIII. 기초영어	어휘 및 숙어		470~512p
	회화		513~540p
	독해		541~565p

약점체크표 활용TIP

1. 문제풀이 후 복습이 필요한 문항 번호를 기록하고, 반복회독을 통해 복습 문항의 수를 줄여보세요.

2. 기본서 연계학습을 위해 제시된 에듀윌 계리직 기본서 페이지를 참고하여 부족한 개념을 보충하세요.

처음에는 당신이 원하는 곳으로
갈 수는 없겠지만,
당신이 지금 있는 곳에서
출발할 수는 있을 것이다.

– 작자 미상

2024
에듀윌 계리직공무원
단원별 기출&예상 문제집

컴퓨터일반 · 기초영어

머리말

INTRO

컴알못 비전공자도
충분히 합격할 수 있다!

컴퓨터일반은 계리직공무원 시험을 준비하는 수험생들이 가장 어려워하는 과목입니다. 2024년부터는 자료 구조 알고리즘과 프로그래밍 언어론이 출제 범위에서 제외되고, 출제 문항 수가 18문항에서 13문항으로 줄어, 컴퓨터일반 과목 학습에 대한 부담이 줄어들 것으로 보입니다. 그러나 컴퓨터공학 전공자가 아니라면 생소하게 느낄 수 있는 개념을 다루는 과목의 특성상 컴퓨터일반은 여전히 계리직공무원 시험에서 합격의 당락을 좌우하게 될 것입니다. 본 교재는 컴퓨터일반 과목을 효율적으로 학습할 수 있도록 다음과 같이 구성하였습니다.

첫째, 계리직공무원 컴퓨터일반 시험에서 출제될 수 있는 문제(계리직, 국가직 9급, 지방직 9급 등)를 총망라하여 단원별로 구성하였습니다.

둘째, 실제 시험장에서 문제를 풀어보듯이 효율적인 풀이 방식을 제시하여 쉬운 문제부터 어려운 문제까지 쉽게 이해할 수 있도록 하였습니다.

셋째, 전 10회 계리직공무원 기출문제를 철저하게 분석하여 단원별 출제 비중을 표시하고, 문항별 출제키워드를 수록하여 앞으로 출제 가능성이 높은 문제를 예측할 수 있도록 하였습니다.

본 교재와 함께라면, 컴퓨터가 생소한 비전공자도 계리직공무원 컴퓨터일반 과목에서 단기간에 고득점을 획득할 수 있을 것입니다.

저자 손승호

영어 노베이스도
따라만 하면 합격할 수 있다!

2024년도 시험부터 7문항이 출제되는 기초영어 과목은 이제 계리직공무원 시험에서 무시할 수 없는 비중을 차지하게 되었습니다. 계리직공무원 기초영어 시험은 현장 직무 중심의 문제로 출제기조가 전면 전환될 예정입니다. 본 교재는 새롭게 바뀌는 계리직공무원 기초영어 시험에 효율적으로 대비할 수 있도록 다음과 같이 구성하였습니다.

첫째, 타 직렬의 기출문제 중 우정사업본부에서 공개한 예시 문항과 가장 유사한 문제를 엄선하여 수록하였습니다.

둘째, 우정사업본부에서 공지한 바에 따라 우체국 업무 수행 과정에서 발생할 수 있는 상황을 가정하여 회화형·숙어형·독해형 3가지 유형으로 예상 문제를 출제하였습니다.

셋째, 문제마다 정답과 오답 해설을 상세히 기술하여 문제 풀이에 대한 이해도를 높였으며 지문에서 사용된 단어와 숙어도 한눈에 알아보기 쉽게 정리하였습니다.

본 교재의 가장 큰 장점은 우체국과 관련된 지문을 최대한 활용하여 예상 문제를 출제하였기 때문에 출제 예상 범위를 전반적으로 파악할 수 있다는 점입니다. 문제에서 반복적으로 사용되는 단어 또는 표현들을 정리하며 꾸준히 학습한다면, 영어 노베이스도 영어에 자신감을 가지고 쉽게 합격할 수 있을 것입니다.

저자 백세레나

구성과 특징
STRUCTURE

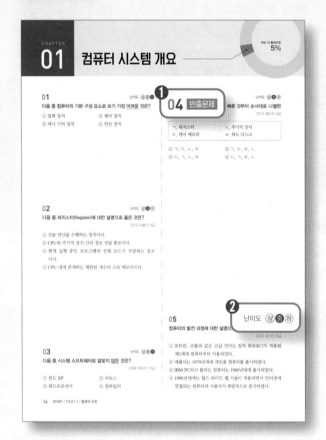

❶ 빈출문제
시험 전 꼭 풀어봐야 하는 빈출개념 체크

❷ 난이도
출제 문제의 난이도에 따라 기초~심화 단계별 학습 가능

❸ 실전동형 모의고사 3회분
최신 출제경향을 반영한 실전 문항으로 구성

❹ 1초 합격예측 서비스
모의고사 회차별 QR코드를 스캔한 후,
모바일 OMR을 이용하여 실전처럼 풀이 가능

무료 합격팩 · 최신기출 3회차 해설특강

- 컴퓨터일반 2023~2021 최신기출 3회차 해설특강 제공
- 에듀윌 도서몰(book.eduwill.net) → 동영상강의실 → 공무원
  → '계리직공무원' 검색 → 수강
  (또는 아래 QR코드를 통해 바로 접속)

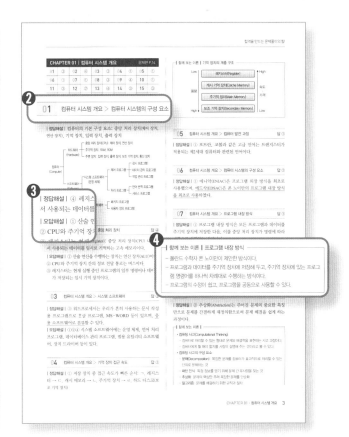

❶ 챕터별 키워드 & 취약영역 체크
문제 풀이 후 챕터별로 틀린 개수를 파악하여 취약영역을
진단하고, 챕터별 키워드로 부족한 이론을 점검

❷ 개념 카테고리
개념을 바로 확인할 수 있는 기본서 카테고리와 키워드 수록

❸ 정답 & 오답해설
틀린 문제까지 정확히 짚어보는 상세한 정답 & 오답해설

❹ 함께 보는 이론
함께 보면 도움이 되는 심화 이론 수록

플래너 & 약점체크표

❶ 플래너
문제풀이 전 학습 계획을 세우고, 계획한 날짜에 맞춰
학습 진행 상황을 체크

❷ 취약문제 체크
복습이 필요한 문항 번호를 기재하여 반복회독 진행

❸ 기본서 연계학습
기본서 페이지를 연계하여 부족한 개념 바로 확인

차례
CONTENTS

빈출도 −: 미출제 | ★: 1∼4문항 출제 | ★★: 5∼10문항 출제 | ★★★: 11문항 이상 출제

		문제편	해설편	빈출도
PART I 컴퓨터 구조	CHAPTER 01 컴퓨터 시스템 개요	14	3	★
	CHAPTER 02 자료 표현과 연산	17	5	★★
	CHAPTER 03 논리 회로	21	7	★
	CHAPTER 04 중앙 처리 장치와 명령어	24	9	★
	CHAPTER 05 기억 장치와 입출력 장치	29	13	★★★
	CHAPTER 06 고성능 컴퓨터 시스템(병렬 처리)	35	18	★
	CHAPTER 07 최신 컴퓨터 기술	37	19	★★

		문제편	해설편	빈출도
PART II 운영 체제	CHAPTER 01 운영 체제의 개요	42	24	★
	CHAPTER 02 프로세스 관리	45	25	★★
	CHAPTER 03 기억 장치 관리	52	29	★★
	CHAPTER 04 파일 관리	55	31	★

		문제편	해설편	빈출도
PART III 데이터 베이스	CHAPTER 01 데이터베이스 개요	58	34	★
	CHAPTER 02 데이터 모델 및 언어	60	35	★★★
	CHAPTER 03 정규형과 데이터베이스 설계	66	39	★
	CHAPTER 04 고급 기능	68	40	★

		문제편	해설편	빈출도
PART IV 데이터 통신과 인터넷	CHAPTER 01 데이터 통신 시스템	72	44	★
	CHAPTER 02 정보의 전송 방식 및 기술	74	45	★
	CHAPTER 03 통신 프로토콜	76	47	★★
	CHAPTER 04 인터넷	84	53	★★
	CHAPTER 05 멀티미디어	86	55	★

PART V
소프트웨어
공학

	문제편	해설편	빈출도
CHAPTER 01 소프트웨어 생명 주기	90	58	★
CHAPTER 02 소프트웨어 개발 계획	93	60	★
CHAPTER 03 요구 분석과 소프트웨어 설계	95	62	★
CHAPTER 04 소프트웨어 테스트와 유지 보수	98	63	★
CHAPTER 05 객체 지향 프로그램 개발	101	65	★★

PART VI
스프레드
시트

	문제편	해설편	빈출도
CHAPTER 01 데이터 입력 및 편집	108	71	★
CHAPTER 02 수식의 활용	110	71	★★
CHAPTER 03 데이터 관리 및 분석	114	74	−

PART VII
정보 보호

	문제편	해설편	빈출도
CHAPTER 01 정보 보안 및 보호의 개요	116	76	−
CHAPTER 02 암호학	119	77	★★
CHAPTER 03 보안 기법	123	80	★
CHAPTER 04 악성 코드 및 해킹 기법	126	82	★★
CHAPTER 05 정보 보안 관련 법규	130	85	★

PART VIII
기초영어

	문제편	해설편
CHAPTER 01 어휘 및 숙어	132	88
CHAPTER 02 회화	142	93
CHAPTER 03 독해	157	101

* 기초영어는 2024년부터 출제유형이 변경되므로 기출문제를 분석한 빈출도를 표시하지 않았습니다.

**실전동형
모의고사**

	문제편	해설편
제1회 실전동형 모의고사	172	111
제2회 실전동형 모의고사	177	115
제3회 실전동형 모의고사	182	119

시험 출제경향

ANALYSIS

* 출제키워드는 전 10회(2008~2023) 시험에서 출제된 문항을 기준으로 분석하였습니다.
* 2024년부터 적용되는 시험 범위에 해당하지 않는 문항은 분석에서 제외하였습니다.

PART	CHAPTER	출제비중	출제키워드
Ⅰ. 컴퓨터 구조	컴퓨터 시스템 개요	18%	데이터 용량, 시스템 소프트웨어의 종류
	자료 표현과 연산		진법, 2진수의 표현 방법, 부동 소수점, 자료 연산, 자료 표현
	논리 회로		논리 회로, XOR 논리 연산, 불 대수, 카르노 맵
	중앙 처리 장치와 명령어		메모리 용량, RISC, 마이크로 연산
	기억 장치와 입출력 장치		인터럽트, RAID, 캐시 적중률, 가상 메모리, 채널, 하드 디스크 용량, 데이지 체인, 기억 장치 접근 시간, 캐시 기억 장치
	고성능 컴퓨터 시스템(병렬 처리)		퍼셉트론
	최신 컴퓨터 기술		ChatGPT, 기계 학습, ETL, 크롤링, 로그 수집기, 유비쿼터스 컴퓨팅, 서플로우, 합성곱 신경망, 클라우드 컴퓨팅
Ⅱ. 운영 체제	운영 체제의 개요	9%	운영 체제의 유형별 특징, 다중 프로그래밍, 운영 체제의 분류
	프로세스 관리		교착 상태, 운영 체제의 프로세스, 라운드 로빈 스케줄링, 스레드, FIFO 스케줄링, 세마포어
	기억 장치 관리		가상 메모리, LRU 교체 기법, 배치 전략, 페이지 교체 알고리즘
	파일 관리		인덱스, 디스크 스케줄링
Ⅲ. 데이터베이스	데이터베이스 개요	10%	관계 데이터베이스
	데이터 모델 및 언어		E-R 다이어그램, SQL문, 참조 무결성, 개체 무결성, SELECT문, DELETE문, 뷰, 키, 관계 대수 연산, SQL 내장 함수
	정규형과 데이터베이스 설계		질의 최적화, 정규화
	고급 기능		로킹 기법, 트랜잭션
Ⅳ. 데이터 통신과 인터넷	데이터 통신 시스템	8%	네트워크 토폴로지
	정보의 전송 방식 및 기술		동기식 전송
	통신 프로토콜		TCP, IP, HTTP, 이메일 서비스 프로토콜, 네트워크 장치, 라우터, 네트워크 계층
	인터넷		IPv6, IPv4, IP 주소, 서브넷의 브로드캐스트, DNS서버
	멀티미디어		통신 대역폭, WAV 파일
Ⅴ. 소프트웨어 공학	소프트웨어 생명 주기	9%	애자일 개발, 프로토타입
	소프트웨어 개발 계획		기능 점수, AOE 네트워크, CPM
	요구 분석과 소프트웨어 설계		결합도, 모듈화, 시스템 성능 측정 척도
	소프트웨어 테스트와 유지 보수		화이트박스 테스트, 블랙박스 테스트
	객체 지향 프로그램 개발		디자인 패턴, UML 다이어그램, 소프트웨어 아키텍처, 소프트웨어 개발 방법론

VI. 스프레드시트	데이터 입력 및 편집	5%	엑셀 서식의 표시 형식 코드
	수식의 활용		HLOOKUP, VLOOKUP, FV, LARGE, ROUNDDOWN, INDEX, RIGHT, LEN, 참조
	데이터 관리 및 분석		
VII. 정보 보호	정보 보안 및 보호의 개요	6%	
	암호학		공개키 암호 방식, 대칭키 암호 방식
	보안 기법		워터마킹 기술, 공개키 기반 구조, SET
	악성 코드 및 해킹 기법		ICMP 프로토콜을 이용한 공격 방법, 악성 프로그램, 서비스 거부 공격, Land 공격, Spoofing
	정보 보안 관련 법규		개인 정보 보호법
VIII. 기초영어	어휘 및 숙어	35%	• 기초영어는 2024년부터 적용되는 출제비중을 표기하였습니다.
	회화		• 기초영어는 2024년부터 출제유형이 변경되므로 출제키워드를 표기하지 않았습니다.
	독해		

PART

I

컴퓨터 구조

CHAPTER 01 컴퓨터 시스템 개요

CHAPTER 02 자료 표현과 연산

CHAPTER 03 논리 회로

CHAPTER 04 중앙 처리 장치와 명령어

CHAPTER 05 기억 장치와 입출력 장치

CHAPTER 06 고성능 컴퓨터 시스템(병렬 처리)

CHAPTER 07 최신 컴퓨터 기술

출제비중 18%

※전 10회 시험(2023~2008)을 기준으로 출제비중을
산출하였습니다.

01
난이도 (상)(중)(하)

다음 중 컴퓨터의 기본 구성 요소로 보기 가장 어려운 것은?

① 입력 장치   ② 제어 장치
③ 캐시 기억 장치   ④ 연산 장치

04 빈출문제
난이도 (상)(중)(하)

다음 저장 장치 중 접근 속도가 빠른 것부터 순서대로 나열한 것은?

2014 계리직 9급

ㄱ. 레지스터	ㄴ. 주기억 장치
ㄷ. 캐시 메모리	ㄹ. 하드 디스크

① ㄱ, ㄷ, ㄴ, ㄹ   ② ㄱ, ㄷ, ㄹ, ㄴ
③ ㄷ, ㄱ, ㄴ, ㄹ   ④ ㄷ, ㄱ, ㄹ, ㄴ

02
난이도 (상)(중)(하)

다음 중 레지스터(Register)에 대한 설명으로 옳은 것은?

2010 서울시 9급

① 산술 연산을 수행하는 장치이다.
② CPU와 주기억 장치 간의 정보 전달 통로이다.
③ 현재 실행 중인 프로그램의 전체 코드가 저장되는 장소이다.
④ CPU 내에 존재하는 제한된 개수의 고속 메모리이다.

05
난이도 (상)(중)(하)

컴퓨터의 발전 과정에 대한 설명으로 옳지 않은 것은?

2017 국가직 9급

① 포트란, 코볼과 같은 고급 언어는 집적 회로(IC)가 적용된 제3세대 컴퓨터부터 사용되었다.
② 애플사는 1970년대에 개인용 컴퓨터를 출시하였다.
③ IBM PC라고 불리는 컴퓨터는 1980년대에 출시되었다.
④ 1990년대에는 월드 와이드 웹 기술이 적용되면서 인터넷에 연결되는 컴퓨터의 사용자가 폭발적으로 증가하였다.

03
난이도 (상)(중)(하)

다음 중 시스템 소프트웨어로 알맞지 않은 것은?

2008 계리직 10급

① 윈도 XP   ② 리눅스
③ 워드프로세서   ④ 컴파일러

06

난이도 (상)(중)**하**

전통적인 폰 노이만(Von Neumann) 구조에 대한 설명으로
옳지 <u>않은</u> 것은?　　　　　　　　　　　2013 국가직 9급

① 폰 노이만 구조의 최초 컴퓨터는 에니악(ENIAC)이다.
② 내장 프로그램 개념(Stored Program Concept)을 기반으로
　한다.
③ 산술 논리 연산 장치는 명령어가 지시하는 연산을 실행
　한다.
④ 숫자의 형태로 컴퓨터 명령어를 주기억 장치에 저장한다.

07

난이도 (상)(중)**하**

다음 〈보기〉의 설명과 가장 관계있는 것은?　　2023 해경 2차

┌─ 보기 ─┐

　　폰 노이만(Von Neumann)이 1945년에 "모든 프로그램과
데이터를 주기억 장치에 저장한 다음, 이를 중앙 처리 장치
가 명령에 따라 자동으로 실행하는 방식"을 제안하였다. 이
는 오늘날의 모든 컴퓨터 구조의 기본 사상이 된 중요한 개
념이 되었다.

① 프로그램 내장 방식(Stored Programming) 컴퓨터
② 데이터 내장 방식(Stored Data) 컴퓨터
③ 중앙 처리 장치 중심(Central Processing Unit Oriented) 컴
　퓨터
④ 중앙 제어 장치 중심(Control Unit Oriented) 컴퓨터

08

난이도 (상)(중)**하**

컴퓨팅 사고(Computational Thinking)에서 주어진 문제의 중
요한 특징만으로 문제를 간결하게 재정의함으로써 문제 해결
을 쉽게 하는 과정은?　　　　　　　　　　　2021 국가직 9급

① 분해　　　　　　　　　② 알고리즘
③ 추상화　　　　　　　　④ 패턴 인식

09

난이도 (상)(중)**하**

컴퓨팅 사고의 구성 요소 중 문제에서 중요하지 않은 부분을
제거하고 중요한 특징만으로 문제를 구성함으로써 문제 해결
을 좀 더 쉽게 하는 것은?　　　　　　　　　2023 군무원 9급

① 패턴 인식　　　　　　　② 분해
③ 알고리즘　　　　　　　④ 추상화

10

난이도 (상)(중)**하**

하드웨어와 사용자를 연결하는 순서로 적절한 것은?
　　　　　　　　　　　　　　　　　　　2021 군무원 9급

① 하드웨어 → 운영 체제 → 응용 프로그램 → 사용자
② 하드웨어 → 응용 프로그램 → 운영 체제 → 사용자
③ 운영 체제 → 하드웨어 → 응용 프로그램 → 사용자
④ 하드웨어 → 사용자 → 운영 체제 → 응용 프로그램

11

난이도 (상)**중**(하)

다음 아래와 같이 컴퓨터를 분류하는 기준으로 옳은 것은?
　　　　　　　　　　　　　　　　　　2002 경기교육청 9급

┌────────────────────────────────────┐
│ 디지털 컴퓨터, 아날로그 컴퓨터, 하이브리드 컴퓨터 │
└────────────────────────────────────┘

① 사용 목적　　　　　　　② 크기
③ 사용 데이터　　　　　　④ 처리 능력

12

난이도 (상)**중**(하)

컴퓨터에 2개 이상의 CPU를 탑재하여 동시에 처리하는 운영
체제의 작업 처리 방법으로 적절한 것은?　　2021 군무원 9급

① 일괄 처리　　　　　　　② 다중 처리
③ 실시간 처리　　　　　　④ 다중 프로그래밍

13 빈출문제   난이도 상 중(하)

다음 처리 방식에 따른 분류의 설명으로 옳지 않은 것은?

① 일괄 처리(Batch Processing): 데이터를 일정량 또는 일정 기간 동안 모아 두었다가 주기적으로 처리하는 방식

② 실시간 처리(Real-Time Processing): 데이터를 입력한 즉시 처리하는 방식으로 실시간으로 확인이 가능

③ 시분할 처리(Time-Sharing Processing): CPU의 처리 시간을 분할(Time Slice)하여 여러 작업에 번갈아 할당함으로써 CPU를 공유하여 처리하는 방식

④ 다중 처리(Multi Processing): 한 개의 처리기(Processor)를 사용하여 여러 프로그램을 처리하는 방식

14   난이도 상(중)하

다음 단위 중 가장 큰 용량을 표현하는 단위로 옳은 것은?

2023 군무원 9급

① TB   ② ZB

③ YB   ④ EB

15   난이도 상(중)하

클라우드 서버에 저장된 데이터 용량이 1024PB(Peta Byte)일 때 이 데이터와 동일한 크기의 저장 용량으로 옳지 않은 것은? (단, 1KB는 1024Byte)

2021 계리직 9급

① 1024^{-1}ZB(Zetta Byte)   ② 1024^2TB(Tera Byte)

③ 1024^{-3}YB(Yotta Byte)   ④ 1024^4MB(Mega Byte)

16   난이도 상 중(하)

하나의 컴퓨터 시스템에서 여러 개의 애플리케이션(Application)들이 함께 주기억 장치에 적재되어 하나의 CPU 자원을 번갈아 사용하는 형태로 수행되게 하는 기법으로 옳은 것은?

2021 계리직 9급

① 다중 프로그래밍(Multi Programming)

② 다중 프로세싱(Multi Processing)

③ 병렬 처리(Parallel processing)

④ 분산 처리(Distributed processing)

17   난이도 상(중)하

다음 중 펌웨어(Firmware)에 대한 설명으로 가장 적절하지 않은 것은?

2023 군무원 9급

① 전형적인 처리 루틴 등에 많이 사용된다.

② 시스템의 효율을 높이기 위해 RAM에 저장되어 관리된다.

③ Basic Input/Output System이 펌웨어의 일종이다.

④ 소프트웨어를 하드웨어화한 것으로 소프트웨어와 하드웨어의 중간에 해당한다.

18   난이도 상(중)하

다음 중 컴퓨터의 처리 속도에서 가장 빠른 단위는?

① ms   ② μs

③ ns   ④ ps

해설편 ▶ P.3

01

난이도 (상)(중)**하**

10진수 461(10)을 16진수로 나타낸 값으로 맞는 것은?

2008 계리직 10급

① 19A$_{(16)}$
② 1CD$_{(16)}$
③ 1DB$_{(16)}$
④ 2DF$_{(16)}$

02

난이도 (상)(중)**하**

10진수 45.1875를 2진수로 변환한 것은?

2023 지방직 9급

① 101100.0011
② 101100.0101
③ 101101.0011
④ 101101.0101

03

난이도 (상)**중**(하)

다음은 부호가 없는 4비트 이진수의 뺄셈이다. ㉠에 들어갈 이진수의 2의 보수는?

2012 국가직 9급

$$1101_2 - (\ \ ㉠\ \ ) = 0111_2$$

① 0101$_2$
② 0110$_2$
③ 1010$_2$
④ 1011$_2$

04 빈출문제

난이도 (상)**중**(하)

〈보기〉의 다양한 진법으로 표현한 숫자들을 큰 숫자부터 나열한 것은?

2012 계리직 10급

보기
ㄱ. F9$_{16}$ ㄴ. 256$_{10}$
ㄷ. 11111111$_2$ ㄹ. 370$_8$

① ㄱ, ㄴ, ㄷ, ㄹ
② ㄴ, ㄷ, ㄱ, ㄹ
③ ㄷ, ㄹ, ㄱ, ㄴ
④ ㄹ, ㄱ, ㄴ, ㄷ

05

난이도 (상)**중**(하)

8진수 (56.13)$_8$을 16진수로 변환한 값은?

2014 국가직 9급

① (2E.0B)$_{16}$
② (2E.2C)$_{16}$
③ (B2.0B)$_{16}$
④ (B2.2C)$_{16}$

06

난이도 (상)**중**(하)

8진수 5526을 16진수로 변환한 값으로 적절한 것은?

2021 군무원 9급

① B56
② A56
③ B46
④ A57

07

난이도 상 **중** 하

〈보기〉의 연산을 2의 보수를 이용한 연산으로 변환한 것은?

2012 계리직 10급

| 보기 |

$$6_{10} - 13_{10}$$

① $00000110_2 + 11110011_2$

② $00000110_2 - 11110011_2$

③ $11111010_2 + 11110011_2$

④ $11111010_2 - 11110011_2$

08

난이도 상 **중** 하

다음 2진수 산술 연산의 결과와 값이 다른 것은? (단, 두 2진수는 양수이며, 연산 결과 오버플로(Overflow)는 발생하지 않는다고 가정한다)

2011 국가직 9급

| 10101110 + 11100011 |

① 2진수 110010001   ② 8진수 421

③ 10진수 401   ④ 16진수 191

09

난이도 상 **중** 하

다음 중 문자 한 개를 표현하기 위해 필요한 비트 수가 가장 많은 문자 코드 체계는?

2023 지방직 9급

① ASCII   ② BCD

③ EBCDIC   ④ 유니코드(Unicode)

10

난이도 상 **중** 하

데이터 전송 중에 발생하는 에러를 검출하는 방식으로 옳지 않은 것은?

2014 국가직 9급

① 패리티(Parity) 검사 방식

② 검사합(Checksum) 방식

③ CRC 방식

④ BCD 부호 방식

11

난이도 상 **중** 하

부동 소수점(Floating-Point) 방식으로 표현된 두 실수의 덧셈을 수행하고자 할 때, 수행 순서를 올바르게 나열한 것은?

2012 국가직 9급

ㄱ. 정규화를 수행한다.
ㄴ. 두 수의 가수를 더한다.
ㄷ. 큰 지수에 맞춰 두 수의 지수가 같도록 조정한다.

① ㄱ → ㄴ → ㄷ   ② ㄱ → ㄷ → ㄴ

③ ㄷ → ㄱ → ㄴ   ④ ㄷ → ㄴ → ㄱ

12

난이도 상 **중** 하

다음 수식의 결과가 거짓(False)인 것은?

2017 국가직 9급

① $0.1_{(10)} < 0.1_{(2)}$ ② $10_{(8)} = 1000_{(2)}$

③ $0.125_{(10)} = 0.011_{(2)}$ ④ $20D_{(16)} > 524_{(10)}$

13

난이도 (상)(중)(하)

프로그램의 연산자 실행의 우선순위가 높은 것에서 낮은 순으로 옳게 연결한 것은?

2007 국가직 9급(변형)

① 괄호 안의 수식 − 산술 연산자 − 관계 연산자 − 논리 연산자

② 산술 연산자 − 관계 연산자 − 논리 연산자 − 괄호 안의 수식

③ 괄호 안의 수식 − 산술 연산자 − 논리 연산자 − 관계 연산자

④ 산술 연산자 − 논리 연산자 − 관계 연산자 − 괄호 안의 수식

14

난이도 (상)(중)(하)

음수와 양수를 동시에 표현하는 2진수의 표현 방법에는 부호-크기(Sign-Magnitude) 방식, 1의 보수 방식, 2의 보수 방식이 있다. 다음은 10진수의 양수와 음수를 3비트의 2진수로 나타낸 표이다. ㉠~㉢에 들어갈 방식을 순서대로 나열한 것은?

2023 계리직 9급

10진 정수	㉠	㉡	㉢
3	011	011	011
2	010	010	010
1	001	001	001
0	000	000	000
−0	100	111	−
−1	101	110	111
−2	110	101	110
−3	111	100	101
−4	−	−	100

	㉠	㉡	㉢
①	1의 보수	2의 보수	부호-크기
②	2의 보수	1의 보수	부호-크기
③	부호-크기	1의 보수	2의 보수
④	부호-크기	2의 보수	1의 보수

15 빈출문제

난이도 (상)(중)(하)

〈보기〉는 자료의 표현과 관련된 설명이다. 옳은 것을 모두 고른 것은?

2010 계리직 10급

┤ 보기 ├

㉠ 2진수 0001101의 2의 보수(Complement)는 1110011이다.

㉡ 부호화 2의 보수 표현 방법은 영(0)이 하나만 존재한다.

㉢ 패리티(Parity) 비트로 오류를 수정할 수 있다.

㉣ 해밍(Hamming) 코드로 오류를 검출할 수 있다.

① ㉠, ㉣

② ㉡, ㉢

③ ㉠, ㉡, ㉢

④ ㉠, ㉡, ㉣

16

난이도 (상)(중)(하)

2의 보수로 표현된 부호 있는(Signed) n비트 2진 정수에 대한 설명으로 옳지 않은 것은?

2023 지방직 9급

① 최저 음수의 값은 $-(2^{n-1}-1)$이다.

② 0에 대한 표현이 한 가지이다.

③ 0이 아닌 2진 정수 A의 2의 보수는 (2^n-A)이다.

④ 0이 아닌 2진 정수 A의 2의 보수는 A의 1의 보수에 1을 더해서 구할 수 있다.

17

난이도 상중하

-30.25×2^{-8}의 값을 갖는 IEEE 754 단정도(Single Precision) 부동 소수점(Floating-point) 수를 16진수로 변환하면?

2021 국가직 9급

① 5DF30000

② 9ED40000

③ BDF20000

④ C8F40000

18

난이도 상중하

10진수 -2.75를 아래와 같이 IEEE 754 표준에 따른 32비트 단정도 부동 소수점(Single Precision Floating Point) 표현 방식에 따라 2진수로 표기했을 때 옳은 것은?

2018 계리직 9급

부호	지수부	가수부

(부호: 1비트, 지수부: 8비트, 가수부: 23비트)

① 1000 0000 0000 0000 0000 0000 0000 1011

② 1000 0000 1011 0000 0000 0000 0000 0000

③ 1010 0000 0110 0000 0000 0000 0000 0000

④ 1100 0000 0011 0000 0000 0000 0000 0000

해설편 ▶ P.5

01

난이도 상 중 하

다음 두 이진수에 대한 NAND 비트(Bitwise) 연산 결과는?

2013 국가직 9급

$$10111000_2 \text{ NAND } 00110011_2$$

① 00110000_2
② 10111011_2
③ 11001111_2
④ 01000100_2

02

난이도 상 중 **하**

다음 〈보기〉와 같이 이진수로 A와 B 값이 주어졌을 때, A XOR B = ?

2023 해경 2차

| 보기 |
A = 1011 1000, B = 1100 0000

① 1111 1000
② 1000 0000
③ 0111 1000
④ 0111 1111

03

난이도 상 중 **하**

2진수 11110000과 10101010에 대해 XOR 논리 연산을 수행한 결괏값을 16진수로 바르게 표현한 것은?

2016 계리직 9급

① 5A
② 6B
③ A5
④ B6

04 빈출문제

난이도 상 **중** 하

〈보기〉의 논리 연산식을 간략화한 논리 회로는?

2012 계리직 10급

| 보기 |
$$(A + B)(A + \overline{B})(\overline{A} + B)$$

① A, B — OR
② A, $\overline{B}$ — OR
③ A, B — AND
④ A, $\overline{B}$ — AND

05

난이도 상 **중** 하

다음에 알맞은 조합 논리 회로로 옳은 것은?

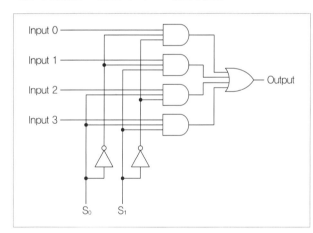

① 디코더
② 인코더
③ 디멀티플렉서
④ 멀티플렉서

06

난이도 상 **중** 하

부울 변수 X, Y, Z에 대한 등식으로 옳지 <u>않은</u> 것은? (단, ·은 AND, +는 OR, '는 NOT 연산을 의미한다)

2023 지방직 9급

① $X + (Y \cdot Z) = (X + Y) \cdot (X + Z)$
② $X \cdot (X + Y) = X \cdot X + Y$
③ $(X + Y) + Z = X + (Y + Z)$
④ $(X + Y)' = X' \cdot Y'$

07   난이도 ⓢ④④

다음의 불 대수식에서 정리가 바르게 표현된 것을 다 고르면 몇 개인가?

2011 경기교육청 9급

가) A · 1 = A	나) A · A = A
다) A + 1 = A	라) A + A' = A
마) A + A = A	바) AB + A = A

① 2개   ② 3개
③ 4개   ④ 5개

---

08 빈출문제   난이도 ⓢ④④

불 대수(Boolean Algebra)에 대한 최소화로 옳지 않은 것은?

2018 계리직 9급

① A(A+B) = A
② A+$\overline{A}$B = A+B
③ A($\overline{A}$+B) = AB
④ AB+A$\overline{B}$+$\overline{A}$B = A

---

09   난이도 ⓢ④④

다음 불 함수식 F를 간략화한 결과로 옳은 것은?

2011 국가직 9급

$$F = ABC + ABC' + AB'C + AB'C' + A'B'C + A'B'C'$$

① F = A'+B
② F = A+B'
③ F = A'B
④ F = AB'

---

10   난이도 ⓢ④④

아래에 제시된 K-Map(카르노 맵)을 NAND 게이트들로만 구성한 것으로 옳은 것은?

2019 계리직 9급

ab＼cd	00	01	11	10
00	1	0	0	0
01	1	1	1	0
11	0	1	1	0
10	1	1	0	0

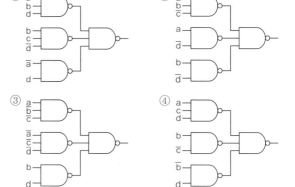

---

11   난이도 ⓢ④④

다음 부울 함수를 간소화한 결과로 옳은 것은?   2023 군무원 9급

$$f(x, y, z) = xyz + x\overline{y}z + \overline{x}yz + \overline{x}\text{-}y\overline{z}$$

① $xy + yz$
② $xz + \overline{y}z$
③ $xy + \overline{y}z$
④ $\overline{x}\text{-}y + xz$

---

12   난이도 ⓢ④④

다음의 카르노 맵(Karnaugh-Map)을 간략화한 결과를 논리식으로 올바르게 표현한 것은?

2008 국가직 9급

AB＼CD	00	01	11	10
00	1	1	1	1
01	1	1	1	1
11	0	1	1	0
10	1	0	0	1

① A'+B·D+B'·D'
② A+B·D+B'·D'
③ D+A·B+B'·D'
④ D'+A·B+B'·D'

13

난이도 상 중 하

다음 논리 회로의 불식으로 옳은 것은?

2015 국가직 9급

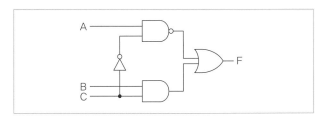

① F = AC' + BC

② F(A, B, C) = Σm(0, 1, 2, 3, 6, 7)

③ F = (AC')'

④ F = (A' + B' + C)(A + B' + C')

14

난이도 상 중 하

다음 논리 회로의 출력과 동일한 것은?

2019 국가직 9급

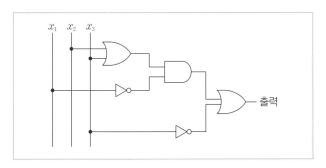

① $x_1 + x_3'$

② $x_1' + x_3$

③ $x_1' + x_3'$

④ $x_2' + x_3'$

15

난이도 상 중 하

다음 그림과 같은 동작을 하는 플립플롭은?

2008 국가직 9급

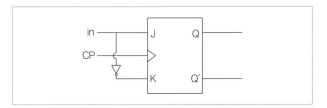

① T 플립플롭

② RS 플립플롭

③ D 플립플롭

④ JK 플립플롭

16

난이도 상 중 하

음수를 표현하기 위해 2의 보수를 사용한다고 가정할 때, 다음 회로에서 입력 M의 값이 1일 때 수행하는 동작은? (단, A = $A_3A_2A_1A_0$의 4비트, B = $B_3B_2B_1B_0$의 4비트, A_3과 B_3은 부호 비트이며, FA는 전가산기를 나타낸다)

2010 국가직 9급

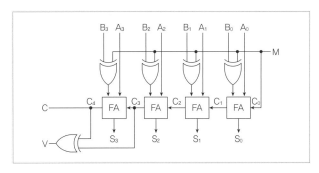

① A − B

② A + B + 1

③ A + B

④ B − A

17

난이도 상 중 하

다음 회로에 대한 설명으로 옳지 않은 것은?

2008 국가직 9급

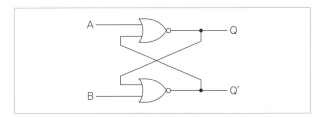

① B의 값이 1이고 A의 값이 0이면, Q의 값이 1이 된다.

② Q'의 값이 1이고 Q의 값이 0일 때, A = B = 0이면 Q와 Q'의 값에는 변화가 없다.

③ Q'의 값이 0이고 Q의 값이 1일 때, A = 1, B = 0이면 Q와 Q'의 값에는 변화가 없다.

④ Q'의 값이 0이고 Q의 값이 1일 때, A = B = 0이면 Q와 Q'의 값에는 변화가 없다.

해설편 ▶ P.7

중앙 처리 장치와 명령어

01

난이도 (상)(중)(하)

CPU의 연산 처리를 위한 데이터의 기본 단위로서 CPU가 한 번에 처리할 수 있는 데이터의 크기를 나타내는 것은?

2014 지방직 9급

① 워드(Word)
② 바이트(Byte)
③ 비트(Bit)
④ 니블(Nibble)

02

난이도 (상)(중)(하)

컴퓨터 시스템의 성능을 측정하는 척도에 대한 설명으로 알맞지 <u>않은</u> 것은?

2010 계리직 10급

① 처리량(Throughput)은 보통 안정된 상태에서 측정되며, 하루에 처리되는 작업의 개수 또는 시간당 처리되는 온라인 처리의 개수 등으로 측정된다.
② 병목(Bottleneck) 현상은 시스템 자원이 용량(Capacity) 또는 처리량에 있어서 최대 한계에 도달할 때 발생될 수 있다.
③ 응답 시간(Response Time)은 주어진 작업의 수행을 위해 시스템에 도착한 시점부터 완료되어 그 작업의 출력이 사용자에게 제출되는 시점까지의 시간으로 정의된다.
④ 자원 이용도(Utilization)는 일반적으로 전체 시간에 대해 주어진 자원이 실제로 사용되는 시간의 백분율로 나타낸다.

03

난이도 (상)(중)(하)

컴퓨터 구조에 대한 설명으로 옳지 <u>않은</u> 것은? 2017 국가직 9급

① 파이프라인 기법은 하나의 작업을 다수의 단계로 분할하여 시간적으로 중첩되게 실행함으로써 처리율을 높인다.
② CISC 구조는 RISC 구조에 비해 명령어의 종류가 적고 고정 명령어 형식을 취한다.
③ 병렬 처리 방식 중 하나인 SIMD는 하나의 명령어를 처리하기 위해 다수의 처리 장치가 동시에 동작하는 다중 처리기 방식이다.
④ 폰 노이만이 제안한 프로그램 내장 방식은 프로그램 코드와 데이터를 내부 기억 장치에 저장하는 방식이다.

04

난이도 (상)(중)(하)

다음 레지스터 중 기억 장치를 출입하는 데이터를 잠시 저장하는 용도로 사용되며, CPU에 의해 명령어가 처리되기 위해서 반드시 거쳐야 하는 레지스터로 옳은 것은?

2019 국회직 9급(변형)

① Status Register
② Program Counter
③ Memory Address Register
④ Memory Buffer Register

05

난이도 (상)(중)(하)

다음 중 레지스터에 대한 설명으로 옳지 <u>않은</u> 것은?

2023 군무원 9급

① MBR(Memory Buffer Register)은 메모리의 내용을 임시로 기억한다.
② Index Register는 명령어 실행 중 절대 주소를 결정한다.
③ MAR(Memory Address Register)은 메모리의 주소를 임시로 기억한다.
④ PC(Program Counter)는 다음에 실행될 명령어의 주소를 기억한다.

06

난이도 ⓢ🅜🅗

〈보기〉가 설명하는 것은?

2019 서울시 9급

┤ 보기 ├

다음에 실행할 명령어의 주소를 보관하는 레지스터이다. 계수기로 되어 있어 실행할 명령어를 메모리에서 읽으면 명령어의 길이만큼 증가하여 다음 명령어를 가리키며, 분기 명령어는 목적 주소로 갱신할 수 있다.

① 명령어 레지스터 ② 프로그램 카운터
③ 데이터 레지스터 ④ 주소 레지스터

07

난이도 ⓢ🅜🅗

다음 중 CPU 내 레지스터가 아닌 것은?

2023 해경 2차

① MBR(Memory Buffer Register)
② MAR(Memory Address Register)
③ IR(Instruction Register)
④ DR(Disk Register)

08 빈출문제

난이도 ⓢ🅜🅗

중앙 처리 장치 내의 레지스터 중 PC(Program Counter), IR(Instruction Register), MAR(Memory Address Register), AC(Accumulator)와 다음 설명이 옳게 짝지어진 것은?

2017 국가직 9급

ㄱ. 명령어 실행 시 필요한 데이터를 일시적으로 보관한다.
ㄴ. CPU가 메모리에 접근하기 위해 참조하려는 명령어의 주소 혹은 데이터의 주소를 보관한다.
ㄷ. 다음에 인출할 명령어의 주소를 보관한다.
ㄹ. 가장 최근에 인출한 명령어를 보관한다.

	PC	IR	MAR	AC
①	ㄱ	ㄴ	ㄷ	ㄹ
②	ㄴ	ㄹ	ㄷ	ㄱ
③	ㄷ	ㄴ	ㄱ	ㄹ
④	ㄷ	ㄹ	ㄴ	ㄱ

09

난이도 ⓢ🅜🅗

마이크로 연산(Operation)에 대한 설명으로 옳지 않은 것은?

2010 계리직 10급

① 한 개의 클록 펄스 동안 실행되는 기본 동작이다.
② 한 개의 마이크로 연산 수행 시간을 마이크로 사이클 타임이라 부르며 CPU 속도를 나타내는 척도로 사용된다.
③ 하나의 명령어는 항상 하나의 마이크로 연산이 동작되어 실행된다.
④ 시프트(Shift), 로드(Load) 등이 있다.

10

난이도 ⓢ🅜🅗

다음에서 ㉠과 ㉡에 들어갈 내용이 올바르게 짝지어진 것은?

2010 계리직 10급

명령어를 주기억 장치에서 중앙 처리 장치의 명령 레지스터로 가져와 해독하는 것을 (㉠) 단계라 하고, 이 단계는 마이크로 연산(Operation) (㉡)로 시작한다.

	㉠	㉡
①	인출	MAR ← PC
②	인출	MAR ← MBR(AD)
③	실행	MAR ← PC
④	실행	MAR ← MBR(AD)

11

난이도 ⓢ🅜🅗

다음 중 컴퓨터 중앙 처리 장치와 기억 장치 간의 통신을 위해 설치한 시스템 버스가 아닌 것은?

2023 해경 2차

① 가속 버스 ② 데이터 버스
③ 주소 버스 ④ 제어 버스

12

난이도 (상)(중)하

다음 조건에서 A 프로그램을 실행하는 데 소요되는 CPU 시간은?

2013 국가직 9급

- 컴퓨터 CPU 클록(Clock) 주파수: 1GHz
- A 프로그램의 실행 명령어 수: 15만 개
- A 프로그램의 실행 명령어 당 소요되는 평균 CPU 클록 사이클 수: 5

① 0.75ms
② 75ms
③ 3μs
④ 0.3μs

13

난이도 (상)(중)하

4GHz의 클록 속도를 갖는 CPU에서 CPI(Cycle Per Instruction)가 4.0이고, 총 10^{10}개의 명령어로 구성된 프로그램을 수행하려고 할 때, 이 프로그램의 실행 완료를 위해 필요한 시간은?

2021 국가직 9급

① 1초
② 10초
③ 100초
④ 1,000초

14

난이도 (상)(중)하

CPU가 명령어를 실행할 때 필요한 피연산자를 얻기 위해 메모리에 접근하는 횟수가 가장 많은 주소 지정 방식(Addressing Mode)은? (단, 명령어는 피연산자의 유효 주소를 얻기 위한 정보를 포함하고 있다고 가정한다)

2011 국가직 9급

① 직접 주소 지정 방식(Direct Addressing Mode)
② 간접 주소 지정 방식(Indirect Addressing Mode)
③ 인덱스 주소 지정 방식(Indexed Addressing Mode)
④ 상대 주소 지정 방식(Relative Addressing Mode)

15

난이도 (상)(중)하

주기억 장치의 내용이 다음과 같은 상태에서 다음 번 명령어를 수행했을 때 각각의 주소 지정 방식에 따른 유효 주소와 AC의 값 중에서 옳지 않은 것은? (단, 하나의 명령은 주기억 장치의 한 워드(Word)에 저장되며 레지스터 주소 및 레지스터 간접 주소에 사용되는 레지스터는 R1이라 한다)

주소	주기억 장치		
100	LDA	MODE	400
101	Next Instruction		
299	325		
300	600		
400	700		
500	800		
501	375		
700	302		

PC 100
R1 300
AC

주소 지정 방식	유효 주소	AC의 내용
직접 주소		가
간접 주소	나	
상대 주소		다
레지스터 주소		라
레지스터 간접 주소	300	

① 가 − 700
② 나 − 700
③ 다 − 800
④ 라 − 300

16

난이도 (상)(중)하

비동기 인터럽트(Interrupt)에 해당하는 것은?

2021 군무원 9급

① 실행 중인 프로세스가 원인인 인터럽트
② 실행 중인 프로세스가 0으로 나누는 명령어를 실행할 경우 발생하는 인터럽트
③ 실행 중인 프로세스 명령어가 시스템 호출(System Call)을 요구할 경우 발생하는 인터럽트
④ 다중 프로그래밍 운영 체제 환경에서 프로세스에 규정된 실행 시간(Time Slice)을 모두 사용했을 경우 발생하는 인터럽트

17

난이도 상 **중** 하

CISC와 비교하여 RISC의 특징으로 옳지 않은 것은?

2008 국가직 9급

① 명령어의 집합 구조가 단순하다.
② 많은 수의 주소 지정 모드를 사용한다.
③ 많은 수의 범용 레지스터를 사용한다.
④ 효율적인 파이프라인 구조를 사용한다.

18

난이도 **상** 중 하

RISC(Reduced Instruction Set Computer)에 대한 설명으로 옳은 것의 총 개수는?

2019 계리직 9급

ㄱ. 칩 제작을 위한 R&D 비용이 감소한다.
ㄴ. 개별 명령어 디코딩 시간이 CISC(Complex Instruction Set Computer)보다 많이 소요된다.
ㄷ. 동일한 기능을 구현할 경우, CISC보다 적은 수의 레지스터가 필요하다.
ㄹ. 복잡한 연산을 수행하려면 명령어를 반복 수행하여야 하므로 CISC의 경우보다 프로그램이 복잡해진다.
ㅁ. 각 명령어는 한 클록에 실행하도록 고정되어 있어 파이프라인 성능을 향상시킬 수 있다.
ㅂ. 마이크로코드 설계가 어렵다.
ㅅ. 고정된 명령어이므로 명령어 디코딩 속도가 빠르다.

① 2개　② 3개
③ 4개　④ 5개

19

난이도 상 **중** 하

〈보기〉는 스택을 이용한 0-주소 명령어 프로그램이다. 이 프로그램이 수행하는 계산으로 옳은 것은?

2012 계리직 10급

보기

```
PUSH C
PUSH A
PUSH B
ADD
MUL
POP Z
```

① Z = C + A * B
② Z = (A + B) * C
③ Z = B + C * A
④ Z = (C + B) * A

20

난이도 상 **중** 하

컴퓨터 시스템의 인터럽트(Interrupt)에 대한 설명으로 옳지 않은 것은?

2016 계리직 9급

① 인터럽트는 입출력 연산, 하드웨어 실패, 프로그램 오류 등에 의해서 발생한다.
② 인터럽트 처리 우선순위 결정 방식에는 폴링(Polling) 방식과 데이지 체인(Daisy-Chain) 방식이 있다.
③ 인터럽트가 추가된 명령어 사이클은 인출 사이클, 인터럽트 사이클, 실행 사이클 순서로 수행된다.
④ 인터럽트가 발생할 경우, 진행 중인 프로그램의 재개(Resume)에 필요한 레지스터 문맥(Register Context)을 저장한다.

21

난이도 (상)(중)(하)

인터럽트 처리를 위한 〈보기〉의 작업이 올바로 나열된 것은?

2012 계리직 10급

┤ 보기 ├

ㄱ. 인터럽트 서비스 루틴을 수행한다.

ㄴ. 보관한 프로그램 상태를 복구한다.

ㄷ. 현재 수행 중인 명령을 완료하고 상태를 저장한다.

ㄹ. 인터럽트 발생 원인을 찾는다.

① ㄷ → ㄹ → ㄱ → ㄴ

② ㄷ → ㄹ → ㄴ → ㄱ

③ ㄹ → ㄷ → ㄱ → ㄴ

④ ㄹ → ㄷ → ㄴ → ㄱ

22

난이도 (상)(중)(하)

2의 보수로 표현된 부호 있는 8비트 2진 정수 10110101을 2 비트만큼 산술 우측 시프트(Arithmetic Right-shift)한 결과는?

2023 지방직 9급

① 00101101　　② 11010100

③ 11010111　　④ 11101101

해설편 ▶ P.9

기억 장치와 입출력 장치

파트 내 출제비중
38%

01 빈출문제

난이도 상 **중** 하

컴퓨터 용어에 대한 설명으로 옳지 않은 것은? 2012 계리직 10급

① MIPS는 1초당 백만 개 명령어를 처리한다는 뜻으로 컴퓨터의 연산 속도를 나타내는 단위이다.

② SRAM은 전원이 꺼져도 저장된 자료를 계속 보존할 수 있는 기억 장치이다.

③ KB, MB, GB, TB 등은 기억 용량을 나타내는 단위로서 이 중 TB가 가장 큰 단위이다.

④ SSI, MSI, LSI, VLSI 등은 칩에 포함되는 게이트의 집적도에 따라 구분된 용어이다.

02

난이도 상 **중** 하

컴퓨터를 작동시켰을 때 발생하는 부트(Boot) 과정에 대한 설명으로 옳지 않은 것은? 2009 국가직 9급

① 부트스트랩 프로그램은 일반적으로 운영 체제가 저장된 하드 디스크에 저장되어 있다.

② 부트 과정의 목적은 운영 체제를 하드 디스크로부터 메모리로 적재하는 것이다.

③ 부트 과정은 여러 가지 중요한 시스템 구성 요소들의 진단 검사를 수행한다.

④ 부트 과정을 완료하면 중앙 처리 장치는 제어권을 운영 체제로 넘겨준다.

03

난이도 상 **중** 하

다음은 PC(Personal Computer)의 전원을 켰을 때 일어나는 과정들을 순서대로 나열한 것이다. ㉠~㉢이 바르게 짝지어진 것은? 2016 국가직 9급

- (㉠)에 저장된 바이오스(BIOS)가 실행되어 컴퓨터에 장착된 하드웨어 장치들의 상태를 점검한다.
- (㉡)에 저장되어 있는 운영 체제가 (㉢)로/으로 로드(Load)된다.
- 운영 체제의 실행이 시작된다.

	㉠	㉡	㉢
①	보조 기억 장치	ROM	주기억 장치
②	보조 기억 장치	주기억 장치	ROM
③	ROM	보조 기억 장치	주기억 장치
④	ROM	주기억 장치	보조 기억 장치

04

난이도 상 **중** 하

컴퓨터에 사용되는 메모리들의 읽기/쓰기 속도를 빠른 것부터 느린 순으로 나열한 것은? 2023 군무원 9급

① CPU 캐시 메모리 → 레지스터 → 메인 메모리 → HDD(Hard Disk Drive) → SSD(Solid State Disk)

② 메인 메모리 → CPU 캐시 메모리 → 레지스터 → SSD(Solid State Disk) → HDD(Hard Disk Drive)

③ 레지스터 → CPU 캐시 메모리 → 메인 메모리 → SSD(Solid State Disk) → HDD(Hard Disk Drive)

④ SSD(Solid State Disk) → 레지스터 → CPU 캐시 메모리 → 메인 메모리 → HDD(Hard Disk Drive)

05

난이도 ⓢ중⨀하

SRAM(Static Random Access Memory)과 DRAM(Dynamic Static Random Access Memory)에 대한 설명으로 옳지 <u>않은</u> 것은?

2021 군무원 9급

① SRAM은 캐시(Cache) 메모리로 사용된다.
② DRAM은 메인(Main) 메모리로 사용된다.
③ SRAM은 DRAM에 비해 속도가 느리다.
④ 동일 크기의 메모리인 경우, SRAM이 DRAM에 비해 가격이 비싸다.

06

난이도 ⓢ중⨀하

DRAM(Dynamic Random Access Memory)과 SRAM(Static Random Access Memory)에 대한 설명 중 가장 적절하지 <u>않은</u> 것은?

2023 군무원 9급

① DRAM은 주기억 장치로, SRAM은 캐시 메모리로 각각 사용된다.
② 동일한 크기인 경우 DRAM이 SRAM에 비해 비싸다.
③ 메모리 읽기/쓰기 속도가 DRAM이 SRAM에 비해 느리다.
④ 단위 면적당 기억소자 집적도가 DRAM이 SRAM에 비해 매우 높다.

07

난이도 ⓢ중⨀하

컴퓨터 시스템의 주기억 장치 및 보조 기억 장치에 대한 설명으로 옳지 <u>않은</u> 것은?

2021 계리직 9급

① RAM은 휘발성(Volatile) 기억 장치이며 HDD 및 SSD는 비휘발성(Non-Volatile) 기억 장치이다.
② RAM의 경우, HDD나 SSD 등의 보조 기억 장치에 비해 상대적으로 접근 속도가 빠르다.
③ SSD에서는 일반적으로 특정 위치의 데이터를 읽는 데 소요되는 시간이 같은 위치에 데이터를 쓰는 데 소요되는 시간보다 더 오래 걸린다.
④ SSD의 경우, 일반적으로 HDD보다 가볍고 접근 속도가 빠르며 전력 소모가 적다.

08

난이도 ⓢ⨁중⨀하

컴퓨터 메모리 용량이 8K×32Bit라 하면, MAR(Memory Address Register)과 MBR(Memory Buffer Register)은 각각 몇 비트인가?

2022 계리직 9급

① MAR: 8 MBR: 32
② MAR: 32 MBR: 8
③ MAR: 13 MBR: 8
④ MAR: 13 MBR: 32

09

난이도 ⓢ⨁중⨀하

컴퓨터의 주요 장치에 대한 설명으로 옳은 것은?

① 제어 장치는 주기억 장치에 적재된 프로그램의 명령어를 하나씩 꺼내어 해독하는 기능을 가지고 있다.
② 기억 장치 중 하나인 캐시 기억 장치는 주기억 장치와 동일한 용량을 가져야 한다.
③ 제어 장치는 주기억 장치에 적재된 데이터를 하나씩 인출하는 기능을 가지고 있다.
④ 연산 장치는 산술/논리 연산을 수행하는 장치로 누산기(Accumulator), 명령 레지스터(Instruction Register), 주소 해독기 등으로 구성된다.

10

난이도 ⓢ⨁중⨀하

1K × 4bit RAM 칩을 사용하여 8K × 16bit 기억 장치 모듈을 설계할 때 필요한 RAM 칩의 최소 개수는?

2019 국가직 9급

① 4개   ② 8개
③ 16개   ④ 32개

11

난이도 <u>상</u> **중** <u>하</u>

다음 〈보기〉의 설명과 가장 관계가 깊은 것은? <u>2023 해경 2차</u>

| 보기 |

- 컴퓨터를 구성하는 장치 간의 속도의 차이 때문에 그대로 운영하면 저속의 장치에 성능이 종속되게 된다.
- 이러한 현상이 CPU와 주기억 장치 사이에서도 발생한다. 즉, 주기억 장치의 읽기/쓰기 속도가 CPU의 명령어 처리 속도보다 현저히 느리기 때문에 고가의 초고성능의 CPU를 사용해도 성능은 속도가 느린 주기억 장치 읽기/쓰기 속도에 종속된다.
- 이러한 문제 해결을 위해 두 장치 사이에 CPU 명령어 처리 속도와 유사한 속도의 메모리를 장착하여 CPU가 이로부터 명령어나 데이터를 처리하도록 하여 CPU 명령어 처리 성능을 향상시켰다.

① 메모리 버퍼

② SSD(Solid State Disk) 버퍼

③ 캐시(Cache) 메모리

④ PC(Program Counter) 메모리

12

난이도 <u>상</u> <u>중</u> **하**

중앙 처리 장치와 주기억 장치 사이에 있는 기억 장치로서, 둘 사이의 속도 차이로 인한 컴퓨터 시스템 성능 저하를 경감하기 위한 것은? <u>2017 국가직 9급</u>

① 캐시 기억 장치   ② 보조 기억 장치

③ ROM   ④ 레지스터

13

난이도 <u>상</u> <u>중</u> **하**

캐시 기억 장치에 대한 설명으로 알맞지 <u>않은</u> 것은? <u>2008 계리직 10급</u>

① 직접 사상(Direct Mapping) 방식은 주기억 장치의 임의의 블록들이 어떠한 슬롯으로든 사상될 수 있는 방식이다.

② 세트-연관 사상(Set-Associative Mapping) 방식은 직접 사상 방식과 연관 사상 방식을 혼합한 방식이다.

③ 슬롯의 수가 128개인 4-Way 연관 사상 방식인 경우, 슬롯을 공유하는 주기억 장치 블록들이 4개의 슬롯으로 적재될 수 있는 방식이다.

④ 캐시 쓰기 정책(Cache Write Policy)은 Write Through 방식과 Write Back 방식 등이 있다.

14

난이도 <u>상</u> **중** <u>하</u>

다음 〈조건〉에서 메인 메모리와 캐시 메모리로 구성된 메모리 계층의 평균 메모리 접근 시간은? (단, 캐시 실패 손실은 캐시 실패 시 소요되는 총 메모리 접근 시간에서 캐시 적중 시간을 뺀 시간이다) <u>2013 국가직 9급</u>

| 조건 |

- 캐시 적중 시간(Cache Hit Time): 10ns
- 캐시 실패 손실(Cache Miss Penalty): 100ns
- 캐시 적중률: 90%

① 10ns   ② 15ns

③ 20ns   ④ 25ns

15

난이도 <u>상</u> **중** <u>하</u>

주기억 장치와 CPU 캐시 기억 장치만으로 구성된 시스템에서 다음과 같이 기억 장치 접근 시간이 주어질 때 이 시스템의 캐시 적중률(Hit Ratio)로 옳은 것은? <u>2021 계리직 9급</u>

- 주기억 장치 접근 시간: $Tm=80ns$
- CPU 캐시 기억 장치 접근 시간: $Tc=10ns$
- 기억 장치 평균 접근 시간(Expected Memory Access Time): $Ta=17ns$

① 80%   ② 85%   ③ 90%   ④ 95%

16

난이도 <u>상</u> **중** <u>하</u>

다음은 캐시 기억 장치를 사상(Mapping) 방식 기준으로 분류한 것이다. 캐시 블록은 4개 이상이고 사상 방식을 제외한 모든 조건이 동일하다고 가정할 때, 평균적으로 캐시 적중률(Hit Ratio)이 높은 것에서 낮은 것 순으로 바르게 나열한 것은? <u>2015 국가직 9급</u>

- ㄱ. 직접 사상(Direct-Mapped)
- ㄴ. 완전 연관(Fully-Associative)
- ㄷ. 2-Way 집합 연관(Set-Associative)

① ㄱ-ㄴ-ㄷ   ② ㄴ-ㄷ-ㄱ

③ ㄷ-ㄱ-ㄴ   ④ ㄱ-ㄷ-ㄴ

17

난이도 상 중 **하**

주기억 장치와 캐시 기억 장치만으로 구성된 시스템에서 〈보기〉와 같이 기억 장치 접근 시간이 주어질 때 캐시 적중률(Hit Ratio)은? 2012 계리직 10급

┤ 보기 ├

- 평균 기억 장치 접근 시간: Ta = 1.9ms
- 주기억 장치 접근 시간: Tm = 10ms
- 캐시 기억 장치 접근 시간: Tc = 1ms

① 80%

② 85%

③ 90%

④ 95%

18

난이도 상 중 **하**

CPU와 메인 메모리의 속도 차이 때문에 발생하는 명령어 처리 성능 저하 현상을 방지하기 위하여, CPU와 메인 메모리 사이에 설치하는 메모리로 옳은 것은? 2021 군무원 9급

① 레지스터(Register)

② ROM(Read Only Memory)

③ 캐시(Cache)

④ I/O 버퍼(Buffer)

19

난이도 상 **중** 하

다음에서 제시한 시스템에서 주기억 장치 주소의 각 필드의 비트 수를 바르게 연결한 것은? (단, 주기억 장치 주소는 바이트 단위로 할당되고, 1KB는 1,024바이트이다) 2023 지방직 9급

┤ 보기 ├

- 캐시 기억 장치는 4-way 집합 연관 사상(Set-associative Mapping) 방식을 사용한다.
- 캐시 기억 장치는 크기가 8KB이고 전체 라인 수가 256개이다.
- 주기억 장치 주소는 길이가 32비트이고, 캐시 기억 장치 접근(access)과 관련하여 아래의 세 필드로 구분된다.

태그(tag)	세트(set)	오프셋(offset)

	태그	세트	오프셋
①	20	6	6
②	20	7	5
③	21	5	6
④	21	6	5

20

난이도 상 **중** 하

〈보기〉와 같은 특성을 갖는 하드 디스크의 최대 저장 용량은? 2016 계리직 9급

┤ 보기 ├

- 실린더(Cylinder) 개수: 32,768개
- 면(Surface) 개수: 4개
- 트랙(Track) 당 섹터(Sector) 개수: 256개
- 섹터 크기(Sector Size): 512Bytes

① 4GB

② 16GB

③ 64GB

④ 1TB

21

난이도 상 **중** 하

컴퓨터 시스템 구성 요소 사이의 데이터 흐름과 제어 흐름에 대한 설명으로 옳은 것은? 2017 국가직 9급

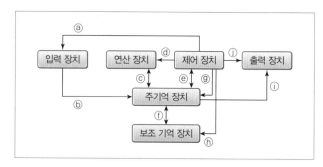

① ⓐ와 ⓕ는 모두 제어 흐름이다.

② ⓑ와 ⓖ는 모두 데이터 흐름이다.

③ ⓗ는 데이터 흐름, ⓓ는 제어 흐름이다.

④ ⓒ는 데이터 흐름, ⓖ는 제어 흐름이다.

22

난이도 상 **중** 하

RAID(Redundant Array of Inexpensive Disks)에 대한 설명으로 알맞지 <u>않은</u> 것은? 2008 계리직 10급

① RAID-0는 디스크 스트라이핑(Disk Striping) 방식으로 중복 저장과 오류 검출 및 교정이 없는 방식이다.

② RAID-1은 디스크 미러링(Disk Mirroring) 방식이며 높은 신뢰도를 갖는 방식이다.

③ RAID-4는 데이터를 비트 단위로 여러 디스크에 분할하여 저장하며 별도의 패리티 디스크를 사용한다.

④ RAID-5는 패리티 블록들을 여러 디스크에 분산 저장하는 방식이며 단일 오류 검출 및 교정이 가능한 방식이다.

23

난이도 ⑧⑧⑧

RAID(Redundant Array of Inexpensive Disks)에 대한 설명으로 옳지 <u>않은</u> 것은?　　　　　　　2020 지방직 9급

① RAID-0은 디스크 스트라이핑(Disk Striping) 방식으로 중복 저장과 오류 검출 및 교정이 없는 방식이다.

② RAID-1은 디스크 미러링(Disk Mirroring) 방식으로 높은 신뢰도를 갖는다.

③ RAID-4는 데이터를 비트(bit) 단위로 여러 디스크에 분할하여 저장하는 방식이며, 별도의 패리티(parity) 디스크를 사용한다.

④ RAID-5는 별도의 패리티 디스크 대신 모든 디스크에 패리티 정보를 나누어 기록하는 방식이다.

24

난이도 ⑧⑧⑧

다음 〈보기〉의 설명과 가장 가까운 RAID(Redundant Array of Independent Disks) 레벨은 무엇인가?　　　　2023 해경 2차

┌──── 보기 ────┐
- 거울(Mirroring) 디스크라고 한다.
- 디스크 오류 시 실시간 데이터 복구가 가능하다.
- RAID 중 가장 구축 비용이 많이 든다.
└──────────────┘

① RAID 레벨 5　　　　② RAID 레벨 3
③ RAID 레벨 1　　　　④ RAID 레벨 0

25

난이도 ⑧⑧⑧

RAID(Redundant Array of Inexpensive Disks)에 대한 설명으로 옳지 <u>않은</u> 것은?　　　　　　　2022 계리직 9급

① RAID 1은 디스크 미러링(Disk Mirroring) 방식으로, 디스크 오류 시 데이터 복구가 가능하지만 디스크 용량의 효율성이 떨어진다.

② RAID 3은 데이터를 비트 또는 바이트 단위로 여러 디스크에 분할 저장하는 방식으로, 디스크 접근 속도가 향상되지는 않지만 쓰기 동작 시 시간 지연이 발생하지 않는다.

③ RAID 4는 데이터를 블록 단위로 여러 디스크에 분할 저장하는 방식으로, 오류의 검출 및 정정을 위해 별도의 패리티 비트를 사용한다.

④ RAID 5는 패리티 블록들을 여러 디스크에 분산 저장하는 방식으로, 단일 오류 검출 및 정정이 가능하다.

26 빈출문제

난이도 ⑧⑧⑧

㉠에 들어갈 용어로 옳은 것은?　　　　　　　2018 계리직 9급

┌─────────────────────────────────┐
│　주기억 장치의 물리적 크기의 한계를 해결하기 위한 기법으로 주기억 장치의 크기에 상관없이 프로그램이 메모리의 주소를 논리적인 관점에서 참조할 수 있도록 하는 것을 (　㉠　)라고 한다.
└─────────────────────────────────┘

① 레지스터(Register)
② 정적 메모리(Static Memory)
③ 가상 메모리(Virtual Memory)
④ 플래시 메모리(Flash Memory)

27

난이도 ⑧⑧⑧

페이지 크기가 2,000byte인 페이징 시스템에서 페이지 테이블이 다음과 같을 때 논리 주소에 대한 물리 주소가 옳게 짝지어진 것은? (단, 논리 주소와 물리 주소는 각각 0에서 시작되고, 1byte 단위로 주소가 부여된다)　　　2017 국가직 9급

페이지 번호(논리)	프레임 번호(물리)
0	7
1	3
2	5
3	0
4	8

	논리 주소	물리 주소
①	4,300	2,300
②	3,600	4,600
③	2,500	6,500
④	900	7,900

28

난이도 상 중 **하**

가상 기억 장치(Virtual Memory)의 특징으로 가장 적절하지 않은 것은?   2023 군무원 9급

① 가상 기억 장치의 목적은 처리 속도의 향상에 있다.
② 가상 기억 장치로 사용하는 보조 기억 장치는 보통 디스크를 사용한다.
③ 주소 매핑은 가상 주소를 실기억 주소로 조정하여 변환하는 것이다.
④ 가상 기억 장치 관리 기법으로 페이징 기법과 세그먼트 기법이 있다.

29

난이도 상 중 **하**

가상 기억(Virtual Memory) 장치에 대한 설명으로 가장 옳은 것은?   2015 서울시 9급

① 가상 기억 장치를 사용하면 메모리 단편화가 발생하지 않는다.
② 가상 기억 장치는 실기억 장치로의 주소 변환 기법이 필요하다.
③ 가상 기억 장치의 참조는 실기억 장치의 참조보다 빠르다.
④ 페이징 기법은 가변적 크기의 페이지 공간을 사용한다.

30

난이도 상 중 **하**

다음 조건을 만족하는 가상 기억 장치에서 가상 페이지 번호(Virtual Page Number)와 페이지 오프셋의 비트 수를 바르게 연결한 것은?   2023 지방직 9급

- 페이징 기법을 사용하며, 페이지 크기는 2,048바이트이다.
- 가상 주소는 길이가 32비트이고, 가상 페이지 번호와 페이지 오프셋으로 구분된다.

	가상 페이지 번호	페이지 오프셋
①	11	21
②	13	19
③	19	13
④	21	11

31

난이도 상 중 **하**

다음에서 설명하는 입출력 장치로 옳은 것은?   2018 계리직 9급

- 중앙 처리 장치로부터 입출력을 지시받은 후에는 자신의 명령어를 실행시켜 입출력을 수행하는 독립된 프로세서이다.
- 하나의 명령어에 의해 여러 개의 블록을 입출력할 수 있다.

① 버스(Bus)
② 채널(Channel)
③ 스풀링(Spooling)
④ DMA(Direct Memory Access)

32

난이도 **상** 중 하

데이지-체인(Daisy-Chain) 우선순위 인터럽트 방식에 대한 설명으로 옳은 것은?   2014 계리직 9급

① 인터럽트를 발생시키는 장치들이 병렬로 연결된다.
② 두 개 이상의 장치에서 동시에 인터럽트가 발생되면 중앙 처리 장치(CPU)는 이들 인터럽트를 모두 무시한다.
③ 인터럽트를 발생시킨 장치가 인터럽트 인식(Acknowledge) 신호를 받으면 자신의 장치 번호를 중앙 처리 장치로 보낸다.
④ 중앙 처리 장치에서 전송되는 인터럽트 인식 신호는 우선순위가 낮은 장치부터 높은 장치로 순차적으로 전달된다.

33

난이도 상 **중** 하

하드웨어적으로 인터럽트를 요구한 장치를 찾는 기법으로, 인터럽트 선을 공유하면서 인터럽트를 발생시키는 모든 장치를 직렬로 연결하여 연결 순서에 따라 우선순위가 결정되는 방식으로 옳은 것은?   2023 계리직 9급

① 소프트웨어 폴링(Polling) 방식
② 데이지 체인(Daisy Chain) 방식
③ 인터럽트 벡터(Interrupt Vector) 방식
④ 다수 인터럽트 선(Multiple Interrupt Lines) 방식

해설편 ▶ P.13

01

난이도 상 중 하

명령어와 데이터 스트림을 처리하기 위한 하드웨어 구조에 따른 Flynn의 분류에 대한 설명으로 옳지 <u>않은</u> 것은?

2011 국가직 9급

① SISD는 제어 장치와 프로세서를 각각 하나씩 갖는 구조이며 한 번에 한 개씩의 명령어와 데이터를 처리하는 단일 프로세서 시스템이다.

② SIMD는 여러 개의 프로세서들로 구성되고 프로세서들의 동작은 모두 하나의 제어 장치에 의해 제어된다.

③ MISD는 여러 개의 제어 장치와 프로세서를 갖는 구조로 각 프로세서들은 서로 다른 명령어들을 실행하지만 처리하는 데이터는 하나의 스트림이다.

④ MIMD는 명령어가 순서대로 실행되지만 실행 과정은 여러 단계로 나누어 중첩시켜 실행 속도를 높이는 방법이다.

02

난이도 상 중 하

다음 〈보기〉는 병렬 처리 구조에서 플린(Flynn)에 대한 설명이다. 옳은 것은?

2009 경북교육청 9급

보기

가. MISD: 진정한 의미의 직렬 프로세서이다.
나. MIMD: 다중 명령어, 단일 데이터 흐름, 일반 용도의 컴퓨터로 사용된다.
다. SIMD: 단일 명령어, 다중 데이터 흐름, 배열 기반 처리기이다.
라. SISD: 한 번에 하나의 명령을 수행하며, 폰 노이만 방식이다.

① 가, 나   ② 가, 다
③ 나, 다   ④ 다, 라

03

난이도 상 중 하

CPU(중앙 처리 장치)의 성능 향상을 위해 한 명령어 사이클 동안 여러 개의 명령어를 동시에 처리할 수 있도록 설계한 CPU 구조는?

2020 지방직 9급

① 슈퍼스칼라(Superscalar)
② 분기 예측(Branch Prediction)
③ VLIW(Very Long Instruction Word)
④ SIMD(Single Instruction Multiple Data)

04

난이도 상 중 하

파이프라이닝(Pipelining)에 대한 설명 중 옳지 <u>않은</u> 것은?

2009 국가직 9급

① 이상적인 경우에 파이프라이닝 단계 수만큼의 성능 향상을 목표로 한다.

② 하나의 명령어 처리에 걸리는 시간을 줄일 수 있다.

③ 전체 워크로드(Workload)에 대해 일정 시간에 처리할 수 있는 처리량(Throughput)을 향상시킬 수 있다.

④ 가장 느린 파이프라이닝 단계에 의해 전체 시스템 성능 향상이 제약을 받는다.

05
난이도 (상)**(중)**(하)

파이프라인 해저드(Pipeline Hazard)에 대한 다음 설명에서 ㉠과 ㉡에 들어갈 내용을 바르게 연결한 것은? 2021 국가직 9급

> • 하드웨어 자원의 부족 때문에 명령어를 적절한 클록 사이클에 실행할 수 있도록 지원하지 못할 때 (㉠) 해저드가 발생한다.
> • 실행할 명령어를 적절한 클록 사이클에 가져오지 못할 때 (㉡) 해저드가 발생한다.

	㉠	㉡
①	구조적	제어
②	구조적	데이터
③	데이터	구조적
④	데이터	제어

06
난이도 (상)**(중)**(하)

명령어 파이프라이닝에 대한 설명으로 옳지 않은 것은?

① 여러 개의 명령어가 중첩 실행된다.
② 실행 명령어의 처리율을 향상되지만, 개별 명령어의 실행 속도를 높이는 것은 아니다.
③ 파이프라이닝 단계 수만큼의 성능을 향상시킬 수 있다.
④ 하나의 명령어를 수행하는 데 여러 클록(Clock) 사이클이 필요하다.

07
난이도 **(상)**(중)(하)

프로세서의 수를 늘려도 속도를 개선하는 데 한계가 있다는 주장으로서, 병렬 처리 프로세서의 성능 향상의 한계를 지적한 법칙은? 2020 지방직 9급

① 무어의 법칙(Moore's Law)
② 암달의 법칙(Amdahl's Law)
③ 구스타프슨의 법칙(Gustafson's Law)
④ 폰노이만 아키텍처(von Neumann Architecture)

08
난이도 (상)**(중)**(하)

다음은 어떤 시스템의 성능 개선에 대한 내용이다. 성능 개선 후 프로그램 P의 실행에 걸리는 소요 시간은? (단, 시스템에서 프로그램 P만 실행된다고 가정한다) 2023 지방직 9급

> • 성능 개선 전에 프로그램 P의 특정 부분 A의 실행에 30초가 소요되었고, A를 포함한 전체 프로그램 P의 실행에 50초가 소요되었다.
> • 시스템의 성능을 개선하여 A의 실행 속도를 2배 향상시켰다.
> • A의 실행 속도 향상 외에 성능 개선으로 인한 조건 변화는 없다.

① 25초	② 30초
③ 35초	④ 40초

09
난이도 **(상)**(중)(하)

다음 중 나머지 셋과 역할 기능이 다른 하나는? 2016 서울시 9급

① Array Processor	② DMA
③ GPU	④ SIMD

해설편 ▶ P.18

01

난이도 상 **중** 하

클라우드 컴퓨팅 서비스 모델과 이에 대한 설명이 바르게 짝 지어진 것은?

2015 국가직 9급

> ㄱ. 응용 소프트웨어 개발에 필요한 개발 요소들과 실행 환경을 제공하는 서비스 모델로서, 사용자는 원하는 응용 소프트웨어를 개발할 수 있으나 운영 체제나 하드웨어에 대한 제어는 서비스 제공자에 의해 제한된다.
> ㄴ. 응용 소프트웨어 및 관련 데이터는 클라우드에 호스팅 되고 사용자는 웹 브라우저 등의 클라이언트를 통해 접속하여 응용 소프트웨어를 사용할 수 있다.
> ㄷ. 사용자 필요에 따라 가상화된 서버, 스토리지, 네트워크 등의 인프라 자원을 제공한다.

	IaaS	PaaS	SaaS
①	ㄷ	ㄴ	ㄱ
②	ㄴ	ㄱ	ㄷ
③	ㄷ	ㄱ	ㄴ
④	ㄱ	ㄷ	ㄴ

02

난이도 상 **중** 하

클라우드 컴퓨팅 환경 중 서버, 스토리지, 네트워크를 가상화 환경으로 만들어 필요에 따라 자원을 사용할 수 있게 하는 서비스로 옳은 것은?

2023 군무원 9급

① SaaS
② PaaS
③ IaaS
④ XaaS

03

난이도 상 중 **하**

클라우드 컴퓨팅 환경에서 제공되는 서비스로 옳지 <u>않은</u> 것은?

2021 군무원 9급

① IaaS(Infrastructure as a Service)
② PaaS(Platform as a Service)
③ SaaS(Software as a Service)
④ OaaS(Operation as a Service)

04

난이도 상 **중** 하

〈보기〉의 설명에 해당하는 기술로 가장 적절한 것은?

2016 계리직 9급

> ─── 보기 ───
> • 서비스 모델은 IaaS, PaaS, SaaS로 구분한다.
> • 필요한 만큼 자원을 임대하여 사용할 수 있다.
> • 가상화 기술, 서비스 프로비저닝(Provisioning) 기술, 과금 체계 등을 필요로 한다.

① 빅 데이터(Big Data)
② 딥러닝(Deep Learning)
③ 사물 인터넷(Internet Of Things)
④ 클라우드 컴퓨팅(Cloud Computing)

05

난이도 상 **중** 하

기계 학습(Machine Learning)에 대한 설명으로 옳지 <u>않은</u> 것은?

2022 계리직 9급

① 강화 학습은 기계가 환경과 상호작용하면서 시행착오 과정에서의 보상을 통해 학습을 수행한다.
② 기계 학습 모델의 성능 기준으로 사용되는 F1 점수(Score)는 정밀도(Precision)와 검출률(Recall)을 동시에 고려한 조화평균 값이다.
③ 치매 환자의 뇌 영상 분류를 위해서 기존에 잘 만들어진 영상 분류 모델에 새로운 종류의 뇌 영상 데이터를 확장하여 학습시키는 방법은 전이 학습(Transfer Learning)의 예이다.
④ 비지도 학습은 라벨(Label) 정보를 포함하고 있는 훈련 데이터를 사용하며, 주가나 환율 변화, 유가 예측 등의 회귀(Regression) 문제에 적용된다.

06

난이도 상 중 하

유비쿼터스 컴퓨팅 환경과 관련된 기술에 대한 설명으로 옳지 않은 것은?

2014 국가직 9급

① RFID 시스템은 태그(Tag), 안테나(Antenna), 리더기(Reader), 서버(Server) 등의 요소로 구성된다.

② 스마트 카드(Smart Card)는 마이크로 프로세서, 카드 운영 체제, 보안 모듈, 메모리 등을 갖춘 집적 회로 칩(IC Chip)이 내장된 플라스틱 카드이다.

③ 텔레매틱스(Telematics)는 증강 현실(Augmented Reality)이 확장된 개념으로 사용자가 실세계 위에 가상 세계의 정보를 겹쳐 볼 수 있도록 구현한 기술이다.

④ 웨어러블 컴퓨팅(Wearable Computing)은 컴퓨터를 옷이나 안경처럼 착용할 수 있게 해주는 기술이다.

07

난이도 상 중 하

ICT 기술에 대한 설명으로 옳지 않은 것은?

2023 지방직 9급

① 기계 학습(Machine Learning)의 학습 방법에는 지도 학습(Supervised Learning), 비지도 학습(Unsupervised Learning), 강화 학습(Reinforcement Learning) 등이 있다.

② 가상 현실(Virtual Reality)은 가상의 공간과 사물 등을 만들어, 일상적으로 경험하기 어려운 상황을 실제처럼 체험할 수 있도록 해준다.

③ RFID(Radio Frequency IDentification)에서 수동형 태그는 내장된 배터리를 사용하여 무선 신호를 발생시킨다.

④ 지그비(ZigBee)는 저비용, 저전력 무선 네트워크 기술로 센서 네트워크에서 사용할 수 있다.

08

난이도 상 중 하

유비쿼터스 컴퓨팅 기술에 대한 설명으로 옳지 않은 것은?

2021 계리직 9급

① 노매딕 컴퓨팅(Nomadic Computing)은 사용자가 모든 장소에서 사용자 인증 없이 다양한 정보 기기로 동일한 데이터에 접근하는 기술이다.

② 엑조틱 컴퓨팅(Exotic Computing)은 스스로 생각하여 현실 세계와 가상 세계를 연계하는 컴퓨팅을 실현해 주는 기술이다.

③ 감지 컴퓨팅(Sentient Computing)은 센서가 사용자의 상황을 인식하여 사용자가 필요한 정보를 제공해 주는 기술이다.

④ 임베디드 컴퓨팅(Embedded Computing)은 사물에 마이크로 칩을 장착하여 서비스 기능을 내장하는 컴퓨팅 기술이다.

09

난이도 상 중 하

현재 활발하게 서비스되고 있는 인공 지능 기반의 의사 소통 소프트웨어로, 사용자가 문자/음성 등을 통해 질문하면 이에 알맞은 답이나 연관 정보를 제공하는 방식으로 운용되는 소프트웨어나 서비스로 가장 적절한 것은?

2023 군무원 9급

① 챗봇(ChatBot)

② 메타버스(Metaverse)

③ IoT(Internet of Things)

④ OTT(Over The Top)

10

난이도 상 중 하

조직의 내부나 외부에 분산된 여러 데이터 소스로부터 필요로 하는 데이터를 검색하여 수동 혹은 자동으로 수집하는 과정과 관련된 기술에 해당하지 않는 것은? 2022 계리직 9급

① ETL(Extraction, Transformation, Loading)

② 로그 수집기

③ 맵리듀스(MapReduce)

④ 크롤링(Crawling)

11

난이도 상 중 하

다음 중 AI 기술과 가장 관계가 없는 것은? 2023 군무원 9급

① 자연어 처리 기술　　② 음성 인식 처리 기술

③ 영상 인식 처리 기술　④ 증강 현실 기술

12

난이도 상 중 하

다음의 설명 중 옳지 않은 것은? 2019 국회직 9급(변형)

① 지도 학습(Supervised Learning)은 입력과 출력 사이의 매핑을 학습하는 것이며, 입력과 출력 쌍이 데이터로 주어지는 경우에 적용한다.

② 지도 학습 종류에는 예측 변수의 특성을 사용해 목표 수치를 예측하는 회귀(Regression) 기법도 있다.

③ 강화 학습(Reinforcement Learning)은 주어진 입력에 대한 일련의 행동 결과에 대해 보상(Reward)이 주어지게 되며, 시스템은 이러한 보상을 이용해 학습을 행한다.

④ 어떤 종류의 값을 군집(Clustering)하고 이를 분류(Classification)하는 기법은 비지도 학습의 한 종류이다.

13

난이도 상 중 하

OpenAI가 개발한 생성형 인공 지능 기반의 대화형 서비스는? 2023 계리직 9급

① LSTM　　　　　② ResNET

③ ChatGPT　　　　④ Deep Fake

14

난이도 상 중 하

다음에서 설명되지 않은 기술은? 2018 교육행정직 9급

- 현실을 기반으로 가상 정보를 실시간으로 결합하여 보여주는 기술
- 인터넷을 기반으로 사물들을 연결하여 정보를 상호 소통하는 기술
- 많은 양의 정형 또는 비정형 데이터들로부터 가치를 추출하고 결과를 분석하는 기술
- 서로 다른 물리적인 위치에 존재하는 컴퓨터의 자원들을 가상화 기술로 통합해 제공하는 기술

① 빅 데이터　　　　② 블록체인

③ 사물 인터넷　　　④ 증강 현실

15

난이도 **상**中下

㉠과 ㉡에 들어갈 용어로 바르게 짝지은 것은? 2019 계리직 9급

> (㉠)은/는 구글에서 개발하여 공개한 인공 지능 응용 프로그램 개발용 오픈 소스 프레임워크이다. 이 프레임워크를 사용할 때 인공 지능 소프트웨어가 이미지 및 음성을 인식하기 위해서는 신경망의 (㉡) 모델을 주로 사용한다.

	㉠	㉡
①	텐서플로우	논리곱 신경망
②	알파고	퍼셉트론
③	노드레드	인공 신경망
④	텐서플로우	합성곱 신경망

16

난이도 **상**中下

다음에서 설명하는 용어로 가장 옳은 것은? 2018 계리직 9급

> 프랭크 로젠블라트(Frank Rosenblatt)가 고안한 것으로 인공 신경망 및 딥러닝의 기반이 되는 알고리즘이다.

① 빠른 정렬(Quick Sort)
② 맵리듀스(MapReduce)
③ 퍼셉트론(Perceptron)
④ 디지털 포렌식(Digital Forensics)

해설편 ▶ P.19

PART

운영 체제

CHAPTER 01 운영 체제의 개요
CHAPTER 02 프로세스 관리
CHAPTER 03 기억 장치 관리
CHAPTER 04 파일 관리

출제비중 9%

※전 10회 시험(2023~2008)을 기준으로 출제비중을
산출하였습니다.

01

난이도 상 중 하

운영 체제의 프로세스에 대한 설명으로 옳지 <u>않은</u> 것은?

2012 국가직 9급

① 운영 체제 프로세스는 사용자 작업 처리를 위해 시스템 관리 기능을 담당하는 프로세스이다.

② 사용자 프로세스는 사용자 응용 프로그램을 수행하는 프로세스이다.

③ 여러 개의 프로세스들이 동시에 수행 상태에 있다면 교착 상태(Deadlock) 프로세스라고 한다.

④ 독립 프로세스는 한 프로세스가 시스템 안에서 다른 프로세스에게 영향을 주지 않거나 또는 다른 프로세스에 의해 영향을 받지 않는 프로세스이다.

03

난이도 상 중 하

운영 체제 유형에 대한 〈보기〉의 설명 중 옳은 것의 총 개수는?

2022 계리직 9급

┌─── 보기 ───┐

ㄱ. 다중 프로그래밍 시스템은 CPU가 유휴 상태가 될 때, CPU 작업을 필요로 하는 여러 작업 중 한 작업이 CPU를 사용할 수 있도록 한다.

ㄴ. 다중 처리 시스템에서는 CPU 사이의 연결, 상호 작업, 역할 분담 등이 고려되어야 한다.

ㄷ. 시분할 시스템은 CPU가 비선점 스케줄링 방식으로 여러 개의 작업을 교대로 수행한다.

ㄹ. 실시간 처리 시스템은 작업 실행에 대한 시간 제약 조건이 있으므로 선점 스케줄링 방식을 이용한다.

ㅁ. 다중 프로그래밍 시스템의 목적은 CPU 활용의 극대화에 있으며, 시분할 시스템은 응답 시간의 최소화에 목적이 있다.

① 1개   ② 2개

③ 3개   ④ 4개

02

난이도 상 중 하

컴퓨터가 가동 중인 상태에서 주기억 장치에 상주하면서 컴퓨터 하드웨어를 제어하고 프로세스 등 여러 자원을 배분하고 관리하는 핵심 역할을 수행하는 운영체제 모듈로 가장 적절한 것은?

2023 군무원 9급

① 셸(Shell)

② BIOS(Basic I/O System)

③ CLI(Command Line Interface)

④ 커널(Kernel)

04 빈출문제

난이도 상 중 하

운영 체제는 일괄 처리(Batch), 대화식(Interactive), 실시간(Real-Time) 시스템 그리고 일괄 처리와 대화식이 결합된 하이브리드(Hybrid) 시스템 등으로 분류될 수 있다. 이와 같은 분류 근거로 가장 알맞은 것은?

2010 계리직 10급

① 고급 프로그래밍 언어의 사용 여부

② 응답 시간과 데이터 입력 방식

③ 버퍼링(Buffering) 기능 수행 여부

④ 데이터 보호의 필요성 여부

05

난이도 상 **중** 하

운영 체제에 대한 설명으로 옳은 것만을 모두 고르면?

2014 국가직 9급

ㄱ. 운영 체제는 중앙 처리 장치, 주기억 장치, 보조 기억 장치, 주변 장치 등의 컴퓨터 자원을 할당 및 관리하는 시스템 소프트웨어이다.

ㄴ. 스풀링(Spooling)은 CPU와 입출력 장치의 속도 차이를 줄이기 위해 주기억 장치의 일부분을 버퍼처럼 사용하는 것이다.

ㄷ. 비선점(Non-Preemptive) 방식의 CPU 스케줄링 기법은 CPU를 사용하고 있는 현재의 프로세스가 종료된 후 다른 프로세스에 CPU를 할당하는데 대표적으로 RR(Round Robin) 스케줄링 기법이 있다.

ㄹ. 가상 메모리(Virtual Memory)는 디스크와 같은 보조 기억 장치에 가상의 공간을 만들어 주기억 장치처럼 활용하도록 하여 실제 주기억 장치의 물리적 공간보다 큰 주소 공간을 제공한다.

① ㄱ, ㄴ
② ㄱ, ㄷ
③ ㄱ, ㄹ
④ ㄷ, ㄹ

06

난이도 상 **중** 하

다음 중 스풀링(SPOOLing; Simulation Peripheral Operation On Line)과 버퍼링(Buffering)에 대한 설명으로 옳지 않은 것은?

① 버퍼링은 한 개의 작업에 대해 CPU 작업과 I/O 작업으로 분할하여 동시에 수행한다.

② 스풀링은 보조 기억 장치를 사용한다.

③ 스풀링이 적용되는 대표적인 장치는 프린터이며, 디스크의 일부를 큰 버퍼처럼 사용하는 방식이다.

④ 버퍼링은 운영 체제에 내장되어 있는 프로그램에 의해 구현되며, 일반적으로 큐 방식으로 동작한다.

07

난이도 상 **중** 하

다음 〈보기〉에서 설명하는 기술을 운영 체제에서 무슨 기술이라 하는가?

2023 해경 2차

┤ 보기 ├

• 다중 프로그래밍 OS 환경에서 사용자들이 실행을 요구한 프로세스들을 직접 주기억 장치에 적재 전략을 사용하면 주기억 장치에 적재 공간이 없을 경우 사용자가 요청한 프로세스들은 적재 공간이 확보될 때까지 중지 상태(Pending)가 된다. 이의 해결을 위해 직접 주기억 장치에 적재하지 않고 특정한 디스크 영역에 적재시킨 다음, 주기억 장치에 적재할 여유 공간이 있을 때 이로부터 적재하는 간접 적재 방법을 사용한다.

• 또한, 주기억 장치에서 실행 중인 특정 프로세스가 출력을 할 때 프린터에 직접 하면 이 프로세스가 끝날 때까지 다른 프로세스가 그 프린터에 출력을 할 수 없게 되어 그 프로세스는 중지 상태(Pending)가 된다. 이의 해결을 위해 프린터에 직접 프린트하지 않고 특정한 디스크 영역에 출력을 한 다음, 그곳에 출력이 완료된 출력물에 대해서만 연속적으로 프린터에 출력하도록 하여 문제점을 해결한다.

① SPOOL(Simultaneous Peripheral Operation OnLine) 기술

② 세마포아(Semaphore) 기술

③ 다중 쓰레드(Multi Thread) 기술

④ 가상 메모리(Virtual Memory) 기술

08

난이도 상 중 **하**

Windows XP에서 프린터 설정에 관한 설명으로 옳지 않은 것은?

2010 계리직 10급

① 기본 프린터는 오직 1대만 설정할 수 있다.

② 네트워크 프린터는 기본 프린터로 설정할 수 없다.

③ 한 대의 프린터를 여러 대의 컴퓨터에서 네트워크로 공유 가능하다.

④ [네트워크 설정 마법사]를 통해 파일 및 프린터도 공유할 수 있다.

09

난이도 ❸ 중 하

리눅스 운영 체제에 대한 설명으로 알맞지 <u>않은</u> 것은?

2008 계리직 10급

① 리눅스는 마이크로 커널(Micro Kernel) 방식으로 구현되었으며 커널 코드의 임의의 기능들을 동적으로 적재(Load)하여 사용할 수 있다.

② 리눅스 커널 2.6 버전의 스케줄러는 임의의 프로세스를 선점할 수 있으며 우선순위 기반 알고리즘이다.

③ 리눅스 운영 체제는 윈도 파일 시스템인 NTFS와 저널링 파일 시스템인 JFFS를 지원한다.

④ 리눅스는 다중 사용자와 다중 프로세서를 지원하는 다중 작업형 운영 체제이다.

10

난이도 ❸ 중 하

〈보기〉에서 UNIX 명령어 ls-l을 수행했을 때의 결과에 대한 설명으로 알맞지 <u>않은</u> 것은?

2008 계리직 10급

┤ 보기 ├
─rwxr-xr-- 2 peter staff 3542 8월 31일 10:00 aaash

① peter라는 사용자는 aaash 파일을 수정할 수 있다.

② staff 그룹 사용자는 aaash 파일을 실행할 수 있다.

③ aaash 파일은 심볼릭 링크(Symbolic Link)가 2개 있다.

④ 다른 사용자도 이 파일의 내용을 볼 수 있다.

11

난이도 ❸ 중 하

〈보기〉는 Windows XP의 실행 창(시작 ⇒ 실행)에 입력할 수 있는 명령어들을 나열한 것이다. 명령어별로 수행할 수 있는 기능을 순서대로 나열한 것은?

2012 계리직 10급

┤ 보기 ├
dxdiag ─ msconfig ─ regedit ─ mstsc

① 컴퓨터 사양 확인 - 시작 프로그램 편집 - 레지스트리 편집 - 원격 데스크톱 실행

② 원격 데스크톱 실행 - 작업 관리자 편집 - 서비스 편집 - 시스템 셧다운 설정

③ 컴퓨터 사양 확인 - 작업 관리자 편집 - 레지스트리 편집 - 원격 데스크톱 실행

④ 원격 데스크톱 실행 - 시작 프로그램 편집 - 서비스 편집 - 시스템 셧다운 설정

해설편 ▶ P.24

01

난이도 상 **중** 하

프로세스 상태(Process State)에 대한 설명으로 옳은 것은?

2010 지방직 9급

① 종료 상태(Terminated State)는 프로세스가 기억 장치를 비롯한 모든 필요한 자원을 할당받은 상태에서 프로세서의 할당을 기다리고 있는 상태이다.

② 대기 상태(Waiting/Blocked State)는 프로세스가 원하는 자원을 할당받지 못해서 기다리고 있는 상태이다.

③ 실행 상태(Running State)는 사용자가 요청한 작업이 커널에 등록되어 커널 공간에 PCB 등이 만들어진 상태이다.

④ 준비 상태(Ready State)는 프로세스의 수행이 끝난 상태이다.

03

난이도 상 중 **하**

현재 실행 중이던 프로세스가 지정된 시간 이전에 입출력 요구에 의하여 스스로 CPU를 반납하고 대기 상태로 전이하는 것은?

2012 경북교육청 9급

① Block ② Deadlock

③ Interrupt ④ Wake up

02

난이도 상 **중** 하

운영 체제상의 프로세스(Process)에 관한 설명으로 옳지 않은 것은?

2022 계리직 9급

① 프로세스의 영역 중 스택 영역은 동적 메모리 할당에 활용된다.

② 디스패치(Dispatch)는 CPU 스케줄러가 준비 상태의 프로세스 중 하나를 골라 실행 상태로 바꾸는 작업을 말한다.

③ 프로세스 제어 블록(Process Control Block)은 프로세스 식별자, 메모리 관련 정보, 프로세스가 사용했던 중간값을 포함한다.

④ 문맥 교환(Context Switching)은 CPU를 점유하고 있는 프로세스를 CPU에서 내보내고 새로운 프로세스를 받아들이는 작업이다.

04

난이도 상 **중** 하

다중 스레드(Thread)에 대한 설명으로 옳지 않은 것은?

2021 군무원 9급

① 문맥 교환(Context Switching) 효율성이 프로세스(Process) 간에 이루어지는 것보다는 스레드(Thread) 간에 이루어지는 것이 좋다.

② 다중 처리 환경에서 한 프로세스 내의 다중 스레드 단위로 병렬 실행이 용이하다.

③ 한 프로세스 내의 다중 스레드들은 그 프로세스에 할당된 자원(전역 자원)을 공유하기 때문에 효율적이다.

④ 통상적으로 프로세스를 LWP(Light Weight Process)라 하고, 스레드를 HWP(Heavy Weight Process)라고 한다.

05

난이도 (상)(중)**(하)**

프로세스(Process)와 스레드(Thread)에 대한 설명으로 옳지 않은 것은?

2019 계리직 9급

① 프로세스 내 스레드 간 통신은 커널 개입을 필요로 하지 않기 때문에 프로세스 간 통신보다 더 효율적으로 이루어진다.

② 멀티프로세서는 탑재 프로세서마다 스레드를 실행시킬 수 있기 때문에 프로세스의 처리율을 향상시킬 수 있다.

③ 한 프로세스 내의 모든 스레드들은 정적 영역(Static Area)을 공유한다.

④ 한 프로세스의 어떤 스레드가 스택 영역(Stack Area)에 있는 데이터 내용을 변경하면 해당 프로세스의 다른 스레드가 변경된 내용을 확인할 수 있다.

06

난이도 (상)**(중)**(하)

다중 스레드(Multi Thread) 프로그래밍의 이점에 대한 설명으로 옳지 않은 것은?

2020 국가직 9급

① 다중 스레드는 사용자의 응답성을 증가시킨다.

② 스레드는 그들이 속한 프로세스의 자원들과 메모리를 공유한다.

③ 프로세스를 생성하는 것보다 스레드를 생성하여 문맥을 교환하면 오버헤드가 줄어든다.

④ 다중 스레드는 한 스레드에 문제가 생기더라도 전체 프로세스에 영향을 미치지 않는다.

07

난이도 (상)**(중)**(하)

사용자가 운영 체제에 자신의 작업을 실행해 줄 것을 요청할 때, 운영 체제는 요청받은 작업에 해당하는 프로세스를 생성하여 종료할 때까지 프로세스에 관련된 모든 정보를 구조체로 만들어 유지 관리한다. 이 구조체로 옳은 것은? 2021 군무원 9급

① FCB(File Control Block)

② PCB(Process Control Block)

③ UCB(User Control Block)

④ ACB(Access Control Block)

08

난이도 (상)**(중)**(하)

스케줄링(Scheduling)은 다중 프로그래밍 운영 체제에서 자원의 성능을 향상시키고 효율적인 프로세서의 관리를 위해 작업순서를 결정하는 것이다. 스케줄링 알고리즘과 관련이 없는 것은?

2009 경북교육청 9급

① RR
② HRN
③ SSTF
④ SRT

09

난이도 상 **중** 하

프로세스의 상태를 생성, 준비, 실행, 대기, 종료의 5가지로 나누어 설명할 때 각 상태에 대한 설명으로 옳지 <u>않은</u> 것은?

2011 국회직 9급(변형)

① 생성: 프로세스의 작업 공간이 메인 메모리에 생성되고 운영 체제 내부에 프로세스의 실행 정보를 관리하기 위한 프로세스 제어 블록(PCB)이 만들어진다.

② 준비: 프로세스가 CPU 할당을 기다리는 상태로, 단일 프로세서 시스템에서 여러 개의 프로세스들이 동시에 이 상태에 있을 수 있다.

③ 실행: 프로세스가 CPU를 할당받아 작업을 수행하고 있는 상태로, 단일 프로세서 시스템에서는 오직 하나의 프로세스만 이 상태에 있을 수 있다.

④ 종료: 프로세스가 작업 수행을 끝낸 상태로, 프로세스에 할당된 모든 자원을 부모 프로세스에게 돌려준다.

10

난이도 상 **중** 하

다음 프로세스 집합에 대하여 라운드 로빈 CPU 스케줄링 알고리즘을 사용할 때, 프로세스들의 총 대기 시간은? (단, 시간 0에 P1, P2, P3 순서대로 도착한 것으로 하고, 시간 할당량은 4밀리초로 하며, 프로세스 간 문맥 교환에 따른 오버헤드는 무시한다)

2017 국가직 9급

프로세스	버스트 시간(밀리초)
P1	20
P2	3
P3	4

① 16 ② 18
③ 20 ④ 24

11 빈출문제

난이도 상 **중** 하

프로세스 P1, P2, P3, P4를 선입선출(First In First Out) 방식으로 스케줄링을 수행할 경우 평균 응답 시간으로 옳은 것은? (단, 응답 시간은 프로세스 도착 시간부터 처리가 종료될 때까지의 시간을 말한다)

2018 계리직 9급

프로세스	도착 시간	처리 시간
P1	0	2
P2	2	2
P3	3	3
P4	4	9

① 3 ② 4
③ 5 ④ 6

12

난이도 상 중 **하**

한 프로세스가 CPU를 독점하는 폐단을 방지하기 위해서 각 프로세스에게 할당된 일정한 시간(Time Slice) 동안만 CPU를 사용하도록 하는 스케줄링 기법으로 범용 시분할 시스템에 적합한 것은?

2009 지방직 9급

① FIFO(First-In-First-Out)

② RR(Round-Robin)

③ SRT(Shortest-Remaining-Time)

④ HRN(High-Response-ratio-Next)

13

난이도 (상)(중)**(하)**

프로세스들의 도착 시간과 실행 시간이 다음과 같다. CPU 스케줄링 정책으로 라운드 로빈(Round-Robin) 알고리즘을 사용할 경우 평균 대기 시간은 얼마인가? (단, 시간 할당량은 10초이다)

2011 국가직 9급

프로세스	도착 시간	실행 시간
1	0초	10초
2	6초	18초
3	14초	5초
4	15초	12초
5	19초	1초

① 10.8초　　　　　　② 12.2초

③ 13.6초　　　　　　④ 14.4초

14

난이도 (상)**(중)**(하)

다음은 프로세스가 준비 상태 큐에 도착한 시간과 프로세스를 처리하는 데 필요한 실행 시간을 보여준다. 선점형 SJF(Shortest Job First) 스케줄링 알고리즘인 SRT(Shortest Remaining Time) 알고리즘을 사용할 경우, 프로세스들의 대기 시간 총합은? (단, 프로세스 간 문맥 교환에 따른 오버헤드는 무시하며, 주어진 4개 프로세스 외에 처리할 다른 프로세스는 없다고 가정한다)

2023 지방직 9급

프로세스	도착 시간	실행 시간
P_1	0	30
P_2	5	10
P_3	10	15
P_4	15	10

① 40　　　　　　② 45

③ 50　　　　　　④ 55

15

난이도 (상)**(중)**(하)

다음 표에서 보인 4개의 프로세스들을 시간 할당량(Time Quantum)이 5인 라운드 로빈(Round Robin) 스케줄링 기법으로 실행시켰을 때 평균 반환 시간으로 옳은 것은? 2021 계리직 9급

프로세스	도착 시간	실행 시간
P1	0	10
P2	1	15
P3	3	6
P4	6	9

(단, 반환 시간이란 프로세스가 도착하는 시점부터 실행을 종료할 때까지 소요된 시간을 의미한다. 또한, 이들 4개의 프로세스들은 I/O 없이 CPU만을 사용한다고 가정하며, 문맥 교환(Context Switching)에 소요되는 시간은 무시한다.)

① 24.0　　　　　　② 29.0

③ 29.75　　　　　　④ 30.25

16

난이도 (상)**(중)**(하)

SJF(Shortest Job First) 스케줄링에서 준비 큐에 도착하는 시간과 CPU 사용 시간이 다음 표와 같다. 모든 작업들의 평균 대기 시간은 얼마인가? 2014 서울시 9급

프로세스	도착 시간	실행 시간
1	0	6
2	1	4
3	2	1
4	3	2

① 3　　　　　　② 4

③ 5　　　　　　④ 6

17

난이도 상 중 하

CPU 스케줄링 기법에 대한 설명으로 옳지 <u>않은</u> 것은?

2023 계리직 9급

① 라운드 로빈(Round-Robin) 스케줄링 기법은 선점 방식의 스케줄링 기법이다.

② HRN(Highest Response ratio Next) 스케줄링 기법은 우선순 위에 대기 시간(Waiting Time)을 고려하여 기아(Starvation) 문제를 해결한다.

③ 다단계 큐 스케줄링 기법은 프로세스들을 위한 준비 큐를 다수 개로 구분하며, 각 준비 큐는 자신만의 스케줄링 알고 리즘을 별도로 가질 수 있다.

④ 우선순위 스케줄링 기법은 항상 선점 방식으로 구현되기 때문 에 특정 프로세스에 대하여 무한 대기 또는 기아(Starvation) 현상 발생의 위험이 있다.

18

난이도 상 중 하

다음 표는 단일 CPU에 진입한 프로세스의 도착 시간과 처리 하는 데 필요한 실행 시간을 나타낸 것이다. 프로세스 간 문맥 교환에 따른 오버헤드는 무시한다고 할 때, SRT(Shortest Remaining Time) 스케줄링 알고리즘을 사용한 경우 네 프로세 스의 평균 반환 시간(Turnaround Time)은?

2015 국가직 9급

프로세스	도착 시간	실행 시간
P_1	0	8
P_2	2	4
P_3	4	1
P_4	6	4

① 4.25

② 7

③ 8.75

④ 10

19

난이도 상 중 하

CPU 스케줄링에서 HRN 방식으로 스케줄링할 경우, 입력된 작업이 다음과 같을 때 우선순위가 가장 높은 작업은?

2012 경북교육청 9급

작업	대기 시간	서비스 시간
A	15	8
B	15	5
C	10	7
D	5	5
E	8	6

① A

② B

③ C

④ D

20

난이도 상 중 하

교착 상태에 대한 설명으로 옳지 <u>않은</u> 것은?   2009 국가직 9급

① 교착 상태를 예방하기 위한 방법에는 점유와 대기 조건의 방지, 비선점(Non-Preemptive) 조건의 방지, 순환 대기 조 건의 방지 방법이 있다.

② 교착 상태를 회피하기 위한 방법으로 은행가 알고리즘 (Banker Algorithm)이 있다.

③ 둘 이상의 프로세스들이 서로 다른 프로세스가 점유하고 있 는 자원을 기다리느라 어느 프로세스도 진행하지 못하는 상 태를 말한다.

④ 상호 배제 조건, 점유와 대기 조건, 비선점(Non-Preemptive) 조건, 순환 대기의 조건 중 어느 하나만 만족하면 발생한다.

21

난이도 상 중 하

교착 상태가 발생하는 필요 조건에 해당하지 <u>않은</u> 것은?

2011 지방직 9급

① 상호 배제(Mutual Exclusion)

② 점유와 대기(Hold and Wait)

③ 비환형 대기(Non-Circular Wait)

④ 비선점(Non-Preemption)

22

난이도 (상)(중)(하)

교착 상태(Deadlock)와 은행원 알고리즘(Banker's Algorithm)에 대한 설명으로 옳은 것은? 2023 계리직 9급

① 교착 상태는 불안전한 상태(Unsafe State)에 속한다.

② 은행원 알고리즘은 교착 상태 회복(Recovery) 알고리즘이다.

③ 불안전한 상태(Unsafe State)는 항상 교착 상태로 빠지게 된다.

④ 은행원 알고리즘은 불안전한 상태(Unsafe State)에서 교착 상태로 전이되는 것을 거부한다.

23 빈출문제

난이도 (상)(중)(하)

프로세스 관리 과정에서 발생할 수 있는 교착 상태(Deadlock)를 예방하기 위한 조치로 옳은 것은? 2019 계리직 9급

① 상호 배제(Mutual Exclusion) 조건을 제거하고자 할 경우, 프로세스 A가 점유하고 있던 자원에 대하여 프로세스 B로부터 할당 요청이 있을 때 프로세스 B에게도 해당 자원을 할당하여 준다. 운영 체제는 프로세스 A와 프로세스 B가 종료되는 시점에서 일관성을 점검하여 프로세스 A와 프로세스 B 중 하나를 철회시킨다.

② 점유 대기(Hold and Wait) 조건을 제거하고자 할 경우, 자원을 점유한 프로세스가 다른 자원을 요청하였지만 할당받지 못하면 일단 자신이 점유한 자원을 반납한다. 이후 그 프로세스는 반납하였던 자원과 요청하였던 자원을 함께 요청한다.

③ 비선점(No Preemption) 조건을 제거하고자 할 경우, 프로세스는 시작 시점에서 자신이 사용할 모든 자원들에 대하여 일괄 할당을 요청한다. 일괄 할당이 이루어지지 않을 경우, 일괄 할당이 이루어지기까지 지연됨에 따른 성능 저하가 발생할 수 있다.

④ 환형 대기(Circular Wait) 조건을 제거하고자 할 경우, 자원들의 할당 순서를 정한다. 자원 R_i가 자원 R_k보다 먼저 할당되는 것으로 정하였을 경우, 프로세스 A가 R_i를 할당받은 후 R_k를 요청한 상태에서 프로세스 B가 R_k를 할당받은 후 R_i를 요청하면 교착 상태가 발생하므로 운영 체제는 프로세스 B의 자원 요청을 거부한다.

24

난이도 (상)(중)(하)

교착 상태(Deadlock)가 발생할 수 있는 조건 중 비선점(Non-Preemption) 조건에 대한 설명으로 옳은 것은? 2009 지방직 9급

① 프로세스가 자신에게 이미 할당된 자원을 보유하고 있으면서 다른 프로세스에 할당된 자원을 요구하면서 기다리는 경우이다.

② 한 프로세스에 할당된 자원은 그 프로세스가 사용을 완전히 종료하기 전까지는 해제되지 않는 경우이다.

③ 여러 프로세스들이 같은 자원을 동시에 사용하지 못하게 하는 경우이다.

④ 각 프로세스들이 서로 다른 프로세스가 가지고 있는 자원을 요구하며 하나의 순환(Cycle) 구조를 이루는 경우이다.

25

난이도 (상)(중)(하)

운영 체제에서 교착 상태(Deadlock)가 발생할 필요 조건으로 알맞지 않은 것은? 2008 계리직 10급

① 환형 대기(Circular Wait) 조건으로 각 프로세스는 순환적으로 다음 프로세스가 요구하는 자원을 가지고 있다.

② 선점(Preemption) 조건으로 프로세스가 소유하고 있는 자원은 다른 프로세스에 의해 선점될 수 있다.

③ 점유 대기(Hold and Wait) 조건으로 프로세스는 할당된 자원을 가진 상태에서 다른 자원을 기다린다.

④ 상호 배제(Mutual Exclusion) 조건으로 프로세스들은 필요로 하는 자원에 대해 배타적인 통제권을 갖는다.

26

난이도 (상)(중)(하)

스레싱(Thrashing)에 대한 설명으로 옳지 않은 것은? 2018 국가직 9급

① 프로세스의 작업 집합(Working Set)이 새로운 작업 집합으로 전이 시 페이지 부재율이 높아질 수 있다.

② 작업 집합 기법과 페이지 부재 빈도(Page Fault Frequency) 기법은 한 프로세스를 중단(Suspend)시킴으로써 다른 프로세스들의 스레싱을 감소시킬 수 있다.

③ 각 프로세스에 설정된 작업 집합 크기와 페이지 프레임 수가 매우 큰 경우 다중 프로그래밍 정도(Degree of Multi-programming)를 증가시킨다.

④ 페이지 부재 빈도 기법은 프로세스의 할당받은 현재 페이지 프레임 수가 설정한 페이지 부재율의 하한보다 낮아지면 보유한 프레임 수를 감소시킨다.

27

난이도 ㊤㊥㊦

다음 중 스래싱(Thrashing)에 대한 설명으로 가장 옳은 것은?

2023 해경 2차

① 두 개 이상의 작업이 서로 상대방의 작업이 끝나기만을 기다리고 있기 때문에 결과적으로 아무것도 완료되지 못하는 현상을 의미한다.
② CPU 버스트가 짧은 프로세스에게 우선순위를 항상 부여한다면, 상대적으로 CPU 버스트가 긴 프로세스가 계속해서 지연되는 것을 의미한다.
③ CPU가 프로그램을 실행하고 있을 때 입출력 하드웨어 등의 장치나 예외 상황이 발생하여 처리가 필요한 경우 CPU에게 알려 처리할 수 있도록 하는 것을 의미한다.
④ 페이지 부재가 너무 자주 일어나 프로세스 실행에 보내는 시간보다 페이지 교체에 더 많은 시간을 소비하는 현상을 의미한다.

28

난이도 ㊤㊥㊦

세마포어(Semaphore)에 대한 설명으로 옳지 않은 것은?

2012 국가직 9급

① 세마포어는 임계 구역 문제를 해결하기 위해 사용할 수 있는 동기화 도구이다.
② 세마포어의 종류에는 이진(Binary) 세마포어와 계수형(Counting) 세마포어가 있다.
③ 구현할 때 세마포어 연산에 바쁜 대기(Busy Waiting)를 추가하여 CPU의 시간 낭비를 방지할 수 있다.
④ 표준 단위연산인 P(Wait)와 V(Signal)에 의해서 접근되는 정수형 공유변수이다.

29

난이도 ㊤㊥㊦

프로세스 동기화 문제를 해결하기 위한 방법인 세마포어(Semaphore) 알고리즘에 대한 설명으로 옳지 않은 것은?

2014 계리직 9급

① 세마포어 알고리즘은 상호 배제 문제를 해결할 수 없다.
② 세마포어 변수는 일반적으로 실수형 변수를 사용하지 않는다.
③ 세마포어 알고리즘은 P 연산(Wait 연산)과 V 연산(Signal 연산)을 사용한다.
④ P 연산과 V 연산의 구현 방법에 따라 바쁜 대기(Busy Waiting)를 해결할 수 있다.

30

난이도 ㊤㊥㊦

〈보기〉의 프로세스 P1, P2, P3을 시간 할당량(Time Quantum)이 2인 RR(Round Robin) 알고리즘으로 스케줄링할 때, 평균 응답 시간으로 옳은 것은? (단, 응답 시간이란 프로세스의 도착 시간부터 처리가 종료될 때까지의 시간을 말한다. 계산 결과 값을 소수점 둘째 자리에서 반올림한다)

2016 계리직 9급

| 보기 |
프로세스	도착 시간	실행 시간
P1	0	3
P2	1	4
P3	3	2

① 5.7
② 6.0
③ 7.0
④ 7.3

해설편 ▶ P.25

01 빈출문제

난이도 상 **중** 하

주기억 장치의 현재 사용 중인 영역과 사용 가능한 영역의 크기가 다음 그림과 같다. 메모리 할당 시스템은 최악 적합(Worst-Fit) 방법으로 요청 영역을 배당한다. 만일 15K 기억 공간을 요청받은 경우 메모리 할당 시스템이 배당한 영역 번호는?

2010 지방직 9급

영역 번호	사용 가능 크기
1	40K
2	사용 중
3	145K
4	사용 중
5	300K
6	사용 중
7	15K

① 1
② 3
③ 5
④ 7

02 빈출문제

난이도 상 **중** 하

주기억 장치에서 사용 가능한 부분은 다음과 같다. M1은 16KB, M2는 14KB, M3는 5KB, M4는 30KB이며 주기억 장치의 시작 부분부터 M1, M2, M3, M4 순서가 유지되고 있다. 이때 13KB를 요구하는 작업이 최초 적합(First Fit) 방법, 최적 적합(Best Fit) 방법, 최악 적합(Worst Fit) 방법으로 주기억 장치에 각각 배치될 때 결과로 옳은 것은? (단, 배열 순서는 왼쪽에서 첫 번째 최초 적합 결과이며 두 번째가 최적 적합 결과 그리고 세 번째가 최악 적합 결과를 의미한다)

2010 계리직 10급

① M1, M2, M3
② M1, M2, M4
③ M2, M1, M4
④ M4, M2, M3

03

난이도 상 **중** 하

가상 메모리에 대한 〈보기〉의 설명 중 옳은 것을 모두 고른 것은?

2022 계리직 9급

| 보기 |

ㄱ. 인위적 연속성이란 프로세스의 가상 주소 공간상의 연속적인 주소가 실제 기억 장치에서도 연속성이 보장되어야 함을 의미한다.

ㄴ. 다중 프로그래밍 정도가 높은 경우, 프로세스가 프로그램 수행 시간보다 페이지 교환 시간에 더 많은 시간을 소요하고 있다면 스레싱(Thrashing) 현상이 발생한 것이다.

ㄷ. 프로세스를 실행하는 동안 일부 페이지만 집중적으로 참조하는 경우를 지역성(Locality)이라 하며, 배열 순회는 공간 지역성의 예이다.

ㄹ. 프로세스가 자주 참조하는 페이지의 집합을 작업 집합(Working Set)이라 하며, 작업 집합은 최초 한 번 결정되면 그 이후부터는 변하지 않는다.

① ㄱ, ㄴ
② ㄱ, ㄹ
③ ㄴ, ㄷ
④ ㄴ, ㄷ, ㄹ

04

난이도 ⓢⒸ⒣

3개의 Page를 수용할 수 있는 메모리가 있으며, 현재 완전히 비어 있다. 어느 프로그램이 〈보기〉와 같이 Page 번호를 요청했을 때, LRU(Least-Recently-Used)를 사용할 경우 몇 번의 Page-fault가 발생하는가?

2016 서울시 9급

┤ 보기 ├
요청하는 번호 순서: 2 3 2 1 5 2 4 5

① 6번 ② 5번
③ 4번 ④ 3번

05 빈출문제

난이도 ⓢⒸ⒣

여덟 개의 페이지(0~7페이지)로 구성된 프로세스에 네 개의 페이지 프레임이 할당되어 있고, 이 프로세스의 페이지 참조 순서는 〈보기〉와 같다. 이 경우 LRU 페이지 교체 알고리즘을 적용할 때 페이지 적중률(Hit Ratio)은 얼마인가? (단, 〈보기〉의 숫자는 참조하는 페이지 번호를 나타내고, 최초의 페이지 프레임은 모두 비어있다고 가정한다)

2012 계리직 10급

┤ 보기 ├
1, 0, 2, 2, 2, 1, 7, 6, 7, 0, 1, 2

① $\frac{5}{12}$ ② $\frac{6}{12}$

③ $\frac{7}{12}$ ④ $\frac{8}{12}$

06

난이도 ⓢⒸ⒣

운영 체제에서 다음 설명에 해당하는 페이지 교체 알고리즘은?

2023 지방직 9급

페이지 교체가 필요한 시점에서 최근 가장 오랫동안 사용되지 않은 페이지를 제거하여 교체한다.

① 최적(Optimal) 교체 알고리즘
② FIFO(First In First Out) 교체 알고리즘
③ LRU(Least Recently Used) 교체 알고리즘
④ LFU(Least Frequently Used) 교체 알고리즘

07

난이도 ⓢⒸ⒣

다음 〈조건〉에 따라 페이지 기반 메모리 관리 시스템에서 LRU(Least Recently Used) 페이지 교체 알고리즘을 구현하였다. 주어진 참조열의 모든 참조가 끝났을 경우 최종 스택(Stack)의 내용으로 옳은 것은?

2014 계리직 9급

┤ 조건 ├
• LRU 구현 시 스택 사용한다.
• 프로세스에 할당된 페이지 프레임은 4개이다.
• 메모리 참조 열: 1 2 3 4 5 3 4 2 5 4 6 7 2 4

①

스택 top	7
	6
	4
스택 bottom	5

②

스택 top	2
	7
	6
스택 bottom	4

③

스택 top	5
	4
	6
스택 bottom	2

④

스택 top	4
	2
	7
스택 bottom	6

08

난이도 ⓢⒸ⒣

LRU(Least Recently Used) 교체 기법을 사용하는 요구 페이징(Demand Paging) 시스템에서 3개의 페이지 프레임(Page Frame)을 할당받은 프로세스가 다음과 같은 순서로 페이지에 접근했을 때 발생하는 페이지 부재(Page Fault) 횟수로 옳은 것은? (단, 할당된 페이지 프레임들은 초기에 모두 비어 있다고 가정한다)

2021 계리직 9급

페이지 참조 순서(Page Reference String): 1, 2, 3, 1, 2, 3, 1, 2, 3, 1, 2, 3, 4, 5, 6, 7, 4, 5, 6, 7, 4, 5, 6, 7

① 7번 ② 10번
③ 14번 ④ 15번

09

난이도 상**중**하

3개의 페이지 프레임으로 구성된 기억 장치에서 다음과 같은 순서대로 페이지 요청이 일어날 때, 페이지 교체 알고리즘으로 LFU(Least Frequently Used)를 사용한다면 몇 번의 페이지 부재가 발생하는가? (단, 초기 페이지 프레임은 비어있다고 가정한다)

2014 국가직 9급

> 요청된 페이지 번호의 순서: 2, 3, 1, 2, 1, 2, 4, 2, 1, 3, 2

① 4번 ② 5번
③ 6번 ④ 7번

10

난이도 상**중**하

다음과 같은 가용 공간을 갖는 주기억 장치에 크기가 각각 25KB, 30KB, 15KB, 10KB인 프로세스가 순차적으로 적재 요청된다. 최악 적합(Worst-Fit) 배치 전략을 사용할 경우 할당되는 가용 공간 시작 주소를 순서대로 나열한 것은?

2017 지방직 9급

| ── 가용 공간 리스트 ── | |
시작 주소	크기
w	30KB
x	20KB
y	15KB
z	35KB

① w → x → y → z ② x → y → z → w
③ y → z → w → x ④ z → w → x → y

11 빈출문제

난이도 상**중**하

주기억 장치의 페이지 교체 기법에 대한 설명으로 가장 옳은 것은?

2018 서울시 9급

① FIFO(First In First Out)는 가장 오래된 페이지를 교체한다.
② MRU(Most Recently Used)는 최근에 적게 사용된 페이지를 교체한다.
③ LRU(Least Recently Used)는 가장 최근에 사용한 페이지를 교체한다.
④ LFU(Least Frequently Used)는 최근에 사용 빈도가 가장 많은 페이지를 교체한다.

12

난이도 상**중**하

임계 구역(Critical Region)에 대한 설명으로 옳지 <u>않은</u> 것은?

2021 군무원 9급

① 하나의 프로세스만 사용해야 임계 구역 내의 자원의 무결성을 보장할 수 있다.
② 동시에 다수의 프로세스가 병렬적으로 실행할 수 있도록 하여 실행 효율성을 높일 수 있는 영역이다.
③ 임계 구역을 정의하기 위해서는 상호 배제(Mutual Exclusion) 기법이 필요하다.
④ 세마포어(P(s), V(s))는 임계 구역 내에 하나의 프로세스만 허용하도록 하는 용도로 사용하는 기술이다.

13

난이도 **상**중하

다음 중 임계 영역과 병행성(Concurrency)에 대한 설명으로 옳지 <u>않은</u> 것은?

2011 국회직 9급

① 병행성은 여러 개의 처리기를 가진 시스템뿐만 아니라 단일 서버 처리기 환경에서의 다중 프로그래밍 시스템에도 관련이 있다.
② 한 프로세스가 임계 영역에 대한 진입 요청을 한 후부터 그 요청이 받아들여질 때까지의 기간 내에는 다른 프로세스들이 임계 영역을 수행할 수 있는 횟수에 제한이 있다.
③ 임의의 프로세스가 임계 영역에서 수행 중일 때 다른 어떤 프로세스도 임계 영역에서 수행되지 않아야 한다.
④ 임계 영역 바깥에 있는 프로세스는 다른 프로세스의 임계 영역 진입에 영향을 끼치지 않아야 하며, 임계 영역 안에 있는 프로세스의 결과에 영향을 준다.

해설편 ▶ P.29

01

난이도 상 **중** 하

운영 체제의 디스크 스케줄링 기법에 대한 설명으로 옳은 것은?

2014 국가직 9급

① FCFS(First-Come-First-Served)는 현재의 판독/기록 헤드 위치에서 대기 큐 내 요구들 중 탐색 시간이 가장 짧은 것을 선택하여 처리하는 기법이다.

② N-Step-SCAN은 대기 큐 내에서 디스크 암(Disk Arm)이 외부 실린더에서 내부 실린더로 움직이는 방향에 있는 요구들만을 처리하는 기법이다.

③ C-Look은 디스크 암(Disk Arm)이 내부 혹은 외부 트랙으로 이동할 때, 움직이는 방향에 더 이상 처리할 요구가 없는 경우 마지막 트랙까지 이동하지 않는 기법이다.

④ SSTF(Shortest-Seek-Time-First)는 각 요구 처리에 대한 응답 시간을 항상 공평하게 하는 기법이다.

02 빈출문제

난이도 상 중 **하**

〈보기〉는 0~199번의 200개 트랙으로 이루어진 디스크 시스템에서, 큐에 저장된 일련의 입출력 요청들과 어떤 디스크 스케줄링(Disk Scheduling) 방식에 의해 처리된 서비스 순서이다. 이 디스크 스케줄링 방식은 무엇인가? (단, 〈보기〉의 숫자는 입출력할 디스크 블록들이 위치한 트랙 번호를 의미하며, 현재 디스크 헤드의 위치는 트랙 50번이라고 가정한다)

2012 계리직 10급

┌─────── 보기 ───────┐
- 요청 큐: 99, 182, 35, 121, 12, 125, 64, 66
- 서비스 순서: 64, 66, 99, 121, 125, 182, 12, 35
└────────────────────┘

① FCFS
② C-SCAN
③ SSTF
④ SCAN

03

난이도 상 **중** 하

운영체제의 디스크 스케줄링에 대한 설명으로 옳지 않은 것은?

2011 국가직 9급

① FCFS 스케줄링은 공평성이 유지되며 스케줄링 방법 중 가장 성능이 좋은 기법이다.

② SSTF 스케줄링은 디스크 요청들을 처리하기 위해서 현재 헤드 위치에서 가장 가까운 요청을 우선적으로 처리하는 기법이다.

③ C-SCAN 스케줄링은 양쪽 방향으로 요청을 처리하는 SCAN 스케줄링 기법과 달리 한쪽 방향으로 헤드를 이동해 갈 때만 요청을 처리하는 기법이다.

④ 섹터 큐잉(Sector Queuing)은 고정 헤드 장치에 사용되는 기법으로 디스크 회전 지연 시간을 고려한 기법이다.

04

난이도 상 **중** 하

트랙 번호가 0부터 199인 200개의 트랙을 가진 디스크가 있다. 디스크 스케줄링 기법 중 SCAN을 사용하여 다음과 같은 작업 대기 큐(디스크 큐)의 작업을 처리하고자 하는 경우, 처리되는 트랙의 순서를 바르게 나열한 것은? (단, 현재 디스크 헤드는 트랙 35에서 트랙 47로 이동해 왔다고 가정한다)

┌───┐
작업 대기 큐: 139, 22, 175, 56, 13, 158
헤드 시작 위치: 47
└───┘

① 47 → 56 → 139 → 158 → 175 → 22 → 13
② 47 → 56 → 139 → 158 → 175 → 199 → 0 → 13 → 22
③ 47 → 56 → 22 → 13 → 139 → 158 → 175
④ 47 → 56 → 139 → 158 → 175 → 199 → 22 → 13

05

난이도 상 중 하

디스크 헤드의 위치가 55이고 0의 방향으로 이동할 때, C-SCAN 기법으로 디스크 대기 큐 25, 30, 47, 50, 63, 75, 100을 처리한다면 제일 마지막에 서비스 받는 트랙은?

2017 국가직 9급

① 50

② 63

③ 75

④ 100

06

난이도 상 중 하

디스크의 서비스 요청 대기 큐에 도착한 요청이 다음과 같을 때 C-LOOK 스케줄링 알고리즘에 의한 헤드의 총 이동 거리는 얼마인가? (단, 현재 헤드의 위치는 50에 있고, 헤드의 이동 방향은 0에서 199 방향이다)

2014 서울시 9급

요청 대기 열의 순서
65, 112, 40, 16, 90, 170, 165, 35, 180

① 388

② 318

③ 362

④ 347

해설편 ▶ P.31

PART

III

데이터베이스

CHAPTER 01 데이터베이스 개요

CHAPTER 02 데이터 모델 및 언어

CHAPTER 03 정규형과 데이터베이스 설계

CHAPTER 04 고급 기능

출제비중 **10%**

※전 10회 시험(2023~2008)을 기준으로 출제비중을
  산출하였습니다.

01

난이도 ⑧⑥⑥

파일 처리 시스템에서 데이터 중복의 단점에 대한 설명으로 옳지 <u>않은</u> 것은?　2018 국가직 7급

① 같은 데이터가 여러 곳에 중복되어 있어 동일 수준의 보안이 가능하다.
② 데이터 저장 공간에 대한 추가 비용이 소요된다.
③ 데이터 간의 불일치로 인해 데이터 일관성이 결여된다.
④ 데이터 갱신 시 중복된 모든 데이터를 찾아내어 갱신해야 하므로 갱신 비용이 추가된다.

02

난이도 ⑧⑥⑥

범기관적 입장에서 데이터베이스를 정의한 것으로서 데이터베이스에 저장될 데이터의 종류와 데이터 간의 관계를 기술하며 데이터 보안 및 무결성 규칙에 대한 명세를 포함하는 것은?　2013 국가직 9급

① 외부 스키마
② 내부 스키마
③ 개념 스키마
④ 물리 스키마

03

난이도 ⑧⑥⑥

데이터베이스 스키마(Schema)에 대한 설명으로 옳지 <u>않은</u> 것은?　2011 국가직 9급

① 스키마(Schema)는 데이터베이스의 논리적 정의인 데이터의 구조와 제약 조건에 대한 명세를 기술한 것이다.
② 외부 스키마(External Schema)는 데이터베이스의 개별 사용자나 응용 프로그래머가 접근하는 데이터베이스를 정의한 것이다.
③ 내부 스키마(Internal Schema)는 여러 개의 외부 스키마를 통합하는 관점에서 논리적인 데이터베이스를 기술한 것이다.
④ 개념 스키마(Conceptual Schema)는 모든 응용 시스템들이나 사용자들이 필요로 하는 데이터를 통합한 조직 전체의 데이터베이스를 기술한 것으로 하나의 데이터베이스 시스템에는 하나의 개념 스키마만 존재한다.

04

난이도 ⑧⑥⑥

데이터베이스의 3단계-스키마 구조에 대한 설명으로 〈보기〉에서 옳은 것만을 모두 고른 것은?　2018 교육행정직 9급

───────┤ 보기 ├───────
ㄱ. 내부 스키마는 물리적 저장 장치의 관점에서 본 데이터베이스 구조이다.
ㄴ. 외부 스키마는 각 사용자의 관점에서 본 데이터베이스 구조로서 여러 개가 존재할 수 있다.
ㄷ. 개념 스키마는 모든 응용 시스템들이나 사용자들이 필요로 하는 데이터를 통합한 조직 전체의 데이터베이스를 기술한 것이다.

① ㄱ, ㄴ
② ㄱ, ㄷ
③ ㄴ, ㄷ
④ ㄱ, ㄴ, ㄷ

05

난이도 ⑧⑥⑥

데이터베이스에 대한 설명으로 옳지 <u>않은</u> 것은?　2012 지방직 9급

① 객체 관계형 데이터베이스는 객체 지향 개념과 관계 개념을 통합한 것이다.
② 객체 지향형 데이터베이스는 데이터와 연산을 일체화한 객체를 기본 구성 요소로 사용한다.
③ 관계형 데이터베이스는 레코드들을 그래프 구조로 연결한다.
④ 계층형 데이터베이스는 레코드들을 트리 구조로 연결한다.

06

난이도 ⑧⑥⑥

데이터베이스의 접근 순서를 바르게 나열한 것은?

① 사용자 → DBMS → 디스크 관리자 → 파일 관리자 → 데이터베이스
② 사용자 → 파일 관리자 → DBMS → 디스크 관리자 → 데이터베이스
③ 사용자 → 파일 관리자 → 디스크 관리자 → DBMS → 데이터베이스
④ 사용자 → DBMS → 파일 관리자 → 디스크 관리자 → 데이터베이스

07

난이도 (상)(중)**하**

대용량의 데이터 관리를 위해 사용되는 데이터베이스 관리 시스템(DBMS)에 대한 설명으로 옳지 <u>않은</u> 것은?

① 트랜잭션 처리 과정에서 데이터의 일관성과 무결성 유지를 위한 기능을 수행한다.
② 트랜잭션은 원자성(Atomicity)을 가지도록 한다.
③ 데이터 무결성 유지를 위해 데이터의 중복을 허용한다.
④ 저장된 데이터에 대한 효과적인 접근을 위해 질의어를 지원한다.

08

난이도 (상)(중)**하**

데이터베이스 데이터 모델에 대한 설명으로 옳지 <u>않은</u> 것은?

2016 국가직 9급

① 계층 데이터 모델은 트리 형태의 데이터 구조를 가진다.
② 관계 데이터 모델은 테이블로 데이터베이스를 나타낸다.
③ 네트워크 데이터 모델은 그래프 형태로 데이터베이스 구조를 표현한다.
④ 계층 데이터 모델, 관계 데이터 모델, 네트워크 데이터 모델은 개념적 데이터 모델이다.

09

난이도 (상)(중)**하**

아래 지문은 파일 시스템과 DBMS 시스템의 가장 큰 차이점을 설명한 것이다. 지문이 설명하는 DBMS의 장점에 해당하는 것은?

2021 군무원 9급

> 파일 시스템은 파일을 구성하는 레코드 구조가 변경되면 이 파일을 사용하는 모든 프로그램이 변경되어야 한다. 하지만, DBMS 시스템은 데이터베이스를 구성하는 데이터 구조가 변경되어도 변경된 데이터 항목을 사용하는 프로그램만 변경되고, 나머지 프로그램은 변경될 필요가 없어 데이터 항목 변경에 따른 프로그램 유지 보수 비용을 현격히 줄일 수 있다.

① 보안성(Security)
② 다중 접근성(Multi Access)
③ 데이터 독립성(Data Independent)
④ 구조적 접근성(Structured Access)

10

난이도 (상)**중**(하)

다음은 파일 시스템과 데이터베이스 시스템을 설명한 것이다. 틀린 설명은?

2023 해경 2차

① 데이터베이스 시스템에서는 데이터의 구조가 변경되어도 변경 항목과 관련이 없는 프로그램들은 변경할 필요가 없다.
② 데이터베이스 시스템에서는 전체적인 개념적 스키마에서 프로그래머에게 필요한 논리 스키마(혹은 서브 스키마)만을 제공하기 때문에 보안이 강화된다.
③ 파일 시스템은 파일을 구성하는 레코드(Record)에 필드가 추가되거나 삭제되면 이 파일을 사용하는 모든 프로그램이 이를 반영하여 변경되어야 한다.
④ 파일 시스템은 파일 단위로 임계 구역(Critical Region)이 설정되기 때문에 파일의 동시 공유(Concurrent Sharing) 및 다중 접근(Multi Access)이 용이하다.

11

난이도 (상)(중)**하**

논리적 데이터 모델에 대한 설명으로 옳지 <u>않은</u> 것은?

2017 국가직 9급

① 네트워크 모델, 계층 모델은 레거시 데이터 모델로도 불린다.
② SQL은 관계형 모델을 따르는 DBMS의 표준 데이터 언어이다.
③ 관계형 모델은 논리적 데이터 모델에 해당한다.
④ 개체 관계 모델은 개체와 개체 사이의 관계성을 이용하여 데이터를 모델링한다.

12

난이도 (상)**중**(하)

데이터베이스 관리 시스템(DBMS)의 필수 기능에 대한 설명으로 가장 적절하지 <u>않은</u> 것은?

2023 군무원 9급

① 데이터베이스의 구조와 제약 조건 등의 정의 기능
② 데이터베이스의 무결성을 유지할 수 있는 제어 기능
③ 데이터베이스 사용자의 통제 및 보안 기능
④ 검색, 갱신, 삽입, 삭제 등의 조작 기능

해설편 ▶ P.34

01
난이도 상 **중** 하

관계형 모델(Relational Model)의 릴레이션(Relation)에 대한 설명으로 옳지 <u>않은</u> 것은? 2015 국가직 9급

① 릴레이션의 한 행(Row)을 튜플(Tuple)이라고 한다.
② 속성(Attribute)은 릴레이션의 열(Column)을 의미한다.
③ 한 릴레이션에 존재하는 모든 튜플들은 상이해야 한다.
④ 한 릴레이션의 속성들은 고정된 순서를 갖는다.

02
난이도 상 **중** 하

개체 관계 모델(Entity-Relationship Model)을 그래프 방식으로 표현한 E-R 다이어그램에서 마름모 모양으로 표현되는 것은? 2014 서울시 9급

① 개체 타입(Entity Type)
② 관계 타입(Relationship Type)
③ 속성(Attribute)
④ 키 속성(Key Attribute)

03
난이도 상 **중** 하

관계 데이터 모델의 설명으로 옳지 <u>않은</u> 것은? 2019 국회직 9급

① 릴레이션(Relation)의 튜플(Tuple)들은 모두 상이하다.
② 릴레이션에서 속성(Attribute)들 간의 순서는 의미가 없다.
③ 한 릴레이션에 포함된 튜플 사이에는 순서가 없다.
④ 튜플은 원자 값으로 분해가 불가능하다.

04
난이도 상 중 **하**

관계형 데이터베이스에서 후보키(Candidate Key)가 만족해야 할 두 가지 성질로 가장 타당한 것은? 2012 경북교육청 9급

① 유일성과 최소성
② 유일성과 무결성
③ 무결성과 최소성
④ 독립성과 무결성

05 빈출문제
난이도 상 **중** 하

<보기>의 직원 테이블에서 키(Key)와 관련된 설명으로 옳지 <u>않은</u> 것은? (단, 사번과 주민등록번호는 각 유일한 값을 갖고, 부서번호는 부서 테이블을 참조하는 속성이며, 나이가 같은 동명이인이 존재할 수 있다) 2016 계리직 9급

┤ 보기 ├
직원(사번, 이름, 주민등록번호, 주소, 나이, 성별, 부서번호)

① 부서번호는 외래키이다.
② 사번은 기본키가 될 수 있다.
③ (이름, 나이)는 후보키가 될 수 있다.
④ 주민등록번호는 대체키가 될 수 있다.

06
난이도 상 **중** 하

다음 <보기>는 학생이라는 개체의 속성을 나타내고 있다. 데이터베이스 구축 시 "성명"을 기본키로 사용하기 곤란한 이유로 가장 타당한 것은? 2023 해경 2차

┤ 보기 ├
학생(성명, 학번, 전공, 주소, 우편번호)

① 동일한 성명을 가진 학생이 두 명 이상 존재할 수 있다.
② 성명은 기억하기 어렵다.
③ 성명을 정렬하는 데 많은 시간이 소요된다.
④ 성명은 기억 공간을 많이 필요로 한다.

07

난이도 ⑤ⓒ⑤

관계형 데이터베이스의 키(key)에 대한 설명으로 옳지 않은 것은?

2014 지방직 9급

① 슈퍼키(Superkey)는 릴레이션을 구성하는 속성(Attribute)들 중에서 각 튜플(Tuple)을 유일하게 식별할 수 있도록 하는 속성 또는 속성들의 집합이다.

② 후보키(Candidate Key)는 유일성(Uniqueness)과 최소성 (Minimality)을 만족시킨다.

③ 기본키(Primary Key)는 후보키 중에서 튜플을 식별하는 기준으로 선택된 특별한 키이다.

④ 두 개 이상의 후보키 중에서 기본키로 선택되지 않은 나머지 후보키를 외래키(Foreign Key)라고 한다.

08

난이도 ⓐⓒ⑤

속성 A, B, C로 정의된 릴레이션의 인스턴스가 아래와 같을 때, 후보키의 조건을 충족하는 것은?

2016 지방직 9급

A	B	C
1	12	7
20	12	7
1	12	3
1	1	4
1	2	6

① (A)
② (A, C)
③ (B, C)
④ (A, B, C)

09

난이도 ⑤ⓒ⑤

다음의 관계 대수를 SQL로 옳게 나타낸 것은?

$$\pi_{\text{이름, 학년}}(\sigma_{\text{학과 = '컴퓨터'}}(\text{학생}))$$

① SELECT 이름, 학년 FROM 학과
　 WHERE 학생 = '컴퓨터';

② SELECT 학과, 컴퓨터 FROM 학생
　 WHERE 이름 = '학년';

③ SELECT 이름, 학과 FROM 학년
　 WHERE 학과 = '컴퓨터';

④ SELECT 이름, 학년 FROM 학생
　 WHERE 학과 = '컴퓨터';

10

난이도 ⑤ⓒ⑤

다음 관계 대수 연산의 수행 결과로 옳은 것은? (단, Π는 프로젝트, σ는 셀렉트, ⋈은 자연 조인을 나타내는 연산자이다)

2014 계리직 9급

관계 대수: Π_{고객번호, 상품코드} (σ_{가격<=40} (구매 ⋈_N 상품))

구매		상품		
고객번호	상품코드	상품코드	비용	가격
100	P1	P1	20	35
200	P2	P2	50	65
100	P3	P3	10	27
100	P2	P4	20	45
200	P1	P5	30	50
300	P2	P6	40	55

① | 고객번호 | 상품코드 |
|---|---|
| 100 | P1 |
| 100 | P3 |

② | 고객번호 | 상품코드 |
|---|---|
| 100 | P1 |
| 200 | P1 |

③ | 고객번호 | 상품코드 |
|---|---|
| 100 | P1 |
| 100 | P3 |
| 200 | P1 |

④ | 고객번호 | 상품코드 |
|---|---|
| 200 | P2 |
| 100 | P2 |
| 300 | P2 |

11

난이도 ⑤ⓒ⑤

다음 E-R 다이어그램을 관계형 스키마로 올바르게 변환한 것은? (단, 속성명의 밑줄은 해당 속성이 기본키임을 의미한다)

2023 계리직 9급

① 학생(학번, 이름)
　 등록(성적)
　 과목(과목번호, 과목명)

② 학생(학번, 이름)
　 등록(과목번호, 성적)
　 과목(과목번호, 과목명, 성적)

③ 학생(학번, 이름)
　 등록(학번, 성적)
　 과목(과목번호, 과목명)

④ 학생(학번, 이름)
　 등록(학번, 과목번호, 성적)
　 과목(과목번호, 과목명)

12

난이도 (상)(중)(하)

다음 E-R 다이어그램을 관계형 스키마로 올바르게 변환한 것은? (단, 속성명의 밑줄은 해당 속성이 기본키임을 의미한다)

2022 계리직 9급

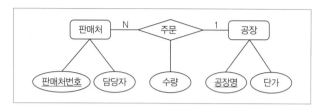

① 판매처(<u>판매처번호</u>, 담당자)
  공장(<u>공장명</u>, 단가, 판매처번호, 수량)
② 판매처(<u>판매처번호</u>, 담당자, 공장명, 수량)
  공장(<u>공장명</u>, 단가)
③ 판매처(<u>판매처번호</u>, 담당자)
  주문(<u>판매처번호</u>, 수량)
  공장(<u>공장명</u>, 단가)
④ 판매처(<u>판매처번호</u>, 담당자)
  주문(<u>공장명</u>, 수량)
  공장(<u>공장명</u>, 단가)

13

난이도 (상)(중)(하)

데이터베이스 언어에 대한 설명으로 옳지 <u>않은</u> 것은?

2023 지방직 9급

① 데이터 제어어(Data Control Language)는 사용자가 데이터에 대한 검색, 삽입, 삭제, 수정 등의 처리를 DBMS에 요구하기 위해 사용되는 언어이다.
② 데이터 제어어는 데이터베이스의 보안, 무결성, 회복(Recovery) 등을 지원하기 위해 사용된다.
③ 절차적 데이터 조작어(Procedural Data Manipulation Language)는 사용자가 원하는 데이터와 그 데이터로의 접근 방법을 명시해야 하는 언어이다.
④ 데이터 정의어(Data Definition Language)는 데이터베이스 스키마의 생성, 변경, 삭제 등에 사용되는 언어이다.

14 빈출문제

난이도 (상)(중)(하)

SQL의 명령을 DDL, DML, DCL로 구분할 경우, 이를 바르게 짝지은 것은?

2019 계리직 9급

	DDL	DML	DCL
①	RENAME	SELECT	COMMIT
②	UPDATE	SELECT	GRANT
③	RENAME	ALTER	COMMIT
④	UPDATE	ALTER	GRANT

15

난이도 (상)(중)(하)

다음 중 데이터베이스 시스템에서 사용하는 데이터 언어가 아닌 것은?

2023 해경 2차

① DDL(Data Description Language)
② DHL(Data Host Language)
③ DML(Data Manipulation Language)
④ DCL(Data Control Language)

16

난이도 (상)(중)(하)

다음 중 유효한 SQL 문장이 <u>아닌</u> 것은?

2016 서울시 9급

① SELECT * FROM Lawyers WHERE firmName LIKE '% and %';
② SELECT firmLoc, COUNT(*) FROM Firms WHERE employees<100;
③ SELECT COUNT(*) FROM Firms WHERE employees <100;
④ SELECT firmLoc, SUM(employees) FROM Firms GROUP BY firmLoc WHERE SUM(employees)<100;

17

관계형 데이터베이스 언어인 SQL에 대한 설명으로 옳은 것은?
2017 국가직 9급

① 데이터 정의어(DDL)를 이용하여 데이터를 검색한다.
② 데이터 조작어(DML)를 이용하여 권한을 부여하거나 취소한다.
③ DELETE문은 테이블을 삭제하는 데 사용한다.
④ SELECT문에서 FROM절은 필수 항목이고, WHERE절은 선택 항목이다.

18

다음 SQL 명령어에서 DDL(Data Definition Language) 명령어만을 모두 고른 것은?
2018 국가직 9급

ㄱ. ALTER	ㄴ. DROP
ㄷ. INSERT	ㄹ. UPDATE

① ㄱ, ㄴ ② ㄴ, ㄷ
③ ㄴ, ㄹ ④ ㄷ, ㄹ

19

고객계좌 테이블에서 잔고가 100,000원에서 3,000,000원 사이인 고객들의 등급을 '우대고객'으로 변경하고자 〈보기〉와 같은 SQL문을 작성하였다. ㉠과 ㉡의 내용으로 옳은 것은?
2018 계리직 9급

┤ 보기 ├
UPDATE 고객계좌
(㉠) 등급 = '우대고객'
WHERE 잔고 (㉡) 100000 AND 3000000;

	㉠	㉡
①	SET	IN
②	SET	BETWEEN
③	VALUES	IN
④	VALUES	BETWEEN

20 빈출문제

직원(사번, 이름, 입사년도, 부서) 테이블에 대한 SQL문 중 문법적으로 옳은 것은?
2016 계리직 9급

① SELECT COUNT(부서) FROM 직원 GROUP 부서;
② SELECT * FROM 직원 WHERE 입사년도 IS NULL;
③ SELECT 이름, 입사년도 FROM 직원 WHERE 이름 = '최%';
④ SELECT 이름, 부서 FROM 직원 WHERE 입사년도 = (2014, 2015);

21

직원 테이블 emp의 모든 레코드를 근무연수 wyear에 대해서는 내림차순으로, 동일 근무연수에 대해서는 나이 age의 오름차순으로 정렬한 결과를 얻기 위한 SQL 질의문은?
2018 지방직 9급

① SELECT * FROM emp ORDER BY age, wyear DESC;
② SELECT * FROM emp ORDER BY age ASC, wyear;
③ SELECT * FROM emp ORDER BY wyear DESC, age;
④ SELECT * FROM emp ORDER BY wyear, age ASC;

22

학생(STUDENT) 테이블에 영문학과 학생 50명, 법학과 학생 100명, 수학과 학생 50명의 정보가 저장되어 있을 때, 다음 SQL문 ㉠, ㉡, ㉢의 실행 결과 튜플 수는 각각 얼마인가? (단, DEPT 필드는 학과명, NAME 필드는 이름을 의미한다)
2007 국가직 7급

㉠ SELECT DEPT FROM STUDENT;
㉡ SELECT DISTINCT DEPT FROM STUDENT;
㉢ SELECT NAME FROM STUDENT WHERE DEPT='영문학과';

	㉠	㉡	㉢
①	3	3	1
②	200	3	1
③	200	3	50
④	200	200	50

23

난이도 상 중 하

다음 〈보기〉 중 주문 테이블에서 결과 테이블을 나타내는 가장 적절한 SQL 구문은?

2023 해경 2차

———— 보기 ————

[주문 테이블]

주문번호	주문고객	주문제품	수량
A001	apple	P03	10
A002	melon	P01	5
A003	banana	P06	45
A004	carrot	P04	5
A005	apple	P03	35
A006	melon	P06	25
A007	banana	P06	20

[결과 테이블]

주문고객	주문제품	수량
apple	P03	35
apple	P03	10
carrot	P04	10
banana	P06	45
melon	P06	25
banana	P06	20

① SELECT 주문고객, 주문제품, 수량 FROM 주문
WHERE 수량 >= 10 ORDER BY 주문제품
ASC, 수량 DESC ;

② SELECT 주문고객, 주문제품, 수량 FROM 주문
WHERE 수량 > 10 ORDER BY 주문제품
DESC, 수량 ASC ;

③ SELECT 주문고객, 주문제품, 수량 FROM 주문
WHERE 수량 <= 10 ORDER BY 주문제품
DESC, 수량 ASC ;

④ SELECT 주문번호, 주문제품, 수량 FROM 주문
WHERE 수량 >= 10 ORDER BY 주문제품
ASC, 수량 DESC ;

24

난이도 상 중 하

사원(사번, 이름) 테이블에서 사번이 100인 튜플을 삭제하는 SQL문으로 옳은 것은? (단, 사번의 자료형은 INT이고, 이름의 자료형은 CHAR(20)으로 가정한다)

2014 계리직 9급

① DELETE FROM 사원
WHERE 사번=100;

② DELETE IN 사원
WHERE 사번=100;

③ DROP TABLE 사원
WHERE 사번=100;

④ DROP 사원 COLUMN
WHERE 사번=100;

25

난이도 상 중 하

다음과 같이 '인사'로 시작하는 모든 부서에 속한 직원들의 봉급을 10% 올리고자 SQL문을 작성하였다. ㉠과 ㉡의 내용으로 옳은 것은?

2023 계리직 9급

```
UPDATE 직원
SET 봉급 = 봉급*1.1
WHERE 부서번호  ㉠  (SELECT 부서번호
                    FROM 부서
                    WHERE 부서명  ㉡  '인사%'
```

	㉠	㉡
①	IN	LIKE
②	EXISTS	HAVING
③	AMONG	LIKE
④	AS	HAVING

26

난이도 상 중 **하**

SQL에서는 데이터베이스 검색의 성능 및 편의 향상을 위하여 내장 함수를 제공한다. 다음 중 SQL의 내장 집계 함수(Aggregate Function)가 <u>아닌</u> 것은?

2010 계리직 10급

① COUNT   ② SUM
③ TOTAL   ④ MAX

27 빈출문제

난이도 상 **중** 하

MS Access의 데이터베이스를 이용한 성적 테이블에서 적어도 2명 이상이 수강하는 과목에 대해 등록한 학생수와 평균점수를 구하기 위한 SQL 질의문을 작성할 경우 빈칸에 적절한 표현은?

2008 계리직 10급

〈테이블명: 성적〉

학번	과목	성적	점수
100	자료구조	A	90
100	운영체제	A	95
200	운영체제	B	85
300	프로그래밍	A	90
300	데이터베이스	C	75
300	자료구조	A	95

```
select 과목, count(*) as 학생수, AVG(점수) as 평균점수
from 성적
group by 과목 _____
```

① where sum(학번) >= 2;
② where count(학번) >= 2;
③ having sum(학번) >= 2;
④ having count(학번) >=2;

28

난이도 상 중 **하**

관계형 데이터베이스의 표준 질의어인 SQL(Structured Query Language)에서 CREATE TABLE문에 대한 설명으로 옳지 <u>않</u>은 것은?

2014 국가직 9급

① CREATE TABLE문은 테이블 이름을 기술하며, 해당 테이블에 속하는 칼럼에 대해서 칼럼 이름과 데이터 타입을 명시한다.
② PRIMARY KEY절에서는 기본키 속성을 지정한다.
③ FOREIGN KEY절에서는 참조하고 있는 행이 삭제되거나 변경될 때의 옵션으로 NO ACTION, CASCADE, SET NULL, SET DEFAULT 등을 사용할 수 있다.
④ CHECK절은 무결성 제약 조건으로 반드시 UPDATE 키워드와 함께 사용한다.

29

난이도 상 중 **하**

관계형 데이터베이스의 뷰(View)에 대한 장점으로 옳지 <u>않은</u> 것은?

2018 계리직 9급

① 뷰는 데이터의 논리적 독립성을 일정 부분 제공할 수 있다.
② 뷰를 통해 데이터의 접근을 제어함으로써 보안을 제공할 수 있다.
③ 뷰에 대한 연산의 제약이 없어서 효율적인 응용 프로그램의 개발이 가능하다.
④ 뷰는 여러 사용자의 상이한 응용이나 요구를 지원할 수 있어서 데이터 관리를 단순하게 한다.

해설편 ▶ P.35

01

난이도 상 중 **하**

데이터베이스 설계 과정에서 목표 DBMS의 구현 데이터 모델로 표현된 데이터베이스 스키마가 도출되는 단계는?

2015 국가직 9급

① 요구 사항 분석 단계   ② 개념적 설계 단계

③ 논리적 설계 단계   ④ 물리적 설계 단계

03 빈출문제

난이도 상 중 **하**

〈보기〉는 관계형 데이터베이스의 정규화 작업을 설명한 것이다. 제1정규형, 제2정규형, 제3정규형, BCNF를 생성하는 정규화 작업을 순서대로 나열한 것은?

2016 계리직 9급

― 보기 ―

ㄱ. 결정자가 후보키가 아닌 함수 종속성을 제거한다.

ㄴ. 부분 함수 종속성을 제거한다.

ㄷ. 속성을 원자 값만 갖도록 분해한다.

ㄹ. 이행적 함수 종속성을 제거한다.

① ㄱ → ㄴ → ㄷ → ㄹ   ② ㄱ → ㄷ → ㄹ → ㄴ

③ ㄷ → ㄱ → ㄴ → ㄹ   ④ ㄷ → ㄴ → ㄹ → ㄱ

04

난이도 상 중 **하**

어떤 릴레이션 R(A, B, C, D)이 복합 애트리뷰트(A, B)를 기본 키로 가지고, 함수 종속이 다음과 같을 때 이 릴레이션 R은 어떤 정규형에 속하는가?

2014 계리직 9급

$$\{ A, B \} \rightarrow C, D$$
$$B \rightarrow C$$
$$C \rightarrow D$$

① 제1정규형

② 제2정규형

③ 제3정규형

④ 보이스-코드 정규형(BCNF)

02

난이도 상 중 **하**

데이터베이스 설계 단계에서 목표 DBMS에 맞는 스키마 설계와 트랜잭션 인터페이스 설계에 대한 것은 어떤 단계에서 이루어지는가?

2014 서울시 9급

① 요구 조건 분석 단계   ② 개념적 설계 단계

③ 논리적 설계 단계   ④ 물리적 설계 단계

05

난이도 ⑨중⑨

릴레이션 R = {A, B, C, D, E}이 함수적 종속성들의 집합 FD = {A → C, {A, B} → D, D → E, {A, B} → E}를 만족할 때, R이 속할 수 있는 가장 높은 차수의 정규형으로 옳은 것은? (단, 기본키는 복합 속성 {A, B}이고, 릴레이션 R의 속성 값은 더 이상 분해될 수 없는 원자 값으로만 구성된다)

2019 지방직 9급

① 제1정규형
② 제2정규형
③ 제3정규형
④ 보이스 / 코드 정규형

07

난이도 ⑨중⑨

순차 파일과 인덱스 순차 파일에 대한 설명으로 옳은 것의 총 개수는?

2019 계리직 9급

> ㄱ. 순차 파일에서의 데이터 레코드 증가는 적용된 순차 기준으로 마지막 위치에서 이루어진다.
> ㄴ. 순차 파일에서는 접근 조건으로 제시된 순차 대상 필드 값 범위에 해당하는 대량의 데이터 레코드들을 접근할 때 효과적이다.
> ㄷ. 순차 파일에서의 데이터 레코드 증가는 오버플로우 블록을 생성시키지 않는다.
> ㄹ. 인덱스 순차 파일의 인덱스에는 인덱스 대상 필드 값과 그 값을 가지는 데이터 레코드를 접근할 수 있게 하는 위치 값이 기록된다.
> ㅁ. 인덱스 순차 파일에서는 인덱스 갱신 없이 데이터 레코드를 추가하거나 삭제하는 것이 가능하다.
> ㅂ. 인덱스 순차 파일에서는 접근 조건에 해당하는 인덱스 대상 필드 값을 가지는 소량의 데이터 레코드를 순차 파일보다 효과적으로 접근할 수 있다.
> ㅅ. 인덱스를 다중 레벨로 구성할 경우, 최하위 레벨은 순차 파일 형식으로 구성된다.

① 2개　　　　　　② 3개
③ 4개　　　　　　④ 5개

06 빈출문제

난이도 ⑨충⑨

데이터베이스 설계 시에 양질의 데이터베이스를 구축하기 위하여 데이터베이스 릴레이션을 정규화한다. 이때 고려해야 할 사항과 가장 관련이 없는 것은?

2010 계리직 10급

① 원하지 않은 데이터의 중복을 제거한다.
② 원하지 않는 데이터의 종속을 제거한다.
③ 한 릴레이션 내의 속성들 간의 관계를 고려한다.
④ 한 릴레이션 내의 튜플들 간의 관계를 고려한다.

08

난이도 ⑨중⑨

데이터베이스 관리 시스템(DBMS)에서 질의 처리를 빠르게 수행하기 위해 질의를 최적화한다. 질의 최적화 시에 사용하는 경험적 규칙으로서 알맞지 않은 것은?

2010 계리직 10급

① 추출(Project) 연산은 일찍 수행한다.
② 조인(Join) 연산은 가능한 한 일찍 수행한다.
③ 선택(Select) 연산은 가능한 한 일찍 수행한다.
④ 중간 결과를 적게 산출하면서 빠른 시간에 결과를 줄 수 있어야 한다.

해설편 ▶ P.39

01

난이도 ⑱⑤⑬

데이터베이스에서 트랜잭션(Transaction)이 가져야 할 ACID 특성으로 옳지 <u>않은</u> 것은?

2014 국가직 9급

① 원자성(Atomicity) ② 고립성(Isolation)
③ 지속성(Durability) ④ 병행성(Concurrency)

02 빈출문제

난이도 ⑱⑤⑬

트랜잭션의 특성과 이에 대한 설명으로 옳지 <u>않은</u> 것은?

2012 계리직 10급

① 원자성(Atomicity): 트랜잭션은 완전히 수행되거나 전혀 수행되지 않아야 한다.
② 일관성(Consistency): 트랜잭션을 완전히 실행하면 데이터베이스를 하나의 일관된 상태에서 다른 일관된 상태로 바꿔야 한다.
③ 고립성(Isolation): 하나의 트랜잭션의 실행은 동시에 실행 중인 다른 트랜잭션의 간섭을 받아서는 안 된다.
④ 종속성(Dependency): 완료한 트랜잭션에 의해 데이터베이스에 가해진 변경은 어떠한 고장에도 손실되지 않아야 한다.

03

난이도 ⑱⑤⑬

트랜잭션이 정상적으로 완료(Commit)되거나, 중단(Abort)되었을 때 롤백(Rollback)되어야 하는 트랜잭션의 성질은?

2017 국가직 9급

① 원자성(Atomicity) ② 일관성(Consistency)
③ 격리성(Isolation) ④ 영속성(Durability)

04

난이도 ⑱⑤⑬

데이터베이스 시스템의 트랜잭션이 가져야 할 속성에 대한 설명으로 옳지 <u>않은</u> 것은?

2007 국가직 9급

① 트랜잭션에 포함된 연산들이 수행 중에 오류가 발생할 경우에 어떠한 연산도 수행되지 않은 상태로 되돌려져야 한다.
② 만약 데이터베이스가 처음에 일관된 상태에 있었다면 트랜잭션이 실행되고 난 후에도 계속 일관된 상태로 유지되어야 한다.
③ 동시에 수행되는 트랜잭션들은 상호 작용할 수 있다.
④ 트랜잭션이 성공적으로 수행 완료된 후에 시스템의 오류가 발생한다 하더라도 트랜잭션에 의해 데이터베이스에 변경된 내용은 보존된다.

05

난이도 ⑱⑤⑬

지연 갱신(Deferred Update)을 기반으로 한 회복 기법을 사용하는 DBMS에서 다음과 같은 로그 레코드가 생성되었다. 시스템 실패가 발생하여 DBMS가 재시작할 때, 데이터베이스에 수행되는 연산으로 옳지 <u>않은</u> 것은? (단, ⟨Tn, A, old, new⟩는 트랜잭션 Tn이 데이터 A의 이전 값(Old)을 이후 값(New)으로 갱신했다는 의미이다)

2012 국가직 9급

⟨T1, Start⟩　　　　　　　시간
⟨T1, A, 900, 1000⟩　　　　↓
⟨T1, Commit⟩
⟨T4, Start⟩
⟨T3, Start⟩
⟨T2, Start⟩
⟨검사점 연산(Checkpoint)⟩
⟨T2, B, 2100, 2200⟩
⟨T2, Commit⟩
⟨T3, C, 1700, 1800⟩
⟨T3, Abort⟩
⟨T4, A, 600, 700⟩
시스템 실패

① T1: no operation ② T2: redo
③ T3: no operation ④ T4: undo

06

난이도 상 중 하

다음 트랜잭션에 대한 회복 작업을 수행하려고 할 때, undo와 redo의 수행 범위에 대해 맞게 설명한 것은?

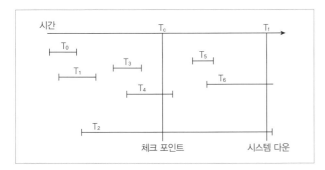

① T_4: Tc 이후에 일어난 변경 부분에 대해서만 redo를 수행한다.

② T_5: 트랜잭션 전체에 대하여 undo를 수행한다.

③ T_2: Tc 이후에 일어난 변경 부분에 대해서만 undo를 수행한다.

④ T_3: Tc 이전에 commit이 되었으므로, 정방향으로 redo한다.

07

난이도 상 중 하

트랜잭션(transaction)의 복구(recovery) 진행 시 복구대상을 제외, 재실행(Redo), 실행 취소(Undo) 할 것으로 구분하였을 때 옳은 것은?

2021 계리직 9급

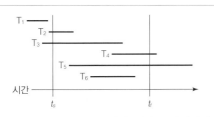

T_1, T_2, T_3, T_4, T_5, T_6 선분은 각각 해당 트랜잭션의 시작과 끝 시점을, ts는 검사점(checkpoint)이 이루어진 시점을, tf는 장애(failure)가 발생한 시점을 의미한다.

	제외	재실행	실행 취소
①	T_1	T_2, T_3	T_4, T_5, T_6
②	T_1	T_2, T_3, T_6	T_4, T_5
③	T_2, T_3	T_1, T_6	T_4, T_5
④	T_4, T_5	T_6	T_1, T_2, T_3

08

난이도 상 중 하

분산 데이터베이스에 대한 설명으로 옳지 않은 것은?

2012 지방직 9급

① 데이터 분산 기술을 이용하여 트랜잭션의 처리 성능을 향상시킬 수 있다.

② 지역 사이트에 있는 모든 DBMS가 동일해야 한다.

③ 데이터 중복 기술을 이용하여 가용성을 높일 수 있다.

④ 트랜잭션의 원자성을 보장하기 위해 2단계 완료 규약(Two-Phase Commit Protocol)을 사용할 수 있다.

09

난이도 상 중 하

관계 데이터베이스의 인덱스(Index)에 대한 설명으로 옳은 것의 총 개수는?

2021 계리직 9급

ㄱ. 기본키의 경우, 자동으로 인덱스가 생성되며 인덱스 구축 시 두 개 이상의 칼럼(Column)을 결합하여 인덱스를 생성할 수 있다.

ㄴ. SQL 명령문의 검색 결과는 인덱스 사용 여부와 관계없이 동일하며 인덱스는 검색 속도에 영향을 미친다.

ㄷ. 데이터베이스의 전체적인 성능을 향상시키기 위해서는 테이블의 모든 칼럼(Column)에 대하여 인덱스를 생성해야 한다.

ㄹ. 인덱스는 칼럼(Column)에 대하여 생성되며 테이블 내의 데이터를 순차적으로 접근하여 검색 결과를 제공한다.

① 1개   ② 2개   ③ 3개   ④ 4개

10

난이도 상 중 하

관계 데이터베이스 관련 다음 설명에서 ㉠~㉣에 들어갈 용어를 바르게 짝지은 것은?

2021 계리직 9급

(㉠) 무결성 제약이란 각 릴레이션(Relation)에 속한 각 애트리뷰트(Attribute)가 해당 (㉡)을 만족하면서 (㉢)할 수 없는 (㉣) 값을 가져서는 안 된다는 것을 말한다.

	㉠	㉡	㉢	㉣
①	참조	고립성	변경	외래키
②	개체	고립성	참조	기본키
③	참조	도메인	참조	외래키
④	개체	도메인	변경	기본키

11

난이도 상 **중** 하

참조 무결성에 대한 설명으로 옳지 <u>않은</u> 것은? 2019 계리직 9급

① 검색 연산의 수행 결과는 어떠한 참조 무결성 제약 조건도 위배하지 않는다.

② 참조하는 릴레이션에서 튜플이 삭제되는 경우, 참조 무결성 제약 조건이 위배될 수 있다.

③ 외래키 값은 참조되는 릴레이션의 어떤 튜플의 기본키 값과 같거나 널(NULL) 값일 수 있다.

④ 참조 무결성 제약 조건은 DBMS에 의하여 유지된다.

12

난이도 상 **중** 하

학생 테이블에 튜플들이 아래와 같이 저장되어 있을 때, 〈Null, '김영희', '서울'〉 튜플을 삽입하고자 한다. 해당 연산에 대한 [결과]와 [원인]으로 옳은 것은? (단, 학생 테이블의 기본키는 학번이다) 2018 계리직 9급

학번	이름	주소
1	김철희	경기
2	이철수	천안
3	박민수	제주

[결과]   [원인]

① 삽입 가능   –   무결성 제약 조건 만족

② 삽입 불가   –   관계 무결성 위반

③ 삽입 불가   –   개체 무결성 위반

④ 삽입 불가   –   참조 무결성 위반

13

난이도 상 **중** 하

최종 사용자가 대규모 데이터에 직접 접근하여 정보 분석이 가능하게 하는 도구인 OLAP(Online Analytical Processing) 도구에 대한 설명 중 <u>틀린</u> 것은?

① OLAP은 실시간이 아닌 장기적으로 누적된 데이터 관리이다.

② OLAP은 데이터 특징으로 주제 중심적으로 발생한다.

③ OLAP은 정형화된 구조만의 데이터를 사용한다.

④ OLAP은 데이터의 접근 유형이 조회 중심이다.

14

난이도 상 **중** 하

데이터베이스 상의 병행 제어를 위한 로킹(Locking) 기법에 대한 〈보기〉의 설명 중 옳은 것의 총 개수는? 2022 계리직 9급

┤ 보기 ├

ㄱ. 로크(Lock)는 하나의 트랜잭션이 데이터를 접근하는 동안 다른 트랜잭션이 그 데이터를 접근할 수 없도록 제어하는 데 쓰인다.

ㄴ. 트랜잭션이 로크한 데이터에 대해서는 해당 트랜잭션이 종료되기 전에 해당 데이터에 대한 언로크(Unlock)를 실행하여야 한다.

ㄷ. 로킹의 단위가 작아질수록 로크의 수가 많아서 관리가 복잡해지지만 병행성 수준은 높아지는 장점이 있다.

ㄹ. 2단계 로킹 규약을 적용하면 트랜잭션의 직렬 가능성을 보장할 수 있어서 교착 상태 발생을 예방할 수 있다.

① 1개   ② 2개

③ 3개   ④ 4개

해설편 ▶ P.40

PART

IV

데이터 통신과 인터넷

CHAPTER 01 데이터 통신 시스템

CHAPTER 02 정보의 전송 방식 및 기술

CHAPTER 03 통신 프로토콜

CHAPTER 04 인터넷

CHAPTER 05 멀티미디어

출제비중 **8%**

※전 10회 시험(2023~2008)을 기준으로 출제비중을 산출하였습니다.

01

난이도 상**중**하

다음 중 데이터 통신 시스템의 구성에서 데이터 전송계에 해당되지 <u>않는</u> 것은?

① Data Terminal Equipment
② Communication Control Unit
③ Host Computer
④ Data Communication Equipment

02

난이도 상**중**하

다음 중 데이터 회선 종단 장치에 대한 설명으로 옳지 <u>않은</u> 것은?

① DCE(Data Communication Equipment)이다.
② 디지털 통신 회선에서는 MODEM이 사용되고, 아날로그 통신 회선에서는 DSU가 사용된다.
③ 단말 장치를 전송 매체에 연결해 주는 역할을 한다.
④ 단말기 또는 컴퓨터로부터의 신호를 통신 회선의 신호로 변환해 준다.

03

난이도 상**중**하

다음 중 CODEC의 통신 매체와 기능에 대한 설명으로 옳은 것은?

2010 서울시 9급

① 아날로그 회선상에서 디지털 데이터와 아날로그 신호를 상호 변환한다.
② 아날로그 회선상에서 아날로그 데이터와 아날로그 신호를 상호 변환한다.
③ 디지털 회선상에서 아날로그 데이터와 아날로그 신호를 상호 변환한다.
④ 디지털 회선상에서 아날로그 데이터와 디지털 신호를 상호 변환한다.

04

난이도 상**중**하

다음 중 통신 제어 장치(CCU; Communication Control Unit)의 역할에 대한 설명으로 옳지 <u>않은</u> 것은?

① 오류 검출 부호의 생성은 가능하나 수신 데이터의 오류 검출은 불가능하다.
② 수신측에서는 수신 데이터를 다시 문자로 조립한다.
③ 전송 제어 문자를 식별한다.
④ 송신측에서는 송신 데이터를 비트로 분할하여 직렬 전송한다.

05

난이도 상**중**하

다음 중 CSMA/CD에 대한 설명으로 옳지 <u>않은</u> 것은?

2009 지방직 9급

① 각 스테이션은 충돌을 감지하는 즉시 전송을 취소한다.
② 모든 스테이션에 보내고자 하는 메시지를 브로드캐스트한다.
③ 하나의 스테이션이 고장이 나면 네트워크 전체가 마비된다.
④ 모든 스테이션은 전송 매체에 동등한 접근 권리를 갖는다.

06

난이도 상**중**하

IEEE 802.11 방식의 무선 LAN에 사용되는 물리 매체 제어 방식은?

2008 국가직 9급

① CDMA
② CSMA/CD
③ CSMA/CA
④ ALOHA

07

난이도 ⑤ⓒⓗ

다음 중 설명이 옳지 <u>않은</u> 것은?

2021 군무원 9급

① 모뎀은 변조와 복조를 할 수 있는 기기이다.

② LAN의 구성 형태로는 버스형, 링형, 스타형, 프레임 릴레이 방식이 있다.

③ 스타형 랜 구성 형식은 중앙 제어 노드를 중심으로 각 노드들이 점 대 점 형태로 연결되는데 각 노드들 간의 직접적인 연결은 없다.

④ 반이중 통신은 통신하는 두 데이터 단말장치가 시간적으로 교대로 데이터를 교환하는 방식의 통신이다.

08 [빈출문제]

난이도 ⑤ⓒⓗ

네트워크 구성 형태에 대한 설명으로 옳지 <u>않은</u> 것은?

2017 국가직 9급

① 메시(Mesh)형은 각 노드가 다른 모든 노드와 점 대 점으로 연결되기 때문에 네트워크 규모가 커질수록 통신 회선 수가 급격하게 많아진다.

② 스타(Star)형은 각 노드가 허브라는 하나의 중앙 노드에 연결되기 때문에 중앙 노드가 고장나면 그 네트워크 전체가 영향을 받는다.

③ 트리(Tree)형은 고리처럼 순환형으로 구성된 형태로서 네트워크 재구성이 수월하다.

④ 버스(Bus)형은 하나의 선형 통신 회선에 여러 개의 노드가 연결되어 있는 형태이다.

09

난이도 ⑤ⓒⓗ

〈보기〉는 네트워크 토폴로지(Topology)에 대한 설명이다. ㉠ ~ ㉢에 들어갈 내용을 옳게 나열한 것은?

2014 계리직 9급

┌─────────────── 보기 ───────────────┐

• FDDI는 광 케이블로 구성되며 (㉠) 토폴로지를 사용한다.

• 허브 장비가 필요한 (㉡) 토폴로지는 네트워크 관리가 용이하다.

• 터미네이터가 필요한 (㉢) 토폴로지는 전송 회선이 단절되면 전체 네트워크가 중단된다.

└──────────────────────────────────┘

	㉠	㉡	㉢
①	링형	버스형	트리형
②	링형	트리형	버스형
③	버스형	링형	트리형
④	버스형	트리형	링형

10

난이도 ⑤ⓒⓗ

네트워크 토폴로지(Topology)의 연결 형태에 대한 설명으로 옳지 <u>않은</u> 것은?

2012 국가직 9급

① 버스(Bus) 토폴로지는 각 노드의 고장이 전체 네트워크에 영향을 거의 주지 않는다.

② 스타(Star) 토폴로지는 중앙 노드에서 문제가 발생하면 전체 네트워크의 통신이 곤란해진다.

③ 링(Ring) 토폴로지는 데이터가 한 방향으로 전송되기 때문에 충돌(Collision) 위험이 없다.

④ 메시(Mesh) 토폴로지는 다른 토폴로지에 비해 많은 통신 회선이 필요하지만, 메시지 전송의 신뢰성은 높지 않다.

11

난이도 ⑤ⓒⓗ

이더넷(Ethernet)의 매체 접근 제어(MAC) 방식인 CSMA/CD에 대한 설명으로 옳지 <u>않은</u> 것은?

2015 국가직 9급

① CSMA/CD 방식은 CSMA 방식에 충돌 검출 기법을 추가한 것으로 IEEE 802.11b의 MAC 방식으로 사용된다.

② 충돌 검출을 위해 전송 프레임의 길이를 일정 크기 이상으로 유지해야 한다.

③ 전송 도중 충돌이 발생하면 임의의 시간 동안 대기하기 때문에 지연 시간을 예측하기 어렵다.

④ 여러 스테이션으로부터의 전송 요구량이 증가하면 회선의 유효 전송률은 단일 스테이션에서 전송할 때 얻을 수 있는 유효 전송률보다 낮아진다.

12

난이도 ⑤ⓒⓗ

다음 중 일반적인 이동 통신 서비스보다 훨씬 작은 지역을 커버하는 초소형 기지국으로써 기존의 인터넷을 통해서 핵심망(코어망)과 접속되며, 전파가 닿기 힘든 실내 혹은 지하 공간에 설치해 이동 통신 서비스를 제공하는 기술은?

2023 해경 2차

① 블루투스(Bluetooth)

② 펨토셀(Femto Cell)

③ 빔 포밍(Beam Forming)

④ 와이파이(Wi-Fi)

해설편 ▶ P.44

01 빈출문제
난이도 상 중 하

동기식 전송(Synchronous Transmission)에 대한 설명으로 옳지 않은 것은?
2019 계리직 9급

① 정해진 숫자만큼의 문자열을 묶어 일시에 전송한다.
② 작은 비트 블록 앞뒤에 Start Bit와 Stop Bit를 삽입하여 비트 블록을 동기화한다.
③ 2,400bps 이상 속도의 전송과 원거리 전송에 이용된다.
④ 블록과 블록 사이에 유휴 시간(Idle Time)이 없어 전송 효율이 높다.

02
난이도 상 중 하

다음 중 동기식 전송 방식의 설명으로 옳지 않은 것은?

① 비트 동기 방식에서는 동기 문자를 사용하며, 문자 동기 방식에서는 플래그 비트를 사용한다.
② 동기 문자(또는 일정 비트)는 송수신 측의 동기가 목적이다.
③ 문자 지향형과 비트 지향형 방식이 있다.
④ 송수신 측이 정해진 길이의 문자를 저장하기 위한 버퍼 기억 장치가 필요하다.

03
난이도 상 중 하

다음 중 전이중(Full-Duplex) 통신 방식의 특징으로 옳지 않은 것은?

① 전이중 통신 방식의 단점은 시설 비용이 많이 드는 것이다.
② 전이중 통신 방식은 전송 반전 지연 시간이 많이 발생된다.
③ 전이중 통신 방식은 전송 효율이 가장 높은 방식이다.
④ 전이중 통신 방식은 4선식이 필요하지만, 2선식 회선에서도 주파수를 분할함으로써 전이중이 가능하다.

04
난이도 상 중 하

아날로그 신호를 디지털 신호로 변조하기 위한 펄스 부호 변조(PCM) 과정으로 옳지 않은 것은?
2020 국가직 9급

① 분절화(Segmentation)
② 표본화(Sampling)
③ 부호화(Encoding)
④ 양자화(Quantization)

05
난이도 상 중 하

데이터 전송에서 Baud 속도가 9600이고, 8위상 2진폭을 사용한다면 bps 속도는 얼마인가?
2008 지방직 9급

① 9600
② 14400
③ 28800
④ 38400

06

난이도 상 **중** 하

데이터 전송 방식 중에서 한 번에 한 문자 데이터를 전송하며 시작 비트(Start-Bit)와 정지 비트(Stop-Bit)를 사용하는 전송 방식은?

2014 국가직 9급

① 비동기식 전송 방식(Asynchronous Transmission)

② 동기식 전송 방식(Synchronous Transmission)

③ 아날로그 전송 방식(Analog Transmission)

④ 병렬 전송 방식(Parallel Transmission)

07

난이도 상 **중** 하

네트워크 교환 방식 중 데이터를 전송하기 전에 통신을 원하는 호스트가 연결 경로를 미리 설정하는 방식에 해당되는 것은?

2021 군무원 9급

① 회선 교환 네트워크

② 패킷 교환 네트워크

③ 메시지 교환 네트워크

④ 데이터그램 교환 네트워크

08

난이도 상 **중** 하

다중 접속(Multiple Access) 방식에 대한 설명으로 옳지 않은 것은?

2013 국가직 9급

① 코드 분할 다중 접속(CDMA)은 디지털 방식의 데이터 송수신 기술이다.

② 시분할 다중 접속(TDMA)은 대역 확산 기법을 사용한다.

③ 주파수 분할 다중 접속(FDMA)은 할당된 유효 주파수 대역 폭을 작은 주파수 영역인 채널로 분할한다.

④ 시분할 다중 접속(TDMA)은 할당된 주파수를 시간상에서 여러 개의 조각인 슬롯으로 나누어 하나의 조각을 한 명의 사용자가 사용하는 방식이다.

09

난이도 **상** 중 하

무선 네트워크 방식에 대한 설명으로 옳은 것은?

2016 계리직 9급

① 블루투스(Bluetooth)는 동일한 유형의 기기 간에만 통신이 가능하다.

② NFC 방식이 블루투스 방식보다 최대 전송 속도가 빠르다.

③ NFC 방식은 액세스 포인트(Access Point) 없이 두 장치 간의 통신이 가능하다.

④ 최대 통신 가능 거리를 가까운 것에서 먼 순서로 나열하면 Bluetooth 〈 Wi-Fi 〈 NFC 〈 LTE 순이다.

해설편 ▶ P.45

CHAPTER
03 통신 프로토콜

01 빈출문제
난이도 (상)(중)(하)

OSI 참조 모델에서 송수신지의 IP 주소를 헤더에 포함하여 전송하는 논리 주소 지정 기능과 송신지에서 수신지까지 데이터가 전송될 수 있도록 최단 전송 경로를 선택하는 라우팅 기능 등을 수행하는 계층으로 옳은 것은?
2008 계리직 10급

① 데이터 링크 계층　　　　② 네트워크 계층
③ 전송 계층　　　　　　　④ 세션 계층

02
난이도 (상)(중)(하)

현재 사용 중인 인터넷 통신 SW를 살펴보면 네트워크를 구성하는 점(Point)과 점(Point) 간, 그리고 종단(End)과 종단(End) 간에 각각 통신을 신뢰할 수 있도록 하고 있다. (1) 점 대 점 간 신뢰 통신을 보장하는 프로토콜 계층과 (2) 종단 간 신뢰 통신을 보장하는 프로토콜 계층으로 가장 적절한 것은?
2023 군무원 9급

① (1) 물리 계층 (2) 링크 계층
② (1) 링크 계층 (2) 전송 계층
③ (1) 네트워크 계층 (2) 전송 계층
④ (1) 응용 계층 (2) 링크 계층

03 빈출문제
난이도 (상)(중)(하)

네트워크 장치에 대한 설명으로 옳지 <u>않은</u> 것은?
2018 계리직 9급

① 허브(Hub)는 여러 대의 단말 장치가 하나의 근거리 통신망(LAN)에 접속할 수 있도록 지원하는 중계 장치이다.
② 리피터(Repeater)는 물리 계층(Physical Layer)에서 동작하며 전송 신호를 재생·중계해 주는 증폭 장치이다.
③ 브리지(Bridge)는 데이터 링크 계층(Data Link Layer)에서 동작하며 같은 MAC 프로토콜(Protocol)을 사용하는 근거리 통신망 사이를 연결하는 통신 장치이다.
④ 게이트웨이(Gateway)는 네트워크 계층(Network Layer)에서 동작하며 동일 전송 프로토콜을 사용하는 분리된 2개 이상의 네트워크를 연결해 주는 통신 장치이다.

04
난이도 (상)(중)(하)

다음 중 2개 이상의 LAN을 연결하여 하나의 네트워크로 만들어주고 동일 LAN 내의 단말 간 통신 트래픽이 다른 LAN으로 흐르는 것을 차단하여 효율을 높인 통신 장비로 가장 적절한 것은?
2023 군무원 9급

① 리피터(Repeater)　　　② 브리지(Bridge)
③ 라우터(Router)　　　　④ 더미 허브(Dummy Hub)

05
난이도 (상)(중)(하)

〈보기〉의 설명에 해당하는 네트워크 장비는?
2012 계리직 10급

┤ 보기 ├
- OSI 계층 모델의 네트워크 계층에서 동작하는 장비이다.
- 송신측과 수신측 간의 가장 빠르고 신뢰성 있는 경로를 설정·관리하며, 데이터를 전달하는 역할을 한다.
- 주로 같은 프로토콜을 사용하는 네트워크 간의 최적 경로 설정을 위해 패킷이 지나가야 할 정보를 테이블에 저장하여 지정된 경로를 통해 전송한다.

① 게이트웨이(Gateway)　　② 브리지(Bridge)
③ 리피터(Repeater)　　　　④ 라우터(Router)

06
난이도 (상)(중)(하)

네트워크 통신 장치들에 대한 설명으로 옳지 <u>않은</u> 것은?
2010 국가직 9급

① 리피터(Repeater)는 네트워크 각 단말기를 연결시키는 집선 장치로 일종의 분배기 역할을 한다.
② 브리지(Bridge)는 데이터 링크 계층에서 망을 연결하며 패킷을 적절히 중계하고 필터링하는 장치이다.
③ 라우터(Router)는 네트워크 계층에서 망을 연결하고 라우팅 알고리즘을 이용하여 최적의 경로를 선택하여 패킷을 전송한다.
④ 게이트웨이(Gateway)는 두 개의 서로 다른 형태의 네트워크를 상호 연결시켜 주는 관문 역할을 하는 장치이다.

07

난이도 (상)(중)(하)

다음 중 TCP/UDP 포트(Port)를 기반으로 사용자의 요구를 여러 대의 서버로 부하를 분산하는 기능을 하는 스위치 장비는?

2023 해경 2차

① L1 스위치
② L2 스위치
③ L3 스위치
④ L4 스위치

08

난이도 (상)(중)(하)

데이터 통신 오류 방식인 Go-back-N ARQ에서 6번 프레임까지 전송을 하였는데 수신측에서 3번 프레임에 오류가 있다고 재전송을 요청해 왔을 경우 재전송되는 프레임의 수는?

2008 계리직 10급

① 1개
② 2개
③ 3개
④ 4개

09

난이도 (상)(중)(하)

네트워킹 장비에 대한 설명으로 가장 옳지 <u>않은</u> 것은?

2019 서울시 9급

① 라우터(Router)는 데이터 전송을 위한 최선의 경로를 결정한다.
② 허브(Hub)는 전달받은 신호를 그와 케이블로 연결된 모든 노드들에 전달한다.
③ 스위치(Switch)는 보안(Security) 및 트래픽(Traffic) 관리 기능도 제공할 수 있다.
④ 브리지(Bridge)는 한 네트워크 세그먼트에서 들어온 데이터를 그의 물리적 주소와 관계없이 무조건 다른 세그먼트로 전달한다.

10

난이도 (상)(중)(하)

컴퓨터 네트워크에서 게이트웨이(Gateway)에 대한 설명으로 옳은 것은?

2019 국회직 9급

① 디지털 신호와 아날로그 신호 사이의 변환을 담당하는 장치이다.
② 디지털 신호를 멀리 전송할 수 있도록 신호를 증폭하는 역할을 한다.
③ 둘 이상의 LAN을 연결하여 하나의 네트워크로 연결해 주는 장치이며, 데이터 링크 계층에서만 동작한다.
④ 서로 다른 통신 프로토콜을 사용하는 네트워크 사이를 연결하여 데이터를 교환할 수 있도록 하는 역할을 한다.

11

난이도 (상)(중)(하)

다음 중 OSI 7계층 모델을 상위 계층부터 순서대로 올바르게 나열한 것은?

① Application Layer - Presentation Layer - Session Layer - Transport Layer - Network Layer - Data link Layer - Physical Layer
② Application Layer - Presentation Layer - Session Layer - Network Layer - Transport Layer - Data link Layer - Physical Layer
③ Physical Layer - Data link Layer - Network Layer - Transport Layer - Session Layer - Presentation Layer - Application Layer
④ Physical Layer - Data link Layer - Transport Layer - Network Layer - Session Layer - Presentation Layer - Application Layer

12

난이도 ⑤⑥⑦

다음 중 HDLC(High-level Data Link Control) 프레임의 구성 순서가 올바르게 나열된 것은?

① 플래그 – 플래그 – 주소부 – 제어부 – 정보부 – FCS
② 플래그 – 플래그 – 제어부 – 정보부 – FCS – 주소부
③ 플래그 – FCS – 주소부 – 제어부 – 정보부 – 플래그
④ 플래그 – 주소부 – 제어부 – 정보부 – FCS – 플래그

13

난이도 ⑤⑥⑦

IP(Internet Protocol)에 대한 설명으로 옳지 <u>않은</u> 것은?

2023 지방직 9급

① 전송 계층에서 사용되는 프로토콜이다.
② 비연결형 프로토콜이다.
③ IPv4에서 IP 주소의 길이가 32비트이다.
④ IP 데이터그램이 목적지에 성공적으로 도달하는 것을 보장하지 않는다.

14

난이도 ⑤⑥⑦

다른 컴퓨터 시스템들과의 통신이 개방된 시스템 간의 연결을 다루는 OSI 모델에서 〈보기〉가 설명하는 계층은?

2015 서울시 9급

┤ 보기 ├

물리적 전송 오류를 감지하는 기능을 제공하여 송수신 호스트가 오류를 인지할 수 있게 해주며, 컴퓨터 네트워크에서의 오류 제어(Error Control)는 송신자가 송신한 데이터를 재전송(Retransmission)하는 방법으로 처리한다.

① 데이터 링크 계층   ② 물리 계층
③ 전송 계층   ④ 표현 계층

15

난이도 ⑤⑥⑦

TCP(Transmission Control Protocol)에 대한 설명으로 옳은 것만을 모두 고르면?

2023 지방직 9급

ㄱ. 네트워크 계층에서 사용되는 프로토콜이다.
ㄴ. 흐름 제어와 혼잡 제어를 수행한다.
ㄷ. 연결 지향형 프로토콜이다.
ㄹ. IP 주소를 이용하여 데이터그램을 목적지 호스트까지 전송하는 역할을 한다.

① ㄱ, ㄴ   ② ㄱ, ㄹ
③ ㄴ, ㄷ   ④ ㄷ, ㄹ

16

난이도 ⑤⑥⑦

〈보기〉에서 TCP에 대한 설명으로 옳은 것을 모두 고른 것은?

2022 계리직 9급

┤ 보기 ├

ㄱ. RTT(Round Trip Time) 측정이 필요하다.
ㄴ. 하나의 TCP 연결로 양방향 데이터 전달이 가능하다.
ㄷ. 라우터 혼잡을 피하기 위해 흐름 제어(flow control)를 수행 한다.
ㄹ. TCP 헤더(옵션 제외)에 데이터의 길이 정보를 나타내는 길이 필드(length field)가 존재한다.
ㅁ. 순서(sequence) 번호와 확인(acknowledgement) 번호를 사용한다.

① ㄱ, ㄷ   ② ㄱ, ㄴ, ㄹ
③ ㄱ, ㄴ, ㅁ   ④ ㄴ, ㄷ, ㅁ

17

난이도 ⑤⑥⑦

다음은 TCP/IP 인터넷 프로토콜에서 사용되는 주소들이다. 거리가 가장 <u>먼</u> 것은?

2023 해경 2차

① 포트(Port) 주소
② IP(Internet Protocol) 주소
③ MAC(Media Access Control) 주소
④ 상대(Relative) 주소

18

난이도 상 중 하

OSI 7계층 중 브리지(Bridge)가 복수의 LAN을 결합하기 위해 동작하는 계층은?

2015 국가직 9급

① 물리 계층
② 데이터 링크 계층
③ 네트워크 계층
④ 전송 계층

19

난이도 상 중 하

OSI 참조 모델의 각 계층과 이에 해당하는 프로토콜에 대한 연결이 옳지 않은 것은?

2023 군무원 9급

① 네트워크 계층 – IP
② 데이터 링크 계층 – UDP
③ 전송 계층 – TCP
④ 응용 계층 – FTP

20

난이도 상 중 하

OSI 7계층 중 종점 호스트 사이의 데이터 전송을 다루는 계층으로서 종점 간의 연결 관리, 오류 제어와 흐름 제어 등을 수행하는 계층은?

2014 국가직 9급

① 전송 계층(Transport Layer)
② 데이터 링크 계층(Data Link Layer)
③ 네트워크 계층(Network Layer)
④ 세션 계층(Session Layer)

21

난이도 상 중 하

다음 중 TCP/IP 인터넷 프로토콜에서 흐름 제어 및 오류 제어 등을 통해서 종단 간(End to End)에 신뢰할 수 있는 통신 기능을 제공하는 계층은?

2023 해경 2차

① 응용(Application) 계층
② 네트워크(Network) 계층
③ 전송(Transport) 계층
④ 데이터 링크(Link) 계층

22

난이도 상 중 하

데이터 통신 시스템에서 발생하는 에러를 제어하는 방식으로 송신측이 오류를 검출할 수 있을 정도의 부가적인 정보를 프레임에 첨가하여 전송하고 수신측이 오류 검출 시 재전송을 요구하는 방식은?

2014 국가직 9급

① ARQ(Automatic Repeat reQuest)
② FEC(Forward Error Correction)
③ 순회 부호(Cyclic Code)
④ 해밍 부호(Hamming Code)

23

난이도 상 중 하

프로토콜에 대한 설명으로 옳지 않은 것은?

2015 국가직 9급

① ARP는 데이터 링크 계층의 프로토콜로 MAC 주소에 대해 해당 IP 주소를 반환해 준다.
② UDP를 사용하면 일부 데이터의 손실이 발생할 수 있지만, TCP에 비해 전송 오버헤드가 적다.
③ MIME는 텍스트, 이미지, 오디오, 비디오 등의 멀티미디어 전자 우편을 위한 규약이다.
④ DHCP는 한정된 개수의 IP 주소를 여러 사용자가 공유할 수 있도록 동적으로 가용한 주소를 호스트에 할당해 준다.

24

난이도 (상)(중)**(하)**

TCP/IP 프로토콜 계층 구조에서 다음 중 나머지 셋과 다른 계층에 속하는 프로토콜은?

2023 지방직 9급

① HTTP
② SMTP
③ DNS
④ ICMP

25

난이도 **(상)**(중)(하)

이메일 서비스에서 사용되는 프로토콜로 적절하지 <u>않은</u> 것은?

2022 계리직 9급

① DNS
② HTTP
③ RTP
④ TCP

26

난이도 (상)**(중)**(하)

인터넷에서 웹 서버와 클라이언트 브라우저 간에 하이퍼텍스트(Hypertext) 문서를 전송하기 위한 통신 규약으로 옳은 것은?

2023 군무원 9급

① FTP
② SMTP
③ SNMP
④ HTTP

27 빈출문제

난이도 (상)(중)**(하)**

TCP/IP 프로토콜 중 전송 계층인 TCP에 대한 설명으로 옳은 것을 〈보기〉에서 고른 것은?

2014 계리직 9급

┌─ 보기 ┐
ㄱ. 비연결형 서비스를 지원한다.
ㄴ. UDP보다 데이터 전송 신뢰도가 낮다.
ㄷ. 송신할 데이터를 패킷 단위로 전송한다.
ㄹ. 수신측에서 잘못 전송된 패킷에 대해 재전송을 요구한다.
└─────────┘

① ㄱ, ㄴ
② ㄴ, ㄷ
③ ㄷ, ㄹ
④ ㄱ, ㄹ

28

난이도 (상)(중)**(하)**

TCP/IP 프로토콜에 대한 설명으로 옳은 것은?

2018 계리직 9급

① TCP는 비연결형 프로토콜 방식을 사용한다.
② TCP는 네트워크 계층(Network Layer)에 속한다.
③ IP는 잘못 전송된 패킷에 대하여 재전송을 요청하는 기능을 제공한다.
④ IP는 각 패킷의 주소 부분을 처리하여 패킷이 목적지에 도달할 수 있도록 한다.

29

난이도 (상)**(중)**(하)

다음 프로토콜에 관한 설명 중 옳지 <u>않은</u> 것은?

2007 국가직 9급

① TCP는 데이터의 흐름과 데이터 전송의 신뢰성을 관리한다.
② IP는 데이터가 목적지에 성공적으로 도달하는 것을 보장한다.
③ TCP/IP는 인터넷에 연결된 다른 기종의 컴퓨터 간에 데이터를 서로 주고받을 수 있도록 한 통신 규약이다.
④ UDP를 사용하면 일부 데이터의 손실이 생길 수 있지만 TCP를 사용할 때보다 빠른 전송을 요구하는 서비스에 사용될 수 있다.

30

〈보기〉에서 설명하고 있는 HTTP 프로토콜 메소드로 옳은 것은?

2023 계리직 9급

┌─────────────── 보기 ───────────────┐
ㄱ. 서버로 정보를 보내는 데 사용한다.
ㄴ. 대량의 데이터를 전송할 때 사용한다.
ㄷ. 보내는 데이터가 URL을 통해 노출되지 않기 때문에 최
   소한의 보안성을 가진다.
└────────────────────────────────────┘

① GET   ② POST
③ HEAD   ④ CONNECT

31

TCP/IP 프로토콜에 대한 설명으로 옳지 <u>않은</u> 것은?

2012 국가직 9급

① ARP(Address Resolution Protocol)는 IP 주소를 물리 주소
   로 변환해 준다.
② IP는 오류 제어와 흐름 제어를 통하여 패킷의 전달을 보장
   한다.
③ TCP는 패킷 손실을 이용하여 혼잡(Congestion) 정도를 측
   정하여 제어하는 기능도 있다.
④ HTTP, FTP, SMTP와 같은 프로토콜은 전송 계층 위에서
   동작한다.

32

DHCP(Dynamic Host Configuration Protocol)에 대한 설명으로 옳은 것은?

2013 국가직 9급

① 자동이나 수동으로 가용한 IP 주소를 호스트(Host)에 할당
   한다.
② 서로 다른 통신 규약을 사용하는 네트워크들을 상호 연결하
   기 위해 통신 규약을 전환한다.
③ 데이터 전송 시 케이블에서의 신호 감쇠를 보상하기 위해
   신호를 증폭하고 재생하여 전송한다.
④ IP 주소를 기준으로 네트워크 패킷의 경로를 설정하며 다중
   경로일 경우에는 최적의 경로를 설정한다.

33

다음 〈보기〉에서 설명하는 것은?

2023 해경 2차

┌─────────────── 보기 ───────────────┐
• 인터넷이나 네트워크상에서 일정 정도 이하의 지연 시간이
  나 데이터 손실률 등의 보장을 일컫는 말이다.
• 데이터를 목적지까지 빠르게, 일정한 속도로, 신뢰성 있게
  보내기 위해 대역폭, 우선순위 등 네트워크 자원을 할당해
  주어진 네트워크 자원에 각종 응용 프로그램의 송신 수요
  를 지능적으로 맞춰주는 여러 가지 기술을 총칭하는 용어
  이다.
└────────────────────────────────────┘

① NTP   ② QoS
③ RADIUS   ④ SMTP

34

난이도 (상)(중)(하)

TCP/IP 프로토콜의 계층과 그 관련 요소의 연결이 옳지 <u>않은</u> 것은?

2013 국가직 9급

① 데이터 링크 계층(Data Link Layer): IEEE 802, Ethernet, HDLC

② 네트워크 계층(Network Layer): IP, ICMP, IGMP, ARP

③ 전송 계층(Transport Layer): TCP, UDP, FTP, SMTP

④ 응용 계층(Application Layer): POP3, DNS, HTTP, TELNET

35

난이도 (상)(중)(하)

다음 〈보기〉에서 설명하는 것은?

2023 해경 2차

| 보기 |

패킷 교환망인 인터넷을 이용하여 음성 정보를 전달하는 전화 관련 기술로서 저렴한 전화 서비스를 구현하는 데 사용된다. 관련 표준 프로토콜로 ITU H.323과 IETF SIP(Session Initiation Protocol)가 있고, 게이트웨이를 이용하여 공중전화망(PSTN)과 연결할 수 있다.

① IPTV

② VoIP

③ IPv6

④ IPSec

36

난이도 (상)(중)(하)

네트워크에서 1비트의 패리티 비트(Parity Bit)를 사용하여 데이터의 전송 에러를 검출하려 한다. 1바이트 크기의 데이터 A, B, C, D, E 다섯 개를 전송하였다. 그중 두 개의 데이터에서 1비트 에러가 발생하였고 나머지는 정상적으로 전송되었다고 가정하자. 다음 표에서 에러가 발생한 두 개의 데이터는?

2009 국가직 9급

데이터 이름	데이터 비트열	패리티 비트
A	01001101	1
B	01110110	1
C	10111000	0
D	11110001	0
E	10101010	0

① A, D

② B, C

③ B, E

④ C, E

37

난이도 (상)(중)(하)

해밍코드에 대한 패리티 비트 생성 규칙과 인코딩 예가 다음과 같다. 이에 대한 설명으로 옳은 것은?

2021 국가직 9급

〈패리티 비트 생성 규칙〉

원본 데이터	d4	d3	d2	d1			
인코딩된 데이터	d4	d3	d2	p4	d1	p2	p1

$p1 = (d1 + d2 + d4) \bmod 2$

$p2 = (d1 + d3 + d4) \bmod 2$

$p4 = (d2 + d3 + d4) \bmod 2$

〈인코딩 예〉

원본 데이터	0	0	1	1			
인코딩된 데이터	0	0	1	1	1	1	0

① 이 방법은 홀수 패리티를 사용하고 있다.

② 원본 데이터가 0100이면 0101110으로 인코딩된다.

③ 패리티 비트에 오류가 발생하면 복구는 불가능하다.

④ 수신측이 0010001을 수신하면 한 개의 비트 오류를 수정한 후 최종적으로 0010으로 복호한다.

38

난이도 ❸중하

인터넷에서 사용되는 경로 배정(Routing) 프로토콜 중에서 자율 시스템(Autonomous System) 내부에서의 경로 배정을 위해 사용되는 것만을 모두 고른 것은?

2016 국가직 9급

ㄱ. OSPF	ㄴ. BGP	ㄷ. RIP

① ㄱ, ㄴ　　　　　　　② ㄱ, ㄷ
③ ㄴ, ㄷ　　　　　　　④ ㄱ, ㄴ, ㄷ

40

난이도 ❸중하

슬라이딩 윈도 기법에 대한 설명으로 옳지 않은 것은?

2008 국가직 9급

① 흐름 제어와 에러 제어를 위한 기법으로 윈도 크기만큼의 데이터 프레임을 연속적으로 전송할 수 있는 방법이다.
② 윈도 크기를 지정하여 응답 없이 전송할 수 있는 데이터 프레임의 최대 개수를 제한할 수 있다.
③ 송신측 윈도는 데이터 프레임을 전송할 때마다 하나씩 줄어들고 응답을 받을 때마다 하나씩 늘어나게 된다.
④ 수신측 윈도는 데이터 프레임을 수신할 때마다 하나씩 늘어나고 응답을 전송할 때마다 하나씩 줄어들게 된다.

39

난이도 ❸중하

TCP/IP 프로토콜에서 TCP 및 UDP에 대한 설명으로 옳지 않은 것은?

2016 국가직 9급

① TCP와 UDP는 전송 계층(Transport Layer)의 프로토콜이다.
② UDP는 중복 전달 및 전송 오류를 허용한다.
③ TELNET, SNMP, TFTP는 TCP 서비스를 이용하는 응용 계층(Application Layer) 프로토콜이다.
④ TCP는 신뢰성 있는 통신을 제공하기 위한 연결형 프로토콜이다.

해설편 ▶ P.47

01

난이도 (상)(중)(하)

인터넷에서 호스트 네임(Host Name)에 사상(Mapping)되는 IP 주소를 찾기 위해 사용하는 것은?

2018 교육행정직 9급

① DNS(Domain Name System)

② OSPF(Open Shortest Path First)

③ ICMP(Internet Control Message Protocol)

④ SNMP(Simple Network Management Protocol)

02 빈출문제

난이도 (상)(중)(하)

IPv4에서 서브넷 마스크가 255.255.255.0인 경우 하나의 네트워크에 최대 254대의 호스트를 연결할 수 있는 클래스로 옳은 것은?

2014 계리직 9급

① A 클래스   ② B 클래스

③ C 클래스   ④ D 클래스

03 빈출문제

난이도 (상)(중)(하)

회사에서 211.168.83.0(클래스 C)의 네트워크를 사용하고 있다. 내부적으로 5개의 서브넷을 사용하기 위해 서브넷 마스크를 255.255.255.224로 설정하였다. 이때 211.168.83.34가 속한 서브넷의 브로드캐스트 주소는 어느 것인가?

2010 계리직 10급

① 211.168.83.15   ② 211.168.83.47

③ 211.168.83.63   ④ 211.168.83.255

04

난이도 (상)(중)(하)

서브넷 마스크(Subnet Mask)를 255.255.255.224로 하여 한 개의 C 클래스 주소 영역을 동일한 크기의 8개 하위 네트워크로 나누었다. 분할된 네트워크에서 브로드캐스트를 위한 IP 주소의 오른쪽 8비트에 해당하는 값으로 옳은 것은?

2015 국가직 9급

① 0   ② 64

③ 159   ④ 207

05 빈출문제

난이도 (상)(중)(하)

인터넷 주소 체계인 IPv4와 IPv6의 주소 길이와 주소 표시 방법을 각각 바르게 나열한 것은?

2016 계리직 9급

	IPv4	IPv6
①	(32비트, 8비트씩 4부분)	(128비트, 16비트씩 8부분)
②	(32비트, 8비트씩 4부분)	(128비트, 8비트씩 16부분)
③	(64비트, 16비트씩 4부분)	(256비트, 32비트씩 8부분)
④	(64비트, 16비트씩 4부분)	(256비트, 16비트씩 16부분)

06

난이도 (상)(중)(하)

IP 주소가 117.17.23.253/27인 호스트에 대한 설명으로 옳은 것은?

2023 계리직 9급

① 이 주소의 네트워크 주소는 117.17.23.0이다.

② 이 주소의 서브넷 마스크는 255.255.255.224이다.

③ 이 주소는 클래스 기반의 주소 지정으로 C클래스 주소이다.

④ 이 주소가 포함된 네트워크에서 사용될 수 있는 IP 주소는 254개이다.

07

난이도 (상)(중)(하)

인터넷에서는 도메인 주소를 IP 주소로 변환하는 컴퓨터가 있어야 하는데 이러한 컴퓨터의 이름으로 알맞은 것은?

2008 계리직 10급

① Proxy 서버   ② DHCP 서버

③ WEB 서버   ④ DNS 서버

08

난이도 (상)(중)(하)

IPv6(Internet Protocol Version 6)에 대한 설명으로 옳지 않은 것은?

2007 국가직 9급

① 128 비트의 IP 주소 크기

② 40 바이트의 크기를 갖는 기본 헤더(Header)

③ IP 데이터그램의 비트 오류를 검출하기 위해 헤더 체크섬(Checksum) 필드가 헤더에 존재한다.

④ 중간 라우터에서는 IP 데이터그램을 조각화(Fragmentation)할 수 없다.

09

난이도 (상)(중)(하)

인터넷에서 사용하는 IPv6에 대한 설명으로 옳지 않은 것은?

2021 계리직 9급

① 패킷 헤더의 체크섬(Checksum)을 통해 데이터 무결성 검증 기능을 지원한다.

② QoS(Quality of Service) 보장을 위해 흐름 레이블링(Flow Labeling) 기능을 지원한다.

③ IPv6의 주소 체계는 16비트씩 8개 부분, 총 128비트로 구성되어 있다.

④ IPv6 주소 표현에서 연속된 0에 대한 생략을 위한 :: 표기는 1번만 가능하다.

10

난이도 (상)(중)(하)

IP(Internet Protocol) 주소는 공인(Public) IP 주소와 사설(Private) IP 주소로 분류한다. 다음 중 사설 IP 주소에 대한 설명으로 옳은 것은?

2021 군무원 9급

① 전 세계적으로 중복이 없는 유일한 IP 주소이다.

② 특정한 하나의 NAT(Network Address Translation) 방식의 공유기/라우터에 유일하게 할당되는 하나의 IP 주소이다.

③ 세계적으로는 ICANN(Internet Corporation for Assigned Names and Numbers)이, 국내는 한국인터넷진흥원이 관리하는 IP 주소이다.

④ 하나의 NAT 장비로 구축한 LAN(Local Area Network) 영역 내에서 임의적으로 할당하는 유일한 IP 주소이다.

11

난이도 (상)(중)(하)

이동 애드혹 네트워크(MANET)에 대한 설명으로 옳지 않은 것은?

2017 국가직 9급

① 전송 거리와 전송 대역폭에 제약을 받는다.

② 노드는 호스트 기능과 라우팅 기능을 동시에 가진다.

③ 보안 및 라우팅 지원이 여러 노드 간의 협력에 의해 분산 운영된다.

④ 동적인 네트워크 토폴로지를 효율적으로 구성하기 위해 액세스 포인트(AP)와 같은 중재자를 필요로 한다.

12

난이도 (상)(중)(하)

다음의 설명과 무선 PAN 기술이 옳게 짝지어진 것은?

2017 국가직 9급

> (가) 다양한 기기 간에 무선으로 데이터 통신을 할 수 있도록 만든 기술로 에릭슨이 IBM, 노키아, 도시바와 함께 개발하였으며, IEEE 802.15.1 규격으로 발표되었다.
>
> (나) 약 10cm 정도로 가까운 거리에서 장치 간에 양방향 무선 통신을 가능하게 하는 기술로 모바일 결제 서비스에 많이 활용된다.
>
> (다) IEEE 802.15.4 기반 PAN 기술로 낮은 전력을 소모하면서 저가의 센서 네트워크 구현에 최적의 방안을 제공하는 기술이다.

	(가)	(나)	(다)
①	Bluetooth	ZigBee	RFID
②	NFC	RFID	ZigBee
③	ZigBee	RFID	Bluetooth
④	Bluetooth	NFC	ZigBee

해설편 ▶ P.53 >>>

01

난이도 ⑤⑥④

컴퓨터 그래픽에서 벡터(Vector) 방식의 이미지에 대한 설명으로 옳지 <u>않은</u> 것은? 2012 국가직 9급

① 직선과 도형을 이용하여 이미지를 구성한다.

② 색상의 미묘한 차이를 표현하기 용이하여 풍경이나 인물 사진에 적합하다.

③ 이미지 용량은 오브젝트의 수와 수학적인 함수의 복잡도에 따라 정해진다.

④ 이미지를 확대/축소하더라도 깨짐이나 변형이 거의 없다.

02

난이도 ⑤⑥④

비트맵 이미지와 벡터 이미지에 대한 설명으로 옳지 <u>않은</u> 것은? 2009 지방직 9급

① 비트맵 이미지를 표현하는 파일 형식으로는 BMP, JPEG, GIF 등이 있다.

② 비트맵 이미지는 이미지의 크기를 확대할 경우 이미지가 깨져 보인다.

③ 비트맵 이미지는 벡터 이미지보다 실물을 표현하는 데 적합하다.

④ 비트맵 이미지는 벡터 이미지보다 캐릭터, 간단한 삽화 등의 표현에 적합하다.

03

난이도 ⑤⑥④

그래픽과 사운드를 동시에 모니터나 TV로 전송할 수 있는 포트 연결 단자로 적절한 것은? 2021 군무원 9급

① D-SUB

② DVI

③ HDMI

④ USB

04

난이도 ⑤⑥④

화소(Pixel) 당 24비트 컬러를 사용하고 해상도가 352×240 화소인 TV 영상 프레임(Frame)을 초당 30개 전송할 때 필요한 통신 대역폭으로 가장 가까운 것은? 2010 계리직 10급

① 약 10Mbps

② 약 20Mbps

③ 약 30Mbps

④ 약 60Mbps

05

난이도 ⓢ**ⓜ**ⓗ

컴퓨터 네트워크상에서 음성 데이터를 IP 데이터 패킷으로 변환하여 전화 통화와 같이 음성 통화를 가능케 해 주는 기술로 알맞은 것은?

2008 계리직 10급

① VPN ② IPSec
③ IPv6 ④ VoIP

07

난이도 **ⓢ**ⓜⓗ

다음에서 설명하는 이미지 파일 형식(Format)으로 옳은 것은?

2016 국가직 9급

- 컴퓨서브사에서 이미지 파일 전송 시간을 줄이기 위해 개발한 이미지 파일 압축 형식이다.
- RLE(Run Length Encoding) 방식을 응용한 압축 방법을 사용한다.
- 사용 가능한 색이 256색으로 제한된다.

① JPEG ② MPEG
③ TIFF ④ GIF

06

난이도 **ⓢ**ⓜⓗ

오디오 CD에 있는 100초 분량의 노래를 MP3 음질의 압축되지 않은 WAV 데이터로 변환하여 저장하고자 한다. 변환 시 WAV 파일의 크기는 대략 얼마인가? (단, MP3 음질의 샘플링율이 44.1KHz, 샘플 당 비트수는 16비트이고 스테레오이다. 1K = 1000으로 계산한다.)

2008 계리직 10급

① 141.1KB ② 8.8MB
③ 17.6MB ④ 70.5MB

해설편 ▶ P.55

우리가 두려워해야 할 것은
바로 두려움 그 자체다.

– 프랭클린 루스벨트(Franklin Roosevelt)

PART

V

소프트웨어 공학

CHAPTER 01　소프트웨어 생명 주기

CHAPTER 02　소프트웨어 개발 계획

CHAPTER 03　요구 분석과 소프트웨어 설계

CHAPTER 04　소프트웨어 테스트와 유지 보수

CHAPTER 05　객체 지향 프로그램 개발

출제비중 9%

※전 10회 시험(2023~2008)을 기준으로 출제비중을 산
　출하였습니다.

01

난이도 상 중 하

폭포수 모형(Waterfall Model)의 진행 단계를 순서대로 바르게 나열한 것은?

2009 국가직 9급

```
ㄱ. 요구 분석
ㄴ. 유지 보수
ㄷ. 시험
ㄹ. 구현
ㅁ. 설계
```

① ㄱ-ㅁ-ㄷ-ㄹ-ㄴ
② ㅁ-ㄱ-ㄹ-ㄷ-ㄴ
③ ㅁ-ㄱ-ㄷ-ㄹ-ㄴ
④ ㄱ-ㅁ-ㄹ-ㄷ-ㄴ

02

난이도 상 중 하

다음 중 소프트웨어 생명 주기 모형 중 Boehm이 제시한 고전적 생명 주기 모형으로서 선형 순차적 모델이라고 하며, 타당성 검토, 계획 요구사항 분석, 설계, 구현, 테스트, 유지 보수의 단계를 통해 소프트웨어를 개발하는 모형은?

2023 해경 2차

① 폭포수 모형
② 프로토타입 모형
③ 나선형 모형
④ RAD 모형

03 빈출문제

난이도 상 중 하

소프트웨어 생명 주기 모형 중 프로토타입(Prototype) 모형에 대한 설명으로 옳은 것을 〈보기〉에서 고른 것은?

2014 계리직 9급

┤ 보기 ├
ㄱ. 프로토타입 모형의 마지막 단계는 설계이다.
ㄴ. 발주자가 목표 시스템의 모습을 미리 볼 수 있다.
ㄷ. 폭포수 모형보다 발주자의 요구 사항을 반영하기가 용이하다.
ㄹ. 프로토타입별로 구현 시스템에 대하여 베타 테스트를 실시한다.

① ㄱ, ㄴ
② ㄴ, ㄷ
③ ㄷ, ㄹ
④ ㄱ, ㄹ

04 빈출문제

난이도 상 중 하

소프트웨어 개발 프로세스 모형에 대한 설명으로 옳은 것은?

2013 국가직 9급

① 폭포수(Waterfall) 모델은 개발 초기 단계에 시범 소프트웨어를 만들어 사용자에게 경험하게 함으로써 사용자 피드백을 신속하게 제공할 수 있다.
② 프로토타입(Prototyping) 모델은 개발이 완료되고 사용 단계에 들어서야 사용자 의견을 반영할 수 있다.
③ 익스트림 프로그래밍(Extreme Programming)은 1950년대 항공 방위 소프트웨어 시스템의 개발 경험을 토대로 처음 개발되어 1970년대부터 널리 알려졌다.
④ 나선형(Spiral) 모델은 위험 분석을 해나가면서 시스템을 개발한다.

05

난이도 상 중 하

프로토타입 개발 모델에 대한 설명으로 옳지 않은 것은?

2017 국가직 7급

① 시스템 기능을 사용자에게 확인시킴으로써 개발자와 사용자 간의 견해 차이가 해결될 수 있다.
② 분석가나 개발자는 프로토타입을 이용하여 불완전하거나 일치하지 않는 요구사항을 발견할 수 있다.
③ 완전하지는 못하지만 작동하는 시스템을 만들어 기능성과 유용성을 관리자에게 보여줄 수 있다.
④ 고객의 요구 사항을 초기에 구체적으로 기술하기 어렵고 중요한 문제점이 프로젝트의 후반부에 가서야 발견된다.

06

난이도 ⟨상⟩⟨중⟩⟨하⟩

다음에서 설명하는 소프트웨어 개발 방법론으로 옳은 것은?

2018 계리직 9급

> 프로세스와 도구 중심이 아닌 개발 과정의 소통을 중요하게 생각하는 소프트웨어 개발 방법론으로 반복적인 개발을 통한 잦은 출시를 목표로 한다.

① 애자일 개발 방법론
② 구조적 개발 방법론
③ 객체 지향 개발 방법론
④ 컴포넌트 기반 개발 방법론

07

난이도 ⟨상⟩⟨중⟩⟨하⟩

소프트웨어 개발 프로세스 모델 중 하나인 나선형 모델(Spiral Model)에 대한 설명으로 옳지 않은 것은?

2015 국가직 9급

① 폭포수(Waterfall) 모델과 원형(Prototype) 모델의 장점을 결합한 모델이다.
② 점증적으로 개발을 진행하여 소프트웨어 품질을 지속적으로 개선할 수 있다.
③ 위험을 분석하고 최소화하기 위한 단계가 포함되어 있다.
④ 관리가 복잡하여 대규모 시스템의 소프트웨어 개발에는 적합하지 않다.

08

난이도 ⟨상⟩⟨중⟩⟨하⟩

나선형(Spiral) 모형에서 단계별로 수행하는 작업 순서로 옳은 것은?

2009 국가직 7급

① 위험 분석 – 계획 및 정의 – 개발 – 고객평가
② 계획 및 정의 – 위험 분석 – 개발 – 고객평가
③ 계획 및 정의 – 개발 – 위험 분석 – 고객평가
④ 위험 분석 – 계획 및 정의 – 고객평가 – 개발

09

난이도 ⟨상⟩⟨중⟩⟨하⟩

V 모형은 폭포수 모형에 테스트와 검증을 강조한 것이다. V 모형의 단계를 ㉠~㉷까지 순서대로 바르게 나열한 것은?

2007 국가직 7급

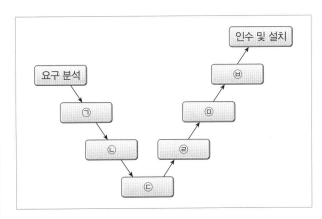

① 시스템 설계 → 상세 설계 → 코딩 → 단위 테스트 → 통합 테스트 → 시스템 테스트
② 시스템 설계 → 시스템 테스트 → 상세 설계 → 통합 테스트 → 코딩 → 단위 테스트
③ 시스템 테스트 → 통합 테스트 → 단위 테스트 → 코딩 → 상세 설계 → 시스템 설계
④ 시스템 테스트 → 시스템 설계 → 통합 테스트 → 상세 설계 → 단위 테스트 → 코딩

10

난이도 (상)(중)(하)

다음에서 설명하는 소프트웨어 개발 방법론은? 2017 국가직 9급

> • 애자일 방법론의 하나로 소프트웨어 개발 프로세스가 문서화하는 데 지나치게 많은 시간과 노력이 소모되는 단점을 보완하기 위해 개발되었다.
> • 의사소통, 단순함, 피드백, 용기, 존중의 5가지 가치에 기초하여 '고객에게 최고의 가치를 가장 빨리' 전달하도록 하는 방법론으로 켄트 벡이 고안하였다.

① 통합 프로세스(UP) ② 익스트림 프로그래밍
③ 스크럼 ④ 나선형 모델

11

난이도 (상)(중)(하)

다음은 소프트웨어 유형에 대한 설명이다. 틀린 것은?

① 상용 소프트웨어: 프로그램을 CD나 시리얼 번호를 사용자가 돈을 주고 구입하여 사용하는 프로그램이다.
② Shareware: 프로그램을 일정 기간만 사용할 수 있도록 해놓고 사용자가 계속 사용을 원할 경우 비용을 지불하고 사용할 수 있도록 하는 방식의 프로그램이다.
③ Liteware: 상용 소프트웨어 버전에서 몇 가지 핵심 기능을 제거한 채 무료로 배포되는 소프트웨어로 보통 완전한 기능 일부분만을 가지도록 설계된다.
④ Freeware: 아무런 대가 없이 사용할 수 있는 프로그램으로 프로그램의 저작권이 없으므로 누구나 임의의 수정이나 배포할 수 있다.

12

난이도 (상)(중)(하)

소프트웨어 개발 프로세스인 XP(eXtreme Pro-gramming)의 실무 관행(Practice)에 해당하지 않는 것은?

① Pair Programming
② 소규모 시스템 릴리스
③ 이해 당사자와의 분리 개발
④ 공동 소유권

해설편 ▶ P.58

소프트웨어 개발 계획

01

난이도 상 중 하

소프트웨어 개발팀 구성에 대한 설명으로 옳지 <u>않은</u> 것은?

2007 국가직 7급

① 중앙 집중식팀 구성은 구성원이 한 관리자의 명령에 따라 일하고 결과를 보고하는 방식을 취한다.

② 중앙 집중식팀은 한 사람에 의하여 통제할 수 있는 비교적 소규모 문제에 적합하다.

③ 분산형팀 구성은 의사 교환을 위한 비용이 크고 개개인의 생산성을 떨어뜨린다.

④ 분산형팀의 의사 교환 경로는 계층적(Hierarchical)이다.

02

난이도 상 중 하

다음 CPM(Critical Path Method) 네트워크에 나타난 임계 경로(Critical Path)의 전체 소요 기간으로 옳은 것은?

2023 계리직 9급

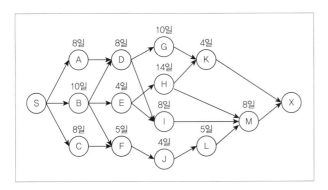

① 30일   ② 32일

③ 34일   ④ 36일

03 빈출문제

난이도 상 중 하

〈표〉의 CPM(Critical Path Method) 소작업 리스트에서 작업 C의 가장 빠른 착수일(Earliest Start Time), 가장 늦은 착수일(Latest Start Time), 여유 기간(Slack Time)을 순서대로 나열한 것은?

2012 계리직 10급

〈CPM 소작업 리스트〉

소작업	선행 작업	소요 기간(월)
A	없음	15
B	없음	10
C	A, B	10
D	B	25
E	C	15

① 15일, 15일, 0일

② 10일, 15일, 5일

③ 10일, 25일, 5일

④ 15일, 25일, 0일

04

난이도 상 중 하

기능 점수에 대한 설명으로 옳지 <u>않은</u> 것은?   2011 국가직 7급

① 기능 점수는 소프트웨어 시스템이 가지는 기능을 정량화한 것이다.

② 기능 점수의 산출 시 적용되는 가중치는 시스템의 특성에 따라 달라질 수 있다.

③ 기능 점수는 구현 언어와 밀접한 관련이 있는 메트릭(Metric)이다.

④ 기능 점수는 원시 코드가 작성되기 전이라도 계산할 수 있다.

05

난이도 상(중)하

기능 점수에 대한 〈보기〉의 설명 중 옳은 것의 총 개수는?

2022 계리직 9급

┤ 보기 ├

ㄱ. 소프트웨어가 사용자에게 제공하는 기능의 수를 수치로 정량화하여 소프트웨어의 규모를 산정하는 데 주로 사용한다.

ㄴ. 트랜잭션의 기능을 측정하기 위한 기준으로 내부 입력, 내부 출력, 내부 조회가 있다.

ㄷ. 응용 패키지의 규모 산정, 소프트웨어의 품질 및 생산성 분석, 소프트웨어 개발과 유지 보수를 위한 비용 및 소요 자원 산정 등에 사용할 수 있다.

ㄹ. 기능 점수 산출 시 적용되는 조정 인자는 시스템의 특성을 반영하지 않는다.

① 1개　　　　　② 2개
③ 3개　　　　　④ 4개

06

난이도 상(중)하

다음 중 공학적으로 잘 작성된 소프트웨어의 특성이 아닌 것은?

① 소프트웨어는 편리성이나 유지 보수성에 점차 비중을 적게 두는 경향이 있다.

② 소프트웨어는 사용자가 원하는 대로 동작해야 한다.

③ 소프트웨어는 신뢰성이 높아야 하며 효율적이어야 한다.

④ 소프트웨어는 잠재적인 에러가 가능한 한 적어야 하며, 유지 보수가 용이해야 한다.

07

난이도 상(중)하

좋은 소프트웨어가 가져야 할 특성과 그 설명의 연결이 옳지 않은 것은?

2011 국가직 7급

① 확실성(Dependability) - 신뢰성, 보안성, 안전성을 포함하는 포괄적인 특성이다.

② 결함 내성(Fault Tolerance) - 소프트웨어는 고객의 변경 요구를 수용하는 방법으로 작성되어야 한다.

③ 사용 편리성(Usability) - 사용자가 소프트웨어를 편리하게 사용할 수 있어야 한다.

④ 효율성(Efficiency) - 소프트웨어는 메모리, 프로세서와 같은 자원을 낭비하지 않아야 한다.

08

난이도 상(중)하

다음 중에서 COCOMO 모델에서 사용되는 노력 승수값을 구하기 위해서 사용되는 요소가 아닌 것은?

2008 국가직 7급

① 제품의 특성
② 컴퓨터의 특성
③ 개발 요원의 특성
④ 사용자의 특성

해설편 ▶ P.60

01

난이도 상 중 하

요구 분석에 대한 설명으로 옳지 않은 것은? 2008 국가직 7급

① 각 요구 사항은 명확하고 구체적이고, 정확하고, 검증이 가능하도록 정의되고 기술되어야 한다.

② 요구 사항은 고품질의 소프트웨어를 개발하고 검증할 수 있는 기초를 제공하다.

③ 고객과 개발자가 서로 당연한 것으로 인정하는 요구 사항은 생략하여도 무방하다.

④ 요구 사항은 크게 기능적인 요구 사항과 성능, 신뢰성, 가용성, 보안성, 안전성 등의 비기능적 요구 사항으로 분류된다.

02

난이도 상 중 하

요구 분석 단계에서의 작업은 육하원칙의 항목 중 어디에 속하는가?

① HOW ② WHAT
③ WHERE ④ WHEN

03 빈출문제

난이도 상 중 하

요구 분석 단계를 순서대로 바르게 나열한 것은?

2017 국가직 7급

| ㄱ. 요구 사항 검증 | ㄴ. 요구 사항 명세화 |
| ㄷ. 타당성 조사 | ㄹ. 요구 사항 추출 및 분석 |

① ㄷ → ㄹ → ㄱ → ㄴ
② ㄷ → ㄹ → ㄴ → ㄱ
③ ㄹ → ㄱ → ㄷ → ㄴ
④ ㄹ → ㄷ → ㄴ → ㄱ

04 빈출문제

난이도 상 중 하

〈보기〉는 모듈화를 중심으로 한 소프트웨어의 설계 방법에 대한 설명이다. 빈칸의 내용을 올바르게 나열한 것은?

2012 계리직 10급

보기
• 결합도(Coupling)와 응집도(Cohesion)는 모듈의 (㉠)을 판단하는 기준이다.
• 결합도란 모듈 (㉡)의 관련성을 의미하며, 응집도란 모듈 (㉢)의 관련성을 의미한다.
• 좋은 설계를 위해서는 결합도는 (㉣), 응집도는 (㉤) 방향으로 설계해야 한다.

	㉠	㉡	㉢	㉣	㉤
①	독립성	사이	내부	작게	큰
②	독립성	내부	사이	크게	작은
③	추상성	사이	내부	작게	큰
④	추상성	내부	사이	크게	작은

05

난이도 상 중 하

모듈의 결합도(Coupling)와 응집력(Cohesion)에 대한 설명으로 옳은 것은? 2011 국가직 9급

① 결합도란 모듈 간의 상호 의존하는 정도를 의미한다.

② 결합도는 높을수록 좋고 응집력은 낮을수록 좋다.

③ 여러 모듈이 공동 자료 영역을 사용하는 경우 자료 결합 (Data Coupling)이라 한다.

④ 가장 이상적인 응집은 논리적 응집(Logical Cohesion)이다.

06

난이도 (상)(중)하

응집도를 강한 것부터 순서대로 나열할 때, ㉠~㉣에 들어갈 용어를 바르게 연결한 것은? 2018 국가직 7급

기능적 응집 − 순차적 응집 − (㉠) − (㉡) − (㉢) − (㉣) − 우연적 응집

	㉠	㉡	㉢	㉣
①	절차적 응집	교환적 응집	시간적 응집	논리적 응집
②	절차적 응집	교환적 응집	논리적 응집	시간적 응집
③	교환적 응집	절차적 응집	시간적 응집	논리적 응집
④	논리적 응집	절차적 응집	교환적 응집	시간적 응집

07

난이도 (상)(중)(하)

결합도(Coupling)는 모듈 간의 상호 의존 정도 또는 모듈 간의 연관 관계를 의미한다. 아래에 나타낸 결합도를 약한 정도에서 강한 정도 순으로 올바르게 나열한 것은? 2018 계리직 9급

ㄱ. 내용 결합도(Content Coupling) ㄴ. 제어 결합도(Control Coupling) ㄷ. 자료 결합도(Data Coupling) ㄹ. 공통 결합도(Common Coupling)

① ㄷ − ㄴ − ㄹ − ㄱ   ② ㄷ − ㄹ − ㄴ − ㄱ − ㄴ

③ ㄹ − ㄴ − ㄷ − ㄱ   ④ ㄹ − ㄷ − ㄱ − ㄴ

08

난이도 (상)(중)하

소프트웨어 시스템은 기능 관점, 동적 관점 및 정보 관점으로 분류할 수 있다. 동적 관점에서 시스템을 기술할 때 사용할 수 있는 도구로 옳지 않은 것은? 2020 지방직 9급

① 사건 추적도(Event Trace Diagram)

② 자료 흐름도(Data Flow Diagram)

③ 상태 변화도(State Transition Diagram)

④ 페트리넷(Petri Net)

09

난이도 (상)(중)하

다음 중 HIPO(Hierarchy Plus Input Process Output)에 대한 설명으로 옳지 않은 것은?

① HIPO 다이어그램에는 가시적 도표(Visual Table Of Contents), 총체적 다이어그램(Overview Diagram), 세부적 다이어그램(Detail Diagram)과 같이 세 종류가 있다.

② 가시적 도표(Visual Table Of Contents)는 시스템에 있는 어떤 특별한 기능을 담당하는 부분의 입력, 처리, 출력에 대한 전반적인 정보를 제공한다.

③ HIPO 다이어그램은 분석 및 설계 도구로서 사용된다.

④ HIPO는 시스템의 설계나 시스템 문서화용으로 사용되고 있는 기법이며, 기본 시스템 모델은 입력, 처리, 출력으로 구성된다.

10

구조적 설계 방법에서는 설계 결과를 구조도(Structure Chart)로 나타낼 수 있다. 다음 중 구조도에서 사용하는 기호와 설명으로 옳은 것은?

① ●⟶ 제어 흐름(플래그)
② ⟶ 자료 흐름(변수나 자료 구조)
③ ☐ 미리 정의된 모듈(라이브러리)
④ ○⟶ 한 모듈이 다른 모듈을 호출

11

소프트웨어의 응집력이란 모듈 내부의 요소들이 서로 관련되어 있는 정도를 말한다. 응집의 종류에 대한 설명으로 옳은 것은?

2010 국가직 9급

① 기능적 응집(Functional Cohesion)은 모듈 내 한 구성 요소의 출력이 다른 구성 요소의 입력이 되는 경우이다.
② 교환적 응집(Communicational Cohesion)은 모듈이 여러 가지 기능을 수행하며 모듈 내 구성 요소들이 같은 입력 자료를 이용하거나 동일 출력 데이터를 만들어 내는 경우이다.
③ 논리적 응집(Logical Cohesion)은 응집도 스펙트럼에서 가장 높은 곳에 위치하며, 응집력이 가장 강하다.
④ 순차적 응집(Sequential Cohesion)은 모듈 내 구성 요소들이 연관성이 있고, 특정 순서에 의해 수행되어야 하는 경우이다.

해설편 ▶ P.62

01 빈출문제   난이도 상 중 하

소프트웨어의 오류를 찾는 블랙박스 시험의 종류로 옳지 <u>않은</u> 것은?

2014 계리직 9급

① 비교 시험(Comparison Testing)
② 기초 경로 시험(Basic Path Testing)
③ 동치 분할 시험(Equivalence Partitioning Testing)
④ 원인–효과 그래프 시험(Cause–Effect Graph Testing)

02   난이도 상 중 하

프로그램의 내부 구조나 알고리즘을 보지 않고, 요구 사항 명세서에 기술되어 있는 소프트웨어 기능을 토대로 실시하는 테스트는?

2014 국가직 9급

① 화이트박스 테스트   ② 블랙박스 테스트
③ 구조 테스트   ④ 경로 테스트

03   난이도 상 중 하

입력값의 유효 범위로 1~99를 갖는 프로그램을 고려하자. 이 프로그램을 테스트하기 위하여 경계값 분석(Boundary Value Analysis) 방법을 이용하여 테스트 케이스를 만들려고 한다. 경계값 분석 방법에 가장 적합하지 <u>않은</u> 테스트 케이스는?

2007 국가직 7급

① 1   ② 70
③ 99   ④ 100

04 빈출문제   난이도 상 중 하

소프트웨어 테스트에 대한 설명으로 옳지 <u>않은</u> 것은?

2016 계리직 9급

① 베타(Beta) 테스트는 고객 사이트에서 사용자에 의해서 수행된다.
② 회귀(Regression) 테스트는 한 모듈의 수정이 다른 부분에 미치는 영향을 검사한다.
③ 화이트박스(White Box) 테스트는 모듈의 내부 구현보다는 입력과 출력에 의해 기능을 검사한다.
④ 스트레스(Stress) 테스트는 비정상적으로 과도한 분량 또는 빈도로 자원을 요청할 때의 영향을 검사한다.

05   난이도 상 중 하

소프트웨어 테스트에 대한 설명으로 옳지 <u>않은</u> 것은?

2016 국가직 9급

① 단위(Unit) 테스트는 개별적인 모듈에 대한 테스트이며, 테스트 드라이버(Driver)와 테스트 스텁(Stub)을 사용할 수 있다.
② 통합(Integration) 테스트는 모듈을 통합하는 방식에 따라 빅뱅(Big-Bang) 기법, 하향식(Top-Down) 기법, 상향식(Bottom-Up) 기법을 사용한다.
③ 시스템(System) 테스트는 모듈들이 통합된 후 너비 우선 방식 또는 깊이 우선 방식을 사용하여 테스트한다.
④ 인수(Acceptance) 테스트는 인수 전 사용자의 요구 사항이 만족되었는지를 테스트한다.

06

난이도 (상)(중)(하)

소프트웨어 테스트에 대한 설명으로 옳지 않은 것은?

2022 계리직 9급

① 통합 테스트는 단위 테스트가 끝난 모듈들을 통합하여 모듈 간의 인터페이스 관련 오류가 있는지를 찾는 검사이다.

② 테스트의 목적은 소프트웨어 요구사항의 만족도 및 예상 결과와 실제 결과의 차이점을 파악함으로써 소프트웨어의 오류를 찾아 내는 것이다.

③ 화이트박스 테스트는 프로그램 원시 코드의 논리적 구조를 체계적으로 점검하며, 프로그램 구조에 의거하여 검사한다.

④ 블랙박스 테스트에는 기초 경로(Basic Path), 조건 기준(Condition Coverage), 루프(Loop) 검사, 논리 위주(Logic Driven) 검사 등이 있다.

07

난이도 (상)(중)(하)

인수 테스트(Acceptance Test)에 대한 설명으로 옳지 않은 것은?

2016 국가직 7급

① 인수 테스트의 목적은 사용자에게 소프트웨어가 개발되어 사용될 준비가 되었다는 확신을 주기 위한 것이다.

② 알파 테스트는 선택된 사용자가 사용자 환경에서 수행하는 인수 테스트이다.

③ 사용자 스토리를 작성하면서 함께 작성한 테스트 시나리오에 따라 고객이 직접 테스트한다.

④ 개발자 팀이 소프트웨어를 사용자에게 배포하여 사용자가 자신의 컴퓨터 환경 또는 실제 상황에서 수행하는 테스트이다.

08

난이도 (상)(중)(하)

결정 명령문 내의 각 조건식이 참, 거짓을 한 번 이상 갖도록 조합하여 테스트케이스를 설계하는 방법은?

2018 국가직 9급

① 문장 검증 기준(Statement Coverage)

② 조건 검증 기준(Condition Coverage)

③ 분기 검증 기준(Branch Coverage)

④ 다중 조건 검증 기준(Multiple Condition Coverage)

09

난이도 (상)(중)(하)

소프트웨어 유지 보수의 형태에 대한 설명으로 옳지 않은 것은?

2016 국가직 7급

① 수정 유지 보수(Corrective Maintenance)는 개발된 소프트웨어를 사용자가 인도받은 후 사용하면서 발견되는 오류를 잡는 것이다.

② 예방 유지 보수(Preventive Maintenance)는 미리 예상되거나 예측되는 오류를 찾아 수정하는 것이다.

③ 적응 유지 보수(Adaptive Maintenance)는 개발 과정에서 바로 잡지 못한 오류를 유지 보수 단계에서 해결하는 것이다.

④ 완전 유지 보수(Perfective Maintenance)는 결함으로 인해 요청된 변경뿐만 아니라 시스템의 일부 측면을 향상시키기 위한 변경을 포함하고 있다.

10

난이도 (상)(중)(하)

소프트웨어 형상 관리(Configuration Management)에 대한 설명으로 옳지 않은 것은?

① 형상 관리는 소프트웨어에 가해지는 변경을 제어하고 관리하는 활동을 포함한다.

② 기준선(Baseline) 변경은 공식적인 절차에 의해서 이루어진다.

③ 개발 과정의 산출물인 원시 코드(Source Code)는 형상 관리 항목에 포함되지 않는다.

④ 형상 관리는 소프트웨어 운용 및 유지 보수 단계뿐 아니라 소프트웨어 개발 단계에서도 적용될 수 있다.

11

난이도 ⑤ⓒⓗ

시스템의 신뢰성 평가를 위해 사용되는 지표로 평균 무장애 시간(MTTF; Mean Time To Failure)과 평균 복구 시간(MTTR; Mean Time To Repair)이 있다. 이 두 지표를 이용하여 시스템의 가용성(Availability)을 나타낸 것은?

2013 국가직 9급

① $\dfrac{MTTF}{MTTR}$

② $\dfrac{MTTR}{MTTF}$

③ $\dfrac{MTTR}{MTTF+MTTR}$

④ $\dfrac{MTTF}{MTTF+MTTR}$

13

난이도 ⑤ⓒⓗ

소프트웨어 유지 보수와 관련된 설명으로 옳은 것을 모두 고르면?

2008 국가직 7급

ㄱ. 역공학은 높은 추상도를 가진 표현에서 낮은 추상도 표현을 추출하는 작업이다.

ㄴ. 형상 관리는 프로그램 인도 후 이루어진다.

ㄷ. 일반적으로 소프트웨어 유지 보수 비용은 소프트웨어 개발 비용의 25%를 차지한다.

ㄹ. 유지 보수의 기술 향상을 위해 소프트웨어 척도를 사용한다.

ㅁ. 베이스라인의 설정은 형상 관리에서 일어나는 중요한 작업 중 하나이다.

① ㄱ, ㅁ

② ㄹ, ㅁ

③ ㄱ, ㄹ, ㅁ

④ ㄴ, ㄷ, ㄹ

12

난이도 ⑤ⓒⓗ

다음은 테스트 목적에 따른 종류 중 성능 테스트로 분류되는 테스트들이다. 해당되는 설명이 옳지 <u>않은</u> 것은?

① Load Test: 최대 부하에 도달할 때까지의 애플리케이션 반응 확인

② Spike Test: SW 구현 버전이 여러 개인 경우 각 버전을 함께 테스트하고 결과 비교

③ Smoke Test: 애플리케이션의 테스트 준비 상태 확인

④ Stability Test: 애플리케이션이 오랜 시간 평균 부하 노출 시의 안정성 확인

14

난이도 ⑤ⓒⓗ

CMMI(Capability Maturity Model Integration)의 성숙도 모델에서 표준화된 프로젝트 프로세스가 존재하나 프로젝트 목표 및 활동이 정량적으로 측정되지 못하는 단계는?

2016 국가직 9급

① 관리(Managed) 단계

② 정의(Defined) 단계

③ 초기(Initial) 단계

④ 최적화(Optimizing) 단계

해설편 ▶ P.63

CHAPTER

05 객체 지향 프로그램 개발

파트 내 출제비중
37%

01
난이도 상 **중** 하

객체 지향 개념에 관한 설명 중 옳지 <u>않은</u> 것은? 2007 국가직 9급

① 객체 간의 상호 작용은 메시지를 통해 이루어진다.

② 클래스는 인스턴스(Instance)들이 갖는 변수들과 인스턴스들이 사용할 메서드(Method)를 갖는다.

③ 다중 상속(Multiple Inheritance)은 두 개 이상의 클래스가 한 클래스로부터 상속받는 것을 말한다.

④ 객체가 갖는 데이터를 처리하는 연산(Operation)을 메서드(Method)라 한다.

02 빈출문제
난이도 상 중 **하**

다음 중 객체 지향 언어의 특징으로 알맞지 <u>않은</u> 것은?

2008 계리직 10급

① 상속성   ② 다형성

③ 구조화   ④ 추상화

03
난이도 상 **중** 하

객체 지향 시스템의 특성이 <u>아닌</u> 것은? 2008 국가직 9급

① 캡슐화(Encapsulation)

② 재귀용법(Recursion)

③ 상속성(Inheritance)

④ 다형성(Polymorphism)

04
난이도 상 중 **하**

객체 지향 개념 중 하나 이상의 유사한 객체들을 묶어 공통된 특성을 만들기 위한 객체의 타입(Type)으로 옳은 것은?

2023 군무원 9급

① 메소드(Method)   ② 인스턴스(Instance)

③ 어트리뷰트(Attribute)   ④ 클래스(Class)

05
난이도 상 **중** 하

객체 지향 프로그래밍에 대한 설명으로 옳지 <u>않은</u> 것은?

2013 국가직 9급

① 하나의 클래스를 사용하여 여러 객체를 생성하는데, 각각의 객체를 클래스의 인스턴스(Instance)라고 한다.

② 객체는 속성(Attributes)과 행동(Behaviors)으로 구성된다.

③ 한 클래스가 다른 클래스의 속성과 행동을 상속(Inheritance) 받을 수 있다.

④ 다형성(Polymorphism)은 몇 개의 클래스 객체들을 묶어서 하나의 객체처럼 다루는 프로그래밍 기법이다.

06 빈출문제
난이도 (상)(중)(하)

〈보기〉에서 설명하는 객체 지향 개념은?

2012 계리직 10급

┤ 보기 ├

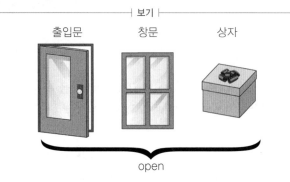

출입문   창문   상자

open

- 그림에서 'Open'이라는 오퍼레이션(Operation)은 객체마다 다르게 기능한다.
- Java 언어에서 오버로딩(Overloading), 오버라이딩(Overriding)으로 구현되는 개념이다.

① 캡슐화(Encapsulation)
② 인스턴스(Instance)
③ 다형성(Polymorphism)
④ 상속(Inheritance)

07
난이도 (상)(중)(하)

객체 지향 언어에서 클래스 A와 클래스 B는 상속 관계에 있다. A는 부모 클래스, B는 자식 클래스라고 할 때 클래스 A에서 정의된 메서드(Method)와 원형이 동일한 메서드를 클래스 B에서 기능을 추가하거나 변경하여 다시 정의하는 것을 무엇이라고 하는가?

2014 국가직 9급

① 추상 클래스(Abstract Class)
② 인터페이스(Interface)
③ 오버로딩(Overloading)
④ 오버라이딩(Overriding)

08 빈출문제
난이도 (상)(중)(하)

〈보기〉는 소프트웨어 개발 방법론에 사용되는 분석, 설계 도구에 대한 설명이다. ㉠~㉢에 들어갈 내용을 옳게 나열한 것은?

2014 계리직 9급

┤ 보기 ├

- 시스템 분석을 위하여 구조적 방법론에서는 (㉠) 다이어그램(Diagram)이, 객체 지향 방법론에서는 (㉡) 다이어그램이 널리 사용된다.
- 시스템 설계를 위하여 구조적 방법론에서는 구조도(Structured Chart), 객체 지향 방법론에서는 (㉢) 다이어그램 등이 널리 사용된다.

	㉠	㉡	㉢
①	시퀀스 (Sequence)	데이터 흐름 (Data Flow)	유스케이스 (Use Case)
②	시퀀스	유스케이스	데이터 흐름
③	데이터 흐름	시퀀스	유스케이스
④	데이터 흐름	유스케이스	시퀀스

09
난이도 (상)(중)(하)

시스템 또는 시스템을 구성하는 요소들의 동적인 행위를 표현하기 위한 UML 다이어그램이 아닌 것은?

2014 국가직 7급

① 배치(Deployment) 다이어그램
② 상태(State) 다이어그램
③ 시퀀스(Sequence) 다이어그램
④ 타이밍(Timing) 다이어그램

10
난이도 (상)(중)(하)

〈그림〉은 전자계산기(Calculator)를 객체 지향적으로 분석한 다이어그램이다. 어떤 다이어그램인가?

2008 계리직 10급

┤ 그림 ├

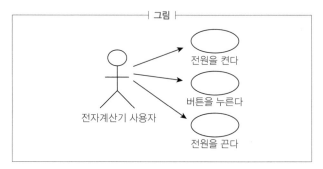

전자계산기 사용자

전원을 켠다
버튼을 누른다
전원을 끈다

① Use Case Diagram
② Sequence Diagram
③ State Diagram
④ Class Diagram

11

난이도 (상)(중)(하)

'인터넷 서점'에 대한 유스케이스 다이어그램에서 '회원등록' 유스케이스를 수행하기 위해서는 '실명확인' 유스케이스가 반드시 선행되어야 한다면 이들의 관계는?

2017 국가직 9급

① 일반화(Generalization) 관계
② 확장(Extend) 관계
③ 포함(Include) 관계
④ 연관(Association) 관계

12

난이도 (상)(중)(하)

다음에서 설명하는 UML(Unified Modeling Language) 다이어그램(Diagram)은?

2023 지방직 9급

> 객체들이 어떻게 상호 동작하는지를 메시지 순서에 초점을 맞춰 나타낸 것으로, 어떠한 작업이 객체 간에 발생하는지를 시간 순서에 따라 보여준다.

① 클래스(Class) 다이어그램
② 순차(Sequence) 다이어그램
③ 배치(Deployment) 다이어그램
④ 컴포넌트(Component) 다이어그램

13

난이도 (상)(중)(하)

유스케이스 다이어그램에서 A 유스케이스를 수행하는 도중에 특정 조건을 만족하면 B 유스케이스를 수행한다. A 유스케이스와 B 유스케이스 간의 관계로 옳은 것은?

2016 국가직 7급

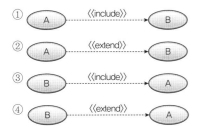

14

난이도 (상)(중)(하)

UML의 클래스 다이어그램에서 클래스 사이의 관계에 대한 설명으로 옳지 않은 것은?

2021 계리직 9급

① 일반화(Generalization) 관계는 일반화한 부모 클래스와 실체화한 자식 클래스 간의 상속 관계를 나타낸다.
② 연관(Association) 관계에서 다중성(Multiplicity)은 관계 사이에 개입하는 클래스의 인스턴스 개수를 의미한다.
③ 의존(Dependency) 관계는 한 클래스가 다른 클래스를 참조하는 것으로 지역 변수, 매개 변수 등을 일시적으로 사용하는 관계이다.
④ 집합(Aggregation) 관계는 강한 전체와 부분의 클래스 관계이므로 전체 객체가 소멸되면 부분 객체도 소멸된다.

15

난이도 (상)(중)(하)

객체 지향 소프트웨어 개발 및 UML Diagram에 대한 설명이다. ㉠~㉢에 들어갈 내용을 바르게 짝지은 것은?

2019 계리직 9급

> • (㉠)은/는 외부에서 인식할 수 있는 특성이 담긴 소프트웨어의 골격이 되는 기본 구조로, 시스템 전체에 대한 큰 밑그림이다. 소프트웨어 품질 요구 사항은 (㉠)을/를 결정하는 데 주요한 요소로 작용한다.
> • (㉡)은/는 두 개 이상의 클래스에서 동일한 메시지에 대해 객체가 다르게 반응하는 것이다.
> • (㉢)은/는 객체 간의 메시지 통신을 분석하기 위한 것으로 시스템의 동작을 정형화하고 객체들의 메시지 교환을 시각화한다.

	㉠	㉡	㉢
①	소프트웨어 아키텍처	다형성	시퀀스 모델
②	유스케이스	다형성	시퀀스 모델
③	클래스 다이어그램	캡슐화	상태 모델
④	디자인 패턴	캡슐화	상태 모델

16

난이도 ⑧⑧⑩

UML 다이어그램의 설명이 옳지 <u>않은</u> 것은? 2008 국가직 7급

① 사용 사례 다이어그램(Use Case Diagram) – 시스템의 기능을 모델링

② 상태 다이어그램(State Diagram) – 클래스 사이의 메시지 교환을 시간의 흐름에 따라 표현

③ 클래스 다이어그램(Class Diagram) – 시스템의 정적인 구조를 나타냄

④ 액티비티 다이어그램(Activity Diagram) – 시스템의 동적 특징을 나타냄

17

난이도 ⑧⑧⑩

㉠에 들어갈 용어로 옳은 것은? 2018 계리직 9급

(㉠)은/는 유사한 문제를 해결하기 위해 설계들을 분류하고 각 문제 유형별로 가장 적합한 설계를 일반화하여 체계적으로 정리해 놓은 것으로 소프트웨어 개발에서 효율성과 재사용성을 높일 수 있다.

① 디자인 패턴
② 요구 사항 정의서
③ 소프트웨어 개발 생명 주기
④ 소프트웨어 프로세스 모델

18

난이도 ⑧⑧⑩

개발자가 사용해야 하는 서브 시스템의 가장 앞쪽에 위치하면서 서브 시스템에 있는 객체들을 사용할 수 있도록 인터페이스 역할을 하는 디자인 패턴은? 2018 국가직 9급

① Facade 패턴
② Strategy 패턴
③ Adapter 패턴
④ Singleton 패턴

19

난이도 ⑧⑧⑩

다음 설명에 해당되는 디자인 패턴은? 2013 국가직 7급(변형)

일대다(多)의 객체 의존 관계를 정의한 것으로 한 객체의 상태가 변화되었을 때, 의존 관계에 있는 다른 객체들에게 자동적으로 통지하고 변경시킨다.

① Observer
② Facade
③ Mediator
④ Bridge

20

난이도 **상**중하

〈보기〉에서 디자인 패턴에 대한 설명으로 옳은 것의 총 개수는?

2023 계리직 9급

| 보기 |

ㄱ. 디자인 패턴은 유사한 문제를 해결하기 위하여 각 문제 유형별로 적합한 설계를 일반화하여 정리해 놓은 것이다.

ㄴ. 싱글턴(Singleton) 패턴은 특정 클래스의 객체가 오직 하나만 존재하도록 보장하여 객체가 불필요하게 여러 개 만들어질 필요가 없는 경우에 주로 사용한다.

ㄷ. 메멘토(Memento) 패턴은 한 객체의 상태가 변경되었을 때 의존 관계에 있는 다른 객체들에게 이를 자동으로 통지 하도록 하는 패턴이다.

ㄹ. 데코레이터(Decorator) 패턴은 기존에 구현된 클래스의 기능 확장을 위하여 상속을 활용하는 설계 방안을 제공한다.

① 1개   ② 2개

③ 3개   ④ 4개

21

난이도 **상**중하

그림과 같이 서브 시스템 사이의 의사 소통 및 종속성을 최소화하기 위하여 단순화된 하나의 인터페이스를 제공하는 디자인 패턴은?

2017 국가직 7급

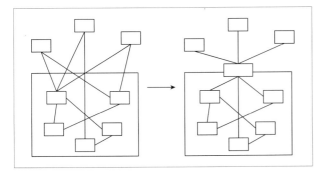

① Adapter 패턴   ② Bridge 패턴

③ Decorator 패턴   ④ Facade 패턴

22

난이도 **상**중하

다음에서 설명하는 디자인 패턴으로 옳은 것은?

2019 계리직 9급

클라이언트와 서브 시스템 사이에 ○○○ 객체를 세워놓음으로써 복잡한 관계를 구조화한 디자인 패턴이다. ○○○ 패턴을 사용하면 서브 시스템의 복잡한 구조를 의식하지 않고, ○○○에서 제공하는 단순화된 하나의 인터페이스만 사용하므로 클래스 간의 의존 관계가 줄어들고 복잡성 또한 낮아지는 효과를 가져온다.

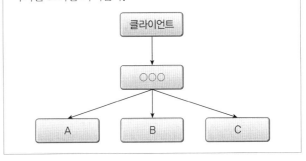

① MVC Pattern   ② Facade Pattern

③ Mediator Pattern   ④ Bridge Pattern

23

난이도 상중하

그림과 같이 관찰 대상(Subject)의 데이터(A~D)에 변화가 발생하면 이 변화를 탐지하여 여러 가지 방식으로 사용자에게 디스플레이하는 프로그램을 작성하고자 한다. 이 프로그램에 적용할 수 있는 디자인 패턴은?

2018 국가직 7급

① Decorator 패턴　　　　② Flyweight 패턴

③ Mediator 패턴　　　　④ Observer 패턴

24

난이도 상중하

다음에서 설명하는 소프트웨어 아키텍처의 유형으로 옳은 것은?

2021 계리직 9급

- 사용자 인터페이스를 시스템의 비즈니스 로직 부분과 분리하는 구조
- 결합도(Coupling)를 낮추기 위한 소프트웨어 아키텍처 패턴 구조
- 디자인 패턴 중 옵서버(Observer) 패턴에 해당하는 구조

① 클라이언트-서버(Client-Server) 아키텍처

② 브로커(Broker) 아키텍처

③ MVC(Model-View-Controller) 아키텍처

④ 계층형(Layered) 아키텍처

해설편 ▶ P.65

VI 스프레드시트

CHAPTER 01 데이터 입력 및 편집

CHAPTER 02 수식의 활용

CHAPTER 03 데이터 관리 및 분석

출제비중 5%

※전 10회 시험(2023~2008)을 기준으로 출제비중을 산
출하였습니다.

01

난이도 상 중 하

다음에 제시된 입력 데이터를 엑셀 서식의 표시 형식 코드에 따라 출력한 결과로 옳은 것은?

2019 계리직 9급

입력 데이터: 1234.5
표시 형식 코드: #,##0

① 1,234
② 1,235
③ 1,234.5
④ 1,234.50

02

난이도 상 중 하

다음과 같은 셀 서식이 지정된 셀에 −23456을 입력하였을 때 셀에 나타나는 결괏값으로 옳은 것은?

0.0,

① −23456.0
② −23.0
③ −23.4
④ −23.5

03

난이도 상 중 하

다음 중 엑셀이 시작될 때 매크로가 자동으로 열리도록 하기 위해서 저장되는 매크로의 저장 위치로 옳은 것은?

① 공유 문서
② 새 통합 문서
③ 현재 통합 문서
④ 개인용 매크로 통합 문서

04

난이도 상 중 하

셀에서 직접 셀의 내용을 편집하거나 수식 입력 줄에서 셀의 내용을 편집할 수 있도록 셀을 편집 모드로 전환하는 과정으로 옳지 않은 것은?

① 편집하려는 데이터가 들어있는 셀을 두 번 클릭한다.
② 편집하려는 데이터가 들어있는 셀을 클릭하고 수식 입력 줄을 클릭한다.
③ 편집하려는 데이터가 들어있는 셀을 클릭하고 〈F5〉 키를 누른다.
④ 편집하려는 데이터가 들어있는 셀을 클릭하고 〈F2〉 키를 누른다.

05

난이도 (상)(중)(하)

다음 중 엑셀의 시트 선택에 대한 설명으로 옳은 것은?

① 모든 시트를 한 번에 선택할 때는 시트 탭에서 마우스 오른쪽 단추를 눌러 [모든 시트 선택] 메뉴를 선택한다.

② 떨어져 있는 여러 개의 시트를 선택할 때는 〈Alt〉 키를 누른 채 시트 탭을 클릭하면 된다.

③ 연속된 여러 개의 시트를 선택할 때는 첫 번째 시트를 선택하고 〈Ctrl〉 키를 누른 상태에서 마지막 시트 탭을 클릭하면 된다.

④ 워크시트를 삽입하거나 삭제할 때 한 번에 여러 개의 시트를 대상으로 작업할 수는 없다.

06

난이도 (상)(중)(하)

다음 중 정렬에 관한 설명으로 옳지 <u>않은</u> 것은?

① 기본적으로 행 단위로 정렬한다.

② 특정한 셀 범위를 설정하고 정렬을 실행해도 표 범위 전체로 정렬 범위가 확장되어 실행된다.

③ 오름차순으로 정렬하면 숫자가 기호 문자, 한글보다 앞에 위치한다.

④ 오름차순과 내림차순이 아닌 다른 정렬 순서를 사용할 때는 먼저 사용자 지정 목록으로 등록해야 한다.

해설편 ▶ P.71

01

난이도 상중하

MS Excel의 워크시트에서 D4 셀에 =RIGHT(C4, LEN(C4)-4)&"****"을 입력했을 때 결괏값으로 알맞은 것은?

2008 계리직 10급

	A	B	C
1	이름	학번	연락처
2	김철수	208-4101	010-2109-8765
3	이영희	208-4102	011-3456-7890
4	홍길동	208-4103	019-2119-9019

① ****2119-9019

② 019-2119-****

③ 019-****-9019

④ 2119-9019****

02

난이도 상중하

다음 워크시트에서 [D1] 셀에 =$A$1+$B2를 입력한 후 [D1] 셀을 복사하여 [D5] 셀에 붙여넣기 했을 때 [D5] 셀에 표시될 수 있는 결과로 옳은 것은?

2021 계리직 9급

	A	B	C	D
1	1	2	3	
2	2	4	6	
3	3	6	9	
4	4	8	12	
5	5	10	15	
6				

① 1

② 7

③ 9

④ 15

03

난이도 상중하

엑셀 시트를 이용해 수식을 실행한 결과, 값이 나머지와 <u>다른</u> 것은?

2019 계리직 9급

	A
1	3
2	7
3	5
4	3
5	0
6	1

① =GCD(A1,A6)

② =MEDIAN(A1:A6)

③ =MODE(A1:A6)

④ =POWER(A1,A6)

04

난이도 상중하

아래 시트는 평균[D2:D6]을 이용하여 순위[E2:E6]를 계산한 것이다. [E2] 셀에 수식을 입력하고 자동 채우기 핸들을 이용하여 [E6] 셀까지 드래그하였다면, [E2] 셀에 들어갈 수식으로 옳은 것은?

2012 3회 컴활 2급 31번 문제

	A	B	C	D	E
1	수험번호	엑셀	DB	평균	순위
2	30403	89	86	87.5	2
3	30402	78	70	74	3
4	30405	92	90	91	1
5	30410	56	42	49	5
6	30404	60	62	61	4

① =RANK($D$2:$D$6,D2,0)

② =RANK($D$2:$D$6,D2,1)

③ =RANK(D2,$D$2:$D$6,0)

④ =RANK(D2,$D$2:$D$6,1)

05 빈출문제

난이도 상 중 하

다음은 3년간 연이율 4%로 매월 적립하는 월 복리 정기적금의 만기지급금을 계산한 결과이다. 셀 C2에 들어갈 수식으로 옳은 것은? (단, 만기지급금의 10원 단위 미만은 절사한다)

2016 계리직 9급

	A	B	C
1	성명	월적립액	만기지급금
2	김**	₩30,000	₩1,145,440
3	이**	₩50,000	₩1,909,070

① =ROUNDDOWN(FV(4%,3*12,−B2),−1)

② =ROUNDDOWN(FV(4%,3*12,−B2),−2)

③ =ROUNDDOWN(FV(4%/12,3*12,−B2),−1)

④ =ROUNDDOWN(FV(4%/12,3*12,−B2),−2)

06

난이도 상 중 하

제품코드[A3:A5]의 첫 글자가 제품기호[B8:D8]이고 판매금액은 판매단가*판매수량일 때 판매금액[D3]을 계산하는 수식으로 옳은 것은?

	A	B	C	D
1	[표1] 제품코드			
2	제품코드	제품명	판매수량	판매금액
3	P-3456	LCD-TV	7	4,550,000
4	D-1234	DVD	6	720,000
5	E-5647	노트북	3	2,550,000
6				
7	[표2] 제품별 단가표			
8	제품기호	E	D	P
9	판매단가	850,000	120,000	650,000

① =VLOOKUP(LEFT(A3,1),$B$8:$D$9,2,0)*C3

② =HLOOKUP(LEFT(A3,1),$B$8:$D$9,2,0)*C3

③ =VLOOKUP(MID(A3,1),$B$8:$D$9,2,0)*C3

④ =HLOOKUP(MID(A3,1),$B$8:$D$9,2,0)*C3

07

난이도 상 중 하

다음 워크시트에서 수식 =VLOOKUP(LARGE(C4:C11,3), C4:F11,4,0)에 의해 표시될 수 있는 결과로 옳은 것은?

2021 계리직 9급

	A	B	C	D	E	F
1	2021년 1월 판매현황 분석					
2						
3	상품명	판매단가	초과/부족수량	목표수량	판매수량	판매금액
4	공기청정기	150	10	100	110	16,500
5	김치냉장고	85	13	15	28	2,380
6	드럼세탁기	90	-5	35	30	2,700
7	스마트TV	150	13	45	58	8,700
8	의류건조기	230	5	20	25	5,750
9	인덕션오븐	120	20	30	50	6,000
10	무선청소기	70	8	30	38	2,660
11	식기세척기	150	-10	40	30	4,500

① 58

② 2,380

③ 8,700

④ 16,500

08

난이도 상 중 하

MS Excel의 워크시트에서 사원별 수주량과 판매금액, 그리고 수주량과 판매금액의 합계가 입력되어 있다. 이때 C 열에는 전체 수주량 대비 각 사원 수주량의 비율을, E 열에는 전체 판매금액 대비 각 사원 판매금액의 비율을 보이고자 한다. 이를 위해 C2 셀에 수식을 입력한 다음에 이를 C 열과 E 열의 나머지 셀에 복사하여 사용하고자 한다. C2 셀에 입력할 내용으로 옳은 것은?

2010 계리직 10급

	A	B	C	D	E
1	사원	수주량	비율	판매금액	비율
2	김철수	78		8,000,000	
3	홍길동	56		7,500,000	
4	김민호	93		13,000,000	
5	나영철	34		10,000,000	
6	최건	80		8,000,000	
7	합계	341		46,500,000	

① =B2/B7*100

② =$B$2/B7*100

③ =B2/$B$7*100

④ =B2/B$7*100

09

난이도 상 중 하

엑셀 시트를 이용한 수식의 결과값으로 옳은 것의 총 개수는?

2023 계리직 9급

수식	결과
=FACT(5)	15
=INT(−3.14)	−3
=MOD(3,4)	1
=POWER(3,3)	27
=PRODUCT(3,6,2)	36

① 2개   ② 3개

③ 4개   ④ 5개

10

난이도 상 중 하

다음 중 입사일이 2020년 6월 1일인 직원의 오늘 현재까지의 근속 일수를 구하려고 할 때 가장 적당한 함수 사용법은?

① =TODAY( )−DAY(2020,6,1)

② =TODAY( )−DATE(2020,6,1)

③ =DATE(2020,6,1)−TODAY( )

④ =DAY(2020,6,1)−TODAY( )

11

난이도 상 중 하

아래 시트와 같이 [B10] 셀에 '영업1부'의 '1/4분기'의 합계를 구하고자 한다. 다음 중 [B10] 셀의 수식으로 옳은 것은?

	A	B	C	D
1	성명	부서	1/4분기	2/4분기
2	김남이	영업1부	357	245
3	이지영	영업2부	476	513
4	하나미	영업1부	231	474
5	임진태	영업2부	175	453
6	현민대	영업2부	634	401
7	한민국	영업1부	597	347
8				
9	부서	1/4분기 합계	2/4분기 합계	총합계
10	영업1부	1185	1066	2251
11	영업2부	1285	1367	2652

① =SUMIF($A$10,$B$2:$B$7,$C$2:$C$7)

② =SUMIF($B$2:$B$7,$A10,C$2:C$7)

③ =SUMIF($B$2:$B$7,$C$2:$C$7,"영업1부")

④ =SUMIF(C$2:C$7,$B$2:$B$7,$A10)

12 빈출문제

난이도 상 중 하

엑셀에서는 서로 다른 시트 사이에 셀 참조가 가능하다. 아래 그림에서 Sheet2의 시금치 가격을 VLOOKUP 함수를 사용하여 Sheet1에서 가져오고자 한다. 이를 위해 Sheet2의 B3 셀에 입력할 수식으로 알맞은 것은?

2012 계리직 10급

Sheet1

	A	B	C	D
1	상품명	산지	생산자	가격
2	오이	청주	김철수	500
3	배추	울산	황인용	2000
4	무우	김제	김영운	1500
5	시금치	평창	나윤로	1000
6	상추	대전	김윤철	700

Sheet2

	A	B
1	상품명	가격
2	무우	
3	시금치	

① =VLOOKUP(시금치,Sheet1!A2:D6,4,0)

② =VLOOKUP(시금치,A2:A6,5,0)

③ =VLOOKUP(A3,Sheet1!A2:D6,4,0)

④ =VLOOKUP(A3,Sheet1!A2:A6,5,0)

13

난이도 (상)(중)(하)

다음 시트에서 [B2:D6] 영역이 '점수'로 이름이 정의되었을 경우 =AVERAGE(INDEX(점수,2,1),MAX(점수))의 결괏값으로 옳은 것은?

	A	B	C	D
1	성명	필기	자격증	면접
2	김유식	85	60	90
3	고광식	75	80	90
4	김순식	90	80	80
5	마현명	80	95	70
6	박문길	85	100	80

① 75

② 87.5

③ 100

④ 86.5

14

난이도 (상)(중)(하)

다음과 같은 데이터가 입력되어 있는 엑셀 시트에서 수식 =HLOOKUP(INDEX(A2:C5,2,2),B7:E9,2)를 계산한 결과는?

2014 계리직 9급

	A	B	C	D	E
1	학번	과목번호	성적		
2	100	C413	D		
3	200	C123	F		
4	300	C324	C		
5	400	C312	C		
6					
7	과목번호	C123	C312	C324	C413
8	과목이름	알고리즘	자료구조	운영체제	반도체
9	수강인원	90명	80명	75명	70명

① 80명

② 75명

③ 반도체

④ 알고리즘

15

난이도 (상)(중)(하)

다음 워크시트의 [A6] 셀과 [A7] 셀에 아래와 같이 입력하였다. [A6]과 [A7]의 결과값을 순서대로 바르게 나타낸 것은?

2022 계리직 9급

[A6] 셀: =HLOOKUP(11,B1:D5,3)
[A7] 셀: =VLOOKUP("나",A2:D5,4,TRUE)

	A	B	C	D
1		10	20	30
2	가	10원	50원	90원
3	나	20원	60원	100원
4	다	30원	70원	110원
5	라	40원	80원	120원

① 20원, 100원

② 20원, 120원

③ 60원, 100원

④ 60원, 120원

16

난이도 (상)(중)(하)

다음 〈보기〉의 데이터를 이용하여 계산된 만기금액[B6]의 수식으로 옳은 것은?

───│ 보기 │───

이율[B4]은 5.60%
기간[B5]은 3년
정기적립금액[B3]은 100,000

	A	B
1	만기금액 구하기	
2		주택적금
3	정기적립금액	100000
4	이율	5.60%
5	기간(년)	3
6	만기금액	₩3,910,166

① =FV(B4/12,B5*12,−B3,,0)

② =FV(B4/12,B5*12,3,,0)

③ =FV(B4/12,B5,−B3,,0)

④ =FV(B4,B5*12,−B3,,0)

해설편 ▶ P.71

01

난이도 상 중 **하**

다음 〈보기〉에서 설명하는 엑셀의 기능으로 옳은 것은?

───── 보기 ─────

특정 항목의 구성 비율을 살펴보기 위하여 워크시트에 입력된 수치 값들을 막대나 선, 도형, 그림 등을 사용하여 시각적으로 표현한 것으로 데이터의 상호 관계나 경향 또는 추세를 쉽게 분석할 수 있다.

① 피벗 테이블
② 시나리오
③ 차트
④ 매크로

02

난이도 상 **중** 하

다음 중 홍길동의 성적표에서 컴퓨터 과목들의 점수 변동에 따르는 전체 평균 점수의 변화 과정을 구하고자 할 때 사용할 도구로 적절한 것은?

① 통합
② 데이터 표
③ 목표값 찾기
④ 부분합

03

난이도 상 **중** 하

다음 중 정렬과 필터에 관한 설명 중 옳지 <u>않은</u> 것은?

① 데이터 정렬은 기본적으로 3개의 기준을 가지고 정렬할 수 있고, 더 많은 기준으로 정렬하려면 정렬된 일부분을 범위로 설정하여 정렬한다.
② 고급 필터에서는 조건 범위와 복사 위치가 반드시 필요하다.
③ 데이터 정렬 시 숨겨진 행이나 열에 있는 데이터는 정렬 대상에서 제외된다.
④ 고급 필터는 추출된 결과를 원본 데이터 다른 위치에 표시할 수 있다.

해설편 ▶ P.74

PART

정보 보호

CHAPTER 01 정보 보안 및 보호의 개요

CHAPTER 02 암호학

CHAPTER 03 보안 기법

CHAPTER 04 악성 코드 및 해킹 기법

CHAPTER 05 정보 보안 관련 법규

출제비중 6%

※전 10회 시험(2023~2008)을 기준으로 출제비중을 산출하였습니다.

01

난이도 ⓼⑧⑤

정보 보안에 대한 설명으로 옳지 <u>않은</u> 것은? 2012 국가직 9급

① 방화벽의 가장 기본적인 기능은 패킷 필터링(Packet Filtering)이다.

② 스니핑(Sniffing)은 네트워크에서 송수신되는 패킷을 가로채서 권한이 없는 제3자가 그 내용을 보는 것이다.

③ 정보를 송신한 자가 나중에 정보를 보낸 사실을 부인하지 못하도록 하는 기법을 부인 방지(Non-Repudiation)라고 한다.

④ 디지털 서명(Digital Signature)은 공용(Public) 네트워크를 사설(Private) 네트워크처럼 사용할 수 있도록 제공하는 인증 및 암호화 기법이다.

03

난이도 ⓼⑧⑤

컴퓨터와 네트워크 보안에 대한 설명으로 옳지 <u>않은</u> 것은?

2011 국가직 9급

① 인증(Authentication)이란 호스트나 서비스가 사용자의 식별자를 검증하는 것을 의미한다.

② 기밀성(Confidentiality)이란 인증된 집단만 데이터를 읽는 것이 가능한 것을 의미한다.

③ 무결성(Integrity)이란 모든 집단이 데이터를 수정할 수 있도록 허가한다는 것을 의미한다.

④ 가용성(Availability)이란 인증된 집단이 컴퓨터 시스템의 자산들을 사용할 수 있다는 것을 의미한다.

02

난이도 ⓼⑧⑤

다음 중 정보 보호와 관련된 설명으로 옳지 <u>않은</u> 것은?

① 정보화 역기능의 사례는 지속해서 증가하고 있으며, 사용되는 기술도 정보 기술과 함께 발달하고 있으므로 정보 보호의 필요성이 더욱 중요시 되고 있다.

② 기밀성(Confidentiality)은 정보 자산이 인가된(Authorized) 사용자에게만 접근할 수 있도록 보장하여 접근 권한을 가진 사람만이 실제로 접근 가능하도록 한다.

③ 가용성(Availability)을 유지하기 위해서는 데이터 백업, 위협 요소 제거, 중복성 등이 있다.

④ 임의 정보에 접근할 수 있는 주체의 능력이나 주체의 자격을 검증하는 데 사용하는 수단을 인가(Authorization)라고 한다.

04

난이도 ⓼⑧⑤

정보 보호 서비스에 대한 설명으로 옳지 <u>않은</u> 것은?

2019 국가직 9급 정보보호론

① Authentication - 정보 교환에 의해 실체의 식별을 확실하게 하거나 임의 정보에 접근할 수 있는 객체의 자격이나 객체의 내용을 검증하는 데 사용한다.

② Confidentiality - 온오프라인 환경에서 인가되지 않은 상대방에게 저장 및 전송되는 중요 정보의 노출을 방지한다.

③ Integrity - 네트워크를 통하여 송수신되는 정보의 내용이 불법적으로 생성 또는 변경되거나 삭제되지 않도록 보호한다.

④ Availability - 행위나 이벤트의 발생을 증명하여 나중에 행위나 이벤트를 부인할 수 없도록 한다.

05 빈출문제
난이도 (상)(중)(하)

정보 보호의 주요 목적에 대한 설명으로 옳지 <u>않은</u> 것은?

2014 국가직 9급 정보보호론

① 기밀성(Confidentiality)은 인가된 사용자만이 데이터에 접근할 수 있도록 제한하는 것을 말한다.

② 가용성(Availability)은 필요할 때 데이터에 접근할 수 있는 능력을 말한다.

③ 무결성(Integrity)은 식별, 인증 및 인가 과정을 성공적으로 수행했거나 수행 중일 때 발생하는 활동을 말한다.

④ 책임성(Accountability)은 제재, 부인 방지, 오류 제한, 침입 탐지 및 방지, 사후 처리 등을 지원하는 것을 말한다.

06
난이도 (상)(중)(하)

보안 요소에 대한 설명과 용어가 바르게 짝지어진 것은?

2016 국가직 9급 정보보호론

> ㄱ. 자산의 손실을 초래할 수 있는 원하지 않는 사건의 잠재적인 원인이나 행위자
> ㄴ. 원하지 않는 사건이 발생하여 손실 또는 부정적인 영향을 미칠 가능성
> ㄷ. 자산의 잠재적인 속성으로서 위협의 이용 대상이 되는 것

	ㄱ	ㄴ	ㄷ
①	위협	취약점	위험
②	위협	위험	취약점
③	취약점	위험	위험
④	위험	위험	취약점

07
난이도 (상)(중)(하)

식별된 위험에 대처하기 위한 정보 보안 위험 관리의 위험 처리 방안 중 불편이나 기능 저하를 감수하고라도, 위험을 발생시키는 행위나 시스템 사용을 하지 않도록 조치하는 방안은?

2016 국가직 9급 정보보호론

① 위험 회피　　　　② 위험 감소
③ 위험 수용　　　　④ 위험 전가

08 빈출문제
난이도 (상)(중)(하)

능동적 보안 공격에 해당하는 것만을 모두 고른 것은?

2015 국가직 9급 정보보호론

> ㄱ. 도청　　　　　　ㄴ. 감시
> ㄷ. 신분 위장　　　　ㄹ. 서비스 거부

① ㄱ, ㄴ　　　　② ㄱ, ㄷ
③ ㄴ, ㄷ　　　　④ ㄷ, ㄹ

09 빈출문제
난이도 (상)(중)(하)

능동적 공격에 해당하는 것만을 모두 고르면?

2021 국가직 9급 정보보호론

> ㄱ. 도청　　　　　　ㄴ. 서비스 거부
> ㄷ. 트래픽 분석　　　ㄹ. 메시지 변조

① ㄱ, ㄷ　　　　② ㄴ, ㄷ
③ ㄴ, ㄹ　　　　④ ㄷ, ㄹ

10

난이도 상 중 **하**

위험 분석에 대한 설명으로 옳지 <u>않은</u> 것은?

2015 국가직 9급 정보보호론

① 자산의 식별된 위험을 처리하는 방안으로는 위험 수용, 위험 회피, 위험 전가 등이 있다.

② 자산의 가치 평가를 위해 자산 구입 비용, 자산 유지 보수 비용 등을 고려할 수 있다.

③ 자산의 적절한 보호를 위해 소유자와 책임 소재를 지정함으로써 자산의 책임 추적성을 보장받을 수 있다.

④ 자산의 가치 평가 범위에 데이터베이스, 계약서, 시스템 유지 보수 인력 등은 제외된다.

12

난이도 상 중 **하**

다음은 위험 분석의 의미와 특징에 대한 설명이다. 가장 적절하지 <u>않은</u> 것은?

2011 정보시스템 감리사

① 위험 분석은 정보 보호 대책 구현에 선행되어 수행되어야 한다.

② 정량적 위험 분석 접근 방법에는 델파이법, 시나리오법 등이 있다.

③ 자산 식별, 위협 분석, 취약성 평가, 영향 평가, 대책 선정, 권고안 작성순으로 진행된다.

④ 조직의 특수 상황을 고려한 정보 보호 대책을 선정할 수 있다.

11

난이도 상 **중** 하

위험 관리 요소에 대한 설명으로 옳지 <u>않은</u> 것은?

2014 국가직 9급 정보보호론

① 위험은 위협 정도, 취약성 정도, 자산 가치 등의 함수관계로 산정할 수 있다.

② 취약성은 자산의 약점(Weakness) 또는 보호 대책의 결핍으로 정의할 수 있다.

③ 위험 회피로 조직은 편리한 기능이나 유용한 기능 등을 상실할 수 있다.

④ 위험 관리는 위협 식별, 취약점 식별, 자산 식별 등의 순서로 이루어진다.

해설편 ▶ P.76

01
난이도 (상)(중)(하)

다음 중 데이터 암호화 표준(DES)에 대한 설명으로 옳지 <u>않은</u>
것은?

① DES를 사용하는 장비의 수출에 대해 미국 법의 제한이 있
　었다.
② DES에 사용되는 실질적인 키의 크기는 64비트이다.
③ DES는 전사 공격으로도 해독될 수 있다.
④ DES는 하드웨어로 구현될 수 있다.

02
난이도 (상)(중)(하)

AES 알고리즘의 블록 크기와 키 길이에 대한 설명으로 옳은
것은?
2017 국가직 9급 정보보호론

① 블록 크기는 64비트이고, 키 길이는 56비트이다.
② 블록 크기는 128비트이고, 키 길이는 56비트이다.
③ 블록 크기는 64비트이고, 키 길이는 128/192/256비트이다.
④ 블록 크기는 128비트이고, 키 길이는 128/192/256비트이다.

03
난이도 (상)(중)(하)

우리나라 국가 표준으로 지정되었으며 경량 환경 및 하드웨어
구현에서의 효율성 향상을 위해 개발된 128비트 블록 암호 알
고리즘은?
2017 국가직 9급 정보보호론

① ARIA　　　　② HMAC
③ 3DES　　　　④ IDEA

04
난이도 (상)(중)(하)

정보 보안의 기본 개념에 대한 설명으로 옳지 <u>않은</u> 것은?
2015 국가직 9급 정보보호론

① Kerckhoff의 원리에 따라 암호 알고리즘은 비공개로 할 필
　요가 없다.
② 보안의 세 가지 주요 목표에는 기밀성, 무결성, 가용성이
　있다.
③ 대칭키 암호 알고리즘은 송수신자 간의 비밀키를 공유하지
　않아도 된다.
④ 가용성은 인가된 사용자에게 서비스가 잘 제공되도록 보장
　하는 것이다.

05 빈출문제
난이도 (상)(중)(하)

공개키(Public Key) 암호화 방식에 대한 설명으로 옳지 <u>않은</u>
것은?
2012 계리직 10급

① 공개키와 개인키로 이루어진다.
② 대표적 활용 예로는 전자 서명이 있다.
③ 송수신자는 서로 다른 키를 사용한다.
④ 개인키는 메시지를 전송할 때 사용한다.

06
난이도 (상)(중)(하)

암호 방식에 대한 설명으로 옳은 것을 〈보기〉에서 모두 고른
것은?
2018 계리직 9급

┌─── 보기 ───┐
ㄱ. 대칭키 암호 방식(Symmetric Key Cryptosystem)은 암호
　　화 키와 복호화키가 동일하다.
ㄴ. 공개키 암호 방식(Public Key Cryptosystem)은 사용자 수
　　가 증가하면 관리해야 할 키의 수가 증가하여 키 변화의
　　빈도가 높다.
ㄷ. 대칭키 암호 방식은 공개키 암호 방식에 비하여 암호화
　　속도가 빠르다.
ㄹ. 공개키 암호 방식은 송신자와 발신자가 서로 같은 키를
　　사용하여 통신을 수행한다.

① ㄱ, ㄴ　　　　② ㄱ, ㄷ
③ ㄴ, ㄷ　　　　④ ㄴ, ㄹ

07

난이도 (상)(중)(하)

공개키 기반 구조(Public Key Infrastructure)에 대한 설명으로 옳지 않은 것은?   2014 계리직 9급

① 인증 기관은 공개키 인증서의 발급을 담당한다.

② 공개키 기반 구조는 부인 방지 서비스 제공이 가능하다.

③ 공개키로 암호화한 데이터는 암호화에 사용된 공개키로 해독한다.

④ 공개키 기반 구조는 공개키 알고리즘을 통한 암호화와 전자 서명을 제공하는 복합적인 보안 시스템 환경이다.

08

난이도 (상)(중)(하)

공개키 암호 방식에 대한 설명으로 옳은 것은?   2019 계리직 9급

① 송신자는 전송 메시지에 대한 MAC(Message Authentication Code)을 생성하고 수신자는 그 MAC을 점검함으로써 메시지가 전송 과정에서 변조되었는지의 여부를 확인한다.

② 송신자는 수신자의 개인키를 이용하여 암호화한 메시지를 송신하고, 수신자는 수신한 메시지를 자신의 공개키를 이용하여 복호화한다.

③ 송수신자 규모가 동일할 경우, 공개키 암호 방식이 대칭키 암호 방식보다 더 많은 키들을 필요로 하기 때문에 인증기관이 키 관리를 담당한다.

④ 키 운영의 신뢰성을 공식적으로 제공하기 위하여 인증 기관은 고객별로 개인키와 키 소유자 정보를 만들고, 이를 해당 고객에게 인증서로 제공한다.

09

난이도 (상)(중)(하)

〈보기〉는 대칭형 암호 알고리즘이다. 이 중 국내에서 개발된 암호 알고리즘을 모두 고른 것은?   2023 계리직 9급

보기
ㄱ. AES   ㄴ. ARIA   ㄷ. IDEA ㄹ. LEA   ㅁ. RC5   ㅂ. SEED

① ㄱ, ㄴ, ㄷ   ② ㄱ, ㄷ, ㅁ

③ ㄴ, ㄹ, ㅂ   ④ ㄹ, ㅁ, ㅂ

10 빈출문제

난이도 (상)(중)(하)

공개키 암호화 방식에 대한 설명으로 옳지 않은 것은?   2010 국가직 9급

① 공개키 암호화 방식은 암호화, 복호화에 서로 다른 키를 사용한다.

② 공개키 암호화 방식은 비밀키(또는 대칭키) 암호화 방식에 비해 암호화 속도가 빠르다.

③ 공개키 암호화 방식은 알고리즘과 공개키를 알아도 개인키를 알아내는 것이 매우 어렵다.

④ 대표적인 공개키 암호화 방식의 알고리즘으로 RSA 방식이 있다.

11

난이도 (상)(중)(하)

공개키 암호 시스템에 대한 설명으로 옳은 것만을 모두 고르면?   2021 국가직 9급 정보보호론

ㄱ. 한 쌍의 공개키와 개인키 중에서 개인키만 비밀로 보관하면 된다. ㄴ. 동일한 안전성을 가정할 때 ECC는 RSA보다 더 짧은 길이의 키를 필요로 한다. ㄷ. 키의 분배와 관리가 대칭키 암호 시스템에 비하여 어렵다. ㄹ. 일반적으로 암호화 및 복호화 처리 속도가 대칭키 암호 시스템에 비하여 빠르다.

① ㄱ, ㄴ   ② ㄱ, ㄹ

③ ㄴ, ㄷ   ④ ㄷ, ㄹ

12

난이도 (상)(중)(하)

공개키 암호화 방법을 사용하여 철수가 영희에게 메시지를 보내는 것에 대한 설명으로 옳지 않은 것은?   2017 국가직 9급

① 영희는 자신의 개인키를 사용하여 암호문을 복호화한다.

② 철수는 자신의 공개키를 사용하여 평문을 암호화한다.

③ 공개키의 위조 방지를 위해 인증 기관은 인증서를 발급한다.

④ 공개키는 누구에게나 공개된다.

13

난이도 상 중 하

공개키 암호에 대한 설명으로 옳지 않은 것은?

2014 국가직 9급 정보보호론

① 공개키 인증서를 공개키 디렉토리에 저장하여 공개한다.

② 사용자가 증가할수록 필요한 비밀키의 개수가 증가하는 암호 방식의 단점을 해결할 수 있다.

③ 일반적으로 대칭키 암호 방식보다 암호화 속도가 느리다.

④ n명의 사용자로 구성된 시스템에서는 $\frac{n(n-1)}{2}$ 개의 키가 요구된다.

14

난이도 상 중 하

〈보기〉는 공개키 암호 방식을 전자 서명(Digital Signature)에 적용하여 A가 B에게 메시지를 전송하는 과정에 대한 설명이다. ㉠, ㉡에 들어갈 내용으로 옳은 것은?

2016 계리직 9급

──────── 보기 ────────

(1) A와 B는 개인키와 공개키 쌍을 각각 생성한다.

(2) A는 (㉠)를 사용하여 암호화한 메시지를 B에게 전송한다.

(3) B는 (㉡)를 사용하여 수신된 메시지를 해독한다.

	㉠	㉡
①	A의 개인키	A의 공개키
②	A의 개인키	B의 공개키
③	A의 공개키	B의 개인키
④	B의 공개키	B의 개인키

15

난이도 상 중 하

부인 방지 서비스를 제공하기 위한 전자 서명에 대한 설명으로 옳지 않은 것은?

2021 국가직 9급 정보보호론

① 서명할 문서에 의존하는 비트 패턴이어야 한다.

② 다른 문서에 사용된 서명을 재사용하는 것이 불가능해야 한다.

③ 전송자(서명자)와 수신자(검증자)가 공유한 비밀 정보를 이용하여 서명하여야 한다.

④ 서명한 문서의 내용을 임의로 변조하는 것이 불가능해야 한다.

16

난이도 상 중 하

다음 알고리즘 중 공개키 암호 알고리즘에 해당하는 것은?

2019 국가직 9급 정보보호론

① SEED 알고리즘

② RSA 알고리즘

③ DES 알고리즘

④ AES 알고리즘

17

난이도 상 중 하

공개키 암호 시스템에 대한 설명 중 ㉠ ~ ㉢에 들어갈 말로 옳게 짝지어진 것은?

2017 국가직 9급 정보보호론

- (㉠)의 안전성은 유한체의 이산 대수 계산의 어려움에 기반을 둔다.
- (㉡)의 안전성은 타원 곡선군의 이산 대수 계산의 어려움에 기반을 둔다.
- (㉢)의 안전성은 소인수 분해의 어려움에 기반을 둔다.

	㉠	㉡	㉢
①	ElGamal 암호 시스템	DSS	RSA 암호 시스템
②	Knapsack 암호 시스템	ECC	RSA 암호 시스템
③	Knapsack 암호 시스템	DSS	Rabin 암호 시스템
④	ElGamal 암호 시스템	ECC	Rabin 암호 시스템

18

난이도 상 중 하

메시지 인증에 사용되는 해시 함수의 요건으로 옳지 않은 것은?

2018 국가직 9급 정보보호론

① 임의 크기의 메시지에 적용될 수 있어야 한다.

② 해시를 생성하는 계산이 비교적 쉬워야 한다.

③ 다양한 길이의 출력을 생성할 수 있어야 한다.

④ 하드웨어 및 소프트웨어에 모두 실용적이어야 한다.

19

난이도 (상)(중)(하)

다음 중 해시 함수의 설명으로 옳은 것은?

① 입력은 고정 길이를 갖고 출력은 가변 길이를 갖는다.

② 해시 함수(H)는 다대일(n:1) 대응 함수로 동일한 출력을 하는 입력이 두 개 이상 존재하기 때문에 충돌(Collision)을 피할 수 있다.

③ 해시 함수는 일반적으로 키를 사용하지 않는 MAC(Message Authentication Code) 알고리즘을 사용한다.

④ MAC은 데이터의 무결성과 데이터 발신지 인증 기능도 제공한다.

20

난이도 (상)(중)(하)

A가 B에게 공개키 알고리즘을 사용하여 서명과 기밀성을 적용한 메시지(M)를 전송하는 그림이다. ㉠ ~ ㉣에 들어갈 용어로 옳은 것은?

2017 지방직 9급 정보보호론

	㉠	㉡	㉢	㉣
①	A의 공개키	B의 공개키	A의 개인키	B의 개인키
②	A의 개인키	B의 개인키	A의 공개키	B의 공개키
③	A의 개인키	B의 공개키	B의 개인키	A의 공개키
④	A의 공개키	A의 개인키	B의 공개키	B의 개인키

21

난이도 (상)(중)(하)

대칭키 암호 시스템과 공개키 암호 시스템의 장점을 조합한 것을 하이브리드 암호 시스템이라고 부른다. 하이브리드 암호 시스템을 사용하여 송신자가 수신자에게 문서를 보낼 때의 과정을 순서대로 나열하면 다음과 같다. 각 시점에 적용되는 암호 시스템을 순서대로 나열하면?

2015 서울시 9급 정보보호론

> ㉠ '키'를 사용하여 '문서'를 암호화할 때
> ㉡ '문서'를 암·복호화하는 데 필요한 '키'를 암호화할 때
> ㉢ '키'를 사용하여 암호화된 '문서'를 복호화할 때

① ㉠ 공개키 암호 시스템, ㉡ 대칭키 암호 시스템, ㉢ 공개키 암호 시스템

② ㉠ 공개키 암호 시스템, ㉡ 공개키 암호 시스템, ㉢ 대칭키 암호 시스템

③ ㉠ 대칭키 암호 시스템, ㉡ 대칭키 암호 시스템, ㉢ 공개키 암호 시스템

④ ㉠ 대칭키 암호 시스템, ㉡ 공개키 암호 시스템, ㉢ 대칭키 암호 시스템

해설편 ▶ P.77

보안 기법

01

난이도 상 **중** 하

온라인에서 멀티미디어 콘텐츠의 불법 유통을 방지하기 위해 삽입된 워터마킹 기술의 특성으로 옳지 <u>않은</u> 것은?

2019 계리직 9급

① 부인 방지성
② 비가시성
③ 강인성
④ 권리 정보 추출성

02

난이도 상 **중** 하

다음은 디지털 콘텐츠 저작권 보호에 활용되는 기술에 대한 설명이다. 빈칸 ㉠에 공통으로 들어갈 용어로 옳은 것은?

2017 교육청 9급 정보보호론

> 디지털 (㉠)은 디지털 콘텐츠를 구매할 때 구매자의 정보를 삽입하여 불법 배포 발견 시 최초의 배포자를 추적할 수 있게 하는 기술이다. 이 기술을 사용하면 판매되는 콘텐츠마다 구매자의 정보가 들어 있으므로, 불법적으로 재배포된 콘텐츠 내에서 (㉠)된 정보를 추출하여 구매자를 식별할 수 있다.

① 스미싱(Smishing)
② 노마디즘(Nomadism)
③ 패러다임(Paradigm)
④ 핑거프린팅(Fingerprinting)

03

난이도 상 **중** 하

다음 중 로봇 프로그램과 사람을 구분하는 방법의 하나로 사람이 인식할 수 있는 문자나 그림을 활용하여 자동 회원 가입 및 게시글 포스팅을 방지하는 데 사용하는 방법은?

2014 국회직 9급 정보보호론

① 해시 함수
② 캡차(CAPCHA)
③ 전자 서명
④ 인증서

04

난이도 상 **중** 하

다음에 제시된 〈보기 1〉의 사용자 인증 방법과 〈보기 2〉의 사용자 인증 도구를 바르게 연결한 것은?

2015 국가직 9급 정보보호론

┌─────────────보기1─────────────┐
ㄱ. 지식 기반 인증   ㄴ. 소지 기반 인증
ㄷ. 생체 기반 인증
└───────────────────────────────┘

┌─────────────보기2─────────────┐
A. OTP 토큰   B. 패스워드
C. 홍채
└───────────────────────────────┘

	ㄱ	ㄴ	ㄷ
①	A	B	C
②	A	C	B
③	B	A	C
④	B	C	A

05

난이도 상 **중** 하

다음 중 MAC(Mandatory Access Control) 정책의 특성이 <u>아닌</u> 것은?

① 객체의 소유자가 변경할 수 없는 주체들과 객체 간의 접근 제어 관계를 정의한다.
② 모든 주체 및 객체에 대하여 일정하지 않고 어느 하나의 주체/객체 단위로 접근 제한을 설정할 수 있다.
③ 한 주체가 한 객체를 읽고 그 내용을 다른 객체에게 복사하는 경우에 원래의 객체에 내포된 MAC 제약 사항이 복사된 객체에 전파된다.
④ 객체에 포함된 정보의 비밀성과 이러한 비밀성의 접근 정보에 대하여 주체가 갖는 접근 허가에 근거하여 객체에 대한 접근을 제한한다.

06

난이도 (상) (중) (하)

이메일의 보안을 강화하기 위한 기술이 <u>아닌</u> 것은?

2021 국가직 9급 정보보호론

① IMAP
② S/MIME
③ PEM
④ PGP

07

난이도 (상) (중) (하)

IPSec에서 두 컴퓨터 간의 보안 연결 설정을 위해 사용되는 것은?

2017 국가직 9급 정보보호론

① Extensible Authentication Protocol
② Internet Key Exchange
③ Encapsulating Security Payload
④ Authentication Header

08

난이도 (상) (중) (하)

SET(Secure Electronic Transaction)에 대한 설명으로 옳지 <u>않</u>은 것은?

2021 계리직 9급

① 프라이버시 보호를 위해 이중 서명 프로토콜을 사용한다.
② 카드 소지자는 전자 지갑 소프트웨어가 필요하다.
③ 인증 기관(Certification Authority)이 필요하다.
④ SSL(Secure Socket Layer)에 비해 고속으로 동작한다.

09

난이도 (상) (중) (하)

IPv4 패킷에 대하여 터널 모드의 IPSec AH(Authentication Header) 프로토콜을 적용하여 산출된 인증 헤더가 들어갈 위치로 옳은 것은?

2021 국가직 9급 정보보호론

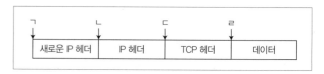

① ㄱ   ② ㄴ
③ ㄷ   ④ ㄹ

10

난이도 (상) (중) (하)

방화벽(Firewall)에 대한 설명으로 옳지 <u>않은</u> 것은?

2014 국가직 9급 정보보호론

① 패킷 필터링 방화벽은 패킷의 출발지 및 목적지 IP 주소, 서비스의 포트 번호 등을 이용한 접속 제어를 수행한다.
② 패킷 필터링 기법은 응용 계층(Application Layer)에서 동작하며, WWW와 같은 서비스를 보호한다.
③ NAT 기능을 이용하여 IP 주소 자원을 효율적으로 사용함과 동시에 보안성을 높일 수 있다.
④ 방화벽 하드웨어 및 소프트웨어 자체의 결함에 의해 보안상 취약점을 가질 수 있다.

11

난이도 (상) (중) (하)

침입 탐지 시스템(IDS)의 탐지 기법 중 하나인 비정상 행위(Anomaly) 탐지 기법의 설명으로 옳지 <u>않은</u> 것은?

2015 지방직 9급 정보보호론

① 이전에 알려지지 않은 방식의 공격도 탐지 가능하다.
② 통계적 분석 방법, 예측 가능한 패턴 생성 방법, 신경망 모델을 이용하는 방법 등이 있다.
③ 새로운 공격 유형이 발견될 때마다 지속적으로 해당 시그니처(Signature)를 갱신해 주어야 한다.
④ 정상 행위를 가려내기 위한 명확한 기준을 설정하기 어렵다.

12

난이도 **상** 중 하

침입 탐지 시스템의 비정상(Anomaly) 탐지 기법에 대한 설명으로 옳지 <u>않은</u> 것은?　2021 국가직 9급 정보보호론

① 상대적으로 급격한 변화나 발생 확률이 낮은 행위를 탐지한다.
② 정상 행위를 예측하기 어렵고 오탐률이 높지만 알려지지 않은 공격에도 대응할 수 있다.
③ 수집된 다양한 정보로부터 생성한 프로파일이나 통계적 임계치를 이용한다.
④ 상태전이 분석과 패턴 매칭 방식이 주로 사용된다.

13

난이도 **상** 중 하

다음에서 설명하는 재해 복구 시스템의 복구 방식은?　2015 국가직 9급 정보보호론

> 재해 복구 센터에 주 센터와 동일한 수준의 시스템을 대기 상태로 두어, 동기적 또는 비동기적 방식으로 실시간 복제를 통하여 최신의 데이터 상태를 유지하고 있다가, 재해 시 재해 복구 센터의 시스템을 활성화 상태로 전환하여 복구하는 방식이다.

① 핫 사이트(Hot Site)
② 미러 사이트(Mirror Site)
③ 웜 사이트(Warm Site)
④ 콜드 사이트(Cold Site)

14

난이도 **상** 중 하

가상 사설망(VPN)에 대한 설명으로 옳지 <u>않은</u> 것은?　2016 국가직 9급 정보보호론

① 공중망을 이용하여 사설망과 같은 효과를 얻기 위한 기술로서, 별도의 전용선을 사용하는 사설망에 비해 구축 비용이 저렴하다.
② 사용자들 간의 안전한 통신을 위하여 기밀성, 무결성, 사용자 인증의 보안 기능을 제공한다.
③ 네트워크 종단점 사이에 가상 터널이 형성되도록 하는 터널링 기능은 SSH와 같은 OSI 모델 4계층의 보안 프로토콜로 구현해야 한다.
④ 인터넷과 같은 공공 네트워크를 통해서 기업의 재택근무자나 이동 중인 직원이 안전하게 회사 시스템에 접근할 수 있도록 해준다.

15

난이도 **상** 중 하

다음 〈보기〉에서 설명하는 것은 무엇인가?　2015 서울시 9급 정보보호론

┤ 보기 ├

> IP 데이터그램에서 제공하는 선택적 인증과 무결성, 기밀성 그리고 재전송 공격 방지 기능을 한다. 터널 종단 간에 협상된 키와 암호화 알고리즘으로 데이터그램을 암호화한다.

① AH(Authentication Header)
② ESP(Encapsulation Security Payload)
③ MAC(Message Authentication Code)
④ ISAKMP(Internet Security Association & Key Management Protocol)

해설편 ▶ P.80

01 빈출문제
난이도 상 중 **하**

자신을 타인이나 다른 시스템에게 속이는 행위를 의미하며 침입하고자 하는 호스트의 IP 주소를 바꾸어서 해킹하는 기법을 가리키는 것은?
2008 계리직 10급

① Spoofing
② Sniffing
③ Phishing
④ DoS 공격

02
난이도 상 중 **하**

악성 코드에 대한 설명으로 옳지 <u>않은</u> 것은?
2013 국가직 9급

① 파일 감염 바이러스는 대부분 메모리에 상주하며 프로그램 파일을 감염시킨다.
② 웜(Worm)은 자신의 명령어를 다른 프로그램 파일의 일부분에 복사하여 컴퓨터를 오동작하게 하는 종속형 컴퓨터 악성 코드이다.
③ 트로이목마는 겉으로 보기에 정상적인 프로그램인 것 같으나 악성 코드를 숨겨두어 시스템을 공격한다.
④ 매크로 바이러스는 프로그램에서 어떤 작업을 자동화하기 위해 정의한 내부 프로그래밍 언어를 사용하여 데이터 파일을 감염시킨다.

03 빈출문제
난이도 상 중 **하**

(가), (나)에서 설명하는 악성 프로그램의 용어를 바르게 짝지은 것은?
2019 계리직 9급

(가) 사용자 컴퓨터의 데이터를 암호화시켜 파일을 사용할 수 없도록 한 후 암호화를 풀어주는 대가로 금전을 요구하는 악성 프로그램
(나) '○○○ 초대장' 등의 내용을 담은 문자 메시지 내에 링크된 인터넷 주소를 클릭하면 악성 코드가 설치되어 사용자의 정보를 빼가거나 소액 결제를 진행하는 악성 프로그램

	(가)	(나)
①	스파이웨어	트로이목마
②	랜섬웨어	파밍(Pharming)
③	스파이웨어	피싱(Phishing)
④	랜섬웨어	스미싱(Smishing)

04
난이도 상 **중** 하

겉으로는 유용한 프로그램으로 보이지만 사용자가 의도하지 않은 악성 루틴이 숨어 있어서 사용자가 실행시키면 동작하는 악성 소프트웨어는?
2021 국가직 9급 정보보호론

① 키로거
② 트로이목마
③ 애드웨어
④ 랜섬웨어

05

난이도 (상)(중)(하)

다음 중 금융 사기에 대한 설명으로 옳지 <u>않은</u> 것은?

2014 교육청 9급 정보보호론(복원)

① 스미싱(Smishing)은 주로 스마트폰 문자에다 URL을 첨부하여 URL을 클릭 시 악성 앱이 설치되어 개인 정보나 금융 정보를 빼내거나 이를 활용하여 금전적 손해를 끼치는 사기 수법이다.

② 피싱(Phishing)은 공공 기관이나 금융 기관을 사칭하여 개인 정보나 금융 정보를 빼내거나 이를 활용하여 금전적 손해를 끼치는 사기 수법이다.

③ 파밍(Pharming)은 공격 대상 웹 사이트의 관리자 권한을 획득하여 사용자의 개인 정보나 금융 정보를 빼내거나 이를 활용하여 금전적 손해를 끼치는 사기 수법이다.

④ 스미싱(Smishing)은 문자(SMS)와 피싱(Phishing)의 합성어이다.

06

난이도 (상)(중)(하)

인터넷 환경에서 다른 사용자들이 송수신하는 네트워크상의 데이터를 도청하여 패스워드나 중요한 정보를 알아내는 형태의 공격은?

2011 국가직 9급

① 서비스 거부(DoS; Denial of Service) 공격
② ICMP 스머프(Smurf) 공격
③ 스니핑(Sniffing)
④ 트로이 목마(Trojan Horse)

07

난이도 (상)(중)(하)

서비스 거부 공격에 해당하는 것을 〈보기〉에서 고른 것은?

2014 계리직 9급

┤ 보기 ├
ㄱ. Ping of Death 공격   ㄴ. SYN Flooding 공격
ㄷ. Session Hijacking 공격   ㄹ. ARP Redirect 공격

① ㄱ, ㄴ
② ㄴ, ㄷ
③ ㄷ, ㄹ
④ ㄱ, ㄹ

08

난이도 (상)(중)(하)

〈보기〉는 서비스 거부(DoS; Denial of Service) 공격 방법이다. 이 중 ICMP 프로토콜을 이용한 공격 방법으로 옳은 것의 총 개수는?

2023 계리직 9급

┤ 보기 ├
ㄱ. 랜드 공격(Land Attack)
ㄴ. SYN 플로딩 공격(SYN Flooding Attack)
ㄷ. 티어드롭 공격(Teardrop Attack)
ㄹ. HTTP GET 플로딩 공격(HTTP GET Flooding Attack)
ㅁ. 스머프 공격(Smurf Attack)
ㅂ. 죽음의 핑 공격(Ping of Death Attack)

① 2개
② 3개
③ 4개
④ 5개

09

난이도 (상)(중)(하)

분산 서비스 거부(DDoS) 공격에 대한 설명으로 옳지 <u>않은</u> 것은?

2021 국가직 9급 정보보호론

① 하나의 공격 지점에서 대규모 공격 패킷을 발생시켜서 여러 사이트를 동시에 공격하는 방법이다.
② 가용성에 대한 공격이다.
③ 봇넷이 주로 활용된다.
④ 네트워크 대역폭이나 컴퓨터 시스템 자원을 공격 대상으로 한다.

10

난이도 상 중 **하**

시스템의 보안 취약점을 활용한 공격 방법에 대한 설명으로 옳지 <u>않은</u> 것은?

2014 계리직 9급

① Sniffing 공격은 네트워크상에서 자신이 아닌 다른 상대방의 패킷을 엿보는 공격이다.

② Exploit 공격은 공격자가 패킷을 전송할 때 출발지와 목적지의 IP 주소를 같게 하여 공격 대상 시스템에 전송하는 공격이다.

③ SQL Injection 공격은 웹 서비스가 예외적인 문자열을 적절히 필터링하지 못하도록 SQL문을 변경하거나 조작하는 공격이다.

④ XSS(Cross Site Scripting) 공격은 공격자에 의해 작성된 악의적인 스크립트가 게시물을 열람하는 다른 사용자에게 전달되어 실행되는 취약점을 이용한 공격이다.

11

난이도 상 중 **하**

다음에서 설명하는 해킹 공격 방법은?

2018 국가직 9급

공격자는 사용자의 합법적 도메인을 탈취하거나 도메인 네임 시스템(DNS) 또는 프락시 서버의 주소를 변조하여, 사용자가 진짜 사이트로 오인하여 접속하도록 유도한 후 개인 정보를 훔친다.

① 스니핑(Sniffing)
② 파밍(Pharming)
③ 트로이 목마(Trojan Horse)
④ 하이재킹(Hijacking)

12

난이도 상 **중** 하

다음에서 설명하는 보안 공격 방법은?

2017 국가직 9급

공격자는 여러 대의 좀비 컴퓨터를 분산 배치하여 가상의 접속자를 만든 후 처리할 수 없을 정도로 매우 많은 양의 패킷을 동시에 발생시켜 시스템을 공격한다. 공격받은 컴퓨터는 사용자가 정상적으로 접속할 수 없다.

① 키로거(Key Logger)
② DDoS(Distributed Denial of Service)
③ XSS(Cross Site Scripting)
④ 스파이웨어(Spyware)

13

난이도 상 **중** 하

다음 설명에 해당하는 DoS 공격을 옳게 짝지은 것은?

2019 국가직 9급 정보보호론

ㄱ. 공격자가 공격 대상의 IP 주소로 위장하여 중계 네트워크에 다량의 ICMP Echo Request 패킷을 전송하며, 중계 네트워크에 있는 모든 호스트는 많은 양의 ICMP Echo Reply 패킷을 공격 대상으로 전송하여 목표 시스템을 다운시키는 공격

ㄴ. 공격자가 송신자 IP 주소를 존재하지 않거나 다른 시스템의 IP 주소로 위장하여 목적 시스템으로 SYN 패킷을 연속해서 보내는 공격

ㄷ. 송신자 IP 주소와 수신자 IP 주소, 송신자 포트와 수신자 포트가 동일하게 조작된 SYN 패킷을 공격 대상에 전송하는 공격

	ㄱ	ㄴ	ㄷ
①	Smurf Attack	Land Attack	SYN Flooding Attack
②	Smurf Attack	SYN Flooding Attack	Land Attack
③	SYN Flooding Attack	Smurf Attack	Land Attack
④	Land Attack	Smurf Attack	SYN Flooding Attack

14

난이도 상 **중** 하

컴퓨터 바이러스에 대한 설명으로 옳지 않은 것은?

2014 국가직 9급 정보보호론

① 트랩도어(Trapdoor)는 정상적인 인증 과정을 거치지 않고 프로그램에 접근하는 일종의 통로이다.

② 웜(Worm)은 네트워크 등의 연결을 통하여 자신의 복제품을 전파한다.

③ 트로이 목마(Trojan Horse)는 정상적인 프로그램으로 가장한 악성 프로그램이다.

④ 루트킷(Rootkit)은 감염된 시스템에서 활성화되어 다른 시스템을 공격하는 프로그램이다.

16

난이도 **상** 중 하

다음 설명에 해당하는 것은?

2017 국가직 9급 정보보호론

> PC나 스마트폰을 해킹하여 특정 프로그램이나 기기 자체를 사용하지 못하도록 하는 악성 코드로서 인터넷 사용자의 컴퓨터에 설치되어 내부 문서나 스프레드시트, 이미지 파일 등을 암호화하여 열지 못하도록 만든 후 돈을 보내 주면 해독용 열쇠 프로그램을 전송해 준다며 금품을 요구한다.

① Web Shell

② Ransomware

③ Honeypot

④ Stuxnet

15

난이도 **상** 중 하

메모리 영역에 비정상적인 데이터나 비트를 채워 시스템의 정상적인 동작을 방해하는 공격 방식은?

2017 국가직 9급 정보보호론

① Spoofing

② Buffer Overflow

③ Sniffing

④ Scanning

해설편 ▶ P.82

01

「개인 정보 보호법」의 개인 정보 보호 원칙으로 옳은 것의 총 개수는?

2021 계리직 9급

ㄱ. 개인 정보 처리자는 개인 정보의 처리 목적에 필요한 범위에서 개인 정보의 정확성, 완전성 및 최신성이 보장되도록 하여야 한다.

ㄴ. 개인 정보 처리자는 개인 정보의 처리 목적에 필요한 범위에서 적합하게 개인 정보를 처리하여야 하며, 그 목적 외의 용도로 활용 하고자 하는 경우 개인 정보 보호 책임자의 동의를 받아야 한다.

ㄷ. 개인 정보 처리자는 개인 정보 처리 방법 등 개인 정보의 처리에 관한 사항은 비공개하여야 하며, 열람 청구권 등 정보 주체의 권리를 보장하여야 한다.

ㄹ. 개인 정보 처리자는 개인 정보를 가명 또는 익명으로 처리하여도 개인 정보 수집 목적을 달성할 수 있는 경우 가명 처리가 가능한 경우에는 가명에 의하여, 가명 처리로 목적을 달성할 수 없는 경우에는 익명에 의하여 처리될 수 있도록 하여야 한다.

① 1개
② 2개
③ 3개
④ 4개

02

「개인 정보 보호법」상 가명 정보의 처리에 관한 특례에 대한 사항으로 옳지 않은 것은?

2021 국가직 9급 정보보호론

① 개인 정보 처리자는 통계 작성, 과학적 연구, 공익적 기록 보존 등을 위하여 정보 주체의 동의 없이 가명 정보를 처리할 수 있다.

② 개인 정보 처리자는 가명 정보를 처리하는 과정에서 특정 개인을 알아볼 수 있는 정보가 생성된 경우에는 내부적으로 해당 정보를 처리 보관하되, 제3자에게 제공해서는 아니 된다.

③ 개인 정보 처리자는 가명 정보를 처리하고자 하는 경우에는 가명 정보의 처리 목적, 제3자 제공 시 제공받는 자 등 가명 정보의 처리 내용을 관리하기 위하여 대통령령으로 정하는 사항에 대한 관련 기록을 작성하여 보관하여야 한다.

④ 통계 작성, 과학적 연구, 공익적 기록 보존 등을 위한 서로 다른 개인 정보 처리자 간의 가명 정보의 결합은 개인 정보 보호위원회 또는 관계 중앙행정기관의 장이 지정하는 전문 기관이 수행한다.

해설편 ▶ P.85

PART

VIII

기초영어

CHAPTER 01 어휘 및 숙어
CHAPTER 02 회화
CHAPTER 03 독해

출제비중 **35%**
※2024년부터 적용되는 기초영어 영역의 출제비중을
표기하였습니다.

01 어휘 및 숙어

01
난이도 상 중 ⓗ

다음 중 밑줄 친 부분과 의미가 가장 가까운 것을 고르시오.

2023 국회직 9급

> It makes sense to think demand will inevitably rebound briskly, sending Brent and WTI higher in the year to come.

① necessarily
② substantially
③ miraculously
④ utterly
⑤ incredibly

02
난이도 상 ⓒ 하

다음 중 밑줄 친 부분에 들어갈 표현으로 가장 적절한 것을 고르시오.

2011 국가직 9급

> In general terms, tablet PC refers to a slate-shaped mobile computer device, equipped with a touchscreen or stylus to operate the computer. Tablet PCs are often used where normal notebooks are impractical or _____, or do not provide the needed functionality.

① unwieldy
② inconclusive
③ exclusive
④ unprecedented

03
난이도 상 중 ⓗ

다음 중 밑줄 친 부분과 의미가 가장 가까운 것을 고르시오.

2015 사회복지직 9급

> It is important to find a way to settle the issue before the meeting begins.

① resolve
② resume
③ retrieve
④ revoke

04
난이도 상 중 ⓗ

다음 중 밑줄 친 부분과 의미가 가장 가까운 것을 고르시오.

2023 지역인재 9급

> Until now, the existence of the ancient theater had puzzled many people because it was mentioned in Roman texts but its whereabouts had not previously been documented.

① assured
② relieved
③ satisfied
④ confused

05

난이도

다음 중 빈칸에 공통으로 들어갈 단어로 가장 적절한 것은?

2022 소방 경채

> Give yourself _____. Often when we feel frustrated or upset we only concentrate on the bad things or the mistakes we've made instead of giving ourselves _____ for what we do right. Allow yourself to feel confident about the things you have accomplished, even if you've messed up in other areas.

① credit

② disbelief

③ negligence

④ intelligence

06

난이도

다음 중 괄호에 들어갈 적절한 단어를 고르시오.

> Through a special agreement between the Korea Post and the postal administrations of other countries, an ( ) postal service delivers letters, documents, and parcels to their destinations abroad in the fastest and safest way.

① regular

② express

③ domestic

④ international

07

난이도

다음 중 괄호에 들어갈 적절한 단어를 고르시오.

> During the period of service ( ), all financial transactions using Korea Post accounts and those via other financial institutions' platforms using Korea Post accounts will be unavailable.

① worship

② suspension

③ membership

④ shortcoming

08

난이도

다음 중 괄호에 들어갈 적절한 단어를 고르시오.

> Korea Post will ( ) the EMS Smart Postage System in May, which enable customers directly to pay postage after entering necessary information on the Korea Post smartphone app.

① install

② enroll

③ conceive

④ introduce

09

난이도

다음 중 괄호에 들어갈 적절한 단어를 고르시오.

> South Korea's state-run postal service agency Korea Post announced that it will issue 1.28 million commemorative stamps featuring two of South Korea's (   ) street foods, tteokbokki(a spicy stir-fried dish whose main ingredient is cylinder-shaped rice cakes) and sundae(a type of blood sausage), which have gained attention as K-food overseas, in conjunction with the spread of Korean dramas.

① vicious

② moderate

③ representative

④ fundamental

10

난이도

다음 중 괄호에 들어갈 적절한 단어를 고르시오.

> In case that there is wrongly-written information in address label, or addressee's address is confirmed to be relocated to a new address after (   ), sender may request to correct the wrong information or redirect the item to a new address.

① grant

② dispatch

③ estimate

④ transform

11

난이도

다음 중 괄호에 들어갈 적절한 단어를 고르시오.

> Brushing scams are mailings sent by (   ) e-commerce sellers using illegally acquired or false personal information to manipulate popularity rankings within e-commerce platforms (shopping malls) and write false product reviews.

① savvy

② deluxe

③ unanimous

④ unscrupulous

12

난이도

다음 중 괄호에 들어갈 적절한 단어를 고르시오.

> Please be advised that when applying for EMS mail(non-documents) bound for France(FR), you must prepare and (   ) an invoice for both commercial and personal items, regardless of the duty-free limit.

① attach

② startle

③ discard

④ prescribe

13

난이도

다음 중 괄호에 들어갈 적절한 단어를 고르시오.

> "Mobile Mailbox" is a simple and (　　　　　) app dedicated to electronic documents that allows you to receive and view mail on your mobile phone.

① divine

② intuitive

③ coherent

④ compulsive

14

난이도

다음 중 괄호에 들어갈 적절한 단어를 고르시오.

> The (　　　　　) post office system allows customers to easily apply for or directly receive mail without going through a post office counter, and is a system that allows postal services to be used outside of public holidays and business hours.

① exotic

② unmanned

③ subjective

④ anonymous

15

난이도

다음 중 괄호에 들어갈 적절한 단어를 고르시오.

> Itda Money Service can be used like cash at post office shopping and (　　　　　) stores after signing up for an integrated membership at Post Office Pay.

① affiliated

② prominent

③ widespread

④ substituted

16

난이도 상 중 하

다음 중 괄호에 들어가기에 적절하지 <u>않은</u> 단어를 고르시오.

> The South Korean Postal Service on Friday said suspicious packages that could contain (　　　　　) substances had been sent to several parts of the country, after three people were hospitalized.

① toxic

② noxious

③ profitable

④ venomous

17

난이도 상**중**하

다음 중 괄호에 들어가기에 적절하지 <u>않은</u> 단어를 고르시오.

The following items are (   ) by the Korean government from being sent by EMS: live animals, meat products, dairy products, fruits, seeds, antiques, non-alcoholic beverages, gambling items, jewelry, sugar, tea, concentrates, tobacco and its products, alcohol, etc.

① banned

② provoked

③ forbidden

④ prohibited

18

난이도 상**중**하

다음 중 괄호에 들어가기에 적절하지 <u>않은</u> 단어를 고르시오.

The priority mail service is available in all the post offices in the country, and the speed of delivery is faster than (   ) mail.

① regular

② surface

③ average

④ standard

19

난이도 상중**하**

다음 중 괄호에 들어가기에 적절하지 <u>않은</u> 단어를 고르시오.

Besides sending letters and packages, the postal service also offers limited banking services; customers can open bank account, (   ) money to other accounts throughout the country, and pay bills.

① wire

② remit

③ transfer

④ convert

20

난이도 상중**하**

다음 중 괄호에 들어가기에 적절하지 <u>않은</u> 단어를 고르시오.

The EMS(= Express Mail Service) is Korea's designated (   ) postal service, supporting customers, businesses and communities worldwide.

① general

② common

③ abnormal

④ universal

21

난이도 (상)(중)(하)

다음 중 밑줄 친 부분에 들어갈 표현으로 가장 적절한 것을 고르시오.

2011 국가직 9급

> The viability of reclaimed water for indirect potable reuse should be assessed _____ quantity and reliability of raw water supplies, the quality of reclaimed water, and cost effectiveness.

① regardless of

② with regard to

③ to the detriment of

④ on behalf of

22

난이도 (상)(중)(하)

다음 중 밑줄 친 부분에 들어갈 표현으로 가장 적절한 것을 고르시오.

2023 지역인재 9급

> Some countries have strict rules limiting animal testing. For example, in the Netherlands, it is against the law to _____ experiments on animals with cosmetics.

① put off

② hand in

③ adapt to

④ carry out

23

난이도 (상)(중)(하)

다음 중 밑줄 친 부분에 들어갈 표현으로 가장 적절한 것을 고르시오.

2023 지역인재 9급

> By taking your time and finding exercise routines you actually enjoy, you're more likely to develop healthy habits you can _____.

① get by

② call off

③ pass up

④ stick with

24

난이도 (상)(중)(하)

다음 중 밑줄 친 부분에 들어갈 표현으로 가장 적절한 것을 고르시오.

2022 간호직 8급

> He studied very hard not to _____ his parents because of poor grades.

① back up

② let down

③ look up to

④ come down with

25

난이도 상 중 **하**

다음 중 밑줄 친 부분과 의미와 가장 가까운 것을 고르시오.

2022 간호직 8급

> If left untreated, the infection can <u>give rise to</u> many other complications.

① prefer

② delay

③ cause

④ eliminate

26

난이도 상 **중** 하

다음 괄호에 들어갈 적절한 숙어를 고르시오.

> 어제 도착한 소포를 찾으러 왔습니다.

> I've come to (　　　　　) a package that arrived yesterday.

① pick up

② put off

③ break out

④ come across

27

난이도 상 중 **하**

다음 괄호에 들어갈 적절한 숙어를 고르시오.

> 이 소포를 배송하려면 어떻게 처리해야 하나요?

> How can I (　　　　　) this package to be delivered?

① go off

② send out

③ arrange for

④ get on with

28

난이도 상 **중** 하

다음 괄호에 들어갈 적절한 숙어를 고르시오.

> 계좌를 개설하는 데 비용은 얼마나 청구합니까?

> What do you (　　　　　) opening an account?

① pull in

② get over

③ make out

④ charge for

29

난이도 상 중 하

다음 괄호에 들어갈 적절한 숙어를 고르시오.

이 계좌와 관련된 다른 수수료가 있나요?

Is there any other fee (   ) this account?

① for want of
② in favor of
③ on behalf of
④ in association with

30

난이도 상 중 하

다음 괄호에 들어갈 적절한 숙어를 고르시오.

보내는 사람의 정보, 받는 사람의 이름과 계좌 번호, 받는 사람의 은행 이름과 주소를 영어로 적으세요.

Please (   ) in English the sender's information, the name and account number of the recipient and the name and address of the recipient's bank.

① lay out
② put off
③ write down
④ look after

31

난이도 상 중 하

다음 괄호에 들어갈 적절한 숙어를 고르시오.

은행들은 때때로 고객들에게 환율 우대 쿠폰을 나눠준다.

Banks sometimes (   ) coupons offering preferential exchange rates to their customers.

① give away
② go through
③ hold up
④ leave out

32

난이도 상 중 하

다음 중 괄호에 들어갈 적절한 표현을 고르시오.

신용 카드는 취급하지 않고 직불 카드만 취급합니다.

We don't (   ) a credit card, but only a debit card.

① give up
② deal with
③ put out
④ hand down

33

난이도 상 중 **하**

다음 중 괄호에 들어갈 적절한 표현을 고르시오.

> 직불 카드는 당신의 은행 계좌에서 직접 결제 금액을 지불하고 물건을 사는 데 사용됩니다.

> Debit cards are used to buy things by having money to ( ) them taken directly from your bank account.

① pay for

② abide by

③ bring up

④ cope with

34

난이도 상 중 **하**

다음 중 괄호에 들어갈 적절한 표현을 고르시오.

> 다른 사람들은 보통 청구서를 지불하기 위해 자동 이체를 설정해놓습니다.

> Other people usually ( ) a standing order to pay bills.

① set up

② call for

③ turn on

④ count on

35

난이도 상 **중** 하

다음 중 괄호에 들어갈 적절한 표현을 고르시오.

> 우정사업본부는 우편 업무, 은행 업무, 보험 업무를 담당하고 있습니다.

> Korea Post is ( ) postal service, postal banking, and insurance services.

① apart from

② in charge of

③ by means of

④ on account of

36

난이도 **상** 중 하

다음 중 괄호에 들어가기에 적절하지 <u>않은</u> 표현을 고르시오.

> 귀사의 보험 상품들을 설명해 주실 수 있나요?

> Can you ( ) your insurance plans?

① explain

② go over

③ deal in

④ account for

37

난이도 상 **중** 하

다음 중 괄호에 들어가기에 적절하지 <u>않은</u> 표현을 고르시오.

> 난 공과금을 내러 은행에 가는 길이에요.

> I'm (   ) to the bank to pay some bills.

① headed
② going over
③ getting away
④ on the way

38

난이도 상 중 **하**

다음 중 괄호에 들어가기에 적절하지 <u>않은</u> 표현을 고르시오.

> 우편 저축 이외에도, 금융 및 은행 서비스에는 우편 보험, 우편환 및 우편 이체가 포함됩니다.

> (   ) postal savings, the financial and banking services include postal insurance, money orders and postal transfers.

① As to
② Besides
③ Aside from
④ Apart from

39

난이도 상 **중** 하

다음 중 괄호에 들어가기에 적절하지 <u>않은</u> 표현을 고르시오.

> 우편 요금은 목적지와 발송되는 편지나 소포의 크기와 종류에 따라 다릅니다.

> The postage (   ) the destination and the size and type of letter, or parcel, being posted.

① attends on
② hinges on
③ is based on
④ depends on

40

난이도 상 **중** 하

다음 중 괄호에 들어가기에 적절하지 <u>않은</u> 표현을 고르시오.

> 현금자동입출금기를 이용하시면 1만 원권이나 5만 원권을 현금으로 인출하실 수 있습니다.

> You can (   ) some cash for 10,000 or 50,000 won bills by using an ATM.

① withdraw
② give out
③ take out
④ draw out

해설편 ▶ P.88

01

난이도

다음 대화에서 남자가 여자에게 부탁하지 <u>않은</u> 것은?

> W: I'm going into town to run some errands. Can I get you anything while I'm out?
> M: Do you think you might go by the post office?
> W: I could. What would you like?
> M: Could you send this package? Oh, and while you're there, could you get me a book of twenty-cent stamps?
> W: Sure. I'd be glad to.
> M: I'm sorry to say that I have a letter to send.
> W: Not at all.
> M: Thank you so much. And uh… if you happen to go by a drugstore, could you get me some Aspirin?
> W: Sure. No problem.
> M: Thank you so much.

① To send his parcel

② To buy twenty stamps

③ To mail his letter

④ To buy some medicine

02

난이도

밑줄 친 부분에 들어갈 말로 가장 적절한 것은?

> W: Good morning, Tom.
> M: Hi, Lora. You look like you're in a hurry.
> W: I am. I have a meeting that starts in ten minutes. But I also need to go to the post office to mail these letters. Are you feeling OK?
> M: Well, I've got a bit of headache. I'm going to the drugstore to get some aspirin. _____
> W: Really? That would be great! I should have mailed them last week. But I forgot.
> M: Don't worry. I'll take them.
> W: Hey! There's green tea on my desk. You should have some. It may help.
> M: Well, I'll have some when I get back.
> W: All right, Tom. I'll see you later.
> M: OK. Bye!

① Things are looking up.

② I will deliver this package for you.

③ I could mail those letters for you if you want.

④ If you have not received this letter, please contact your local branch.

03

난이도 (상)(중)(하)

밑줄 친 부분에 들어갈 말로 가장 적절한 것은?

A: I'd like to mail this letter. How much postage do I need for this?

B: You can send a domestic letter for 520 won, a post card for 400 won.

A: Okay. Then I need to buy a 520 won stamp, please.

B: Here it is. Is there anything else?

A: _____

B: Please put the recipient's address here, and your address here.

A: Thanks. It's always confusing.

B: No problem.

① I don't know the exact road name address.

② Where should I write the sender's name and address?

③ I require additional information for customs clearance.

④ Could you please fill out this form to provide your mailing address?

04

난이도 (상)(중)(하)

밑줄 친 부분에 들어갈 말로 가장 적절한 것은?

A: I'd like to mail this parcel to Chicago, please.

B: How do you want to send it? By air mail or surface mail?

A: Air mail, please. How much does that cost?

B: _____ That will be 27,000 won. Anything else?

A: No, that's all. When will my package get there?

B: It will get there a week later. Here is your change and receipt. Thank you.

① I don't know the exact cost.

② OK. Let me check the package.

③ Please write down the value of it.

④ You need to include the zip code.

05

 난이도 상 중 하

밑줄 친 부분에 들어갈 말로 가장 적절한 것은?

> A: I'd like to send this package to America by airmail, please.
> B: OK. You must state the contents of the package.
> A: The contents are some clothes and snacks. May I enclose a letter and money in it?
> B: _____
> A: Then I need to buy a money order for $100.
> B: OK. Would you like to insure the parcel?
> A: Yes, please insure this parcel just in case.
> B: Okay, then please fill out this form.

① Of course not. It is too expensive.

② It's not safe to send cash that way.

③ Would you weigh this package?

④ What happen if the package can't be delivered?

06

 난이도 상 중 하

밑줄 친 부분에 들어갈 말로 가장 적절한 것은?

> A: Hello. How may I assist you with your postal needs?
> B: Hello. I want to know where my parcel from Canada is now.
> A: _____ Please provide me with the invoice number.
> B: Wait a minute, please. Well... My invoice number is 6300-9021-0308.
> A: Okay. Let me see. I'm sorry to say that your package hasn't departed from Incheon Airport yet.
> B: Really? Then how long does it take to get my parcel?
> A: The estimated delivery time for regular mail is 5-7 business days.
> B: Oh, I see. Thank you for your help.
> A: You're welcome. Is there anything else I can assist you with?

① Can I help you track your package?

② What is the postage for this package?

③ I'd like to send a parcel to America by EMS.

④ I enclosed some cash in the package and sent it two days ago.

07

난이도 상 중 하

밑줄 친 부분에 들어갈 말로 가장 적절한 것은?

> A: Hi, may I help you?
> B: I'd like to open a bank account with you.
> A: Great. Have you ever had an account with us before?
> B: No. What kind of account do you offer?
> A: Well, we have several different kinds of checking accounts and savings accounts.
> B: Would you tell me which account will be best for me?
> A: If you want to deposit and withdraw money anytime you want, I'd recommend a checking account. Here's a good one. This one allows you with unlimited withdrawal and ATM use in a month. It is also free with direct deposit, which means we don't charge anything for you to open it.
> B: That sounds great. ＿＿＿＿＿＿＿＿＿＿
> A: Let's see. This account option requires the customer retain the average monthly balance of 150,000 won.
> B: I think I can handle that. I will open that account.

① I would like to make a withdrawal.

② Are all financial transactions recorded in my bankbook?

③ What interest rate do you offer on checking account?

④ Is there any other fee in association with this account?

08

난이도 상 중 하

밑줄 친 부분에 들어갈 말로 가장 적절한 것은?

> A: I would like to close my savings account.
> B: What's your account number?
> A: My account number is 660-050337-88291.
> B: Did you check the balance?
> A: Not yet. Could you check it for me?
> B: Your balance is 100,000 won.
> A: Okay. ＿＿＿＿＿＿＿＿＿＿
> B: Yes, sir. What account would you like to send it to?
> A: To this account, please.
> B: Before sending money, please fill out this form.
> A: Okay. Here it is.
> B: Your account is closed and the balance is transferred. Here is the closed bankbook.
> A: Thank you very much.

① I will deposit 50,000 won into my daughter's account.

② I want to take out some money from my account.

③ Could you close an account and wire the balance to my another account?

④ Let you know a special deal, if you were interested in saving money.

09   난이도 상 중 ⓗ

밑줄 친 부분에 들어갈 말로 가장 적절한 것은?

> A: Hi. I'd like to open a bank account.
> B: Good morning. Do you have any particular type of account in mind?
> A: I'm recently interested in saving money.
> B: Okay. _____
> A: Good. What do I need to open an account?
> B: You need your identity card and a seal.
> A: I brought them here.
> B: Great. Let me set your account up right now. Please fill out this form first. And you need to deposit a minimum of 10,000 won.
> A: O.K. Here you are.

① You can choose the right type for your needs.

② I think you'd better open a savings account.

③ After you fill in the form, I'll describe them in detail.

④ You should check whether there are any coupons you can use.

10   난이도 상 ⓒ 하

밑줄 친 부분에 들어갈 말로 가장 적절한 것은?

> A: May I help you?
> B: Yes, please. I'd like to make a deposit. Which investment account offers the best rate, savings accounts or checking accounts?
> A: The interest rate on savings accounts is higher than that of checking accounts.
> B: What interest rate do you offer on savings account?
> A: The interest rate this year is 3.5%.
> B: Okay. Then, _____
> A: Sure. Do you need anything else?
> B: No, that's all. Thank you.

① can you write checks right away?

② what kind of account would you like to open?

③ will you deposit these checks in my savings account?

④ I need to go to the post office to mail these letters.

11

난이도 상 중 **하**

밑줄 친 부분에 들어갈 말로 가장 적절한 것은?

> A: Good afternoon! What can I do for you?
>
> B: I'd like to withdraw 300,000 won from my account.
>
> A: Please fill out this withdrawal form. Don't forget to sign your name on the bottom right side.
>
> B: Okay. Here you are.
>
> A: Thanks. I'll try to withdraw money for you. Oh, you don't have enough money to withdraw that much. _____
>
> B: Really? Then I'm going to withdraw all 240,000 won.
>
> A: Okay. How do you want your cash?
>
> B: Four 50,000 won and four 10,000 won notes, please.
>
> A: Sure. Here is your cash and the receipt.
>
> B: Thank you very much.

① You have nothing to lose.

② Your balance is 240,000 won.

③ I don't have the slightest idea.

④ It doesn't make any difference.

12

난이도 **상** 중 하

밑줄 친 부분에 들어갈 말로 가장 적절한 것은?

> A: Hello! Where are you headed?
>
> B: Hello! I'm going to the post office now. I'm thinking of withdrawing some cash.
>
> A: Oh, so do you know that there is no fee if you use ATM with a debit card?
>
> B: Really? I paid a fee when withdrawing money directly at the bank counter.
>
> A: Yes. I found out this time too. _____
>
> B: Wow, that's good information. From now on I'll try using a debit card.
>
> A: Right. It is great that you don't have to pay a fee when withdrawing money.

① I think the banking service is not very good.

② I usually find it difficult and inconvenient to use ATM.

③ I'm so busy today that I don't have time to go to the bank.

④ There is no fee when withdrawing money from ATM with a debit card.

13

밑줄 친 부분에 들어갈 말로 가장 적절한 것은?

> A: Dinner was really fun! How should I pay for my meals now?
>
> B: Yes, it was a great time! I will pay half of the meal cost by transfer. What bank account do you have?
>
> A: I have a post office account.
>
> B: Me, too. Since it would be a waste to pay a transfer fee for another bank, _____ How much do I need to transfer?
>
> A: If you transfer 20,000 won, it will be enough.
>
> B: Okay, I will transfer 20,000 won. Can you tell me your post office account number?

① don't you have an account at another bank?

② I had better transfer to a post office account.

③ I'll take money out of the bank and give it to you.

④ The transfer fee of a post office account is the cheapest.

14

밑줄 친 부분에 들어갈 말로 가장 적절한 것은?

> A: Hello! How may I help you?
>
> B: Hello. I'd like to send 1,000 dollars to my son who lives in the U.S.
>
> A: I need your son's full name and his current address in the United States. Also, I need your ID.
>
> B: My son's name is Jimin Park and his US address is 123 Main Street, New York, NY. I also brought my ID.
>
> A: Good. The remittance fee is 25 dollars, and the current exchange rate is 1,100 Korean won per dollar.
>
> B: Okay. I see.
>
> A: _____ I need your son's bank information and account number.
>
> B: I entered my son's bank information and account number.
>
> A: All the information has been entered. Now, please submit your ID to verify your identity.
>
> B: Yes, here is my ID.
>
> A: Okay, let me check your ID. Please wait a moment.

① Overseas remittance has been completed.

② What is your purpose for sending money?

③ Now, please enter the remittance recipient information.

④ If you have a Korea Post bank account, you can receive benefits.

15

난이도 상 중 하

밑줄 친 부분에 들어갈 말로 가장 적절한 것은?

A: Excuse me. Could you show me the way _____?

B: Sure. At first, insert your cash withdrawal card or bankbook into the slot. And then select the bank to which you are going to send money.

A: Okay. I got it.

B: Enter the account number of the person who is going to receive your money and the correct amount of money. If the name of the recipient, the account number, and the amount of money are all correct, press [Confirm]. It's so easy, isn't it?

A: Yes. But what should I do if I entered an incorrect information?

B: Don't worry about that. Just tap [Cancel] and enter the correct information again.

A: Now I will be able to do it well. Thank you for your help.

① to update a bankbook

② to check account statements

③ to wire money by using ATM

④ to make a withdrawal from my account

16

난이도 상 중 하

밑줄 친 부분에 들어갈 말로 가장 적절한 것은?

A: Hello, I would like to exchange 1.5 million won into yen.

B: Hello! I can help you exchange money. The current yen exchange rate is 1,100 yen per 10,000 won. So, if you exchange 1.5 million won, you can receive 165,000 yen.

A: Okay. _____

B: Since cash is used a lot in Japan, I think small bills would be convenient. Small bills are convenient for everyday consumption or use in restaurants. So it would be a good idea to receive a bit of 10,000 yen bills and 5,000 yen bills and a lot of 1,000 yen bills.

A: Thank you for advice. I'll take five 10,000 yen bills, ten 5,000 yen bills and sixty-five 1,000 yen bills.

B: O.K. Here are your money and the receipt. Have a nice trip to Japan.

① How should I take money?

② Please fill out this form first.

③ What's the exchange rate today?

④ Do you take a commission?

17 난이도 상 중 **하**

밑줄 친 부분에 들어갈 말로 가장 적절한 것은?

A: Hello, how may I help you?
B: Hello, I would like to exchange 1 million won into US dollars. What is the current exchange rate?
A: The current exchange rate for the US dollar is 1,350 won per dollar. If you exchange 1 million won, it becomes approximately $740.74.
B: _____
A: The exchange fee is 1%, which is approximately $7.41.
B: Then what is the total amount?
A: The total amount is the original $740.74 plus a $7.41 fee. So it will be approximately $748.15.
B: Thank you.

① How much is the commission?

② How much would you like to exchange?

③ How do you want your money?

④ What is the dollar/won exchange rate?

18 난이도 상 **중** 하

밑줄 친 부분에 들어갈 말로 가장 적절한 것은?

A: Hello! How much money would you like to exchange?
B: I would like to exchange 1,000 euros.
A: However, the euro exchange rate has been on the rise recently, _____
B: Then, please exchange 500 euros.
A: Okay, I'll exchange 500 euros for you. And there are no-fee travel cards like Travel Wallet. Using these cards, you can conveniently make payments overseas and reduce fees.
B: Great! Please also let me know the steps required to issue this card.

① we take a small commission of 4 dollar.

② the exchange rate is 1,355 won for every dollar.

③ you need to convert dollars into pounds.

④ so I think it would be better to exchange small amounts first.

19

밑줄 친 부분에 들어갈 말로 가장 적절한 것은?

A: Hi. I'm here to apply for a credit card.

B: I'm sorry. _____

A: So, could you tell me what is the benefit of a debit card?

B: Yes. Since the amount paid with a debit card is immediately withdrawn from the consumer's deposit, it can prevent consumers from reckless overspending.

A: That's similar to a credit card. Fine. I'll apply for a debit card.

B: Great, then please fill out this form.

① I can't think of it right off hand.

② Please check the transfer of funds.

③ Let me transfer you to the person who can solve the problem.

④ The post office doesn't deal with a credit card, but only a debit card.

20

밑줄 친 부분에 들어갈 말로 가장 적절한 것은?

A: Hello. Can I help you?

B: Yes. I lost my debit card yesterday.

A: Okay. I will report that your debit card was missing. Do you want your card to be suspended?

B: Yes, please. What should I do next?

A: _____

B: Could you check it for me?

A: Please hold on for a minute. Let me transfer you to the person who can immediately help you with this problem.

B: Okay. Thank you.

① Other people often make that mistake, too.

② You had better check your card usage statement.

③ Set up your bills to be paid by direct debit.

④ You should change your payment account.

21

다음 대화를 읽고, B의 전기 요금이 많이 나온 이유로 가장 적절한 것은?

A: Good morning! Can I help you?

B: Yes, please. I need to pay my electricity bill, but I think there is a mistake in the bill on account of the high charge.

A: Okay. Let me check the bill for you. Um… There's nothing wrong with your electricity bill. Electricity utility bills vary exponentially by season and housing type. You can expect to pay a lot for electricity in the winter and summer months when the weather is most extreme.

B: It will be possible. But I don't understand because it is autumn now.

A: Additionally, homes built before the 2010s generally have poor insulation. As a result, you can expect to pay more if you live in an older building.

B: Oh, I got it. This is because I have recently moved into an old house. I can understand it now.

① There was an error in the electricity bill.

② The electricity bill was affected by large fluctuations in the weather.

③ The insulation problem in the old house caused a lot of electricity bills.

④ The electricity bill came out a lot because of the move.

22

밑줄 친 부분에 들어갈 말로 가장 적절한 것은?

A: What can I do for you?

B: I need to pay my utility bills so I have to make a deposit by today.

B: Okay. _____

A: Electricity and gas bills.

B: Yes. I can help you to pay the bills. Um… Electricity bill is three months overdue. You should pay your electricity bill every month without fail.

A: Oh, really? I didn't know it at all. Maybe I threw away the electricity bills for last three months by accident.

B: That's all right. Other people often make that mistake, too. So they usually set up a standing order to pay bills.

① Why don't you just use internet banking?

② What kind of utility bills do you have to pay?

③ Can you go over your insurance plans?

④ Will you deposit these checks in my savings account?

23

난이도 (상)(중)(하)

밑줄 친 부분에 들어갈 말로 가장 적절한 것은?

> A: Hello. I am here to open an account at the post office, but I also want to apply for an internet banking service.
>
> B: Hello, welcome! I will help you open an account and apply for internet banking services. Please write down the form and submit your ID.
>
> A: O.K. Here you are.
>
> B: Thank you. Your account has been opened. Now go to your smartphone's app store, search for the 'Post Office Internet Banking' app, and install it.
>
> A: _____
>
> B: After installing the app, log in with your ID and password to use various banking services. Through this app, you can transfer money, check deposit/withdrawal details, and check account balance.
>
> A: It would be convenient. Let me install and use the app.
>
> B: If you have any further questions, please feel free to ask.

① How do I use it after installing it?

② Are there any fees to use internet banking?

③ Is postal service possible through internet banking?

④ There will be no need to visit the post office anymore.

24

난이도 (상)(중)(하)

두 사람의 대화 내용으로 알 수 있는 온라인 뱅킹 서비스의 특징으로 옳지 않은 것은?

> A: Online banking services allow you to manage your account and transfer money anytime, anywhere as long as you have an internet connection.
>
> B: However, incidents such as personal information leaks and account hacking are also common.
>
> A: That's true, but online banking has various security measures in place.
>
> B: Even so, relying on an internet connection limits service accessibility. For example, you won't be able to make transactions when the internet is out or your bank's website is down.
>
> A: But in most cases, online banking is efficient because it provides real-time information updates and easy access to various financial products. You can easily view transaction details and send money quickly.

① Online banking service can transfer money regardless of internet.

② Internet connection limits the accessibility of online banking service.

③ Cyber crimes such as personal information leaks and account hacking aren't rare.

④ Online banking provides real-time information updates.

25

난이도 상 중 **하**

밑줄 친 부분에 들어갈 말로 가장 적절한 것은?

> A: Hello. I want to receive consulting about insurance. I'm looking for insurance that guarantees the principal.
>
> B: Unfortunately, there is no insurance that guarantees 100% of the principal, but there is insurance that allows you to get 50% of the principal back when the policy expires. This is basic disease and accident insurance.
>
> A: I would like to know more about the insurance.
>
> B: Okay. This insurance mainly covers medical expenses due to illness or injury, and you can get 50% of the principal back when the insurance contract expires.
>
> A: _____
>
> B: Okay, then please fill out this insurance form.

① I'm sorry, but it doesn't fit me.

② Good. Then, I will sign up for this insurance.

③ Can you recommend another insurance?

④ So having good insurance is important.

26

난이도 상 **중** 하

밑줄 친 부분에 들어갈 말로 가장 적절한 것은?

> A: Hello, how may I help you?
>
> B: Hello. I want to sign up for savings insurance.
>
> A: The Post Office's savings insurance is a good option. _____ Which of 3, 5, or 10 years do you want to contract?
>
> B: I want a three-year contract.
>
> A: Okay, so you're signing up for a three-year contract. And if you keep the expiry date of policy, an additional bonus interest rate is provided.
>
> B: Yes, it seems like a good idea to keep the expiry date of policy. How do I sign up?
>
> A: I will help you to fill out the necessary information and proceed with the registration process.
>
> B: Thank you.

① I'll describe them in detail.

② You can choose your subscription period.

③ We offer three types of insurance.

④ Please keep your insurance policy at all times.

27

난이도 상 중 하

밑줄 친 부분에 들어갈 말로 가장 적절한 것은?

> A: Hello. How can I help you?
> B: Hello. I was a victim of voice phishing. Could you please suspend my post office account?
> A: I'm sorry to hear that you have been a victim of voice phishing. Did you report it to the police first?
> B: Yes, I already reported it to the police.
> A: _____ Could you please tell me your full name and account number?
> B: My name is Minji Kim, and my account number is 623-011346-34019.
> A: Okay. After verification is completed, I will suspend your account.
> B: Thank you very much.

① You look under the weather.

② I'll keep my fingers crossed for you.

③ I will need to verify some personal information.

④ If the message looks suspicious, do not click on it.

28

난이도 상 중 하

밑줄 친 부분에 들어갈 말로 가장 적절한 것은?

> A: Hello! Welcome to Olive today. Have you signed up for our membership app? You can accumulate points or receive discount benefits through membership.
> B: Yes, I signed up for membership. I want to accumulate points.
> A: Okay, please tell me your membership number. How would you like to pay? You can pay with cash or card.
> B: I would like to pay with a debit card.
> A: Yes. Once payment is complete, we will issue an electronic receipt through the app. Do you also need a paper receipt?
> B: No, due to environmental issues, _____
> A: Good. I will send you a receipt through the app. Thank you for using our service. If you need any other help, please feel free to ask!

① I will receive it as an electronic receipt.

② not using paper for receipts can save a lot of trees.

③ I want not only a paper receipt but an electronic receipt.

④ more people start using electronic receipt apps.

29

난이도

밑줄 친 부분에 들어갈 말로 가장 적절한 것은?

> A: Hello! How can I help you?
> B: Hello. I want to purchase this item.
> A: Payment can be made with cash or card. Which of the two methods do you prefer?
> B: _____
> A: Sure.
> B: Okay, then I will pay with Samsung Pay.
> A: Thank you. Payment has been completed. Would you like me to print the receipt?
> B: Yes, please.
> A: Here is the receipt. Is there anything else?
> B: No, thanks.
> A: Thank you. Have a good day!

① Can I get a discount if I pay in cash?

② Is it possible to pay with Smart Pay?

③ I prefer paying in cash rather than by card.

④ I will pay with a card and accumulate points.

30

난이도

빈칸에 들어갈 말로 가장 적절한 것은?

> A: Are you ready to go to the post office for sending a letter, Jason?
> B: I don't know whether I can go. I'm feeling a little sick, and I haven't washed my face yet. Maybe you should go.
> A: Come on, Jason. Stop _____. I know you too well. You're not sick. What is the real root of the problem?

① shaking a leg

② hitting the ceiling

③ holding your horses

④ beating around the bush

해설편 ▶ P.93

01

Which of the following can be inferred from the passage?

난이도 상 중 하

2023 국회직 8급

Obesity represents the most serious health problem in the United States today. Almost 60 percent of adults in the US are either overweight or obese. This is not just a problem of appearance. Obesity often leads to serious health problems such as diabetes, heart attacks, high blood pressure, and even some forms of cancer.

Medical professionals typically define obesity using the Body Mass Index(BMI). BMI can easily be calculated through dividing a person's weight in kilograms by the square of the person's height in meters. A normal or healthy BMI would be less than 25. A person with BMI between 25 and 29.9 would be considered overweight. A BMI of 30 to 34.9 is mildly obese, while 35 to 39.9 is substantially obese. People with BMI measures of 40 and over are considered extremely obese.

① More than half of Americans have a BMI over 30.

② Anyone with a BMI over 30 will develop cancer.

③ More than 60 percent of Americans do not know their BMI.

④ Few Americans have a BMI over 35.

⑤ A person is usually considered obese if his or her BMI is 30.

02

Which of the following is true according to the passage?

난이도 상 중 하

2023 국회직 8급

Most people think cockroaches are disgusting. And if you've ever turned on a kitchen light, to find them skittering for dark corners, you probably agree. But of the thousands of species out there, only a few can be considered pests. There are well over 4,000 described species of cockroach around the world, with some experts estimating that there are another 5,000 species that have yet to be classified by taxonomists. Their classification is actually a point of contention—and I won't take a position on which suborder they're in, or how many families they consist of. An estimated 60 to 70 species can be found in the continental United States, but most people are likely to interact with no more than a dozen of them—depending on where they live.

① All cockroaches are harmful.

② There might be around 9,000 species of cockroach in the world according to some experts.

③ There is consensus about what sub-type 5,000 unclassified species of cockroach are in.

④ Most Americans can encounter about 24 different kinds of cockroach in their homes.

⑤ It is easy to figure out how many families cockroaches live in in the United States.

03

Which of the following best fits in the blank?

2023 국회직 8급

_____. The Portion Cap Ruling, commonly known as the soda ban, was to restrict the sale of sugary drinks larger than 16 ounces in restaurants, movie theaters, sports arenas and delis. The New York State Court of Appeals issued its final decision on the Portion Cap Ruling. The New York City Board of Health, in adopting the 'Sugary Drinks Portion Cap Rule', exceeded the scope of its regulatory authority. Without any legislative delegation or guidance, the Board engaged in law-making and thus violated the legislative jurisdiction of the City Council of New York.

① New York City lost its final appeal to limit the sale of sugary drinks larger than 16 ounces.

② Portion sizes have grown exponentially over the years and rates of obesity have skyrocketed.

③ We need to change our food environment if we want to reduce obesity rates.

④ The negative effects of sugary drink over-consumption on New Yorkers' health are evident.

⑤ We hope that we can all work together to promote a healthier food environment for our children to grow up in.

04

Which of the following can be inferred from the passage?

2023 국회직 8급

When it comes to making a cup of coffee, capsules have a reputation for being environmentally unfriendly, as they are often hard to recycle. While coffee is prepared in a variety of ways, coffee capsules have risen in popularity. Despite their popularity, capsules have long divided coffee drinkers who are conscious of the effect their caffeine habit has on the environment. The small plastic or aluminum pods have been criticized for being energy-intensive to produce and for causing unnecessary waste. But new research by the University of Quebec in Canada suggests that pods may not be as wasteful as preparing coffee using a traditional coffee maker, looking at the broader life cycle of a single cup from production to the amount of waste that ends up in a landfill.

① Capsules are wasteful and should be banned.

② New research suggests how to reduce the amount of waste from making coffee.

③ All coffee drinkers look for environmentally friendly products.

④ Capsules may not be as wasteful as other coffee-making methods.

⑤ Capsules are the most popular way of making coffee in the world.

05

Which of the following is NOT mentioned in the passage?

2023 국회직 8급

When cases increase and transmission accelerates, it's more likely that new dangerous and more transmissible variants emerge, which can spread more easily or cause more severe illness. Based on what we know so far, vaccines are proving effective against existing variants, especially at preventing severe disease, hospitalization and death. However, some variants are having a slight impact on the ability of vaccines to guard against mild disease and infection. Vaccines are likely to stay effective against variants because of the broad immune response they cause. It means that virus changes or mutations are unlikely to make vaccines completely ineffective. WHO continues to constantly review the evidence and will update its guidance as we find out more.

① when variants show up

② the effectiveness of vaccines

③ how vaccines respond to variants

④ what makes vaccines always work

⑤ the role of WHO

06

What is the passage mainly about?

2022 국회직 8급

Trying new things requires a willingness to take risks. However, risk taking is not binary. I'd bet that you're comfortable taking some types of risk and find other types quite uncomfortable. You might not even see the risks that are comfortable for you to take, discounting their riskiness, but are likely to amplify the risk of things that make you more anxious. For example, you might love flying down a ski slope at lightning speed or jumping out of airplanes, and don't view these activities as risky. If so, you're blind to the fact that you're taking on significant physical risks. Others, like me who are not physical risk takers, would rather sip hot chocolate in the ski lodge or buckle themselves tightly into their airplane seats. Alternately, you might feel perfectly comfortable with social risks, such as giving a speech to a large crowd. This doesn't seem risky at all to me. But others, who might be perfectly happy jumping out of a plane, would never think to give a toast at a party.

① Taking both physical and social risks benefits us.

② We should separate risk into two categories: physical risk and social risk.

③ Taking physical risks poses a great challenge to the author.

④ Perception of riskiness differs from person to person.

⑤ The willingness to take risks is a prerequisite for success.

07

난이도 (상)(중)(하)

Which of the following is NOT mentioned in the passage?

2021 국회직 8급

In the first week of May 2000, unseasonably heavy rain drenched the rural town of Walkerton, Canada. As the rainstorms passed, Walkerton's residents began to fall ill in their hundreds. With ever more people developing gastroenteritis and bloody diarrhoea, the authorities tested the water supply. They discovered what the water company had been keeping quiet for days: the town's drinking water was contaminated with a deadly strain of E. coli. It transpired that bosses at the water company had known for weeks that the chlorination system on one of the town's wells was broken. During the rain, their negligence had meant that run-off from farmland had carried residues from manure straight into the water supply. A day after the contamination was revealed, three adults and a baby died from their illnesses. Over the next few weeks, three more people succumbed. In total, half of Walkerton's 5,000-strong population were infected in just a couple of weeks.

① when and where the incident happened

② main causes of the disease outbreak

③ compensation for damage by the water company

④ the number of deaths in the town

⑤ the population size of the town

08

난이도 (상)(중)(하)

Which of the following is the most appropriate title of the passage?

2021 국회직 8급

Variation in a characteristic that is a result of genetic information from the parents is called inherited variation. Children usually look a little like their father, and a little like their mother, but they will not be identical to either of their parents. This is because they get half of their DNA and inherited features from each parent. Each egg cell and each sperm cell contains half of the genetic information needed for an individual. When these join at fertilization a new cell is formed with all the genetic information needed for an individual. Here are some examples of inherited variation in humans: eye colour, hair colour, skin colour, lobed or lobeless ears, ability to roll your tongue. Gender is inherited variation too, because whether you are male or female is a result of the genes you inherited from your parents.

① The Causes of Gender Difference

② Child and Parent Identification

③ Genetic Identification and DNA

④ Inherited Causes of Variation

⑤ Cause and Effect of Social Inheritance

09

난이도

Choose the one that is closest in meaning to the underlined word.

2020 국회직 8급

> Magna Carta was hammered out in negotiations between the leaders of two armed parties—the king on one side and the rebel barons on the other. Neither side expected it to settle the matter, and both anticipated continued war between king and barons. Within three months of it being issued at Runnymede, Pope Innocent III had <u>annulled</u> the charter; the rebels had renounced their homage to the king and invited the son of the king of France to take the crown of England in John's place.

① vindicated

② notarized

③ validated

④ repealed

⑤ extolled

10

난이도 상중하

Choose the one that the underlined "it" refers to.

2019 국회직 8급

> Transcendental idealism, also called formalistic idealism is a term applied to the epistemology of the 18th-century German philosopher lmmanuel Kant, who held that the human self, or transcendental ego, constructs knowledge out of sense impressions and from universal concepts called categories that <u>it</u> imposes upon them.

① transcendental idealism

② epistemology

③ the human self

④ knowledge

⑤ a term

11

What is the passage mainly about?

To: Jane Austen <pride1004@gmail.com>
From: Postal Customer Center <PCS@posa.or.kr>
Subject: Information
Date: May 7

Dear Ms. Austen

We sincerely thank our customers who always use Post Office Deposit.

This email is to inform you of upcoming change matter for your bank accounts.

Financial Supervisory Service's 『Special Countermeasures against Financial Fraud, such as Voice Phishing』 As a follow-up measure to prevent the occurrence of fake bankbooks in advance, the 『Account Suspension System』 was implemented. As of May 28, 2023 (Sun), if you fall under the following conditions, you will be notified that your deposit and withdrawal transactions will be restricted as your account will be transferred to a suspended trading account from the standard date.

[Requirements for Transfer of Account Suspension]
1. An account with a deposit balance of less than 10,000 won, and no transactions for more than one year
2. An account with a deposit balance of 10,000 won or more and less than 50,000 won, and no transactions for more than 2 years
3. An account with a deposit balance of 50,000 won or more and less than 100,000 won, and no transactions for more than 3 years

For related inquiries, please use the Post Office Deposit Customer Center (1588-1900).

Best Regards,
Postal Customer Center

---

① requirements for money transfer
② special countermeasures against Voice Phishing
③ measures to prevent the occurrence of fake bankbooks
④ notice of suspended trading for long-term unused accounts

12

난이도 ⑤⑧⑥

Which of the following best fits in the blank (A)?

February 15, 2023
Jean Webster
1750 W Loop Street
Houston, TX 77027

Dear Ms. Webster

We are writing this to answer your request for a refund of international parcel charges.

After reviewing your request, we have determined that the weight of the parcel was 1.3kg, but was incorrectly listed as 3kg. This resulted in an overpayment of 27,000 won.

We deeply apologize for our mistake. We will do our best to prevent this from happening in the future.

We will refund any overpaid charges.

(A)

Below is the account information we need to process your refund:
- Name of Bank:
- Account Number:
- Account Holder:

We kindly request to your prompt reply. Please feel free to contact us with any questions or concerns.

Thank you for your understanding and cooperation.

Sincerely,
Post Office Customer Service

① You need to bring your receipt to refund.

② We will compensate for the damage to the parcel.

③ Refunds will be credited to your account within one week.

④ We are sorry to hear that you had trouble packaging parcel.

13

난이도 ⑤⑧⑥

Which of the following ①~④ does NOT fit in the passage?

Hello. Postal finance chatbot 'Friendship Talk Talk'. How can I help you?

Please tell me how to send money overseas.

The post office's overseas remittance types are as follows:
1. International Exchange
2. EUROGIRO
3. SWIFT
4. MoneyGram
5. Easy Overseas Remittance

What are the advantages of the post office in overseas remittance?

① In the case of SWIFT, unlike other banks, there is no telegraph fee. ② In addition, the higher the remittance amount, the lower the fee burden by applying the same fee for each amount range instead of different fees. ③ In the case of MoneyGram's non-face-to-face channels, the average fee per bank is USD 5, whereas the post office charges USD 4.5 for less than USD 3,000. ④ Remittance is delivered to the desired recipient only when all of the information you have provided is correct.

So it is advantageous to use the post office.

There was no preferential exchange rate, but is it still a benefit?

Other banks also offer preferential exchange rates for customers who spend more than USD 10,000 or their main transaction.

Therefore, for small remittances of less than that amount, it is advantageous to use post office small remittances that do not have telegraphic charges and have low fees.

14

Which title of the following best fits in the blank (A)?

[Notice & Event]	
No.	100004564
Title	((A))

    Korea Post's rate system for international mail will be amended from the existing 4-zone based rating to destination country-based. The new rating system will reflect delivery costs more accurately for each country and will also benefit to customers by helping them check available services by country.

    In addition, the weight scale for K-Packet and small packets(air), which mainly target under-2kg items, will be further divided from the existing 6 steps to 20 steps for each 100g, with a view to supporting exports of small-sized e-tailers.

    Other changes include the integration of surface parcel and surface small packets and the addition of 1kg-price range to lessen burden of surface mail customers.

Date	2023-07-12

① Rate System Changes for International Mail
② Additional Surcharge on International Air Mail
③ Changing Time of Keeping Mail Delivery Service
④ Postal Code Reform into the State Basic District System

15

What is the purpose of this passage?

    The postal system became an avenue for bio-terrorism. Often fatal viruses sent in letters resulted in the deaths of innocent people. Such attacks are just one reason why we should seriously consider permanently shutting down the Postal Service and moving to a purely electronic mail system. But there are other good reasons for shutting down our old-fashioned system of physically transporting person-to-person letters. Specifically, continuing to move paper mail around is wastefully inefficient. Eliminating what has clearly become an old delivery system would put a stop to the millions of dollars the post office loses every year. We would also conserve precious natural resources, such as trees and water, and eliminate the pollution caused by the manufacture of paper.

① To protest the personal information leakage
② To inquire about lost mail
③ To warn of the dangers of biochemical terrorism
④ To insist on the abolition of the existing postal system

16

난이도 상 중 하

What is the passage mainly about?

Every year, about 8,000 postmen are bitten by dogs. The U.S. Postal Service is trying to do something about this problem. In some cities, postmen carry a special umbrella. Some dogs run away when the umbrella is open quickly. Other dogs attack the umbrella but not the postman. Many postmen protect themselves with a spray called "Halt." If a dog attacks, the spray stings its eyes for a little while. Postmen also have the right to skip houses with dangerous dogs.

① the danger caused by dog bite
② reasons for delayed mail delivery
③ the heavy workload of a postman
④ how to prevent postmen from being bitten by dogs

17

난이도 상 중 하

Which of the following is NOT true according to the passage?

Dear Customers,

We always deeply appreciate your continuous supports in our post office operation and postal business.

Subject to the new customs policies of U.S., U.K., and EU, all international mail items containing goods(EMS, parcels, small packets, K-packets, etc.) sent to those countries must transmit customs data before shipping.

Therefore, we are asking you to provide accurate item data when completing an address label or smart shipping process, including item category, contents value, HS code, etc.

We would like to inform you that, without appropriate customs data, your item may experience a delayed delivery or return.

Thank you for your understanding and cooperation.

① The provision of customs data for international mail is in accordance with new customs policies in the US, UK and EU.
② All international mail items must transmit customs data during shipping.
③ You are asked to provide accurate item data.
④ Your item may delay delivery or return in case of inappropriate customs data.

18

난이도 상 **중** 하

Which of the following is NOT mentioned as unavailable service in the passage?

During the period of service suspension, all financial transaction using Korea Post accounts and those via other financial institutions platforms using Korea Post accounts will be unavailable, including the following service features:
- Banking & insurance electronic financial services including mobile applications, internet(PC), phone banking, etc
- All domestic & international transactions such as debit card payments, including charging service for local business voucher, cash withdrawal services, etc
- Automated banking services on CD/ATM for deposit, withdrawal, account transfer, insurance transactions, etc
- Insurance subscription, insurance claim & payment, insurance premium payment, etc
- Financial transactions using Korea Post accounts by ATM of other banks, contracted CD machines at subway stations, convenient stores, etc
- Transactions via pay services, such as Samsung Pay, connected to Korea Post accounts or debit cards, etc

① cash withdrawal services

② CD machines at convenient stores

③ smart shipping process

④ Samsung Pay connected to debit cards

19

난이도 상 **중** 하

What is the main idea of the passage?

Korea Post has been always working on providing a more convenient postal service to the public through business modernization, cost saving efforts, etc. However, the sustaining impacts from the COVID 19 pandemic have caused suspension or reduction in air flights, leading to a growing number of undeliverable destination countries as well as a large increase in air transportation surcharge. To ensure stable provision of postal service and sustainable fulfillment of our public responsibilities in this circumstance, we inevitably decided to apply an additional surcharge on international air mail items. We are asking for your deep understanding and continuous supports towards our service, and we promise you to keep doing our best for the improvement of international postal service.

① business modernization of postal service

② additional surcharge on international air mail

③ the improvement of international postal service

④ flights reduction caused by the COVID 19 pandemic

20

Which of the following is correct according to the passage?

\<International Postage Stamp Design Contest\>

• Organizer: Korea Post
• Theme: New Year Greetings of the year 2024
• Submission guidelines
  - Size of design: 15cm(width) × 20cm(length) or 20cm(width) × 15cm(length)
  - On an A4-sized hardboard, the entry work should be attached on the front and the application form on the back. Entries may be submitted by registered mail.
  - Only works(including computer graphics) that have not been submitted to other contests shall be accepted and the original copy must be submitted at all times.
  - There are no restrictions in the range of materials and colors used in the works but three-dimensional works will not be accepted.
  - The design shall not incorporate postage stamp names(themes, subtitles) or the numbers representing the denomination or year of issue.
  - Distribution of application forms: available at post offices nationwide. (July 15 to September 13, 2023)
 * Forms can be downloaded from the web page of Korea Post (www.koreapost.go.kr) or K-Stamp Portal website (www.koreastamp.go.kr).

---

① The work should be attached on the back of an A4-sized hardboard.
② Works include computer graphics submitted to other contests.
③ There are no restrictions in three-dimensional works.
④ The numbers representing year of issue shouldn't be incorporated in the design.

21

Which of the following can be inferred from the passage?

Korea Post will introduce the EMS Smart Postage System, which enables customers directly to pay postage after entering necessary information on the smartphone app. If you are a smartphone user and you want to send your mail item abroad, you would not need to wait in a long line at post office counter any more. Moreover, you can get a 10% discount as well. What customers should do is only to show the mobile barcode provided by the Korea Post app based on the data they input in advance. There is no need of manually preparing an address label. If you choose to enter your credit card information on the app, you don't need to make payment at post office counter, instead just submit your item with the item number and phone number on it. Payment will be automatically made from your credit card, with the postage results to be sent via SMS.

---

① Smartphone users can get a 10% discount on the app.
② Customers should directly pay postage at post office counter.
③ An address label needs printing out in advance.
④ Payment will be automatically made without entering your card information.

22

Which of the following best fits in the blank?

> Korea Post announced that mail carriers nationwide will wear PET bottle-recycled fiber, _____. Postmen uniforms are made from PET fibers that have gone through a refining process after slicing recycled PET bottles into tiny pieces. Up to 11 recycled PET bottles are used for a uniform, and approximately 389,000 PET are being used to manufacture 35,000 uniforms. In other words, this green clothing will be able to absorb some 22,000kg worth of CO_2, one that is equivalent to decreased green house gas emissions of 100,000km vehicle mileage. In order to absorb 22,000 kg worth of CO_2, 1,300 trees in 50 years are absolutely needed.

① which is able to absorb a great deal of CO_2

② which is being used for drinking water or beverages

③ which can decrease green house gas emissions

④ which will help to save lots of trees and the earth

23

Which title of the following best fits in this passage?

> Post Office Shopping is a service launched by the Ministry of Science and ICT as part of the Post Office Postal Service to revitalize the economy and develop new markets in rural areas at a time when the Uruguay Round negotiations raised the sense of crisis in the importation of agricultural and fishery products in 1986. Post office shopping, which connects excellent Korean specialties directly to consumers by using a post office network that connects the whole country like a spider web, has established itself as Korea's leading specialty shopping mall. Currently, Post Office Shopping provides services by establishing various stores such as flower delivery, household mart (industrial products), seasonal foods, and traditional markets in addition to special products.

① Introduction to Post Office Shopping

② The Popularity of Post Office Shopping

③ Post Office Shopping: Starting of the Importation

④ How to Use the Post Office Postal Service

24

난이도 (상)(중)(하)

Which of the following best fits in the blank?

According to data from the Korea Post's analysis of phishing emails, most of them impersonate post office parcel delivery. The phishing mail was found to induce payment to users in the name of delivery fees, storage fees, and fines through links included in the mail's body. _____ In the case of paid-in parcels, the recipient pays in advance on the post office application or the Internet post office website, or the postman delivers the mail, and there is no payment guidance through e-mail. In order to prevent damage caused by phishing mail, you should check your purchase details to see if the item you purchased is correct, and do not click on an Internet address (URL) whose source is unclear in the mail. In particular, it is important not to respond when personal or financial information is requested in the name of payment of shipping and return fees.

① Phishing refers to stealing money from people through deception.

② The Post Office has decided to strengthen identity verification procedures for security.

③ If you click on it, it will take you to a fake homepage and ask you to give personal information.

④ The post office does not require payment from the recipient for mail delivery and return reasons.

25

난이도 (상)(중)(하)

Which of the following is NOT correct about the lunchtime closing system?

The Postal Service operates the lunchtime closing system to prevent accidents that may occur during post office lunch shift operations and to provide more comfortable postal services to customers using the post office. Accordingly, the post office will be temporarily closed during lunch hours, so customers should check the lunch hours of the post office in advance before visiting. Additionally, if you have urgent business during lunch hours, you should contact the relevant branch or visit a nearby post office that does not have the lunchtime closing system to handle the work.

① All post office will be temporarily closed during lunch hours.

② It is to prevent accidents that may occur during post office lunch shift operations.

③ Customers should check the lunch hours of the post office before visiting.

④ You should visit a post office that does not have the lunchtime closing system if you are urgent.

해설편 ▶ P.101

ENERGY

산을 움직이려는 자는
작은 돌을 들어내는 일로 시작한다.

– 공자

실전동형
모의고사

제1회 실전동형 모의고사

제2회 실전동형 모의고사

제3회 실전동형 모의고사

01

4개의 빈 프레임과 FIFO(First-In First-Out) 페이지 교체 알고리즘을 사용하여 다음의 참조 열을 읽어 들일 때, 페이지 부재 수는?

2, 3, 4, 5, 2, 3, 6, 2, 3, 4, 5, 1

① 5

② 7

③ 9

④ 10

02

다음은 공개키 암호 시스템을 이용하여 Alice가 Bob에게 암호문을 전달하고, 이를 복호화하는 과정에 대한 설명이다. ㉠~㉢에 들어갈 내용으로 옳은 것은?

> ㄱ. Bob은 개인키와 공개키로 이루어진 한 쌍의 키를 생성한다.
> ㄴ. Bob은 (㉠)를 Alice에게 전송한다.
> ㄷ. Alice는 (㉡)를 사용하여 메시지를 암호화한다.
> ㄹ. Alice는 생성된 암호문을 Bob에게 전송한다.
> ㅁ. Bob은 (㉢)를 사용하여 암호문을 복호화한다.

	㉠	㉡	㉢
①	Bob의 공개키	Alice의 공개키	Alice의 개인키
②	Bob의 개인키	Bob의 공개키	Bob의 개인키
③	Bob의 개인키	Alice의 공개키	Alice의 개인키
④	Bob의 공개키	Bob의 공개키	Bob의 개인키

03

다음 중 IP 주소가 203.253.192.21인 컴퓨터는 어느 클래스에 속하는가?

① A 클래스

② B 클래스

③ C 클래스

④ D 클래스

04

다음 중 정보 보호 속성에 대한 설명이 옳지 <u>않은</u> 것은?

① 인증: 통신 링크를 통한 호스트 시스템과 응용 간의 액세스를 제한하고 제어할 수 있음을 말한다.

② 무결성: 비인가된자에 의한 정보의 변경, 삭제, 생성 등으로부터 보호하여 정보의 정확성, 완전성이 보장되어야 한다.

③ 기밀성: 정보의 소유자가 원하는 대로 정보의 비밀이 유지되어야 한다.

④ 가용성: 정식 인가된 사용자에게 적절한 방법으로 정보 서비스를 요구할 때 언제든지 해당 서비스가 제공되어야 한다.

05

부동 소수점을 위한 IEEE 754 표준안에 의하면 32비트 C0400000(16진법)이 나타내는 값으로 옳은 것은?

① 1.1×2

② -1.1×2

③ 1.0×2

④ -1.0×2

06

컴퓨터 클러스터링(Computer Clustering)은 네트워크에 연결된 다수의 컴퓨터들을 통합하여 병렬 컴퓨팅 환경을 구축하는 기법이다. 다음 중 폐쇄형 클러스터의 특징으로 옳지 <u>않은</u> 것은?

① 외부 트래픽의 영향을 받지 않아 통신 지연이 감소한다.
② 다양한 표준 프로토콜 사용으로 통신 오버헤드가 높다.
③ 외부 접근에 대한 통신 보안이 보장되어 노드들 간의 데이터 통신이 안전하다.
④ 별도로 내부 통신망 구축을 위한 비용이 추가될 수 있다.

07

인터넷 관련 용어에 대한 설명으로 옳지 <u>않은</u> 것은?

① POP3, IMAP, SMTP는 전자 우편 관련 프로토콜이다.
② RSS는 웹 사이트 간의 콘텐츠를 교환하기 위한 XML 기반의 기술이다.
③ CGI(Common Gateway Interface)는 웹 서버 상에서 다른 프로그램을 실행시키기 위한 기술이다.
④ 웹 캐시(Web Cache)는 웹 서버가 사용자의 컴퓨터에 저장하는 방문 기록과 같은 작은 임시 파일로 이를 이용하여 웹 서버는 사용자를 식별, 인증하고 사용자별 맞춤 정보를 제공할 수도 있지만 개인 정보 침해의 소지가 있다.

08

다음은 각기 다른 사용자 그룹이 소프트웨어 제품(Product)을 평가하는 경우에 사용되는 평가 모형이 가져야 하는 특성을 열거한 것이다. 틀린 것은?

① 동일 평가자가 동일 사양의 제품을 평가할 때 동일한 결과를 나타내는 반복성(Repeatability)
② 다른 평가자가 동일 사양의 제품을 평가할 때 동일한 결과를 나타내는 재생산성(Reproducibility)
③ 특정 결과에 편향되지 않아야 하는 공평성(Impartiality)
④ 평가 결과에 평가자의 전문적 주관이나 의견을 반영하는 주관성(Subjectivity)

09

다음 스프레드시트(엑셀)에서 〈보기〉의 조건을 만족하기 위하여 (가), 즉 E2 셀에 들어갈 함수식으로 옳은 것은?

┤ 보기 ├

회원등급 조건
– 준회원: 로그인 횟수 10회 이상이고, 댓글 3건 이상
– 정회원: 준회원이면서 게시글 1건 이상

	A	B	C	D	E
1	이름	로그인	댓글	게시글	회원등급
2	김나나	2	1	0	(가)
3	박문수	17	2	4	
4	이희수	11	6	2	정회원
5	최문선	8	8	1	
6	황용석	23	10	3	정회원

① =IF(B2>=10,IF(C2>=3,IF(D2>=1,"정회원","준회원"),""),"")
② =IF(B2>=10,IF(C2>=3,IF(D2>=1,"준회원"),"정회원"),"")
③ =IF(B2>=10,IF(C2>=3,"준회원",IF(D2>=1,"정회원","")))
④ =IF(B2>=10,IF(C2>=3,"정회원",IF(D2>=1,"준회원","")))

10

DHCP(Dynamic Host Configuration Protocol)에 대한 설명으로 옳은 것은?

① 자동이나 수동으로 가용한 IP 주소를 호스트(Host)에 할당한다.
② 서로 다른 통신 규약을 사용하는 네트워크들을 상호 연결하기 위해 통신 규약을 전환한다.
③ 데이터 전송 시 케이블에서의 신호 감쇠를 보상하기 위해 신호를 증폭하고 재생하여 전송한다.
④ IP 주소를 기준으로 네트워크 패킷의 경로를 설정하며 다중 경로일 경우에는 최적의 경로를 설정한다.

11

두 릴레이션 R(A, B, C, D), S(B, C, D)에 대한 관계 대수 연산의 결과 릴레이션을 T라고 했을 때, 다음 중 연산 결과를 올바르게 기술한 것은? (|T|는 릴레이션 T의 카디널리티, d|T|는 릴레이션 T의 차수를 의미한다)

$$R(A, B, C, D) \div \Pi_{B,D}(S)$$

R

A	B	C	D
a1	b1	c1	d1
a1	b2	c2	d1
a2	b1	c1	d1
a2	b2	c2	d2
a1	b2	c2	d2

S

B	C	D
b1	c1	d1
b2	c1	d2
b2	c2	d2
b1	c2	d1

① d|T| + |T| = 2
② d|T| + |T| = 3
③ d|T| + |T| = 4
④ d|T| + |T| = 5

12

컴퓨터의 기억 장치에 대한 설명으로 옳지 <u>않은</u> 것은?

① 기억 장치의 계층 구조는 중앙 처리 장치와 I/O 장치의 속도 차이를 효율적으로 해결하도록 구성한다.
② 기억 장치의 계층 구조에서 계층이 높을수록 기억 장치의 용량은 감소하고 접근 속도는 증가한다.
③ 캐시 메모리는 주로 중앙 처리 장치와 보조 기억 장치 간의 속도 차이를 극복하기 위해 사용한다.
④ 보조 기억 장치로는 하드 디스크, CD-ROM, DVD 등을 사용한다.

13

대용량 데이터의 관리를 위해 사용되는 데이터베이스 관리 시스템(DBMS)에 대한 설명으로 옳지 <u>않은</u> 것은?

① 트랜잭션 처리 과정에서 데이터의 일관성과 무결성 유지를 위한 기능을 수행한다.
② 트랜잭션은 원자성(Atomicity)을 가지도록 한다.
③ 데이터 무결성 유지를 위해 데이터의 중복을 허용하지 않는다.
④ 예상치 못한 시스템 중단으로 시스템이 재가동될 때, 데이터 무결성이 유지되는 이전의 상태로 복구하는 기능을 수행한다.

14

다음 괄호에 들어갈 적절한 단어를 고르시오.

The postal items shipped or carried in from overseas are classified into goods subject to customs clearance and duty-free goods by the first customs (＿＿＿＿) by X-ray.

① censorship
② inspection
③ management
④ coordination

15

다음 괄호에 들어가기에 적절하지 <u>않은</u> 단어를 고르시오.

Easy Overseas Remittance is a service that sends money to 43 major countries through the Post Office Smart Banking app in partnership with WireBarley, and provides an 80% (＿＿＿＿) exchange rate benefit compared to regular overseas remittances.

① special
② peculiar
③ privileged
④ preferential

16

다음 괄호에 들어갈 적절한 숙어를 고르시오.

> 운송 업체마다 보상 정책이 다르고 최대 보상 금액이 제한되어 있기 때문에, 배송 문제가 발생할 경우 추가 보상을 받을 수 있도록 배송 보험에 가입할 수 있습니다.

> Since each carrier has its own compensation policy and limits the maximum amount to be compensated, you can buy shipping insurance to (＿＿＿＿＿＿) additional compensation in case of any shipping issue.

① be eligible for
② be composed of
③ be accustomed to
④ be anxious about

17

빈칸에 들어갈 말로 가장 적절한 것은?

> A: Good morning! What can I do for you?
> B: Hi. My debit card is near to expiry, ＿＿＿＿＿＿
> A: Okay. Please sign the place I checked.
> B: Yes. Is the account where the payment amount is withdrawn the same as before?
> A: Of course. Would you like to change your payment account?
> B: No. It's O.K.
> A: It's all done. Here is your debit card.
> B: Thank you very much.

① but it's not working any more.
② and I want to confirm card details.
③ so I have to make the card renewed.
④ for the magnetic strip on the card has been damaged.

18

빈칸에 들어갈 말로 가장 적절한 것은?

> A: Hello, how may I help you?
> B: Hello, I would like to send a parcel to Australia by EMS.
> A: Okay. Let's weigh the parcel. Postage for 12.5kg is 170,000 won.
> B: ＿＿＿＿＿＿＿＿＿＿ The postage I checked on the rate table on the post office website was 142,000 won.
> A: Shipping charges for mail are determined by actual weight or volumetric weight, whichever is higher. By doing this, we can set rates that take into account both the size and weight of the parcel.
> B: Okay, I understand. I will pay.
> A: Yes, would you like to insure the parcel?
> B: No, you don't need insurance.
> A: Okay. Here is your receipt.

① There is nothing fragile in this package.
② How much is the charge to send this parcel?
③ Could you wrap this parcel in package paper?
④ Why is the postage more expensive than expected?

19

What is the passage mainly about?

All mail, except letters, is subject to customs inspection, and customs officials in charge of customs duties inspect the contents of such mail in the presence of post office employees. These customs inspections are not limited to Korea and are conducted in accordance with the customs policies of all countries. When sending the mail, if it is determined to be the same as the details in the contents column and the inspection with an X-ray fluoroscopy, the delivery will be made after customs duties are imposed without opening the product. If the recipient's import declaration is required because the contents are incorrectly or falsely stated or because it contains an import restricted item, etc., we send a mail arrival and customs guide and file a customs declaration through the recipient or a customs broker.

① customs clearance agency fee inquiry
② recipient delivery location change service
③ customs inspection of mail arriving from overseas
④ quarantine of international mail animals and plants

20

Which of the following can be inferred from the passage?

The Post Office will derive financial service innovation tasks using AI technology, such as rebalancing products for long-term postal insurance customers, establishing marketing strategies, and automating microinsurance payment screening and analysis. Based on the results of analysis of existing post office financial customer groups, the possibility of customer conversion is predicted and the optimal infrastructure is also studied. Among the new and innovative hyper-personalized service projects using AI developed through research, the Post Office promotes concept verification through pilot development and operation for tasks that can be verified and analyzed in a short period of time. In addition, the Post Office plans to analyze problems in introducing and utilizing AI technology, review solutions, and come up with suggestions for consideration to expand the application of AI technology in the future.

① strategies of attracting new postal insurance customers through AI
② analysis of existing post office financial customers' consumption using AI
③ utilizing AI technology to establish marketing strategies and predict the possibility of investment
④ reviewing the introduction of generative AI into post office financial services

해설편 ▶ P.111

01

보안 공격에 대한 설명으로 옳지 <u>않은</u> 것은?

① Land 공격: UDP와 TCP 패킷의 순서 번호를 조작하여 공격 시스템에 과부하가 발생한다.

② DDoS(Distributed Denial of Service) 공격: 공격자, 마스터 에이전트, 공격 대상으로 구성된 메커니즘을 통해 DoS 공격을 다수의 PC에서 대규모로 수행한다.

③ Trinoo 공격: 1999년 미네소타대학교 사고의 주범이며 기본적으로 UDP 공격을 실시한다.

④ SYN Flooding 공격: 각 서버의 동시 가용자 수를 SYN 패킷만 보내 점유하여 다른 사용자가 서버를 사용할 수 없게 만드는 공격이다.

02

다음 중 중앙 처리 장치의 각 구성 요소에 대한 설명으로 옳지 <u>않은</u> 것은?

① 기억 장치에서 가져온 명령어는 누산기가 기억한다.

② 다음에 실행될 명령어의 번지는 명령 계수기가 기억한다.

③ 명령 해독기는 명령어를 해독하여 필요한 장치로 제어 신호를 보낸다.

④ 번지 레지스터는 읽고자 하는 프로그램이나 데이터가 기억되어 있는 주기억 장치의 주소지를 기억한다.

03

다음 릴레이션 스키마를 보고 후보키(Candidate Key)를 찾아 내고자 한다. 후보키는 총 몇 가지가 가능한가?

(스키마)		
STUDENT(학과, 이름, 등록번호)		
학과	이름	등록번호
전산과	김유신	12-2358216
법학과	장길산	11-2521475
법학과	홍길동	15-6359214
전산과	장길산	12-2553154

① 1   ② 2

③ 3   ④ 4

04

어떤 프로세스에 3개의 페이지가 할당되었고, 그 프로세스가 참조하는 페이지 주소들의 순서는 〈보기〉와 같을 때, 페이지 교체 정책으로 LRU(Least Recently Used) 정책을 사용할 경우 페이지 오류 횟수는?

보기
페이지 참조 순서: 0, 1, 2, 4, 2, 3, 7, 2, 1, 3, 1

① 6번   ② 7번

③ 8번   ④ 9번

05

RAID에 대한 설명으로 옳은 것은?

① RAID 레벨 1은 패리티를 이용한다.

② RAID 레벨 0은 디스크 미러링을 이용한다.

③ RAID 레벨 0과 RAID 레벨 1을 조합해서 사용할 수 없다.

④ RAID 레벨 5는 패리티를 모든 디스크에 분산시킨다.

06

다음 중 기능 점수 산정 방식 중에서 소프트웨어 규모를 산정하기 위한 항목으로 옳지 않은 것은?

① 외부 입력(External Input)

② 내부 출력(Internal Output)

③ 논리적 내부 파일(Internal Logical File)

④ 외부 조회(External inQuiry)

07

다음 중 인출(Fetch) 사이클의 순서로 옳은 것은?

| 가. MBR ← M[MAR], PC ← PC + 1 |
| 나. MAR ← PC |
| 다. IR ← MBR |

① 가 - 나 - 다   ② 나 - 가 - 다

③ 가 - 다 - 나   ④ 나 - 다 - 가

08

중간자(Man-In-The-Middle) 공격에 대한 설명으로 옳은 것은?

① Diffie-Hellman 키 교환 프로토콜은 중간자 공격에 대비하도록 설계된 것이다.

② 공격 대상이 신뢰하고 있는 시스템을 불능 상태로 만들고 공격자가 신뢰 시스템인 것처럼 동작한다.

③ 공격자가 송·수신자 사이에 개입하여 송신자가 보낸 정보를 가로채고, 조작된 정보를 정상적인 송신자가 보낸 것처럼 수신자에게 전달한다.

④ 여러 시스템으로부터 한 시스템에 집중적으로 많은 접속 요청이 발생하여, 해당 시스템이 정상적인 동작을 못하게 된다.

09

컴퓨터 구조에 대한 설명으로 옳지 않은 것은?

① 파이프라인 기법은 하나의 작업을 다수의 단계로 분할하여 시간적으로 중첩되게 실행함으로써 처리율을 높인다.

② CISC 구조는 RISC 구조에 비해 명령어의 종류가 적고, 고정 명령어 형식을 취한다.

③ 병렬 처리 방식 중 하나인 SIMD는 하나의 명령어를 처리하기 위해 다수의 처리장치가 동시에 동작하는 다중 처리기 방식이다.

④ 폰 노이만이 제안한 프로그램 내장 방식은 프로그램 코드와 데이터를 내부 기억 장치에 저장하는 방식이다.

10

릴레이션 R(A, B, C, D)이 복합 애트리뷰트 〈A, B〉를 기본키로 가지고 있다고 하자. 함수 종속이 다음과 같을 경우, 이 릴레이션은 어떤 정규형에 속하는가?

$(A, B) \rightarrow C, D$
$B \rightarrow C$
$C \rightarrow D$

① 제1정규형
② 제2정규형
③ 제3정규형
④ 보이스/코드 정규형

11

서브넷 마스크가 255.255.255.192이고, 네트워크 주소가 197.160.15.0이다. 아래 〈보기〉 중에서 호스트 주소로 사용 가능한 것을 모두 고른 것은?

┤ 보기 ├
가. 197.160.15.15   나. 197.160.15.63
다. 197.160.15.64   라. 197.160.15.126

① 가, 나
② 나, 다
③ 가, 라
④ 나, 다, 라

12

다음 워크시트에 대해서 [A6] 셀과 [A7] 셀에 아래와 같이 입력하였을 때, 결괏값을 차례로 나열한 것은?

[A6] 셀: =HLOOKUP("전기세",A1:C5,2,FALSE)
[A7] 셀: =VLOOKUP("101−301",A2:C5,3,TRUE)

	A	B	C
1	등록수	전력사용량	전기세
2	101-201	289	32000
3	101-202	300	34500
4	101-301	255	29000
5	101-302	400	58000

① 255, 29000
② 32000, 29000
③ 29000, 32000
④ 29000, 255

13

다음 중 페이징 기법과 세그먼테이션 기법에 대한 설명으로 옳지 않은 것은?

① 세그먼테이션 기법에서는 가상 기억 장치를 가변 길이의 세그먼트로 구분하여 보조 기억 장치로 세그먼트 단위로 이동하여 주소가 변환된다.
② 페이징 기법에서는 가상 기억 장치를 고정 길이의 페이지로 구분하여 주기억 장치로 페이지 단위로 이동하여 주소가 변환된다.
③ 세그먼테이션 기법에서는 가상 기억 장치를 가변 길이의 세그먼트로 구분하여 주기억 장치로 세그먼트 단위로 이동하여 주소가 변환된다.
④ 프로그램을 일정한 크기로 나눈 단위를 페이지라고 한다.

14

다음 괄호에 들어갈 적절한 단어를 고르시오.

> In the domestic express mail service, the customer can (＿＿＿＿＿＿) the exact time they would want the service to be rendered and the package delivered.

① fulfill
② specify
③ generate
④ preserve

15

다음 괄호에 들어가기에 적절하지 <u>않은</u> 단어를 고르시오.

> The Korean post offices can be easily spotted by the red signs and a distinct logo of three swallows, which (＿＿＿＿＿＿) a speedy, safe, and reliable postal delivery service.

① emulates
② represents
③ embodies
④ symbolizes

16

다음 괄호에 들어갈 적절한 숙어를 고르시오.

> 우체국예금에 대해서는, 우체국예금보험법 제4조에 따라 정부가 예금 원리금 전액의 지급을 보장하고 있습니다.

> For post office deposits, the government guarantees payment of the entire principal and interest of deposits made (＿＿＿＿＿＿) Article 4 of the Post Office Deposit Insurance Act.

① as for
② owing to
③ on behalf of
④ in accordance with

17

빈칸에 들어갈 말로 가장 적절한 것은?

> A: Hello, how may I help you?
> B: Hello. I'd like to buy stamps to send a Christmas card to my friend.
> A: Yes, what size is the card?
> B: It's larger than a regular letter envelope.
> A: Okay. Then I think it would be good to check the weight of it. Additional charges may apply to excess of 50g. It weighs 49g and the postage is 520 won.
> B: ＿＿＿＿＿＿＿＿＿＿＿＿＿＿＿＿＿＿＿
> A: Sure, here you are.
> B: Thank you! Have a good day.

① How many stamps do I need for this?
② Good, please give me a 520 won stamp.
③ Can you tell me where I can get stamps?
④ Do you have any commemorative stamps?

18

빈칸에 들어갈 말로 가장 적절한 것은?

> A: What can I do for you?
> B: I'd like to send this parcel to UK by the fastest mail service. How much is the postage?
> A: ＿＿＿＿＿＿＿＿＿＿＿＿ Um, that's going to cost you 50,000 won.
> B: The postage is more expensive than I thought. Wait a minute, let me just leave a few things out.
> A: Okay. Does this contain anything dangerous or fragile?
> B: Yes, there are several things which are fragile.
> A: Then, be sure to indicate that it's fragile on the box, please.
> B: Yes, I will.

① Please put it on the scale.
② I'm afraid it's too small to send.
③ I will deliver this package for you.
④ We have different rates for parcels, printed matter, and books.

19

Which of the following is correct according to the passage?

> ePOST Shipping
>
> 1. Service Summary
>   - The Korea Parcel Service offers door-to-door shipping services to accommodate your orders online and we've got the service with 22 main hub network delivery system in the whole country.
>   - Internet Post Office Parcel Service offers shipping information, delivery inquiry and order list to general customer, large order customer and contract customer.
>
> 2. Main Contents
>   - Internet Post Office Parcel Service is available 24 hours on the internet. After making a reservation, we will visit your home or workplace for on-demand pickup. Business hours are 09:00 ~ 18:00 on weekdays and 09:00 ~ 13:00 on Saturdays.
>   - Contract customer is available high-volume parcel regularly and must install parcel service program on the internet.
>   - Commitment times for Parcel Delivery Service guarantee 1 day except for holiday and some areas which are hard to reach need 2 to 3 days.

① ePOST Shipping is the parcel services to take your orders online.

② This service offers shipping information, delivery inquiry and order list only to contract customers.

③ Internet Post Office Parcel Service is available business hours on weekdays 09:00~18:00 on the internet.

④ Without exception, commitment times for Parcel Delivery Service guarantee 1 day.

20

What is the passage mainly about?

> Every customer can connect anywhere, everywhere in the mobile environment and they can order in a real-time. We are playing our role as a new channel by actively responding to changes in the mobile environment and expanding contact points with customers. Furthermore, we offer applications and mobile web that maximize the effectiveness of your postal service and minimize gaps between devices. You are also available for various mobile services: Search Zipcode, Track and Trace, Congratulations Card, Congratulations Gift Card, Tailored Post Card, Personalised stamp, Parcel Delivery, EMS, Pickup and Delivery Service, Pre-booked Postal Service, Findig Post Office, PostTalk, ePOST Shopping, Traditional Market, Flower Delivery Service, Specialised Products, Traditional Alcoholic Drinks, Oversea Delivery, Budget Phone, Postal Fare Inquiry, etc.

① the harmful effects of smartphone addiction on our health

② faster internet connection on your smartphone

③ minimizing the difference between smartphones

④ convenient usage of the postal service via the smartphone

해설편 ▶ P.115

01

위험 관리 과정에 대한 설명으로 ㉠, ㉡에 들어갈 용어로 옳은 것은?

> (가) (㉠) 단계는 조직의 업무와 연관된 정보, 정보 시스템을 포함한 정보 자산을 식별하고, 해당 자산의 보안성이 상실되었을 때의 결과가 조직에 미칠 수 있는 영향을 고려하여 가치를 평가한다.
>
> (나) (㉡) 단계는 식별된 자산, 위협 및 취약점을 기준으로 위험도를 산출하여 기존의 보호 대책을 파악하고, 자산별 위협, 취약점 및 위험도를 정리하여 위험을 평가한다.

	㉠	㉡
①	자산 식별 및 평가	위험 평가
②	자산 식별 및 평가	취약점 분석 및 평가
③	위험 평가	가치 평가 및 분석
④	가치 평가 및 분석	취약점 분석 및 평가

02

4개의 데이터(1010)를 짝수 패리티 비트를 사용하는 해밍 코드로 변환하여 전송할 때 올바른 것은?

① 1011010 ② 0101101

③ 0011101 ④ 1011011

03

다음과 같이 메모리가 분할되어 있을 때 5K, 3K, 20K, 9K의 작업을 최적 적합으로 할당할 경우 내부 단편화와 외부 단편화 순으로 바르게 나열된 것은?

운영체제
15K
10K
6K
사용 중
3K

① 2K, 15K ② 2K, 20K

③ 15K, 20K ④ 17K, 15K

04

객체 지향 프로그래밍의 특징 중 상속 관계에서 상위 클래스에 정의된 메서드(Method) 호출에 대해 각 하위 클래스가 가지고 있는 고유한 방법으로 응답할 수 있도록 유연성을 제공하는 것은?

① 재사용성(Reusability)

② 추상화(Abstraction)

③ 다형성(Polymorphism)

④ 캡슐화(Encapsulation)

05

A 회사에서 인터넷 클래스 B 주소가 할당되었다. 만약 A 회사 조직이 64개의 서브넷을 가지고 있다면 각 서브넷에서 사용할 수 있는 주소의 개수는? (단, 특수 주소를 포함한다)

① 256
② 512
③ 1024
④ 2048

06

다음 기능을 수행하는 중앙 처리 장치(CPU)의 레지스터는?

- 다음에 수행할 명령의 주소를 기억한다.
- 상대 주소 지정 방식(Relative Addressing Mode)에서 유효 주소 번지(Effective Address)를 구하기 위해서는 이 레지스터의 내용을 명령어의 오퍼랜드(Operand)에 더해야 한다.

① PC(Program Counter)
② AC(Accumulator)
③ MAR(Memory Address Register)
④ MBR(Memory Buffer Register)

07

다음의 페이지 참조 열(Page Reference String)에 대해 페이지 교체 기법으로 FIFO를 사용할 경우 페이지 폴트 회수는? (단, 할당된 페이지 프레임 수는 3이고, 처음에는 모든 프레임이 비어 있다)

페이지 참조 열: 7, 0, 1, 2, 0, 3, 0, 4, 2, 3, 0, 3, 2, 1, 2, 0, 1, 7, 0

① 6
② 14
③ 15
④ 20

08

다음 중 DAC(Discretionary Access Control)에 대한 설명으로 옳지 않은 것은?

① Windows와 Unix 계열의 운영 체제를 사용한다.
② 데이터 소유자가 접근하고자 하는 User에게 권한을 부여하는 방법이다.
③ 접근을 허용할 때는 Label을 사용한다.
④ 가장 일반적인 구현 방법으로 ACL(Access Control List)이 있다.

09

소프트웨어 재사용(Reusability)에 대한 개념으로 가장 적합한 것은?

① 기존 소프트웨어를 새로운 환경에 맞도록 변환한다.
② 비용이나 위험이 적다고 판단될 경우에 기존 소프트웨어를 수명 연장시키기 위한 개념이다.
③ 새롭게 개발되는 소프트웨어의 생산성을 증진시키기 위해 이미 개발되어 성능 및 품질을 인정받은 소프트웨어를 다시 사용하는 개념이다.
④ 기존 코드나 데이터로부터 설계 명세서나 요구 분석 명세서를 복구시키는 개념이다.

10

다음과 같은 시트에서 [A8] 셀에 아래의 수식을 입력했을 때 계산 결과로 올바른 것은?

$$=COUNT(OFFSET(D6, -5, -3, 2, 2))$$

	A	B	C	D
1	성명	중간	기말	합계
2	김나희	100	80	180
3	김근석	90	95	185
4	배정희	80	63	143
5	탁지연	95	74	169
6	한정희	55	65	120

① 4
② 1
③ 120
④ 74

11

다음 중 베이스밴드에 대한 설명으로 옳지 않은 것은?

① RZ는 비트 신호가 전송될 때마다 상태가 변하는 방식이다.
② NRZ는 신호가 없는 상태는 −전위를, 신호가 있는 상태는 + 전위로 전송하는 방식이다.
③ 단류 방식은 신호가 없는 상태는 0전위, 신호가 있는 상태는 + 혹은 − 전위로 전송하는 방식이다.
④ 복류 방식은 신호가 없는 상태는 − 전위, 신호가 있는 상태는 + 전위로 전송하는 방식이다.

12

다음 중 간접 주소(Indirect Address) 방식에 대한 설명으로 옳지 않은 것은?

① 실제 데이터가 있는 메모리 주소가 명령어의 길이에 제한받는다.
② 실제 데이터를 가져오기 위해서는 메모리를 2번 이상 참조해야 한다.
③ 직접 주소 방식보다 속도가 느리다.
④ 명령어의 오퍼랜드 부분에는 메모리 주소가 들어있다.

13

다음 데이터베이스 스키마에 대한 설명으로 옳지 않은 것은? (단, 밑줄이 있는 속성은 그 릴레이션의 기본키를, 화살표는 외래 키 관계를 의미한다)

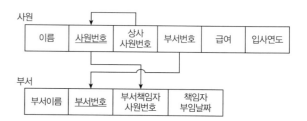

① 외래키는 동일한 릴레이션을 참조할 수 있다.
② 사원 릴레이션의 부서번호는 부서 릴레이션의 부서번호 값 중 하나 혹은 널이어야 한다는 제약 조건은 참조 무결성을 의미한다.
③ 신입사원을 사원 릴레이션에 추가할 때 그 사원의 사원번호는 반드시 기존 사원의 사원번호와 같지 않아야 한다는 제약 조건은 제1정규형의 원자성과 관계있다.
④ 부서 릴레이션의 책임자부임날짜는 반드시 그 부서책임자의 입사연도 이후이어야 한다는 제약 조건을 위해 트리거(Trigger)와 주장(Assertion)을 사용할 수 있다.

14
다음 괄호에 들어갈 적절한 단어를 고르시오.

When valuable items like bank checks or very important documents are to be sent, it is advisable that the sender (＿＿＿＿＿) the parcel or item for a specific amount.

① wrap   ② waive
③ insure   ④ confirm

15
다음 괄호에 들어가기에 적절하지 <u>않은</u> 단어를 고르시오.

The internet banking service, also known as E-Postbank, is (＿＿＿＿＿) and maintained directly by the Korean government and offers limited but secure banking and financial services.

① ran   ② occupied
③ managed   ④ administered

16
다음 괄호에 적절한 숙어를 고르시오.

Post office insurance is an insurance made by the state to allow people to receive minimum insurance coverage, and it is the only one that is fully guaranteed unless the country (＿＿＿＿＿).

① brings up   ② breaks out
③ comes true   ④ goes bankrupt

17
빈칸에 들어갈 말로 가장 적절한 것은?

A: Good morning! Can I help you?
B: Yes, I'd like to mail this parcel to Los Angeles.
A: Okay. What is the parcel? Is there printed matter in this package?
B: No, there is just a book in this package.
A: This is too thin to send as a book. We have different rates for parcels, printed matter, and books. If you're only sending books, the cheapest way is by sack mail.
B: I see. Thank you for telling me.
A: ＿＿＿＿＿＿＿＿＿＿＿＿＿＿
B: Regular mail, please.
A: OK. That'll be 5,000 won.

① How many days will it take to reach there?
② What kind of account are you interested in?
③ Would you like to send it by regular mail or express mail?
④ Would you tell me which account will be best for me?

18

빈칸에 들어갈 말로 가장 적절한 것은?

> A: Hello. How can I help you?
> B: Hello. I would like to transfer 2 million won to Canada.
> A: Okay. The current exchange rate is 986 won per CAD, which is approximately 202.43 Canadian dollars.
> B: Thank you. _____
> A: If you use the SWIFT service, without cable charge, you can send money overseas for 10,000 won at the counter, or 5,000 won per transaction if you use smart banking.
> B: Okay. Then, I will send money through smart banking.
> A: Yes, I will guide you through the information and procedures required to transfer money using smart banking.

① What is the exchange rate today?

② How much is the currency exchange fee?

③ Could you check the balance in my account?

④ When you exchange money, you buy or sell one currency for another.

19

Which of the following is NOT correct about internet stamps?

> Internet stamps are a service that allows you to pay the postage corresponding to the mail sent through the internet and print the stamps directly from your own printer. To improve customer convenience and prevent forgery and falsification, they cannot be used alone and must include the recipient's address. You can use them as a member or non-member through the internet Post Office, and you can preview the printed content for final confirmation before paying. Additionally, you can cancel the purchase of internet stamps that have not been printed after purchase. They are printed and used by individual customers' printers, so the quality of the stamps is not consistent, and there is a risk of contamination or damage to the stamps due to long-term storage, so they must be used within 10 days including the date of printing. If you wish to use an internet stamp whose expiration date has expired, you must apply for a reprint within 30 days after the expiration date.

① Internet stamps cannot be used without the recipient's address.

② You can view the printed content in advance before paying.

③ You can cancel the purchase of internet stamps that have been printed.

④ If an internet stamp expires, you will have a chance to reprint within 30 days after the expiration date.

20

Which of the following best fits in the blank?

> International parcel service is a postal service exchanged between postal authorities in accordance with the Parcel Post Rules of the Universal Postal Union. It is an international postal service that safely delivers mail containing goods to foreign countries, and is handled by the Postal Service, a national agency, in accordance with the rules of the Universal Postal Union together with designated postal operators in each country. Parcel mail is basically recorded within the country, but within the delivery country, it may not be recorded or delivery information may not be provided. _____ to check the later relationship with sending and receiving mail. Depending on the shipping method, it is divided into air parcel and sea parcel. The average delivery time for air parcels is 5 to 20 days depending on the region, and for sea parcels, it can take several months or more.

① Please send by fax or email

② Please sign up for insurance

③ Please use the EMS Premium website

④ Please connect to an international computer network

해설편 ▶ P.119

삶의 순간순간이
아름다운 마무리이며
새로운 시작이어야 한다.

– 법정 스님

편저자 컴퓨터일반 손승호

■ 약력
- 숭실대학교 정보과학대학원 석사(소프트웨어공학과)
- 현) 에듀윌 계리직공무원 컴퓨터일반 대표 교수
- 전) 한국통신연수원 특강 강사
- 전) 한성기술고시학원 전임 강사
- 전) 서울시교육청 승진시험 출제/선제위원
- 전) 서울시 승진시험 출제/선제위원

■ 저서
- 에듀윌 계리직공무원 단원별 기출&예상 문제집 컴퓨터일반 · 기초영어

편저자 기초영어 백세레나

■ 약력
- 현) 에듀윌 계리직공무원 기초영어 대표 교수
- 전) 전주행정고시학원 영어 전임 강사
- 전) 대전/청주 한국공무원학원 영어 전임 강사
- 전) 대전 신계중학교 영어회화 전문 강사

■ 저서
- 에듀윌 계리직공무원 단원별 기출&예상 문제집 컴퓨터일반 · 기초영어
- 에듀윌 계리직공무원 기본서 컴퓨터일반 · 기초영어
- 참다움 9급공무원 백세레나 영어(문법심화편/독해편)
- 참다움 9급공무원 백세레나 노베이스 쌩기초 영어(문법 · 어휘/독해 · 생활)

2024 에듀윌 계리직공무원 단원별 기출&예상 문제집 **컴퓨터일반·기초영어**

발 행 일	2024년 1월 7일 초판
편 저 자	손승호 · 백세레나
펴 낸 이	양형남
펴 낸 곳	(주)에듀윌
등록번호	제25100–2002–000052호
주 소	08378 서울특별시 구로구 디지털로34길 55
	코오롱싸이언스밸리 2차 3층

www.eduwill.net

대표전화 1600-6700

여러분의 작은 소리
에듀윌은 크게 듣겠습니다.

본 교재에 대한 여러분의 목소리를 들려주세요.
공부하시면서 어려웠던 점, 궁금한 점,
칭찬하고 싶은 점, 개선할 점, 어떤 것이라도 좋습니다.

에듀윌은 여러분께서 나누어 주신 의견을
통해 끊임없이 발전하고 있습니다.

에듀윌 도서몰 book.eduwill.net
• 부가학습자료 및 정오표: 에듀윌 도서몰 → 도서자료실
• 교재 문의: 에듀윌 도서몰 → 문의하기 → 교재(내용, 출간) / 주문 및 배송

에듀윌에서 꿈을 이룬
합격생들의 진짜 합격스토리

에듀윌 강의·교재·학습시스템의 우수성을
합격으로 입증하였습니다!

김○은 국가직 9급 일반행정직 최종 합격

에듀윌만의 탄탄한 커리큘럼 덕분에 공시 3관왕 달성

혼자서 공부하다 보면 지금쯤 뭘 해야 하는지, 내가 잘하고 있는지 걱정이 될 때가 있는데 에듀윌 커리큘럼은 정말 잘 짜여 있어 고민할 필요 없이 그대로 따라가면 되는 시스템이었습니다. 커리큘럼이 기본이론-심화이론-단원별 문제풀이-기출 문제풀이-파이널로 풍부하게 구성되어 인강만으로도 국가직, 지방직, 군무원 3개 직렬에 충분히 합격할 수 있었습니다. 혼자 공부하다 보면 내 위치를 스스로 가늠하기 어려운데, 매달 제공되는 에듀윌 모의고사를 통해서 제 수준이 어느 정도인지 파악할 수 있어서 좋았습니다.

황○규 국가직 9급 세무직 최종 합격

아케르 시스템으로 생활 패턴까지 관리해 주는 에듀윌

공무원 시험을 준비하려고 마음먹었을 때 에듀윌이 가장 먼저 떠올랐습니다. 특히 에듀윌 학원은 교수님 선택 폭도 넓고 세무직은 현강에서 스터디까지 해 주기 때문에 선택했습니다. 학원에서는 옆에 앉은 학생들의 공부하는 모습을 보면서 자극을 받고 집중해서 공부할 수 있었습니다. 무엇보다 잘 짜인 에듀윌 학원 커리큘럼과 매니저님들의 스케줄 관리, 아케르 출석 체크를 활용한 규칙적인 생활 패턴 덕분에 합격할 수 있었다고 생각합니다.

편○혁 일반 순경 최종 합격

에듀윌의 강의 + 교재 + 집중 관리로 경찰 공무원 합격

에듀윌 학원의 매니저님과 파트장님이 일대일로 밀착 관리해 주시고 게을러지지 않게끔 도움을 많이 주셨습니다. 그리고 교수님들이 수업 시간에 친절하고 자세하게 설명해 주셔서 초반에 어려움 없이 학업을 이어갈 수 있었습니다. 또한, 에듀윌 경찰 교재의 내용이 좋아서 다른 교재를 학습하지 않고도 합격할 수 있었습니다. 열심히 하다 보면 붙는다는 말이 처음에는 미덥지 않았지만, 열심히 하다 보니까 합격까지 오게 되었습니다. 여러분들도 에듀윌을 믿고 따라가다 보면 분명히 합격할 수 있을 것입니다.

다음 합격의 주인공은 당신입니다!

더 많은
합격스토리

합격자 수 2,100% 수직 상승! 매년 놀라운 성장

에듀윌 공무원은 '합격자 수'라는 확실한 결과로 증명하며
지금도 기록을 만들어 가고 있습니다.

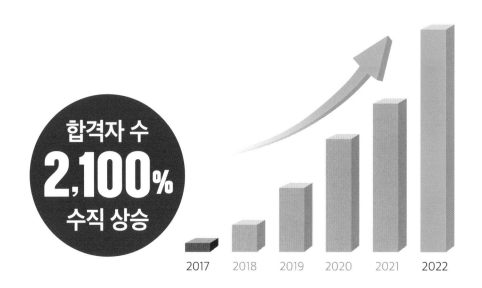

합격자 수
2,100%
수직 상승

2017 2018 2019 2020 2021 2022

합격자 수를 폭발적으로 증가시킨 계리직공무원 0원 평생패스

| 합격 시
수강료 0원 | + | 합격할 때까지
평생 무제한 수강 | + | 24년 시험 대비
개정 학습자료 모두 제공 |

※ 환급내용은 상품페이지 참고. 상품은 변경될 수 있음.

상품
페이지

* 2017/2022 에듀윌 공무원 과정 최종 환급자 수 기준

2024

에듀윌
계리직공무원
단원별 기출&예상 문제집
컴퓨터일반·기초영어

해설편

eduwill

2024

에듀윌
계리직공무원
단원별 기출&예상 문제집
컴퓨터일반·기초영어

2024
에듀윌 계리직공무원
단원별 기출&예상 문제집

컴퓨터일반 · 기초영어 | 해설편

챕터별 키워드 & 취약영역 체크

☑ 챕터별 키워드로 본인의 취약영역 확인 후, 취약영역에 해당하는 문제와 이론은 꼼꼼하게 다시 점검하세요!

CHAPTER 01 컴퓨터 시스템 개요		CHAPTER 03 논리 회로		CHAPTER 05 기억 장치와 입출력 장치		CHAPTER 06 고성능 컴퓨터 시스템(병렬 처리)	
틀린 개수 ____ / 18개		틀린 개수 ____ / 17개		틀린 개수 ____ / 33개		틀린 개수 ____ / 9개	
01	컴퓨터 시스템의 구성 요소	01	NAND 논리 연산	01	컴퓨터 용어	01	Flynn의 분류
02	중앙 처리 장치	02	XOR 논리 연산	02	부트 과정	02	Flynn의 분류
03	시스템 소프트웨어	03	XOR 논리 연산	03	부트 과정	03	슈퍼스칼라
04	기억 장치 접근 속도	04	논리 회로	04	메모리의 읽기/쓰기 속도	04	파이프라이닝
05	컴퓨터 발전 과정	05	논리 회로	05	RAM	05	파이프라인 해저드
06	컴퓨터 시스템의 구성 요소	06	불 대수	06	RAM	06	파이프라이닝
07	프로그램 내장 방식	07	불 대수	07	주기억 장치 및 보조 기억 장치	07	암달의 법칙
08	컴퓨팅 사고	08	불 대수	08	MAR, MBR	08	시스템의 성능 개선
09	컴퓨팅 사고	09	불 대수	09	컴퓨터의 주요 장치	09	병렬 컴퓨터
10	하드웨어와 사용자 연결	10	카르노 맵	10	RAM 칩의 최소 개수		
11	사용 데이터에 따른 컴퓨터 분류	11	카르노 맵	11	캐시 기억 장치		
12	다중 처리	12	카르노 맵	12	캐시 기억 장치		
13	처리 방식에 따른 분류	13	논리 연산식 간소화	13	캐시 기억 장치		
14	컴퓨터의 기억 용량 단위	14	논리 연산식 간소화	14	평균 메모리 접근 시간		
15	컴퓨터의 기억 용량 단위	15	플립플롭	15	캐시 적중률		
16	다중 프로그래밍	16	병렬 가감산기	16	캐시 적중률		
17	펌웨어	17	플립플롭	17	캐시 적중률		
18	컴퓨터의 처리 속도 단위			18	캐시 기억 장치		
CHAPTER 02 자료 표현과 연산		**CHAPTER 04 중앙 처리 장치와 명령어**		19	집합 연관 사상	**CHAPTER 07 최신 컴퓨터 기술**	
틀린 개수 ____ / 18개		틀린 개수 ____ / 22개		20	하드 디스크의 최대 저장 용량	틀린 개수 ____ / 16개	
01	진수 변환	01	데이터의 기본 단위	21	데이터 흐름과 제어 흐름	01	클라우드 컴퓨팅
02	진수 변환	02	시스템 성능 측정 척도	22	RAID	02	클라우드 컴퓨팅
03	2의 보수 표현	03	컴퓨터의 구조	23	RAID	03	클라우드 컴퓨팅
04	진수 변환	04	레지스터	24	RAID	04	클라우드 컴퓨팅
05	진수 변환	05	레지스터	25	RAID	05	기계 학습
06	진수 변환	06	프로그램 카운터	26	가상 기억 장치	06	유비쿼터스 컴퓨팅
07	진수 변환	07	레지스터	27	페이징 시스템	07	ICT 기술
08	진수 변환	08	레지스터	28	가상 기억 장치	08	유비쿼터스 컴퓨팅
09	문자 코드 체계	09	마이크로 연산	29	가상 기억 장치	09	챗봇
10	에러 검출 방식	10	마이크로 연산	30	가상 기억 장치	10	ETL, 로그 수집기, 크롤링
11	부동 소수점 표현 방식	11	시스템 버스	31	채널	11	AI 기술
12	진수 변환	12	프로그램을 실행하는 데 소요되는 CPU 시간	32	데이지 체인 방식	12	기계 학습
13	연산자 우선순위	13	프로그램 실행 완료 시간	33	데이지 체인 방식	13	인공 지능
14	고정 소수점 데이터	14	주소 지정 방식			14	최신 기술 컴퓨팅 환경
15	자료 표현	15	주소 지정 방식			15	인공 지능
16	고정 소수점 데이터	16	인터럽트			16	인공 지능
17	부동 소수점 수 표현	17	CISC와 RISC				
18	부동 소수점 수 표현	18	RISC				
		19	명령어 형식				
		20	인터럽트				
		21	인터럽트				
		22	산술적 시프트				

➡ 나의 취약영역: _____

CHAPTER 01 | 컴퓨터 시스템 개요　　문제편 P.14

01	③	02	④	03	③	04	①	05	①
06	①	07	①	08	③	09	④	10	①
11	③	12	②	13	④	14	③	15	③
16	①	17	②	18	④				

01　컴퓨터 시스템 개요 > 컴퓨터 시스템의 구성 요소　　답 ③

| **정답해설** | 컴퓨터의 기본 구성 요소: 중앙 처리 장치(제어 장치, 연산 장치), 기억 장치, 입력 장치, 출력 장치

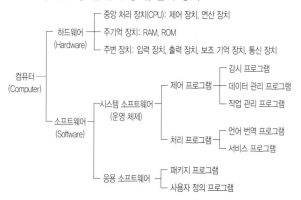

02　컴퓨터 시스템 개요 > 중앙 처리 장치　　답 ④

| **정답해설** | ④ 레지스터(Register): 중앙 처리 장치(CPU) 내부에서 사용되는 데이터를 임시로 기억하는 고속 메모리이다.

| **오답해설** | ① 산술 연산을 수행하는 장치는 연산 장치(ALU)이다.
② CPU와 주기억 장치 간의 정보 전달 통로는 버스이다.
③ 레지스터는 현재 실행 중인 프로그램의 일부 명령어나 데이터가 저장되는 임시 기억 장치이다.

03　컴퓨터 시스템 개요 > 시스템 소프트웨어　　답 ③

| **정답해설** | ③ 워드프로세서는 우리가 흔히 사용하는 문서 작성용 프로그램으로 흔글 프로그램, MS-WORD 등이 있으며, 응용 소프트웨어로 분류할 수 있다.

| **오답해설** | ①②④ 시스템 소프트웨어에는 운영 체제, 언어 처리 프로그램, 데이터베이스 관리 프로그램, 범용 유틸리티 소프트웨어, 장치 드라이버 등이 있다.

04　컴퓨터 시스템 개요 > 기억 장치 접근 속도　　답 ①

| **정답해설** | ① 저장 장치 중 접근 속도가 빠른 순서: ㄱ. 레지스터 → ㄷ. 캐시 메모리 → ㄴ. 주기억 장치 → ㄹ. 하드 디스크(보조 기억 장치)

┌ **함께 보는 이론** | 기억 장치의 계층 구조 ─

05　컴퓨터 시스템 개요 > 컴퓨터 발전 과정　　답 ①

| **정답해설** | ① 포트란, 코볼과 같은 고급 언어는 트랜지스터가 적용되는 제2세대 컴퓨터와 관련된 언어이다.

06　컴퓨터 시스템 개요 > 컴퓨터 시스템의 구성 요소　　답 ①

| **정답해설** | ① 에니악(ENIAC)은 프로그램 외장 방식을 최초로 사용했으며, 에드삭(EDSAC)은 폰 노이만의 프로그램 내장 방식을 최초로 사용하였다.

07　컴퓨터 시스템 개요 > 프로그램 내장 방식　　답 ①

| **정답해설** | ① 프로그램 내장 방식은 모든 프로그램과 데이터를 주기억 장치에 저장한 다음, 이를 중앙 처리 장치가 명령에 따라 자동으로 실행하는 방식이다.

┌ **함께 보는 이론** | 프로그램 내장 방식 ─
- 폴란드 수학자 폰 노이만이 제안한 방식이다.
- 프로그램과 데이터를 주기억 장치에 저장해 두고, 주기억 장치에 있는 프로그램 명령어를 하나씩 차례대로 수행하는 방식이다.
- 프로그램의 수정이 쉽고, 프로그램을 공동으로 사용할 수 있다.

08　컴퓨터 시스템 개요 > 컴퓨팅 사고　　답 ③

| **정답해설** | ③ 추상화(Abstraction)는 주어진 문제의 중요한 특징만으로 문제를 간결하게 재정의함으로써 문제 해결을 쉽게 하는 과정이다.

┌ **함께 보는 이론** |
- **컴퓨팅 사고(Computational Thinking)**
  - 컴퓨터로 처리할 수 있는 형태로 문제와 해결책을 표현하는 사고 과정이다.
  - 컴퓨터에게 뭘 해야 할지를 사람이 설명해 주는 것이라고 볼 수 있다.
- **컴퓨팅 사고의 구성 요소**
  - **분해(Decomposition)**: 복잡한 문제를 컴퓨터가 효과적으로 처리할 수 있는 단위로 분해하는 것
  - **패턴 인식**: 특정 정보를 얻기 위해 문제 간 유사점을 찾는 것
  - **추상화**: 문제의 핵심만 추려 복잡한 문제를 단순화
  - **알고리즘**: 문제를 해결하기 위한 규칙과 절차

- **추상화(Abstraction)**
  - 복잡한 문제를 이해하기 위해서 필요 없는 세부 사항을 배제하는 것을 의미한다.
  - 복잡한 구조(문제)를 해결하기 위하여 설계 대상의 상세 내용은 배제하고, 유사점을 요약해서 표현하는 기법이다.
  - 구체적인 데이터의 내부 구조를 외부에 알리지 않으면서 데이터를 사용하는 데 필요한 함수만을 알려 주는 기법이다.
  - 추상화의 유형

기능(Functional) 추상화	- 입력 자료를 출력 자료로 변환하는 과정의 추상화 - 모듈, 서브루틴, 함수에 의해 절차를 추상화 - 절차 지향 언어는 함수와 함수 간 부프로그램을 정의 시에 유용 - 객체 지향 언어는 Method 정의 시에 유용
자료(Data) 추상화	- 자료와 자료에 적용될 수 있는 기능을 함께 정의함으로써 자료 객체를 구성하는 방법 - 어떤 데이터 개체들에 대한 연산을 정의함으로써 데이터형이나 데이터 대상을 정의하며, 그 표현과 처리 내용은 은폐하는 방법
제어(Control) 추상화	제어의 정확한 메커니즘을 정의하지 않고 원하는 효과를 정하는 데 이용

---

09 컴퓨터 시스템 개요 > 컴퓨팅 사고　　답 ④

| **정답해설** | ④ 추상화(Abstraction)는 문제에서 중요하지 않은 부분을 제거하고 중요한 특징만으로 문제를 구성함으로써 문제 해결을 좀 더 쉽게 한다.

---

10 컴퓨터 시스템 개요 > 하드웨어와 사용자 연결　　답 ①

| **정답해설** | ① 하드웨어와 사용자를 연결하는 순서: 하드웨어 → 운영 체제 → 응용 프로그램 → 사용자

---

11 컴퓨터 시스템 개요 > 사용 데이터에 따른 컴퓨터 분류　　답 ③

| **정답해설** | ③ 사용 데이터에 따른 분류: 디지털 컴퓨터, 아날로그 컴퓨터, 하이브리드 컴퓨터

| **오답해설** | ① 사용 목적에 따른 분류: 범용 컴퓨터, 전용 컴퓨터 등

④ 처리 능력에 따른 분류: 대형 컴퓨터, 소형 컴퓨터, 미니 컴퓨터, 개인용 컴퓨터 등

---

12 컴퓨터 시스템 개요 > 다중 처리　　답 ②

| **정답해설** | ② 다중 처리(Multi Processing): 거의 비슷한 능력을 가지는 두 개 이상의 처리기가 하드웨어를 공동으로 사용하여 자신에게 맡겨진 일을 동시에 수행하도록 하는 시스템이다. 대량 데이터를 신속히 처리해야 하는 업무 또는 복잡하고 많은 시간이 필요한 업무 처리에 적합한 구조를 지닌 시스템이다.

| **오답해설** | ① 일괄 처리(Batch Processing): 데이터를 일정량 또는 일정 기간 동안 모아두었다가 주기적으로 처리하는 방식이다.

③ 실시간 처리(Real-Time Processing): 데이터를 입력한 즉시 처리하는 방식으로 실시간으로 확인이 가능이다.

④ 다중 프로그래밍(Multi Programming): 두 개 이상의 프로그램을 주기억 장치에 적재시켜 마치 동시에 실행되는 것처럼 처리한다.

---

13 컴퓨터 시스템 개요 > 처리 방식에 따른 분류　　답 ④

| **정답해설** | ④ 다중 처리(Multi Processing): 2개 이상의 처리기(Processor)를 사용하여 여러 작업을 동시에 처리하는 방식으로 듀얼(Dual) 시스템과 듀플렉스(Duplex) 시스템 형태가 있다.

---

14 컴퓨터 시스템 개요 > 컴퓨터의 기억 용량 단위　　답 ③

| **정답해설** | 컴퓨터의 기억 용량 단위

- KB(Kilo byte) = 1024 = 2^{10} byte
- MB(Mega byte) = 1024 × K = 2^{20} byte
- GB(Giga byte) = 1024 × M = 2^{30} byte
- TB(Tera byte) = 1024 × G = 2^{40} byte
- PB(Peta byte) = 1024 × T = 2^{50} byte
- EB(Exa byte) = 1024 × P = 2^{60} byte
- ZB(Zetta byte) = 1024 × E = 2^{70} byte
- YB(Yotta byte) = 1024 × Z = 2^{80} byte

---

15 컴퓨터 시스템 개요 > 컴퓨터의 기억 용량 단위　　답 ③

| **정답해설** | 1024PB(Peta Byte) = 1024^{-1}ZB(Zetta Byte) = 1024^2 TB(Tera Byte) = 1024^4MB(Mega Byte)
1024PB(Peta Byte)를 YB(Yotta Byte)로 변환하면 1024^{-2}YB (Yotta Byte)가 된다.

---

16 컴퓨터 시스템 개요 > 다중 프로그래밍　　답 ①

| **정답해설** | ① 다중 프로그래밍(Multi Programming): 독립된 두 개 이상의 프로그램이 동시에 수행되도록 중앙 처리 장치를 각각의 프로그램들이 적절한 시간 동안 사용할 수 있도록 스케줄링하는 기법이다. 하나의 컴퓨터 시스템에서 여러 개의 애플리케이션(Application)들이 함께 주기억 장치에 적재되어 하나의 CPU 자원을 번갈아 사용하는 형태로 수행되게 하는 기법이다.

| **오답해설** | ② 다중 프로세싱(Multi Processing): 2개 이상의 처리기(Processor)를 사용하여 여러 작업을 동시에 처리하는 방식으로 듀얼(Dual) 시스템과 듀플렉스(Duplex) 시스템 형태가 있다.

③ 병렬 처리(Parallel Processing): 다수의 프로세서들을 이용하여 여러 개의 프로그램들, 혹은 한 프로그램의 분할된 부분들을 분담하여 동시에 처리하는 기술을 말한다. 실제로 최근 대부분의 고성능 컴퓨터 시스템의 설계에서는 성능의 향상을 위한 방법으로서 병렬 처리 기술이 널리 사용되고 있다.

④ 분산 처리(Distributed Processing): 여러 대의 컴퓨터에 작업을 나누어 처리하여 그 내용이나 결과가 통신망을 통해 상호 교환되도록 연결되어 있는 형태이다.

---

17 컴퓨터 시스템 개요 > 펌웨어 답 ②

| 정답해설 | ② 주기억 장치에서 펌웨어는 RAM이 아닌 ROM에 고정시켜 놓고 사용한다.

┌ | 함께 보는 이론 | 펌웨어(Firmware) ─

컴퓨팅과 공학 분야에서 특정 하드웨어 장치에 포함된 소프트웨어로, 소프트웨어를 읽어 실행하거나, 수정되는 것도 가능한 장치를 뜻한다. 펌웨어는 ROM이나 PROM에 저장되며, 하드웨어보다는 교환하기가 쉽지만 소프트웨어보다는 어렵다.

---

18 컴퓨터 시스템 개요 > 컴퓨터의 처리 속도 단위 답 ④

| 정답해설 | 컴퓨터의 처리 속도 단위
- ms(milli second): 10^{-3}s(1/1,000)
- μs(micro second): 10^{-6}s(1/1,000,000)
- ns(nano second): 10^{-9}s(1/1,000,000,000)
- ps(pico second): 10^{-12}s(1/1,000,000,000,000)
- fs(femto second): 10^{-15}s(1/1,000,000,000,000,000)
- as(atto second): 10^{-18}s(1/1,000,000,000,000,000,000)
- zs(zepto second): 10^{-21}s(1/1,000,000,000,000,000,000,000)
∴ ④ ps

CHAPTER 02 | 자료 표현과 연산 문제편 P.17

01	②	02	③	03	③	04	②	05	②
06	①	07	①	08	②	09	④	10	④
11	④	12	③	13	①	14	③	15	④
16	①	17	③	18	④				

---

01 자료 표현과 연산 > 진수 변환 답 ②

| 정답해설 |

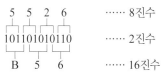

∴ ② $461_{10} = 1CD_{16}$

---

02 자료 표현과 연산 > 진수 변환 답 ③

| 정답해설 | 1) 정수부 2) 소수부

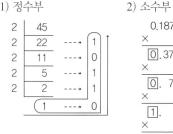

∴ ③ $(45.1875)_{10} \rightarrow (101101.0011)_{(2)}$

---

03 자료 표현과 연산 > 2의 보수 표현 답 ③

| 정답해설 | 13 - (㉠) = 7의 식이며, ㉠의 값은 6에 해당되어 이진수로 변환하면 0110이고, 뺄셈 연산이므로 2의 보수(1010)를 취하면 된다.

---

04 자료 표현과 연산 > 진수 변환 답 ②

| 정답해설 | ㄱ: 11111001_2
ㄴ: 100000000_2
ㄷ: 11111111_2
ㄹ: 11111000_2
∴ ② ㄴ > ㄷ > ㄱ > ㄹ

---

05 자료 표현과 연산 > 진수 변환 답 ②

| 정답해설 |

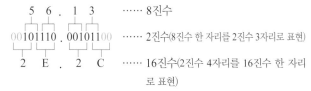

∴ ② $(56.13)_8 = (2E.2C)_{16}$

---

06 자료 표현과 연산 > 진수 변환 답 ①

| 정답해설 | 8진수이므로 각각의 숫자를 2진수 3자리로 변환한 후에 이를 다시 4자리씩 묶어서 16진수로 표현한다.

```
5    5    2    6    ...... 8진수
101101010110        ...... 2진수
B    5    6         ...... 16진수
```

∴ ① $(5526)_8 = (B56)_{16}$

| **07** | 자료 표현과 연산 > 진수 변환 | 답 ① |

| **정답해설** | $6 - 13 = 6 + (-13) = 6 +$ (13에 대한 2의 보수)

6을 2진수로 변환: $00000110_{(2)}$

13에 대한 2의 보수: $11110011_{(2)}$

∴ ① $00000110_{(2)} + 11110011_{(2)}$

| **08** | 자료 표현과 연산 > 진수 변환 | 답 ② |

| **정답해설** | $10101110 + 11100011 = 110010001$이며, ②의 8진수 421은 2진수로 표현하면 100010001이다.

| **09** | 자료 표현과 연산 > 문자 코드 체계 | 답 ④ |

| **정답해설** | ④ 유니코드(Unicode)가 2바이트(16비트)로 표현되어 가장 많은 비트 수가 필요하다.

┤ 함께 보는 이론 ┃ 문자 데이터의 표현 ├

- **BCD 코드(2진화 10진 코드)**
  - BCD 코드는 2개의 존(Zone) 비트와 4개의 숫자(Digit) 비트의 6비트로 구성되어 있다.
  - 6비트로 64(2^6)가지의 문자를 표현할 수 있으며, 영문 대문자와 소문자를 구별하지 못한다.
- **ASCII 코드(미국 표준 코드)**
  - ASCII 코드는 3개의 존(Zone) 비트와 4개의 숫자(Digit) 비트의 7비트로 구성되어 있다.
  - 7비트로 128(2^7)가지의 문자를 표현할 수 있으며, 마이크로 컴퓨터와 데이터 통신용 코드로 사용되고 있다.
- **EBCDIC 코드(확장 2진화 10진 코드)**
  - EBCDIC 코드는 4개의 존(Zone) 비트와 4개의 숫자(Digit) 비트의 8비트로 구성되어 있다.
  - 8비트로 256(2^8)가지의 문자를 표현할 수 있다.
- **유니코드(Unicode)**
  - ASCII 코드와는 달리 언어와 상관없이 모든 문자를 표현할 수 있는 국제 표준 문자 코드이다.
  - 2바이트(16비트)로 표현한 것이며, 최대 65,000여개의 문자를 표현 가능하다.

| **10** | 자료 표현과 연산 > 에러 검출 방식 | 답 ④ |

| **정답해설** | BCD 코드는 자료의 외부적 표현 방식에 해당한다.

| **11** | 자료 표현과 연산 > 부동 소수점 표현 방식 | 답 ④ |

| **정답해설** | ④ 부동 소수점(Floating-Point) 방식으로 표현된 두 실수의 덧셈 수행 순서: ㄷ. 큰 지수에 맞춰 두 수의 지수가 같도록 조정한다. → ㄴ. 두 수의 가수를 더한다. → ㄱ. 정규화를 수행한다.

| **12** | 자료 표현과 연산 > 진수 변환 | 답 ③ |

| **정답해설** | ③ 거짓(False) → $0.125_{(10)} = 0.011_{(2)}(0.375_{(10)})$

∴ $0.125_{(10)} < 0.011_{(2)}(0.375_{(10)})$가 되어야 하므로 ③이 거짓이다.

| **오답해설** | ① 참(True) → $0.1_{(10)} < 0.1_{(2)}(0.5_{(10)})$

② 참(True) → $10_{(8)}(1000_{(2)}) = 1000_{(2)}$

④ 참(True) → $20D_{(16)}(525_{(10)}) > 524_{(10)}$

| **13** | 자료 표현과 연산 > 연산자 우선순위 | 답 ① |

| **정답해설** | ① 일반적으로 프로그램 연산자의 실행 우선순위가 높은 것에서부터 정리하면, 괄호 안의 수식 – 단항 연산자 – 산술 연산자 – 관계 연산자 – 비트 연산자 – 논리 연산자 등의 순으로 진행된다.

| **14** | 자료 표현과 연산 > 고정 소수점 데이터 | 답 ③ |

| **정답해설** | ③ 고정 소수점 형식의 표현법에는 부호-크기(부호 절대치) 방식, 1의 보수 방식, 2의 보수 방식이 있다. 부호-크기 방식과 1의 보수 방식 표현에는 0이 2개(+0, -0) 존재한다. 2의 보수 방식 표현은 0이 1개(+0)만 존재하기 때문에 음수값은 부호-크기 방식과 부호 1의 보수 표현보다 표현 범위가 1이 더 크다.

┤ 함께 보는 이론 ┃ 고정 소수점 데이터 형식 ├

- 표현 방식

0   1   15(또는 31)

정수부 / 가상 소수점

└ 부호 비트(1비트): 0(양수), 1(음수)

- n비트일 때 정수 표현 범위

부호-크기(부호 절대치) 방식	$-(2^{n-1} - 1) \sim +(2^{n-1} - 1)$
1의 보수 방식	$-(2^{n-1} - 1) \sim +(2^{n-1} - 1)$
2의 보수 방식	$-(2^{n-1}) \sim +(2^{n-1} - 1)$

- 부호 있는 8비트 2진수의 표현

10진 정수	부호-크기	1의 보수	2의 보수
+127	01111111	01111111	01111111
⋮	⋮	⋮	⋮
+1	00000001	00000001	00000001
+0	00000000	00000000	00000000
-0	10000000	11111111	×
-1	10000001	11111110	11111111
⋮	⋮	⋮	⋮
-127	11111111	10000000	10000001
-128	×	×	10000000

15 자료 표현과 연산 > 자료 표현   답 ④

| 정답해설 | ㉠ 2진수 0001101의 2의 보수(Complement)는 1110011이다.

㉡ 부호화 2의 보수 표현 방법은 +0 하나만 존재한다.

㉣ 해밍(Hamming) 코드는 오류 검출과 수정이 가능하다.

| 오답해설 | ㉢ 패리티(Parity) 비트로 오류를 수정할 수는 없으며, 오류 검출만 가능하다.

16 자료 표현과 연산 > 고정 소수점 데이터   답 ①

| 정답해설 | ① 2의 보수로 표현된 부호 있는(Signed) n비트 2진 정수의 최저 음수의 값은 $-(2^{n-1})$이다.

17 자료 표현과 연산 > 부동 소수점 수 표현   답 ③

| 정답해설 | ⓐ -30.25를 2진수로 변환: -11110.01

ⓑ $-11110.01 \times 2^{(-8)}$

ⓒ 정규화 수행: $-1.111001 \times 2^{(-4)}$

ⓓ 부호 비트는 1(음수)

ⓔ 지수부: $(-4 + 127)_{10} = (123)_{10} = (01111011)_2$

ⓕ 가수부: ( )$_2$, (ⓒ의 값 중 가장 왼쪽 1.은 생략하고, 나머지 가수부 비트는 0으로 채운다)

ⓖ 10111101111100100000000000000000을 16진수로 변환

$$\underbrace{\text{B}}\;\underbrace{\text{D}}\;\underbrace{\text{F}}\;\underbrace{\text{2}}\;\underbrace{\text{0}}\;\underbrace{\text{0}}\;\underbrace{\text{0}}\;\underbrace{\text{0}}$$

∴ $(BDF20000)_{16}$

┌ | 함께 보는 이론 | **32비트 부동 소수점 표현** ─

– Single Precision(단정도, float)

– 지수는 8비트, 가수는 23비트이며, 바이어스는 127이다.

부호	지수부(8비트)	가수부(23비트)

└→ 부호 비트(1비트): 0(양수), 1(음수)

18 자료 표현과 연산 > 부동 소수점 수 표현   답 ④

| 정답해설 | – 부호 비트: 1(음수)

– 10진수 2.75를 2진수 변환: 2진수 10.11

– 정규화 수행: $10.11 = 1.011 \times 2^1$

– 지수부: $1 + 127$(바이어스) = 128, 이진수 1000 0000

– 가수: 01100000000000000000000

부호(1비트)	지수부(8비트)	가수부(23비트)
1	10000000	01100000000000000000000

∴ ④ 1100 0000 0011 0000 0000 0000 0000 0000

CHAPTER 03 | 논리 회로   문제편 P.21

01	③	02	③	03	①	04	③	05	④
06	②	07	③	08	④	09	②	10	③
11	④	12	③	13	③	14	③	15	③
16	①	17	③						

01 논리 회로 > NAND 논리 연산   답 ③

| 정답해설 | NAND 게이트로 직접 연산하여도 되지만, 아래와 같이 AND 게이트 연산 후 결과에 NOT을 적용하는 것이 실제 시험에서는 좀 더 혼동되지 않게 풀이할 수 있다.

```
        10111000
AND     00110011   ---→ AND는 두 수가 모두 1일 때만 1
        00110000   ---→ NOT 연산 수행 ---→ 11001111₂
```
∴ ③ 11001111_2가 정답이다.

02 논리 회로 > XOR 논리 연산   답 ③

| 정답해설 |

```
          1011 1000
XOR       1100 0000
          0111 1000
```

┌ | 함께 보는 이론 | **XOR 게이트** ─

– 두 개의 입력 단자에서 같은 입력이 주어지면 0이 출력되고, 서로 다른 내용이 입력되면 1이 출력된다.

– $A \oplus B = \bar{A}B + A\bar{B}$ 표현하고 표와 같은 진리표를 갖는다.

– XOR 연산을 하는 XOR 게이트는 그림과 같이 회로 기호로 나타낸다.

[XOR 연산의 진리표]   [XOR 게이트의 회로 기호]

A	B	A⊕B
0	0	0
0	1	1
1	0	1
1	1	0

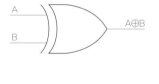

03 논리 회로 > XOR 논리 연산   답 ①

| 정답해설 | XOR 연산은 연산할 두 비트 값이 같으면(1과 1, 0과 0) 결괏값은 0, 두 비트 값이 서로 다른 값(1과 0, 0과 1)이면 결괏값은 1이 된다.

```
          11110000
XOR       10101010
          01011010  ---- 5A₁₆
```

∴ ① 5A가 정답이다.

04 논리 회로 > 논리 회로   답 ③

| 정답해설 | $(A + B)(A + \overline{B})(\overline{A} + B)$

$= (AA + A\overline{B} + AB + B\overline{B})(\overline{A} + B)$

$= (A + A\overline{B} + AB)(\overline{A} + B)$

$= A(1 + \overline{B} + B)(\overline{A} + B)$

$= A(\overline{A} + B)$

$= A\overline{A} + AB$

$= AB$

∴ ③ AND 회로(서로)와 일치한다.

05 논리 회로 > 논리 회로   답 ④

| 정답해설 | 제시된 그림은 4×1 멀티플렉서 회로도이다.

┤ 함께 보는 이론 ├ 멀티플렉서(Multiplexer)

– 여러 개의 입력선 중 하나의 입력선만을 출력에 전달해 주는 조합 논리 회로이다.

– 여러 회선의 입력이 한 곳으로 집중될 때 특정 회선을 선택하도록 하므로, 선택기라고도 한다.

– 어느 회선에서 전송해야 하는지 결정하기 위하여 선택 신호가 함께 주어져야 한다.

– 선택선이 n개일 때 입력선은 2^n, 출력선은 1개이다.

06 논리 회로 > 불 대수   답 ②

| 정답해설 | ② $X \cdot (X+Y)$

$= X \cdot X + XY$ → 분배 법칙

$= X + XY$ → $X \cdot X = X$, 불 대수식 적용

$= X(1+Y)$ → 공통변수 X로 묶기

$= X$ → $1+Y=1$, 불 대수식 적용

07 논리 회로 > 불 대수   답 ③

| 정답해설 | 가) $A \cdot 1 = A$

나) $A \cdot A = A$

마) $A + A = A$

바) $AB + A = A(B + 1) = A$ ∴ ③ 4개

| 오답해설 | 다) $A + 1 = 1$, 라) $A + A' = 1$

┤ 함께 보는 이론 ├ 불 대수 기본 정리

– 정리 1: $A+0=A$ $A \cdot 0 = 0$

– 정리 2: $A+A'=1$ $A \cdot A' = 0$

– 정리 3: $A+A=A$ $A \cdot A = A$

– 정리 4: $A+1=1$ $A \cdot 1 = A$

08 논리 회로 > 불 대수   답 ④

| 정답해설 | ④ $AB + A\overline{B} + \overline{A}B = A(B + \overline{B}) + \overline{A}B = A + \overline{A}B$

$= (A + \overline{A})(A + B) = A + B$

| 오답해설 | ① $A(A + B) = AA + AB = A + AB = A(1 + B) = A$

② $A + \overline{A}B = (A + \overline{A})(A + B) = A + B$

③ $A(\overline{A} + B) = A\overline{A} + AB = AB$

09 논리 회로 > 불 대수   답 ②

| 정답해설 |

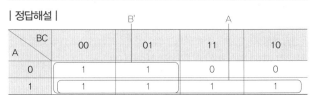

A \ BC	00	01	11	10
0	1	1	0	0
1	1	1	1	1

∴ ② $F = A + B'$

10 논리 회로 > 카르노 맵   답 ③

| 정답해설 |

ab \ cd	00	01	11	10
00	1	0	0	0
01	1	1	1	0
11	0	1	1	0
10	1	1	0	0

∴ $a\overline{b}\,\overline{c} + \overline{a}\,c\,d + bd$를 NAND 게이트로 구성하면 ③과 같다.

11 논리 회로 > 카르노 맵   답 ④

| 정답해설 |

x \ yz	00	01	11	10
0	0	0	1	1
1	0	1	1	0

12 논리 회로 > 카르노 맵   답 ①

| 정답해설 |

AB \ CD	00	01	11	10
00		1	1	
01	1	1	1	1
11	0	1	1	0
10		0	0	

∴ ① $A' + B \cdot D + B' \cdot D'$

13 논리 회로 > 논리 연산식 간소화　　답 ③

| 정답해설 | F = (AC')' + BC
= (A' + C) + BC　→ 드모르간의 법칙 적용
= A' + C + BC
= A' + C(1 + B)　→ 불 대수 기본 정리 적용
= A' + C = (AC')'

14 논리 회로 > 논리 연산식 간소화　　답 ③

| 정답해설 | $(x_2 + x_3)x_1' + x_3'$
$= x_1'x_2 + x_1'x_3 + x_3'$
$= x_1'x_2 + (x_1' + x_3')(x_3 + x_3')$
$= x_1'x_2 + x_1' + x_3'$
$= x_1'(x_2 + 1) + x_3'$
$= x_1' + x_3'$

15 논리 회로 > 플립플롭　　답 ③

| 정답해설 | ③ D 플립플롭은 RS 플립플롭 또는 JK 플리플롭을 변형시킨 것으로 하나의 입력 단자를 가지며, 입력된 것과 동일한 결과를 출력한다. RS 플립플롭의 S 입력을 NOT 게이트를 거쳐서 R쪽에도 입력되도록 연결한 것이기 때문에, RS 플립플롭의 (R=1, S=0) 또는 (R=0, S=1) 입력만이 가능하다.

16 논리 회로 > 병렬 가감산기　　답 ①

| 정답해설 | ① 병렬 가감산기이며, 전가산기로 입력되는 A와 B를 비교하면 B가 M과 XOR 연산을 수행한 값이 입력되므로 M이 0일 경우 B가 전달되고, M이 1일 경우 C_0의 값은 M과 동일하므로 B의 반전된 값에 1을 더해서 2의 보수가 된다. 즉, M이 0이면 가산이 되고, M이 1이면 감산이 된다.

17 논리 회로 > 플립플롭　　답 ③

| 정답해설 | ③ Q'의 값이 0이고 Q의 값이 1일 때, A=1, B=0이면 Q는 1에서 0이 되고 Q'의 값은 0에서 1이 된다.

01	①	02	③	03	②	04	④	05	②
06	②	07	④	08	④	09	③	10	①
11	①	12	①	13	②	14	②	15	③
16	④	17	②	18	③	19	②	20	③
21	①	22	④						

01 중앙 처리 장치와 명령어 > 데이터의 기본 단위　　답 ①

| 정답해설 | ① 워드(Word): 1워드는 특정 CPU에서 취급하는 명령어나 데이터의 길이에 해당하는 비트 수이다. 컴퓨터의 종류에 따라 2바이트, 4바이트, 8바이트로 구성된다.

| 오답해설 | ② 바이트(Byte): 하나의 영문자, 숫자, 기호의 단위로 8비트의 모임이다. 문자 표현의 최소 단위이다.
③ 비트(Bit): 컴퓨터의 정보를 나타내는 가장 기본적인 단위이다. Binary Digit의 약자이며, 1비트는 1 또는 0의 값을 표현한다.
④ 니블(Nibble): 한 바이트의 반에 해당되는 4비트 단위를 니블이라고 한다.

02 중앙 처리 장치와 명령어 > 시스템 성능 측정 척도　　답 ③

| 정답해설 | ③ 주어진 작업의 수행을 위해 시스템에 도착한 시점부터 완료되어 그 작업의 출력이 사용자에게 제출되는 시점까지의 시간은 반환 시간(Turnaround Time)을 말한다.

03 중앙 처리 장치와 명령어 > 컴퓨터의 구조　　답 ②

| 정답해설 | ② 마이크로 프로세서는 간단한 명령어 집합을 사용하여 하드웨어를 단순화한 RISC(Reduced Instruction Set Computer)와 복잡한 명령어 집합을 갖는 CISC(Complex Instruction Set Computer)가 있다.

04 중앙 처리 장치와 명령어 > 레지스터　　답 ④

| 정답해설 | ④ 메모리 버퍼 레지스터(MBR; Memory Buffer Register): 어드레스 레지스터가 지정하는 주기억 장치의 해당 어드레스에 기억된 내용을 임시로 보관한다.

| 오답해설 | ① 상태 레지스터(Status Register): 연산 실행 결과의 양수와 음수, 자리올림과 오버플로 등의 상태를 기억한다.
② 프로그램 카운터(PC; Program Counter): 다음에 수행할 명령의 주소를 기억하는 레지스터이다.
③ 메모리 주소 레지스터(MAR; Memory Address Register): 읽고자 하는 프로그램이나 데이터가 기억되어 있는 주기억 장치의 어드레스를 임시로 기억한다.

┨ **함께 보는 이론** │ 제어 장치와 연산 장치 ┠

제어 장치의 구성 요소	연산 장치의 구성 요소
– 프로그램 카운터(PC; Program Counter) – 메모리 주소 레지스터(MAR; Memory Address Register) – 메모리 버퍼 레지스터(MBR; Memory Buffer Register) – 명령(어) 레지스터(IR; Instruction Register) – 명령 해독기(ID; Instruction Decoder)	– 누산기(AC; Accumulator) – 가산기(Adder) – 데이터 레지스터(Data Register) – 상태 레지스터(Status Register) – 보수기(Complementary)

05 중앙 처리 장치와 명령어 > 레지스터 답 ②

| **정답해설** | ② Index Register는 절대 주소를 결정하는 것이 아니라, 실행하는 명령어의 주소를 변경하기 위해서 사용되는 참조용 레지스터이다.

| **오답해설** | ① 메모리 버퍼 레지스터(MBR; Memory Buffer Register): 주소 레지스터가 지정하는 주기억 장치의 해당 주소에 기억된 내용을 임시로 보관한다.

③ 메모리 주소 레지스터(MAR; Memory Address Register): 읽고자 하는 프로그램이나 데이터가 기억되어 있는 주기억 장치의 주소를 임시로 기억한다.

④ 프로그램 카운터(PC; Program Counter): 다음에 수행할 명령의 주소를 기억하는 레지스터이다. 컴퓨터의 실행 순서를 제어하는 역할을 수행한다.

06 중앙 처리 장치와 명령어 > 프로그램 카운터 답 ②

| **정답해설** | ② 프로그램 카운터(PC; Program Counter): 다음에 수행할 명령의 주소를 기억하는 레지스터이다.

| **오답해설** | ① 명령(어) 레지스터(IR; Instruction Register): 실행할 명령문을 기억 레지스터로부터 받아 임시로 보관하는 레지스터로서, 명령부와 어드레스부로 구성된다.

③ 데이터 레지스터(Data Register): 연산에 사용할 데이터를 일시적으로 기억하는 레지스터이다.

④ 메모리 주소 레지스터(MAR; Memory Address Register): 읽고자 하는 프로그램이나 데이터가 기억되어 있는 주기억 장치의 어드레스를 임시로 기억한다.

07 중앙 처리 장치와 명령어 > 레지스터 답 ④

| **정답해설** | ④ CPU 내 레지스터에는 DR(Disk Register)이 존재하지 않는다.

| **오답해설** | ① MBR(Memory Buffer Register): 메모리 버퍼 레지스터. 어드레스 레지스터가 지정하는 주기억 장치의 해당 어드레스에 기억된 내용을 임시로 보관한다.

② MAR(Memory Address Register): 메모리 주소 레지스터. 읽고자 하는 프로그램이나 데이터가 기억되어 있는 주기억 장치의 어드레스를 임시로 기억한다.

③ IR(Instruction Register): 명령(어) 레지스터. 실행할 명령문을 기억 레지스터로부터 받아 임시로 보관하는 레지스터로서, 명령부와 어드레스부로 구성된다.

08 중앙 처리 장치와 명령어 > 레지스터 답 ④

| **정답해설** | ㄱ. 누산기(AC; Accumulator): 산술 연산 및 논리 연산의 결과를 일시적으로 기억하는 레지스터이다.

ㄴ. 메모리 주소 레지스터(MAR; Memory Address Register): 읽고자 하는 프로그램이나 데이터가 기억되어 있는 주기억 장치의 주소를 임시로 기억한다.

ㄷ. 프로그램 카운터(PC; Program Counter): 다음에 수행할 명령의 주소를 기억하는 레지스터이다. 컴퓨터의 실행 순서를 제어하는 역할을 수행한다.

ㄹ. 명령(어) 레지스터(IR; Instruction Register): 실행할 명령문을 기억 레지스터로부터 받아 임시로 보관하는 레지스터로서, 명령부와 주소부로 구성된다.

09 중앙 처리 장치와 명령어 > 마이크로 연산 답 ③

| **정답해설** | ③ 하나의 명령어는 항상 하나의 마이크로 연산이 아니라, 여러 개의 마이크로 연산이 동작하여 실행된다.

┨ **함께 보는 이론** │ 마이크로 연산(Micro Operation) ┠

– 명령어 하나를 수행하기 위한 여러 동작의 과정을 거치는데, 이 과정의 동작 하나하나를 세분화한 것이다.
– 한 클록 펄스(Clock Pulse) 동안 실행되는 기본 동작으로 마이크로 오퍼레이션 동작이 여러 개 모여 하나의 명령을 처리하게 된다.
– 명령을 수행하기 위해 CPU 내의 레지스터와 플래그가 의미 있는 상태로 바뀌게 하는 동작으로 레지스터에 저장된 데이터에 의해 이루어진다.

10 중앙 처리 장치와 명령어 > 마이크로 연산 답 ①

| **정답해설** | ① 명령어를 주기억 장치에서 중앙 처리 장치의 명령 레지스터로 가져와 해독하는 것을 인출 단계라 하고, 이 단계는 마이크로 연산(Operation) MAR ← PC로 시작한다.

┨ **함께 보는 이론** │ CPU의 메이저 사이클 ┠

– 메이저 스테이트 과정

－ Fetch Cycle(인출 단계): 주기억 장치에 있는 명령어를 CPU의 명령 레지스터로 가져와서 해독하는 단계이다.

MAR ← PC	PC에 있는 내용을 MAR에 전달
MBR ← M[MAR], PC ← PC + 1	기억 장치에서 MAR이 지정하는 위치의 값을 MBR에 전달하고, 프로그램 카운터는 1 증가
IR ← MBR	MBR에 있는 명령어 코드를 명령 레지스터에 전달

---

11 중앙 처리 장치와 명령어 > 시스템 버스 　　답 ①

| **오답해설** | ②③④ 컴퓨터 중앙 처리 장치와 기억 장치 간의 통신을 위해 설치한 시스템 버스는 데이터 버스, 주소 버스, 제어 버스가 있다.

┌ **함께 보는 이론** | 버스(Bus)의 구성 ─────

－ 버스는 레지스터 사이와 ALU와의 데이터 전송을 위해 필요하다.
－ 내부 버스는 중앙 처리 장치 내부에서의 데이터 전송과 논리 제어를 담당하는 경로이다.
－ 외부 버스는 중앙 처리 장치와 메모리나 주변 장치를 연결하는 데이터 통로이다.

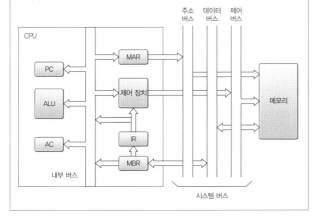

---

12 중앙 처리 장치와 명령어 > 프로그램을 실행하는 데 소요되는 CPU 시간 　　답 ①

| **정답해설** | 프로그램 실행 시 소요되는 CPU 시간 = 실행 명령어 수 × 실행 명령어당 평균 CPU 클록 사이클 수 ÷ 클록 주파수 = $150,000 × 5 ÷ 1,000,000,000 = 0.00075$초
∴ ① 0.00075초 = 0.75 × 10 － 3 = 0.75ms

---

13 중앙 처리 장치와 명령어 > 프로그램 실행 완료 시간 　　답 ②

| **정답해설** | － CPU의 처리 속도: $4GHz = 4 × 10^9$
－ 수행하려는 프로그램: $4 × 10^{10}$
－ $4 × 10^{10} ÷ 4 × 10^9 = 10$
∴ ② 10초

---

14 중앙 처리 장치와 명령어 > 주소 지정 방식 　　답 ②

| **정답해설** | ② 간접 주소 지정 방식(Indirect Addressing Mode): 명령어를 주기억 장치에서 IR로 가져올 때 유효한 주소를 얻기 위하여 한 번 더 접근해야 하므로 접근 횟수가 가장 많은 방식이다.

| **오답해설** | ① 직접 주소 지정 방식(Direct Addressing Mode): 명령어의 오퍼랜드 주소 필드의 내용이 오퍼랜드가 들어 있는 유효 주소인 경우이다. 오퍼랜드의 내용으로 실제 데이터의 주소가 들어 있는 방식으로, 실제 데이터에 접근하기 위해 주기억 장치를 참조해야 하는 횟수는 1번이다.
③ 인덱스 주소 지정 방식(Indexed Addressing Mode): 인덱스 레지스터의 값과 오퍼랜드 주소 필드의 값을 더하여 유효 주소를 결정하는 방식이다. (유효 주소 = 주소 필드 값 + 인덱스 레지스터값)
④ 상대 주소 지정 방식(Relative Addressing Mode): 오퍼랜드 주소 필드의 내용과 프로그램 카운터(PC) 값을 더해 유효 주소를 결정하는 방식이다. (유효 주소 = 주소 필드 값 + 프로그램 카운터 값)

---

15 중앙 처리 장치와 명령어 > 주소 지정 방식 　　답 ③

| **정답해설** | 상대 주소 지정 방식
－ 유효 주소 = 오퍼랜드 + PC
－ PC 내용은 명령어 인출 후 1 증가하므로 101로 바뀐다.
－ 오퍼랜드의 값 400과 PC의 값 101을 더하면 501이 된다.
－ 상대 주소일 때, 유효 주소는 501, AC의 내용은 375가 된다.
∴ ③ 다 － 375

---

16 중앙 처리 장치와 명령어 > 인터럽트 　　답 ④

| **정답해설** | ④ 다중 프로그래밍 운영 체제 환경에서 프로세스에 규정된 실행 시간(Time Slice)을 모두 사용했을 경우 발생하는 인터럽트는 비동기 인터럽트이다.

| **오답해설** | ①②③ 실행 중인 프로세스가 원인인 인터럽트, 실행 중인 프로세스가 0으로 나누는 명령어를 실행할 경우 발생하는 인터럽트, 실행 중인 프로세스 명령어가 시스템 호출(System Call)을 요구할 경우 발생하는 인터럽트는 동기 인터럽트에 해당한다.

┌ **함께 보는 이론** | ─────

－ Synchronous Interrupt(동기식 인터럽트): 일반적으로 Exception이라는 것이 동기식 인터럽트에 해당한다. 이벤트가 언제든지 예측 불가하게 발생하는 것이 아니라 기준에 맞추어 또는 시간에 맞추어서 수행시키는 것을 의미한다. 예를 들어 CPU가 0으로 나누기, Page Fault가 발생한 경우 등이 있다.
－ Asynchronous Interrupt(비동기식 인터럽트): 일반적으로 Interrupt라고 부르는 것이 비동기식 인터럽트에 해당된다. 하드웨어 인터럽트(Hardware Interrupt)라고도 하며, 정해진 기준 없이 예측이 불가하게 이벤트가 발생하는 것을 말한다. 예를 들어, I/O Interrupt, Keyboard Event, Network Packet Arrived, Timer Ticks 등이 있다.

17 중앙 처리 장치와 명령어 > CISC와 RISC 답 ②

| **정답해설** | RISC의 특징은 CISC와 비교하여 <u>적은 종류의 명령어와 적은 수의 주소 지정 모드를 사용</u>한다는 것이다.

─┤ 함께 보는 이론 ┃ CISC와 RISC의 이해 ├─

CISC	RISC
– 명령어가 복잡하다.	– 명령어가 간단하다.
– 레지스터의 수가 적다.	– 레지스터의 수가 많다.
– 명령어를 고속으로 수행할 수 있는 특수 목적 회로를 가지고 있으며, 많은 명령어들을 프로그래머에게 제공하므로 프로그래머의 작업이 쉽게 이루어진다.	– 전력 소모가 적고 CISC보다 처리 속도가 빠르다.
	– 필수적인 명령어들만 제공하므로 CISC보다 간단하고 생산 단가가 낮다.
– 구조가 복잡하므로 생산 단가가 비싸고 전력소모가 크다.	– 복잡한 연산을 수행하기 위해서는 명령어들을 반복 수행해야 하므로 프로그래머의 작업이 복잡하다.
– 제어 방식으로 마이크로 프로그래밍 방식이 사용된다.	– 제어 방식으로 Hard–Wired 방식이 사용된다.

18 중앙 처리 장치와 명령어 > RISC 답 ③

| **정답해설** | ㄱ. RISC는 칩 제작을 위한 R&D 비용이 감소한다.

ㄹ. RISC는 복잡한 연산을 수행하려면 명령어를 반복 수행해야 하므로 CISC의 경우보다 프로그램이 복잡해진다.

ㅁ. RISC는 각 명령어는 한 클록에 실행하도록 고정되어 있어 파이프라인 성능을 향상시킬 수 있다.

ㅅ. RISC는 고정된 명령어이므로 명령어 디코딩 속도가 빠르다.

| **오답해설** | ㄴ. RISC는 개별 명령어의 디코딩 시간은 CISC보다 상대적으로 적게 소요된다.

ㄷ. RISC는 동일한 기능을 구현할 경우, CISC보다 많은 수의 레지스터가 필요하다.

ㅂ. CISC는 마이크로 코드 설계가 어렵다.

∴ ③ 4개

19 중앙 처리 장치와 명령어 > 명령어 형식 답 ②

| **정답해설** | ② C, A, B가 차례로 삽입된 후에 연산자 ADD에 의해 (A + B)가 먼저 계산되고, MUL 연산이 되어 Z = (A + B) * C를 수행한다.

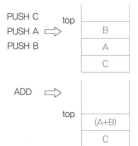

top이 가리키는 두 값을 POP 덧셈 연산 후 다시 PUSH한다.

top이 가리키는 두 값을 POP 곱셈 연산 후 다시 PUSH한다.

top이 가리키는 내용을 POP한 후 Z에 할당한다.

∴ Z=(A+B)*C가 된다.

─┤ 함께 보는 이론 ┃ 0–주소 명령어 형식 ├─

– 형식: op – code

– 명령어 형식에서 오퍼랜드부를 사용하지 않는 형식으로 처리 대상이 묵시적으로 지정되어 있는 형식이다.

– 명령어의 구조 가운데 가장 짧은 길이의 명령어로서 명령어 내에 주소 부분이 없는 명령어이며, 연산 실행을 위해 언제나 스택(Stack)에 접근한다.

20 중앙 처리 장치와 명령어 > 인터럽트 답 ③

| **정답해설** | ③ 인터럽트가 추가된 명령어 사이클은 인출 사이클, 실행 사이클, 인터럽트 사이클 순서로 수행된다.

─┤ 함께 보는 이론 ┃ 메이저 스테이트 과정 ├─

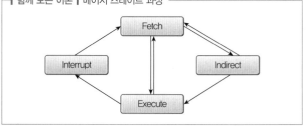

21 중앙 처리 장치와 명령어 > 인터럽트 답 ①

| **정답해설** | 인터럽트의 순서

ⓐ 인터럽트 요청: 인터럽트 발생 장치로부터 인터럽트를 요청한다.

ⓑ 현재 수행 중인 프로그램 저장: 제어 프로그램에서는 현재 작업 중이던 프로세스의 상태를 저장한다.

ⓒ 인터럽트 처리: 인터럽트의 원인이 무엇인지를 찾아서 처리하는 인터럽트 처리 루틴을 실행한다.

ⓓ 인터럽트 서비스: 해당 인터럽트에 대한 서비스 루틴을 수행한다.

ⓔ 프로그램 복귀: 인터럽트 처리 루틴이 종료되면 저장되었던 상태를 이용하여 원래 작업이 계속되도록 한다.

∴ ① ㄷ → ㄹ → ㄱ → ㄴ

22 중앙 처리 장치와 명령어 > 산술적 시프트 답 ④

| **정답해설** | ④ 산술적 시프트는 레지스터에 저장된 데이터가 부호를 가진 정수인 경우에 부호 비트를 고려하여 수행되는 시프트

이다. 시프트 과정에서 부호 비트는 그대로 두고, 수의 크기를 나타내는 비트들만 시프트 시킨다. 2의 보수로 표현된 부호 있는 8비트 2진 정수 10110101을 2비트만큼 산술적 우측 시프트를 하면 결과는 다음과 같다.

초기 상태	1	0	1	1	0	1	0	1	버림 수
t_1	1(불변)	1	0	1	1	0	1	0	1
t_2	1(불변)	1	1	0	1	1	0	1	0

┤ 함께 보는 이론 ┃ 산술적 시프트 ├

4비트로 아래와 같이 표현할 경우, 산술적 좌측 시프트(Arithmetic Shift-left)와 산술적 우측 시프트(Arithmetic Shift-right)는 다음과 같다.

a4	a3	a2	a1

- 산술적 좌측-시프트

a4(불변)	a3 ← a2	a2 ← a1	a1 ← 0

- 산술적 우측-시프트

a4(불변)	a4 → a3	a3 → a2	a2 → a1

CHAPTER 05 | 기억 장치와 입출력 장치   문제편 P.29

01	②	02	①	03	③	04	③	05	③
06	②	07	③	08	④	09	①	10	④
11	③	12	①	13	①	14	③	15	③
16	②	17	③	18	③	19	④	20	②
21	④	22	③	23	③	24	③	25	②
26	③	27	③	28	①	29	②	30	④
31	②	32	③	33	②				

01   기억 장치와 입출력 장치 > 컴퓨터 용어   답 ②

| 정답해설 | ② SRAM은 전원 공급이 되지 않으면 저장된 내용이 소멸되는 휘발성이다.

┤ 함께 보는 이론 ┃ RAM(Random Access Memory) ├

- 전원이 끊어지면 기억 내용이 소멸되는 휘발성 메모리로서 읽기와 쓰기가 가능하다.
- 임의 장소에 데이터 또는 프로그램을 기억시키고, 기억된 내용을 프로세서로 가져와서 사용 가능하다.
- SRAM(Static RAM, 정적 램)
  - 메모리 셀이 한 개의 플립플롭으로 구성되므로 전원이 공급되고 있으면 기억 내용이 지워지지 않는다.
  - 재충전(Refresh)이 필요 없으며, 캐시 메모리에 이용된다.
  - DRAM과 비교하여 속도는 빠르지만 가격이 고가이며, 용량이 적다.
- DRAM(Dynamic RAM, 동적 램)
  - 메모리 셀이 한 개의 콘덴서로 구성되므로 충전된 전하의 누설에 의해 주기적인 재충전이 없으면 기억 내용이 지워진다.
  - 주기적으로 재충전(Refresh)이 필요하며, PC의 주기억 장치에 이용된다.
  - SRAM과 비교하여 속도는 느리지만 가격이 저가이며, 용량이 크다.

02   기억 장치와 입출력 장치 > 부트 과정   답 ①

| 정답해설 | ① 부트스트랩 프로그램은 하드 디스크에 저장된 것이 아니라 ROM에 저장되어 있다.

03   기억 장치와 입출력 장치 > 부트 과정   답 ③

| 정답해설 | 부트 과정
- ㉠ ROM에 저장된 바이오스(BIOS)가 실행되어 컴퓨터에 장착된 하드웨어 장치들의 상태를 점검한다.
- ㉡ 보조 기억 장치에 저장되어 있는 운영 체제가 ㉢ 주기억 장치로 로드(Load)된다.
- 운영 체제의 실행이 시작되어, 모니터에 윈도 바탕 화면이 나타난다.

04   기억 장치와 입출력 장치 > 메모리의 읽기/쓰기 속도   답 ③

| 정답해설 | ③ 메모리의 읽기/쓰기 속도를 빠른 것부터 느린 순으로 나열하면 레지스터 → CPU 캐시 메모리 → 메인 메모리 → SSD(Solid State Disk) → HDD(Hard Disk Drive) 순이다.
캐시 메모리는 L1 캐시와 L2 캐시로 구분할 수 있으며, L1 캐시가 더 빠르다.

┤ 함께 보는 이론 ┃ 기억 장치의 계층구조 ├

05   기억 장치와 입출력 장치 > RAM   답 ③

| 정답해설 | ③ SRAM은 DRAM에 비해 속도가 빠르다.

06   기억 장치와 입출력 장치 > RAM   답 ②

| 정답해설 | ② 동일한 크기인 경우 DRAM이 SRAM에 비해 가격이 더 저렴하다.

07   기억 장치와 입출력 장치 > 주기억 장치 및 보조 기억 장치   답 ③

| 정답해설 | ③ SSD에서는 일반적으로 특정 위치의 데이터를 읽는 데 소요되는 시간이 같은 위치에 데이터를 쓰는 데 소요되는 시간보다 더 적게 걸린다.

┌ **함께 보는 이론** | SSD(Solid State Drive) ─

- 하드 디스크를 대체하는 고속의 보조 기억 장치로 반도체를 이용하여 정보를 저장하는 장치이다.
- 하드 디스크 드라이브(HDD)에 비하여 속도가 빠르고 기계적 지연이나 실패율, 발열·소음도 적으며, 소형화·경량화할 수 있는 장점이 있다.
- HDD와 비슷하게 동작하면서도 기계적 장치인 HDD와는 달리 반도체를 이용하여 정보를 저장한다.
- 임의 접근을 하여 탐색 시간 없이 고속으로 데이터를 입출력할 수 있으면서도 기계적 지연이나 실패율이 현저히 적다.
- 플래시 방식의 비휘발성 낸드 플래시 메모리(Nand Flash Memory)나 램(RAM) 방식의 휘발성 DRAM을 사용한다. 데이터 저장과 안전성이 높은 플래시 메모리 기반의 SSD를 주로 사용한다.
  - 플래시 방식: RAM 방식에 비하면 느리지만 HDD보다는 속도가 빠르며, 비휘발성 메모리를 사용하여 갑자기 정전이 되더라도 데이터가 손상되지 않는다. 플래시 메모리 기반의 SSD를 장착한 PC는 HDD를 장착한 동급 사양의 PC에 비해 최소 2~3배 이상 빠른 운영체제 부팅 속도나 프로그램 실행 속도를 보인다.
  - DRAM 방식: 빠른 접근이 장점이지만 제품 규격이나 가격, 휘발성이라는 문제점이 있다. 램은 전원이 꺼지면 저장 데이터가 모두 사라지기 때문에 PC의 전원을 끈 상태에서도 SSD에 지속적으로 전원을 공급해주는 전용 배터리를 필수적으로 갖춰야 한다. 만약 PC가 꺼진 상태에서 SSD에 연결된 배터리마저 방전된다면 모든 데이터가 지워진다. 이런 단점 때문에 램 기반의 SSD는 많이 사용되지 않는다.

08 기억 장치와 입출력 장치 > MAR, MBR · · · 답 ④

| 정답해설 | 컴퓨터 메모리 용량은 '주소 개수(2^n) × 워드 크기(m)'이다. 문제에서 8K×32Bit라 하였으므로 2^{13} × 32비트가 되므로 주소 입력선이 13개이고 주소 지정 레지스터(MAR)의 크기도 13비트이고 2^{13}개의 주소를 지정한다. 워드 크기가 32비트이므로 내용 지정 레지스터(MBR) 크기도 32비트가 된다.

┌ **함께 보는 이론** | 메모리 용량 ─

- 메모리 용량은 주소(Address) 수와 한번에 읽을 수 있는 데이터의 크기(워드 크기)와 관련성이 있다.
- 주소 수는 입력선의 수와 관련이 있으며, 워드 크기는 출력선의 수와 관련된다.
  - 주소 입력선이 n개이면 주소 지정 레지스터(MAR)의 크기도 n비트이고 2^n개의 주소를 지정한다.
  - 주소 출력선이 m개이면 워드 크기도 m비트이고 내용 지정 레지스터(MBR) 크기도 m비트이다.

  메모리 용량 = 주소 개수(2^n) × 워드 크기(m)

09 기억 장치와 입출력 장치 > 컴퓨터의 주요 장치 · · · 답 ①

| 정답해설 | ① 제어 장치는 주기억 장치에 기억된 프로그램을 차례로 읽어 그 내용을 해독하고, 해독된 의미에 따라 필요한 장치에 신호를 보내어 작동시키며, 그 결과를 검사하는 역할을 한다.

| 오답해설 | ② 캐시 기억 장치는 주기억 장치보다 속도가 빠르지만 비싸며, 용량이 주기억 장치보다 적다.

③ 제어 장치는 주기억 장치에 적재된 명령어를 하나씩 인출하는 기능을 가지고 있다.

④ 명령 레지스터(Instruction Register), 주소 해독기 등은 제어 장치이다.

10 기억 장치와 입출력 장치 > RAM 칩의 최소 개수 · · · 답 ④

| 정답해설 | 8K × 16bit = 2^3 × 2^{10} × 2^4 = 2^{17}

1K × 4bit = 1 × 2^{10} × 2^2 = 2^{12}

④ 8K × 16bit의 기억 장치 모듈을 설계할 때 1K × 4bit RAM 칩이 몇 개 필요한지를 물어보는 문제이기 때문에 2^{17} ÷ 2^{12} = 2^5 = 32개 필요하다.

11 기억 장치와 입출력 장치 > 캐시 기억 장치 · · · 답 ③

| 정답해설 | ③ CPU와 주기억 장치 사이에 존재하며, 처리 성능을 높이는 것은 캐시 메모리이다.

┌ **함께 보는 이론** | 캐시 기억 장치(Cache Memory) ─

- 중앙 처리 장치와 주기억 장치의 속도 차이를 개선하기 위한 기억 장치이다.
- 주기억 장치보다 용량은 작지만, SRAM으로 구성되어 고속 처리가 가능하다.
- 캐시의 동작은 중앙 처리 장치가 메모리에 접근할 때, 먼저 캐시를 참조하여 적중(Hit)되면 읽고 실패(Miss)하면 주기억 장치에 접근하여 해당 블록을 읽는다.

12 기억 장치와 입출력 장치 > 캐시 기억 장치 · · · 답 ①

| 정답해설 | ① 캐시 기억 장치는 중앙 처리 장치와 주기억 장치의 속도 차이를 개선하기 위한 기억 장치이다.

13 기억 장치와 입출력 장치 > 캐시 기억 장치 · · · 답 ①

| 정답해설 | ① 직접 사상(Direct Mapping): 메모리 블록이 캐시의 정해진 슬롯에서만 사용되는 방식이다. 이 방식은 구현이 매우 단순하다는 장점을 가지고 있지만 운영상 매우 비효율적인 면을 가지고 있다. 즉, 블록 단위로 나뉜 메모리는 정해진 캐시 블록에 들어갈 수밖에 없으므로 비어 있는 라인이 있더라도 동일 라인의 메모리 주소에 대하여 하나의 데이터 밖에 저장할 수 없다는 단점을 가지고 있다.

14 기억 장치와 입출력 장치 > 평균 메모리 접근 시간 · · · 답 ③

| 정답해설 | 평균 기억 장소 접근 시간 = 캐시 적중 시의 시간 + 실패 시의 시간

= 캐시 적중 시간 × 적중률 + 주기억 장치 접근 시간 × 실패율(1−적중률)

= $10 \times 0.9 + 110 \times (1 - 0.9)$

= 9+11

= 20ns

∴ 정답은 ③ 20ns이다.

---

15 기억 장치와 입출력 장치 > 캐시 적중률 　　답 ③

| **정답해설** | 평균 기억 장치 접근 시간 = 적중률 × 캐시 메모리 접근 시간 + (1 − 적중률) × 주기억 장치 접근 시간

17 = 적중률 × 10 + (1 − 적중률) × 80

적중률을 x라 하면

17 = 10x + (1 − x) × 80

17 = 10x + 80 − 80x

17 = 80 − 70x

17 − 80 = −70x

− 63 = −70x

(− 63) ÷ (−70) = x

0.9 = x

0.9(90%) = x(적중률)　　∴ 정답은 ③ 90%이다.

---

16 기억 장치와 입출력 장치 > 캐시 적중률 　　답 ②

| **정답해설** | ㄴ. 완전 연관 사상 연산: 캐시의 임의의 위치에 사상되므로 캐시 적중률이 높다.

ㄷ. 2−way 집합 연관: 하나의 집합을 2개의 라인으로 구성하는 방식으로, 캐시 효율은 중간이다.

ㄱ. 직접 사상: 캐시의 정해진 위치에만 사상되므로 캐시 적중률이 낮다.

┌ **| 함께 보는 이론 | 사상 방식** ─────────

- **직접 사상(Direct Mapping):** 블록이 단지 한 곳에만 위치하는 방법이다. 이 방식은 구현이 매우 단순하다는 장점이 있지만, 운영상 매우 비효율적인 면을 가지고 있다. 즉, 블록 단위로 나뉜 메모리는 정해진 블록 위치에 들어갈 수밖에 없으므로 비어 있는 라인이더라도 동일 라인의 메모리 주소에 대하여 하나의 데이터만 저장할 수 있다는 단점을 가지고 있다.
- **완전 연관 사상(Fully-Associative Mapping):** 블록이 캐시 내의 어느 곳에나 위치할 수 있는 방식이다. 이 대응 방식은 캐시를 효율적으로 사용하게 하여 캐시의 적중률을 높일 수 있으나 CPU가 캐시의 데이터를 참조할 때마다 어느 위치에 해당 데이터의 블록이 있는지 알아내기 위하여 전체 태그값을 모두 병렬적으로 비교해야 하므로 구성과 과정이 매우 복잡하다는 단점을 가지고 있다.
- **집합 연관 사상(Set-Associative Mapping):** 직접 사상의 경우 구현이 간단하다는 장점이 있고, 완전 연관 사상은 어떤 주소든지 동시에 매핑할 수 있어 높은 적중률을 가질 수 있다는 장점이 있으나 그에 따르는 단점도 가지고 있어 이들의 장점을 취하고, 단점을 줄이기 위한 절충안으로 나온 것이다. n−way 집합 연관 캐시는 각각 n개의 블록으로 이루어진 다수의 집합으로 구성되어 있다. 빠른 검색을 위해 n개의 블록을 병렬로 수행한다.

---

17 기억 장치와 입출력 장치 > 캐시 적중률 　　답 ③

| **정답해설** | 평균 기억 장치 접근 시간 = 캐시 기억 장치 접근 시간 × 적중률 + 주기억 장치 접근 시간 × (1 − 적중률)

1.9 = 1 × 적중률 + 10 × (1 − 적중률)

1.9 = 적중률 + 10 −10 × 적중률

8.1 = 9 × 적중률

∴ ③ 적중률 = $\dfrac{8.1}{9}$ × 100 = 90%

---

18 기억 장치와 입출력 장치 > 캐시 기억 장치 　　답 ③

| **정답해설** | ③ 캐시 기억 장치(Cache Memory): 중앙 처리 장치와 주기억 장치의 속도 차이를 개선하기 위한 기억 장치이다. 주기억 장치보다 용량은 작지만, SRAM으로 구성되어 고속 처리가 가능하다. 캐시의 동작은 중앙 처리 장치가 메모리에 접근할 때, 먼저 캐시를 참조하여 적중(Hit)되면 읽고 실패(Miss)하면 주기억 장치에 접근하여 해당 블록을 읽는다.

| **오답해설** | ① 레지스터(Register): 중앙 처리 장치의 처리에 필요한 임시 저장 공간이다.

② ROM(Read Only Memory): 읽기 전용 메모리로 정보를 영속적으로 보존하는 기억 장치이다.

④ I/O 버퍼(Buffer): 입출력 처리에 대하여 데이터를 일시적으로 기억해두는 중간적인 기억 장치이다.

---

19 기억 장치와 입출력 장치 > 집합 연관 사상 　　답 ④

| **정답해설** | ④ 주기억 장치 주소는 길이가 32비트이고, 4−way 집합 연관 사상 방식을 사용하므로 하나의 세트는 4개의 라인으로 구성된다.

- 캐시 기억 장치 전체 라인 수가 256개이고, 4−way 집합 연관 사상 방식을 사용하므로 세트(Set)는 256 ÷ 4 = 2^8 ÷ 2^2 = 2^6이므로 6bit이다.
- 오프셋(offset) 값은 해당 페이지 내에서 몇 번째 위치에 들어있는지를 나타내는 범위값이므로 8K ÷ 256 = 2^{13} ÷ 2^8 = 2^5으로 5bit이다.
- 태그(tag)는 캐시로 적재된 데이터가 주기억 장치 어느 곳에서 온 데이터인지를 구분하기 위한 번호이며, 전체 32bit에서 6bit와 5bit를 빼면 21bit가 된다.

---

20 기억 장치와 입출력 장치 > 하드 디스크의 최대 저장 용량 　　답 ②

| **정답해설** | ② 디스크 최대 용량은 다음과 같이 계산한다.

= 면 수 × 실린더 수(트랙 수) × 섹터 수 × 섹터 크기

= 4 × 32768 × 256 × 512

= 2^2 × 2^{15} × 2^8 × 2^9 = 2^{34} Byte = 2^4 × 2^{30} = 16GB

21 기억 장치와 입출력 장치 > 데이터 흐름과 제어 흐름 　답 ④

| 정답해설 | - 제어 흐름: ⓐ, ⓓ, ⓖ, ⓗ, ⓙ
- 데이터 흐름: ⓑ, ⓒ, ⓔ, ⓕ, ⓘ

22 기억 장치와 입출력 장치 > RAID 　답 ③

| 정답해설 | ③ RAID-4는 데이터를 블록 단위로 여러 디스크에 분할하여 저장하고, 하나의 패리티 디스크를 사용한다.

┤ 함께 보는 이론 ├ RAID

- RAID 0(Stripping): 데이터의 빠른 입출력을 위해 데이터를 여러 드라이브에 분산 저장한다.
- RAID 1: 한 드라이브에 기록되는 모든 데이터를 다른 드라이브에 복사하는 방법으로 복구 능력을 제공한다.
- RAID 2: ECC(Error Checking and Correction) 기능이 없는 드라이브를 위해 해밍(Hamming) 오류 정정 코드를 사용한다.
- RAID 3(Block Striping: 전용 패리티를 이용한 블록 분배): 한 드라이브에 패리티 정보를 저장하고, 나머지 드라이브들 사이에 데이터를 분산한다.
- RAID 4(Parity): 한 드라이브에 패리티 정보를 저장하고 나머지 드라이브에 데이터를 블록 단위로 분산한다.
- RAID 5(Distributed Parity): 패리티 정보를 모든 드라이브에 나눠 기록한다.

23 기억 장치와 입출력 장치 > RAID 　답 ③

| 정답해설 | ③ RAID-4(Parity): 한 드라이브에 패리티 정보를 저장하고 나머지 드라이브에 데이터를 블록 단위로 분산한다. 패리티 정보는 어느 한 드라이브가 장애가 발생했을 때 데이터 복구가 가능하다. 데이터를 읽을 때는 RAID 0에 필적하는 우수한 성능을 보이나, 저장할 때는 매번 패리티 정보를 갱신하기 때문에 추가적인 시간이 필요하다.

24 기억 장치와 입출력 장치 > RAID 　답 ③

| 정답해설 | ③ 거울(Mirroring) 디스크라고 부르며, 디스크 오류 시 실시간 데이터 복구가 가능한 것은 RAID 레벨 1이다.
| 오답해설 | ① RAID 레벨 5: Distributed Parity. 패리티 정보를 모든 드라이브에 나눠 기록한다. 패리티를 담당하는 디스크가 병목 현상을 일으키지 않기 때문에, 멀티 프로세스 시스템과 같이 작은 데이터의 기록이 수시로 발생할 경우 더 빠르다.
② RAID 레벨 3: 한 드라이브에 패리티 정보를 저장하고, 나머지 드라이브들 사이에 데이터를 분산한다. 문제가 생긴다면, 컨트롤러가 전용 패리티 드라이브로부터 문제가 생긴 드라이브의 손실된 데이터를 가져와 복구·재생한다.
④ RAID 레벨 0: Stripping. 데이터의 빠른 입출력을 위해 데이터를 여러 드라이브에 분산 저장한다.

25 기억 장치와 입출력 장치 > RAID 　답 ②

| 정답해설 | ② RAID 3은 데이터를 비트 또는 바이트 단위로 여러 디스크에 분할 저장하는 방식으로 쓰기 동작 시 시간 지연이 발생할 수 있다.

┤ 함께 보는 이론 ├ RAID

- RAID(Redundant Array of Inexpensive Disks): 1988년 버클리 대학의 데이비드 패터슨, 가스 깁슨, 랜디 카츠에 의해 정의된 개념으로 'A Case for Redundant Array of Inexpensive Disks'라는 제목의 논문으로 발표된 데이터를 분할해서 복수의 자기 디스크 장치에 대해 병렬로 데이터를 읽는 장치 또는 읽는 방식이라고 정의할 수 있다. 작고 값싼 드라이브들을 연결해 비싼 대용량 드라이브 하나(Single Large Expensive Disk)를 대체하자는 것이었지만, 스토리지 기술의 지속적인 발달로 현재는 다음과 같이 정의할 수 있다.
- RAID 1: 빠른 기록 속도와 함께 장애 복구 능력이 요구되는 경우 사용한다. 한 드라이브에 기록되는 모든 데이터를 다른 드라이브에 복사 방법으로 복구 능력을 제공한다. 읽을 때는 조금 빠르나, 저장할 때는 속도가 약간 느리다. 두 개의 디스크에 데이터가 동일하게 기록되므로 데이터의 복구 능력은 높지만, 전체 용량의 절반이 데이터를 기록하기 위해 사용되기 때문에 저장 용량당 비용이 비싼 편이다.
- RAID 4(Parity): 한 드라이브에 패리티 정보를 저장하고, 나머지 드라이브에 데이터를 블록 단위로 분산한다. 패리티 정보는 어느 한 드라이브가 장애가 발생했을 때 데이터 복구가 가능하다. 데이터를 읽을 때는 RAID 0에 필적하는 우수한 성능을 보이나, 저장할 때는 매번 패리티 정보를 갱신하기 때문에 추가적인 시간이 필요하다.
- RAID 5(Distributed Parity): 패리티 정보를 모든 드라이브에 나눠 기록한다. 패리티를 담당하는 디스크가 병목 현상을 일으키지 않기 때문에, 멀티프로세스 시스템과 같이 작은 데이터의 기록이 수시로 발생할 경우 더 빠르다. 읽기 작업일 경우 각 드라이브에서 패리티 정보를 건너뛰어야 하기 때문에 RAID 4보다 느리다. 작고 랜덤한 입출력이 많은 경우 더 나은 성능을 제공한다. 현재 가장 많이 사용되는 RAID 방식이다.

26 기억 장치와 입출력 장치 > 가상 기억 장치 　답 ③

| 정답해설 | ③ 가상 메모리(Virtual Memory): 한정된 주기억 장치(실제 공간) 용량의 문제를 해결하기 위한 기술로 주소 공간의 확대를 목적으로 한다. 보조 기억 장치의 공간(가상 공간)을 가상 기억 장치 관리 기법을 통해 주기억 장치의 용량에 제한 없이 프로그램을 실행할 수 있는 환경을 제공한다.

| 오답해설 | ① 레지스터(Register): 중앙 처리 장치 내의 명령 수행에 필요한 정보들을 일시적으로 기억하는 고속의 소량 메모리이다.
② 정적 메모리(Static Memory): 메모리 셀이 한 개의 플립플롭으로 구성되므로 전원이 공급되고 있으면 기억 내용이 지워지지 않는다. 재충전(Refresh)이 필요 없으며, 주로 캐시 메모리에 사용된다.
④ 플래시 메모리(Flash Memory): 비휘발성 메모리로 읽기와 쓰기가 가능하며 주로 휴대용 기기에 사용되는 메모리이다.

27 기억 장치와 입출력 장치 > 페이징 시스템 답 ③

| 정답해설 |

페이지 번호 0	0~1999
페이지 번호 1	2000~3999
페이지 번호 2	4000~5999
페이지 번호 3	6000~7999
페이지 번호 4	8000~9999

프레임 번호 0	0~1999
프레임 번호 1	2000~3999
프레임 번호 2	4000~5999
프레임 번호 3	6000~7999
프레임 번호 4	8000~9999
프레임 번호 5	10000~11999
프레임 번호 6	12000~13999
프레임 번호 7	14000~15999
프레임 번호 8	16000~17999

③ 논리 주소(2500): 페이지 번호(1, 500) --- 물리 주소(3, 500) 6500, 500이 변위

| 오답해설 | ① 논리 주소(4300): 페이지 번호(2, 300) --- 물리 주소(5, 300) 10300, 300이 변위
② 논리 주소(3600): 페이지 번호(1, 1600) --- 물리 주소(3, 1600) 7600, 1600이 변위
④ 논리 주소(900): 페이지 번호(0, 900) --- 물리 주소(7, 900) 14900, 900이 변위

28 기억 장치와 입출력 장치 > 가상 기억 장치 답 ①

| 정답해설 | ① 가상 기억 장치의 목적은 처리 속도의 향상이 아니라 주기억 장치의 공간 확대이다.

┤ 함께 보는 이론 | 가상 기억 장치 ├

– 한정된 주기억 장치(실 공간) 용량의 문제를 해결하기 위한 기술로 주소 공간의 확대를 목적으로 한다.
– 보조 기억 장치의 공간(가상 공간)을 가상 기억 장치 관리 기법을 통해 주기억 장치의 용량에 제한 없이 프로그램을 실행할 수 있는 환경을 제공한다.
– 관리 기법으로 가상 기억 장치를 고정 길이의 페이지로 구분하여 주기억 장치로 페이지 단위로 이동하여 주소가 변환하는 페이징 기법과 가상 기억 장치를 가변 길이의 세그먼트로 구분하여 주기억 장치로 세그먼트 단위로 이동하여 주소가 변환하는 세그먼트 기법이 있다.

29 기억 장치와 입출력 장치 > 가상 기억 장치 답 ②

| 정답해설 | ② 가상 기억 장치는 실기억 장치로의 주소 변환 기법이 필요하다.

| 오답해설 | ① 페이징 기법에서는 내부 단편화, 세그먼테이션 기법에서는 외부 단편화가 발생할 수 있다.
③ 가상 기억 장치의 참조는 실기억 장치의 참조보다 느리다.

④ 페이징 기법은 고정된 크기의 페이지 공간을 사용한다.

30 기억 장치와 입출력 장치 > 가상 기억 장치 답 ④

| 정답해설 | 페이지 테이블의 항목 수
= 가상 주소 공간 크기 ÷ 페이지 크기
= $2^{32} \div 2048 = 2^{32} \div 2^{11}$
= 2^{21}

즉, 페이지 번호에 할당되는 비트 수는 21이 된다. 가상 주소 길이 32비트에서 가상 페이지 번호가 21비트이므로, 페이지 오프셋은 11비트이다.

31 기억 장치와 입출력 장치 > 채널 답 ②

| 정답해설 | ② 채널(Channel): 중앙 처리 장치로부터 입출력을 지시받은 후에는 자신의 명령어를 실행시켜 입출력을 수행하는 독립된 프로세서이다. 선택 채널은 고속 입출력 장치에 접속하여 대량의 자료를 고속으로 전송하며, 멀티플렉서 채널은 여러 개의 입출력 장치를 제어한다.

| 오답해설 | ① 버스(Bus): 컴퓨터의 장치 간의 데이터나 제어 신호 등을 전송하는 전송로이다.
③ 스풀링(Spooling): 입출력 장치의 느린 속도를 보완하기 위해 이용되는 방법이며, 여러 개의 작업을 CPU 작업과 I/O 작업으로 분할하여 동시에 수행한다.
④ DMA(Direct Memory Access): 기억 장치와 입출력 모듈 간의 데이터 전송을 DMA 제어기가 처리하고 중앙 처리 장치는 개입하지 않도록 한다. CPU를 거치지 않고 주변 장치와 메모리 사이에 직접 데이터를 전달하도록 제어하는 인터페이스 방식으로서, 고속 주변 장치와 컴퓨터 간의 데이터 전송에 많이 사용한다.

32 기억 장치와 입출력 장치 > 데이지 체인 방식 답 ③

| 정답해설 | ③ 데이지-체인(Daisy-Chain) 우선순위 인터럽트 방식은 인터럽트를 발생시킨 장치가 인터럽트 인식(Acknowledge) 신호를 받으면 자신의 장치 번호를 중앙 처리 장치로 보낸다.

| 오답해설 | ① 데이지 체인은 인터럽트를 발생시키는 장치들이 직렬로 연결된다.
② 두 개 이상의 장치에서 동시에 인터럽트가 발생되면 중앙 처리 장치(CPU)는 이들 인터럽트를 모두 무시하는 것이 아니라 CPU에 가까운 쪽의 인터럽트를 우선적으로 실행하고, 나머지는 지연시키거나 무시한다.
④ 중앙 처리 장치에서 전송되는 인터럽트 인식 신호는 우선순위가 높은 장치부터 낮은 장치순으로 전달된다.

33 기억 장치와 입출력 장치 > 데이지 체인 방식   답 ②

| 정답해설 | 데이지 체인(Daisy Chain) 방식

– 모든 장치들을 우선순위에 따라 직렬로 연결하고, 각 장치의 인터럽트 요청에 따라 각 비트가 개별적으로 Set될 수 있는 Mask Register를 사용한다.

– 우선순위는 Mask Register의 비트 위치에 의해 결정되며, Mask Register는 우선순위가 높은 것이 서비스 받고 있을 때 낮은 우선순위는 비활성화할 수 있다.

┌ | 함께 보는 이론 | 인터럽트 우선순위 체제 ─

① 인터럽트가 여러 장치에서 동시에 발생될 때, 우선순위를 결정해야 하며, 우선순위가 가장 높은 것이 먼저 처리된다.

② 인터럽트 우선순위 결정은 소프트웨어적인 방법과 하드웨어적인 방법이 있다.

 • 폴링(Polling) 방식(소프트웨어적인 방법)
  – 소프트웨어적으로 우선순위를 결정하며, 여러 장치에 대하여 인터럽트 요구를 점검한다.
  – 인터럽트 발생 시 우선순위가 가장 높은 자원부터 인터럽트 요청 플래그를 차례로 검사하여 찾아서 이에 해당하는 인터럽트를 수행하는 방식이다.
  – 우선순위 변경이 간단하고 회로가 간단하게 구성되지만, 인터럽트를 조사하는 데 많은 시간이 걸릴 수 있어 인터럽트 반응 속도가 느리다.

 • 벡터 인터럽트(Vectored Interrupt) 방식(하드웨어적인 방법)
  – 하드웨어적으로 우선순위를 결정하며, 인터럽트를 발생한 장치가 중앙 처리 장치에 분기할 자원에 대한 정보를 제공하며, 이 정보를 인터럽트 벡터라고 한다.
  – 폴링과 같이 장치 식별을 위한 별도의 프로그램 루틴이 필요 없기 때문에 응답 속도가 빠르다.
  – 추가적으로 하드웨어가 필요하며, 회로가 복잡하고 융통성이 없다.

| CHAPTER 06 | 고성능 컴퓨터 시스템(병렬 처리) 문제편 P.35 |

01	④	02	④	03	①	04	②	05	①
06	③	07	②	08	③	09	②		

01 고성능 컴퓨터 시스템(병렬 처리) > Flynn의 분류   답 ④

| 정답해설 | ④ MIMD는 여러 개의 프로세서가 서로 다른 명령어와 서로 다른 데이터를 처리할 수 있는 다중 처리기이다. 그리고 실행 과정을 여러 단계로 나누어 중첩시켜 실행 속도를 높이는 방법인 파이프라인 방식은 SISD의 분류에서 실행 속도를 향상시키기 위해 사용된다.

02 고성능 컴퓨터 시스템(병렬 처리) > Flynn의 분류   답 ④

| 정답해설 | 다. SIMD: 배열 프로세서(Array Processor)라고도 부르며, 이러한 시스템은 여러 개의 프로세싱 유니트(PU; Processing Unit)들로 구성되고, PU들의 동작은 모두 하나의 제어 유니트에 의해 통제된다.

라. SISD: 한 번에 한 개씩의 명령어와 데이터를 순서대로 처리하는 단일 프로세서 시스템에 해당한다. 이러한 시스템에서는 명령어가 한 개씩 순서대로 실행되지만, 실행 과정은 파이프라이닝되어 있다.

| 오답해설 | 가. MISD: 한 시스템 내에 N개의 프로세서들이 있고, 각 프로세서들은 서로 다른 명령어들을 실행하지만, 처리하는 데이터들은 하나의 스트림이다. 실제로는 사용되지 않으며, 비현실적인 구조이다.

나. MIMD: 진정한 의미의 병렬 프로세서이며, 일반 용도로 사용되는 것은 아니다. 이 조직에서는 N개의 프로세서들이 서로 다른 명령어들과 데이터들을 처리한다.

03 고성능 컴퓨터 시스템(병렬처리) > 슈퍼스칼라   답 ①

| 정답해설 | ① 슈퍼스칼라(Superscalar): CPU 내에 파이프라인을 여러 개 두어 명령어를 동시에 실행하는 기술이다. 파이프라인과 병렬 처리의 장점을 모은 것으로, 여러 개의 파이프라인에서 명령들이 병렬로 처리되도록 한 아키텍처이다. 여러 명령어들이 대기 상태를 거치지 않고 동시에 실행될 수 있으므로 처리 속도가 빠르다.

04 고성능 컴퓨터 시스템(병렬 처리) > 파이프라이닝   답 ②

| 정답해설 | ② 파이프라이닝은 단위 시간 내에 실행되는 여러 명령어의 처리 시간을 줄일 수 있다.

┌ | 함께 보는 이론 | 파이프라이닝(Pipelining) ─

CPU의 프로그램 처리 속도를 높이기 위하여 CPU의 내부 하드웨어를 여러 단계로 나누어 동시에 처리하는 기술로 처리 속도를 향상시킨다. 하나의 명령어를 여러 단계로 나누어 처리하므로 한 명령어의 특정 단계를 처리하는 동안 다른 부분에서는 다른 명령어의 다른 단계를 처리할 수 있기 때문에 동시에 여러 개의 명령어를 실행할 수 있다.

05 고성능 컴퓨터 시스템(병렬 처리) > 파이프라인 해저드   답 ①

| 정답해설 | – 하드웨어 자원의 부족 때문에 명령어를 적절한 클록 사이클에 실행할 수 있도록 지원하지 못할 때 구조적 해저드가 발생한다.

– 실행할 명령어를 적절한 클록 사이클에 가져오지 못할 때 제어 해저드가 발생한다.

┌ | 함께 보는 이론 | 파이프라인 해저드(Pipeline Hazard) ─

 • 파이프라인에서 명령어 실행이 불가하여 지연, 중지가 발생하는 현상을 말하며, 파이프라인 해저드는 구조적 해저드, 데이터 해저드, 제어 해저드로 구분할 수 있다.

 • 구조적 해저드
  – 포트가 하나인 메모리에 동시에 접근하려고 하거나 ALU 등의 하드웨어를 동시에 사용하려고 할 때 발생할 수 있다.
  – 메모리를 명령어 영역과 데이터 영역을 분리하여 사용한다던지, ALU등의 하드웨어를 여러 개 사용하는 것 등을 통해 해결할 수 있다.

• 데이터 해저드
  − 이전 명령어에서 레지스터의 값을 바꾸기 전에 후속 명령어가 그 값을 읽거나 쓰려고 하는 경우와 같이 사용하는 데이터의 의존성이 있는 경우 발생한다.
  − 명령어 재배치나 전방 전달(Data forwarding), No-operation Insertion 등을 통해 해결할 수 있다.
• 제어 해저드
  − 조건 분기로 인해 명령어의 실행 순서가 변경되어 명령어가 무효화되는 것을 말한다.
  − 분기 예측이나 Stall 삽입법 등을 통해 해결할 수 있다.

---

06 고성능 컴퓨터 시스템(병렬 처리) > 파이프라이닝 답 ③

| 정답해설 | ③ 이상적인 경우에 파이프라이닝 단계 수만큼의 성능 향상을 목표로 하지만, 실제로 단계 수만큼의 성능이 향상되지는 않는다.

---

07 고성능 컴퓨터 시스템(병렬 처리) > 암달의 법칙 답 ②

| 정답해설 | ② 암달의 법칙(Amdahl's Law): 병렬 처리 프로그램에서 차례로 수행되어야 하는 비교적 적은 수의 명령문들이 프로세서의 수를 추가하더라도 그 프로그램의 실행을 더 빠르게 할 수 없도록 속도 향상을 제한하는 요소를 갖고 있다는 것이다.

---

08 고성능 컴퓨터 시스템(병렬 처리) > 시스템의 성능 개선 답 ③

| 정답해설 | − 성능 개선 전: 프로그램 P의 특정 부분 A의 실행에 30초, A를 포함한 전체 프로그램 P의 실행에 50초 소요되므로 A를 제외한 전체 프로그램 P의 실행 시간은 20초
− 성능 개선 후: A의 실행 속도가 2배 빨라졌고 다른 조건의 변화가 없으므로 A의 실행 시간이 절반으로 단축됨. 따라서 프로그램 P의 특정 부분 A의 실행에 15초, A를 제외한 전체 프로그램 P의 실행 시간은 그대로 20초이므로 A를 포함한 전체 프로그램 P의 실행에 35초 소요

---

09 고성능 컴퓨터 시스템(병렬처리) > 병렬 컴퓨터 답 ②

| 정답해설 | ② Array Processor, SIMD, GPU는 고성능 컴퓨터 시스템 구조를 위해 필요한 구성이지만, DMA는 입출력 장치 제어기이다.

| 오답해설 | ① Array processor: 배열 처리기이며, 특정한 응용에 대해서만 고속 처리가 가능하도록 설계된 특수 프로세서이다.
③ GPU(Graphic Processing Unit): 그래픽 처리를 위한 고성능의 처리 장치이며, 컴퓨터의 영상 정보를 처리하거나 화면 출력을 담당하는 연산 처리 장치이다. 중앙 처리 장치의 그래픽 처리 작업을 돕기 위해 만들어졌다.
④ SIMD: 배열 프로세서(Array Processor)라고도 부른다. 이러한

조직을 사용하는 병렬 컴퓨터는 고속의 계산 처리를 위하여 사용하던 과거의 슈퍼컴퓨터 유형이며, 최근에는 이 개념이 디지털 신호 처리용 VLSI 칩 등에 주로 적용되고 있다.

CHAPTER 07 | 최신 컴퓨터 기술 문제편 P.37

01	③	02	③	03	④	04	④	05	④
06	③	07	②	08	①	09	①	10	③
11	④	12	④	13	③	14	②	15	④
16	③								

---

01 최신 컴퓨터 기술 > 클라우드 컴퓨팅 답 ③

| 정답해설 | − IaaS(Infrastructure as a Service)는 서버, 스토리지, 데이터베이스 등과 같은 시스템이나 서비스를 구축하는 데 필요한 IT 자원을 제공하는 인프라 서비스이다.
− PaaS(Platform as a Service)는 SaaS의 개념을 개발 플랫폼에도 확장한 개념이며, 개발을 위한 플랫폼을 구축할 필요 없이 필요한 개발 요소들을 웹에서 쉽게 빌려 쓸 수 있게 하는 서비스이다.
− SaaS(Software as a Service)는 사용자가 소프트웨어를 설치하는 것이 아니라 서비스 제공자가 설치하고 관리하며, 소프트웨어를 서비스 형태로 제공하는 소프트웨어 서비스이다.
∴ ③ ㄷ − IaaS, ㄱ − Paas, ㄴ − SaaS

---

02 최신 컴퓨터 기술 > 클라우드 컴퓨팅 답 ③

| 정답해설 | ③ 클라우드 컴퓨팅 환경 중 서버, 스토리지, 네트워크를 가상화 환경으로 만들어 필요에 따라 자원을 사용할 수 있게 하는 서비스는 IaaS이다. IaaS(Infrastructure as a Service)는 서버 인프라를 서비스로 제공하는 것으로 클라우드를 통하여 저장장치 또는 컴퓨팅 능력을 인터넷을 통한 서비스 형태로 제공하는 서비스이다.

| 오답해설 | ① SaaS(Software as a Service): 애플리케이션을 서비스 대상으로 하는 SaaS는 클라우드 컴퓨팅 서비스 사업자가 인터넷을 통해 소프트웨어를 제공하고, 사용자가 인터넷상에서 이에 원격 접속해 해당 소프트웨어를 활용하는 모델이다. 클라우드 컴퓨팅 최상위 계층에 해당하는 것으로 다양한 애플리케이션을 다중 임대 방식을 통해 온디맨드 서비스 형태로 제공한다.
② PaaS(Platform as a Service): 사용자가 소프트웨어를 개발할 수 있는 토대를 제공해 주는 서비스이다. 클라우드 서비스 사업자는 PaaS를 통해 서비스 구성 컴포넌트 및 호환성 제공 서비스를 지원한다.
④ XaaS(Everything as a Service): 사용자에게 필요한 소프트웨어, 콘텐츠, 스토리지 등을 인터넷상에서 대여 형태로 제공하는

클라우드 컴퓨팅 서비스 시스템이다. 클라우드 컴퓨팅 서비스 시스템 이용 시 사용자가 활용할 수 있게 제공되는 각종 IT 자원을 통칭하는 용어이다.

---

03 최신 컴퓨터 기술 > 클라우드 컴퓨팅   답 ④

| **정답해설** | 클라우드 컴퓨팅에서 제공하는 서비스는 제한적인 것은 아니지만 SaaS, PaaS, IaaS 세 가지를 가장 대표적인 서비스로 분류한다.

---

04 최신 컴퓨터 기술 > 클라우드 컴퓨팅   답 ④

| **정답해설** | ④ 클라우드 컴퓨팅: 인터넷 기술을 활용하여 '가상화된 IT 자원을 서비스'로 제공하는 컴퓨팅으로, 사용자는 IT 자원(소프트웨어, 스토리지, 서버, 네트워크)을 필요한 만큼 빌려서 사용하고, 서비스 부하에 따라서 실시간 확장성을 지원받으며, 사용한 만큼 비용을 지불하는 컴퓨팅이다.

---

05 최신 컴퓨터 기술 > 기계 학습   답 ④

| **정답해설** | ④ 지도 학습은 라벨(Label) 정보를 포함하고 있는 훈련 데이터를 사용하며, 주가나 환율 변화, 유가 예측 등의 회귀(Regression) 문제에 적용된다.

┤ **함께 보는 이론** ├

- 지도 학습(Supervised Learning): 문제(입력)와 답(출력)의 쌍으로 구성된 데이터들이 주어질 때, 새로운 문제를 풀 수 있는 함수 또는 패턴을 찾는 것이다.
- 비지도 학습(Unsupervised Learning): 답이 없는 문제들만 있는 데이터들로부터 패턴을 추출하는 것이다.
- 강화 학습(Reinforcement Learning): 문제에 대한 직접적인 답을 주지는 않지만 경험을 통해 기대 보상(Expected Reward)이 최대가 되는 정책(Policy)을 찾는 학습이다.
- F1 점수(Score): 정밀도(Precision)와 검출률(Recall, 검증률)을 동시에 고려한 조화평균 값이다.
- 전이 학습(Transfer Learning): 기존에 학습한 지식을 재사용할 수 있는 인공지능 알고리즘이다.

---

06 최신 컴퓨터 기술 > 유비쿼터스 컴퓨팅   답 ③

| **정답해설** | ③ 텔레매틱스(Telematics): 원격 통신(Telecommunication)과 정보 과학(Informatics)이 결합된 용어로, 통신 및 방송망을 이용하여 자동차 내에서 위치 추적, 인터넷 접속, 원격 차량 진단, 사고 감지, 교통 정보 및 홈 네트워크와 사무 자동화 등이 연계된 서비스 등을 제공한다.

---

07 최신 컴퓨터 기술 > ICT 기술   답 ③

| **정답해설** | RFID 태그

- RFID 태그는 전원 공급 유무에 따라 전원을 필요로 하는 능동형(Active)과 내부나 외부로부터 직접적인 전원의 공급 없이 리더기의 전자기장에 의해 작동되는 수동형(Passive)으로 나눌 수 있다.
- 능동형 타입은 리더기의 필요 전력을 줄이고 리더기와의 인식 거리를 멀리할 수 있다는 장점이 있지만, 전원 공급 장치를 필요로 하기 때문에 작동 시간의 제한을 받으며 수동형에 비해 고가인 단점이 있다.
- 수동형은 능동형에 비해 매우 가볍고 가격도 저렴하면서 반영구적으로 사용이 가능하지만, 인식 거리가 짧고 리더기에서 훨씬 더 많은 전력을 소모한다는 단점이 있다.

---

08 최신 컴퓨터 기술 > 유비쿼터스 컴퓨팅   답 ①

| **정답해설** | ① 노매딕 컴퓨팅(Nomadic Computing) 환경은 어떠한 장소에서건 이미 다양한 정보 기기가 편재되어 있어 사용자가 정보 기기를 굳이 휴대할 필요가 없는 환경을 말한다. 사용자는 장소와 상관없이 일정한 사용자 인증을 거쳐 다양한 정보 기기를 이용하여 동일한 데이터에 접근하여 사용할 수 있다.

┤ **함께 보는 이론** ├ 유비쿼터스를 응용한 컴퓨팅 기술

- **웨어러블 컴퓨팅(Wearable Computing):** 유비쿼터스 컴퓨팅 기술의 출발점으로서, 컴퓨터를 옷이나 안경처럼 착용할 수 있게 하여 컴퓨터를 인간의 몸의 일부로 여길 수 있도록 기여하는 기술이다.
- **임베디드 컴퓨팅(Embedded Computing)**
  - 사물에 마이크로칩(Microchip) 등을 심어 사물을 지능화하는 컴퓨팅 기술이다.
  - 예를 들면 다리, 빌딩 등과 같은 건축물에다 컴퓨터 칩을 장착하여 안정성 진단이나 조치가 가능할 것이다.
- **감지 컴퓨팅(Sentient Computing):** 컴퓨터가 센서 등을 통해 사용자의 상황을 인식하여 사용자가 필요로 하는 정보를 제공해 주는 컴퓨팅 기술이다.
- **노매딕 컴퓨팅(Nomadic Computing)**
  - 노매딕 컴퓨팅 환경은 어떠한 장소에서건 이미 다양한 정보 기기가 편재되어 있어 사용자가 정보 기기를 굳이 휴대할 필요가 없는 환경을 말한다.
  - 사용자는 장소와 상관없이 일정한 사용자 인증을 거쳐 다양한 정보 기기를 이용하여 동일한 데이터에 접근하여 사용할 수 있다.
- **퍼베이시브 컴퓨팅(Pervasive Computing):** 1998년 IBM을 중심으로 착안되었으며, 유비쿼터스 컴퓨팅과 비슷한 개념이다. 어디든지 어떤 사물이든지 도처에 컴퓨터가 편재되도록 하여 현재의 전기나 가전제품처럼 일상화된다는 비전을 담고 있다.
- **1회용 컴퓨팅(Disposable Computing):** 1회용 종이처럼 한 번 쓰고 버릴 수 있는 수준의 싼값으로 만들 수 있는 컴퓨터 기술인데, 1회용 컴퓨터의 실현은 어떤 물건에라도 컴퓨터 기술의 활용을 지향한다.
- **엑조틱 컴퓨팅(Exotic Computing):** 스스로 생각하여 현실 세계와 가상 세계를 연계해 주는 컴퓨팅을 실현하는 기술이다.

09 최신 컴퓨터 기술 > 챗봇   답 ①

| **정답해설** | ① 챗봇(ChatBot)은 실제 인간과 온라인에서 대화를 할 수 있게끔 고안된 소프트웨어로 사용자가 문자·음성 등을 통해 질문하면 이에 알맞은 답이나 연관 정보를 제공하는 방식으로 운용되는 소프트웨어나 서비스이다.

| **오답해설** | ② 메타버스(Metaverse): 가상과 초월을 의미하는 '메타(Meta)'와 세계와 우주를 뜻하는 '유니버스(Universe)'의 합성어로 '현실을 초월하여 만들어낸 세계' 또는 '현실과 가상이 혼재된 세계'라는 의미이다.
③ IoT(Internet of Things): 사물 인터넷이라 하며, 여러 사물에 정보 통신 기술이 융합되어 실시간으로 데이터를 인터넷으로 주고받는 기술이다. 각종 물체에 센서와 통신 기능을 내장해 인터넷에 연결하는 기술이라 할 수 있다.
④ OTT(Over The Top): 개방된 인터넷을 통하여 방송 프로그램, 영화 등 미디어 콘텐츠를 제공하는 서비스이다.

10 최신 컴퓨터 기술 > ETL, 로그 수집기, 크롤링   답 ③

| **정답해설** | ③ 맵리듀스(MapReduce): 분산 컴퓨팅(Distributed Computing)에서 대용량 데이터를 병렬 처리(Parallel Processing)하기 위해 개발된 소프트웨어 프레임워크(Framework) 또는 프로그래밍 모델이다.

| **오답해설** | ① ETL(Extraction, Transformation, Loading): 대표적인 내부 데이저 수집 방법으로 다양한 소스 시스템으로부터 필요한 데이터를 추출(Extract)하여 변환(Transformation) 작업을 거쳐 저장하거나 분석을 담당하는 시스템으로 전송 및 적재(Loading)하는 모든 과정을 포함한다.
② 로그 수집기: 웹 서버의 로그, 웹 로그, 트랜잭션 로그, 클릭 로그, 데이터베이스 로그 데이터 등을 수집한다.
④ 크롤링(Crawling): 대표적인 외부 데이터 수집 방법으로 크롤링 엔진(Crawling Engine)을 통한 수집이 있다. 이 방법에서는 로봇이 거미줄처럼 얽혀 있는 인터넷 링크를 따라다니며 방문한 사이트의 모든 페이지의 복사본을 생성함으로써 문서를 수집한다.

11 최신 컴퓨터 기술 > AI 기술   답 ④

| **정답해설** | ④ 증강 현실 기술은 실세계에 3차원 가상 물체를 겹쳐 보여주는 기술로 선택지 중 AI 기술과 가장 관계가 적다.

| **오답해설** | ① 자연어 처리 기술은 컴퓨터를 이용해 사람의 자연어를 분석하고 처리하는 기술이며, AI의 다양한 기술 분야 중에서 텍스트, 음성 인식 등 광범위한 분야에서 활용되고 있다.
② 음성 인식 처리 기술은 사람이 말하는 음성 언어를 컴퓨터가 해석해 그 내용을 문자 데이터로 전환하는 처리하는 기술로 AI에서 활용된다.

③ 영상 인식 AI 기술은 사람, 물체, 장소 및 기타 요소를 식별할 수 있는 이미지를 감지하고 분석하는 기술이다.

12 최신 컴퓨터 기술 > 기계 학습   답 ④

| **정답해설** | 비지도 학습의 대표적인 기법에는 군집화(Clustering)가 있고, 지도 학습의 기법에는 분류(Classification)와 회귀(Regression)분석 등이 있다.

13 최신 컴퓨터 기술 > 인공 지능   답 ③

| **정답해설** | ③ ChatGPT(Chat Generative Pre-trained Transformer)는 OpenAI가 개발한 프로토타입 대화형 인공 지능 챗봇이다. 봇(Bot)은 로봇의 준말이며 정보를 찾기 위해 자동적으로 인터넷을 검색하는 프로그램을 말한다.

| **오답해설** | ① LSTM(Long Short-Term Memory): 순환 신경망(RNN) 기법의 하나이며, 기존 순환 신경망에서 발생하는 기울기 소멸 문제(Vanishing Gradient Problem)를 해결하였다.
② ResNET: 2015년 ILSVRC(ImageNet Large-Scale Visual Recognition Challenge)에서 1위를 차지한 바 있는 CNN 모델이다.
④ Deep Fake: 특정 인물의 얼굴 등을 인공 지능(AI) 기술을 이용해 특정 영상에 합성한 편집물이다. 인공 지능(AI) 기술을 이용해 제작된 가짜 동영상 또는 제작 프로세스 자체라고 할 수 있다. 딥페이크(Deep Fake)는 딥러닝(Deep Learning)과 페이크(Fake)의 합성어이다.

┤ **함께 보는 이론** ├

– **순환 신경망**: 자연어 처리와 같은 순차적 데이터를 처리하는 데 주로 사용되는 것으로 이전 시점의 정보를 은닉층에 저장하는 방식을 사용한다. 하지만 입력값과 출력값 사이의 시점이 멀어질수록 이전 데이터가 점점 사라지는 기울기 소멸 문제가 발생하게 되었고, LSTM은 이전 정보를 기억하는 정도를 적절히 조절해 이러한 문제를 해결한다.
– **CNN(Convolutional Neural Networks)**: 합성곱신경망으로 기존의 방식은 데이터에서 지식을 추출해 학습이 이루어졌지만, CNN은 데이터의 특징을 추출하여 특징들의 패턴을 파악하는 구조이다.

14 최신 컴퓨터 기술 > 최신 기술 컴퓨팅 환경   답 ②

| **정답해설** | ② 블록 체인: 공공 거래 장부라고도 부르며, 모든 비트코인 거래 내역이 기록된 공개 장부라고 할 수 있다. 블록 체인은 거래에 참여하는 모든 사용자에게 거래 내역을 보내 주며, 거래 시마다 이를 대조해 데이터 위조를 막는 방식을 사용한다.

| **오답해설** | ① 빅 데이터: 많은 양의 정형 또는 비정형 데이터들로부터 가치를 추출하고 결과를 분석하는 기술이다.
③ 사물 인터넷: 서로 다른 물리적인 위치에 존재하는 컴퓨터의 자원들을 가상화 기술로 통합해 제공하는 기술이다.
④ 증강 현실: 현실을 기반으로 가상 정보를 실시간으로 결합하여 보여 주는 기술이다.

15 최신 컴퓨터 기술 > 인공 지능 답 ④

| **정답해설** | ㄱ. 텐서플로우는 구글 브레인 팀이 개발한 수치 계산과 대규모 머신 러닝을 위한 오픈 소스 라이브러리다. 원래 머신 러닝과 딥 뉴럴 네트워크(Deep Neural Network) 연구를 수행하는 구글 브레인 팀에서 개발했지만, 일반적인 머신 러닝 문제에도 폭넓게 적용하기에 텐서플로우는 수치 연산을 기호로 표현한 그래프 구조를 만들고 처리한다는 기본 개념을 바탕으로 구현되었다.

ㄴ. 합성곱 신경망(Convolutional Neural Network)은 딥러닝의 가장 대표적인 방법이며, 주로 이미지 인식에 많이 사용된다. 텐서플로우를 사용할 때 인공 지능 소프트웨어가 이미지 및 음성을 인식하기 위해서 신경망의 합성곱 신경망 모델을 주로 사용한다.

16 최신 컴퓨터 기술 > 인공 지능 답 ③

| **정답해설** | ③ 퍼셉트론(Perceptron): 인공 신경망의 한 종류로서, 1957년에 코넬 항공 연구소(Cornell Aeronautical Lab)의 프랑크 로젠블라트(Frank Rosenblatt)에 의해 고안되었으며, 인공 신경망 및 딥러닝의 기반이 되는 알고리즘이다.

| **오답해설** | ① 빠른 정렬(Quick Sort): 기수(基數) 교환 방식의 하나로, 키가 긴 경우에도 늦어지지 않도록 하는 정렬 알고리즘이다.

② 맵리듀스(MapReduce): 맵리듀스(MapReduce) 프레임워크는 대용량의 데이터를 분산 처리하기 위한 목적으로 개발된 프로그래밍 모델이다.

④ 디지털 포렌식(Digital Forensics): 디지털적인 법과학의 한 분야로, 컴퓨터와 디지털 기록 매체에 남겨진 법적 증거에 관한 것 등을 다룬다.

PART

II 운영 체제

┃ 챕터별 키워드 & 취약영역 체크 ┃

☑ 챕터별 키워드로 본인의 취약영역 확인 후, 취약영역에 해당하는 문제와 이론은 꼼꼼하게 다시 점검하세요!

CHAPTER 01 운영 체제의 개요		CHAPTER 02 프로세스 관리		CHAPTER 03 기억 장치 관리		CHAPTER 04 파일 관리	
틀린 개수 _____ / 11개		틀린 개수 _____ / 30개		틀린 개수 _____ / 13개		틀린 개수 _____ / 6개	
01	운영 체제의 프로세스	01	프로세스 상태	01	배치 전략	01	디스크 스케줄링
02	커널	02	프로세스 상태	02	배치 전략	02	디스크 스케줄링
03	운영 체제의 유형	03	프로세스 상태	03	가상 메모리	03	디스크 스케줄링
04	운영 체제의 분류	04	다중 스레드	04	LRU 페이지 교체 알고리즘	04	디스크 스케줄링
05	운영 체제	05	프로세스와 스레드	05	LRU 페이지 교체 알고리즘	05	디스크 스케줄링
06	스풀링과 버퍼링	06	다중 스레드	06	LRU 페이지 교체 알고리즘	06	디스크 스케줄링
07	스풀링	07	PCB	07	LRU 페이지 교체 알고리즘		
08	프린터 설정	08	프로세스 스케줄링	08	LRU 페이지 교체 알고리즘		
09	리눅스 운영 체제	09	프로세스 상태	09	LFU 페이지 교체 알고리즘		
10	유닉스 파일의 속성	10	라운드 로빈 스케줄링	10	배치 전략		
11	명령어의 기능	11	프로세스 스케줄링	11	페이지 교체 알고리즘		
		12	라운드 로빈 스케줄링	12	임계 영역		
		13	라운드 로빈 스케줄링	13	임계 영역		
		14	SRT 스케줄링				
		15	라운드 로빈 스케줄링				
		16	SJF 스케줄링				
		17	프로세스 스케줄링				
		18	SRT 스케줄링				
		19	HRN 스케줄링				
		20	교착 상태				
		21	교착 상태				
		22	교착 상태				
		23	교착 상태				
		24	교착 상태				
		25	교착 상태				
		26	스레싱				
		27	스레싱				
		28	세마포어				
		29	세마포어				
		30	프로세스 스케줄링				

➡ 나의 취약영역: _____

CHAPTER 01 | 운영 체제의 개요								문제편 P.42
01	③	02	④	03	④	04	②	05	③
06	④	07	①	08	②	09	①	10	③
11	①								

---

01 운영 체제의 개요 > 운영 체제의 프로세스 　　　　답 ③

| **정답해설** | ③ 여러 개의 프로세스들이 동시에 수행 상태에 있는 것은 <u>병행 프로세스</u>라고 한다.

---

02 운영 체제의 개요 > 커널 　　　　답 ④

| **정답해설** | ④ 커널(Kernel): 컴퓨터가 가동 중인 상태에서 주기억 장치에 상주하면서 컴퓨터 하드웨어를 제어하고 프로세스 등 여러 자원을 배분하고 관리하는 핵심 역할을 수행하는 운영 체제 모듈이다. 디바이스(I/O), 메모리, 프로세스 관리 및 시스템 프로그램과 하드웨어 사이의 함수 관리 및 Swap Space, Deamon 관리 등을 담당한다.

| **오답해설** | ① 셸(Shell): 커널과 사용자 간의 인터페이스를 담당하며, 사용자 명령의 입출력을 수행하며 프로그램을 실행한다. 명령어 해석기/번역기라고도 불린다.

② BIOS(Basic I/O System): 컴퓨터의 동작을 위한 기본 입출력 시스템으로 바이오스의 동작 여부에 따라 컴퓨터 시스템의 작동에 절대적인 영향을 준다.

③ CLI(Command Line Interface): 사용자가 컴퓨터 자판 등을 이용해 명령 문자열을 입력하여 체계를 조작하는 UI이다.

┤ **함께 보는 이론** ├

– Swap Space: 실제 메모리가 부족할 경우 디스크 부분을 마치 메모리처럼 사용하는 공간으로 메모리가 부족할 경우 사용하는 공간

– 데몬(Deamon) 프로세스: 운영 체제 기동 시에 기동되는 프로세스로 항상 메모리에 상주하여 사용자의 명령을 실행

---

03 운영 체제의 개요 > 운영 체제의 유형 　　　　답 ④

| **정답해설** | ㄱ. 다중 프로그래밍 시스템(Multi-programming System): 독립된 두 개 이상의 프로그램이 동시에 수행되도록 중앙 처리 장치를 각각의 프로그램들이 적절한 시간 동안 사용할 수 있도록 스케줄링하는 시스템이다. 중앙 처리 장치가 대기 상태에 있지 않고 항상 작업을 수행할 수 있도록 만들어 중앙 처리 장치의 사용 효율을 향상시킨다.

ㄴ. 다중 처리 시스템(Multi-processing System): 거의 비슷한 능력을 가지는 두 개 이상의 처리기가 하드웨어를 공동으로 사용하여 자신에게 맡겨진 일을 동시에 수행하도록 하는 시스템이다. 대량 데이터를 신속히 처리해야 하는 업무 또는 복잡하고 많은 시간이 필요한 업무 처리에 적합한 구조를 지닌 시스템이다.

ㄹ. 실시간 처리 시스템(Real-Time System): 데이터가 발생하는 즉시 처리하는 시스템이다. 실시간 시스템은 입력되는 작업이 제한 시간을 갖는 경우가 있는 시스템을 의미한다. 요구된 작업에 대하여 지정된 시간 내에 처리함으로써 신속한 응답이나 출력을 보장하는 시스템이다.

ㅁ. 다중 프로그래밍 시스템의 목적은 CPU 활용의 극대화에 있으며, 시분할 시스템은 응답 시간의 최소화에 목적이 있다.

| **오답해설** | ㄷ. 시분할 시스템은 CPU가 선점 스케줄링 방식으로 여러 개의 작업을 교대로 수행한다.

---

04 운영 체제의 개요 > 운영 체제의 분류 　　　　답 ②

| **정답해설** | ② 운영 체제를 일괄 처리(Batch), 대화식(Interactive), 실시간(Real-Time) 시스템 그리고 일괄 처리와 대화식이 결합된 하이브리드(Hybrid) 시스템 등으로 분류할 수 있으며, 분류 근거로 선택지에서 가장 합당한 것은 <u>응답 시간과 데이터 입력 방식</u>이다.

---

05 운영 체제의 개요 > 운영 체제 　　　　답 ③

| **정답해설** | ③ 운영 체제에 대한 옳은 설명은 ㄱ, ㄹ이다.

| **오답해설** | ㄴ. 스풀링: 여러 개의 작업에 대해서 CPU 작업과 I/O 작업으로 분할하여 동시에 수행하며, 보조 기억 장치를 사용한다.

ㄷ. RR(Round Robin): FCFS를 선점형 스케줄링으로 변형한 기법이다.

---

06 운영 체제의 개요 > 스풀링과 버퍼링 　　　　답 ④

| **정답해설** | ④ 운영 체제에 내장되어 있는 프로그램에 의해 구현되는 것은 스풀링이다.

┤ **함께 보는 이론** ├

– 버퍼링(Buffering): 한 개의 작업에 대해 CPU 작업과 I/O 작업으로 분할하여 동시에 수행한다. 주기억 장치를 사용한다. CPU의 효율을 높이는 방식으로 버퍼를 2개 또는 그 이상 사용하는 방식을 이용하여 버퍼링 효과를 높일 수 있다.

– 스풀링(SPOOLing; Simulation Peripheral Operation OnLine): 여러 개의 작업에 대해서 CPU 작업과 I/O 작업으로 분할하여 동시에 수행한다. 보조 기억 장치를 사용한다.

---

07 운영 체제의 개요 > 스풀링 　　　　답 ①

| **정답해설** | ① SPOOL(Simultaneous Peripheral Operation OnLine) 기술: 입출력 장치의 느린 속도를 보완하기 위해 이용되는 방법이다. 여러 개의 작업에 대해서 CPU 작업과 I/O 작업으로 분할하여 동시에 수행한다. 보조 기억 장치를 사용한다.

| 오답해설 | ② 세마포어(Semaphore) 기술: Dijkstra(다익스트라)에 의해 제안되었으며, 상호 배제를 해결하기 위한 새로운 동기 도구라 할 수 있다.

③ 다중 스레드(Multi Thread) 기술: 한 개의 응용 프로그램이 스레드(Thread)로 불리는 처리 단위를 복수 생성하여 복수의 처리를 병행하는 것이다.

④ 가상 메모리(Virtual Memory) 기술: 한정된 주기억 장치(실 공간) 용량의 문제를 해결하기 위한 기술로 주소 공간의 확대를 목적으로 한다.

---

08 운영 체제의 개요 > 프린터 설정   답 ②

| 정답해설 | ② Windows XP에서 기본 프린터로는 로컬 프린터나 네트워크 프린터 모두 설정할 수 있다.

---

09 운영 체제의 개요 > 리눅스 운영 체제   답 ①

| 정답해설 | ① 리눅스는 모놀리식 커널을 사용한다.

┌ 함께 보는 이론 ┐

– 마이크로 커널(Micro Kernel): 최소한의 커널이라는 개념이며, 메모리 관리, 프로세스 관리 등만을 구현해 놓은 커널이다. 운영 체제 개발 시 모듈화에 중점을 두고 개발되었다. 예 윈도우

– 모놀리틱 커널(Monolithic Kernel): 거대한 커널이 모든 기능을 수행하도록 만들어졌으며, 커널의 기본적인 기능 외에 다른 부가적인 기능들이 모두 포함되어 있는 커널이다. 예 UNIX, LINUX

---

10 운영 체제의 개요 > 유닉스 파일의 속성   답 ③

| 정답해설 | ③ 심볼릭 링크(Symbolic Link)는 Soft Link를 말하며, 특정 파일이나 폴더의 위치와 정보만을 기록한 파일이다. 〈보기〉 파일의 속성에서는 Soft Link가 아닌 Hard Link(링크 수, 물리적 연결 개수)가 2이다.

┌ 함께 보는 이론 | 유닉스 파일 목록 ┐

```
–    rwxr–xr––        2        peter     staff      3542
↑      ↑            ↑          ↑         ↑         ↑
파일 타입  접근 모드   하드 링크 수  사용자명   그룹명    파일 크기


8월 31일 10:00    aaash
    ↑              ↑
최종 수정 일시     파일명
```

---

11 운영 체제의 개요 > 명령어의 기능   답 ①

| 정답해설 | ① 컴퓨터 사양 확인(dxdiag) – 시작 프로그램 편집(msconfig) — 레지스트리 편집(regedit) – 원격 데스크톱 실행(mstsc) 순이다.

**CHAPTER 02	프로세스 관리**			문제편 P.45
01 ②	02 ①	03 ①	04 ④	05 ④
06 ④	07 ②	08 ③	09 ④	10 ②
11 ③	12 ②	13 ④	14 ④	15 ②
16 ②	17 ④	18 ④	19 ②	20 ④
21 ③	22 ①	23 ④	24 ②	25 ②
26 ③	27 ④	28 ③	29 ①	30 ①

01 프로세스 관리 > 프로세스 상태   답 ②

| 정답해설 | ② 대기(Block) 상태: I/O와 같은 사건으로 인해 중앙 처리 장치를 양도하고 I/O 완료 시까지 대기 큐에서 대기하고 있는 상태를 말한다.

| 오답해설 | ① 준비 상태에 대한 설명이다.

③ 생성 상태에 대한 설명이다.

④ 종료 상태에 대한 설명이다.

┌ 함께 보는 이론 | 프로세스 상태 전이도 ┐

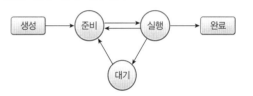

– 생성(New) 상태: 작업이 제출되어 스풀 공간에 수록한다.

– 준비(Ready) 상태: 중앙 처리 장치가 사용 가능한(할당할 수 있는) 상태이다.

– 실행(Running) 상태: 프로세스가 중앙 처리 장치를 차지(프로세스를 실행)하고 있는 상태이다.

– 대기(Block) 상태: I/O와 같은 사건으로 인해 중앙 처리 장치를 양도하고 I/O 완료 시까지 대기 큐에서 대기하고 있는 상태이다.

– 완료(Exit) 상태: 중앙 처리 장치를 할당받아 주어진 시간 내에 수행을 종료한 상태이다.

---

02 프로세스 관리 > 프로세스 상태   답 ①

| 정답해설 | ① 프로세스의 영역 중 힙 영역은 동적 메모리 할당에 활용된다.

┌ 함께 보는 이론 | 프로세스의 상태 전환 ┐

① Dispatch(준비 상태 → 실행 상태): 준비 상태의 프로세스들 중에서 우선순위가 가장 높은 프로세스를 선정하여 중앙 처리 장치를 할당함으로써 실행 상태로 전환

② Timer runout(실행 상태 → 준비 상태): 중앙 처리 장치의 지정된 할당 시간을 모두 사용한 프로세스를 다른 프로세스를 위해 다시 준비 상태로 전환

③ Block(실행 상태 → 대기 상태): 실행 중인 프로세스가 입출력 명령을 만나면 입출력 전용 프로세서에게 중앙 처리 장치를 스스로 양도하고 자신은 대기 상태로 전환

④ Wake up(대기 상태 → 준비 상태): 입출력 완료를 기다리다가 입출력 완료 신호가 들어오면 대기 중인 프로세스는 준비 상태로 전환

---

03 프로세스 관리 > 프로세스 상태 답 ①

| 정답해설 | ① Block(실행 상태 → 대기 상태): 실행 중인 프로세스가 입출력 명령을 만나면 입출력 전용 프로세서에게 중앙 처리 장치를 스스로 양도하고 자신은 대기 상태로 전환한다.

| 오답해설 | ② Deadlock(교착 상태): 둘 이상의 프로세스가 자원을 공유한 상태에서, 서로 상대방의 작업이 끝나기만을 무한정 기다리는 현상이다.
③ Interrupt(인터럽트): 컴퓨터가 프로그램을 수행하는 동안 컴퓨터의 내부 또는 외부에서 예기치 않은 사건이 발생했을 때 응급 조치를 수행한 후 계속적으로 프로그램 처리를 수행하는 운영 체제의 기능이다.
④ Wake up(대기 상태 → 준비 상태): 입출력 완료를 기다리다가 입출력 완료 신호가 들어오면 대기 중인 프로세스는 준비 상태로 전환한다.

---

04 프로세스 관리 > 다중 스레드 답 ④

| 정답해설 | ④ 일반적으로 프로세스를 HWP(Heavy Weight Process)라 하고, 스레드를 LWP(Light Weight Process)라고 한다.

---

05 프로세스 관리 > 프로세스와 스레드 답 ④

| 정답해설 | ④ 스레드는 프로세스 내에서 Code, Data, Heap 영역은 공유하지만, Stack은 각각 할당한다. 한 프로세스의 어떤 스레드가 스택 영역(Stack Area)에 있는 데이터 내용을 변경하면 해당 프로세스의 다른 스레드가 변경된 내용을 확인할 수 없다.

---

06 프로세스 관리 > 다중 스레드 답 ④

| 정답해설 | ④ 다중 스레드(Multi Thread) 프로그래밍에서 하나의 스레드에 문제가 발생하면 전체 프로세스가 영향을 받는다.

┤ **함께 보는 이론** ├ 다중 스레드(Multi Thread)의 장단점 ─
- 장점: 자원의 효율성 증대, 처리 비용 감소, 응답 시간 단축 등
- 단점: 멀티 스레드의 경우, 자원 공유의 문제가 발생한다. 스레드 간의 자원 공유는 전역 변수를 이용하므로 함께 사용할 때 충돌이 발생할 수 있다. 하나의 스레드에 문제가 발생하면 전체 프로세스가 영향을 받는다.

---

07 프로세스 관리 > PCB 답 ②

| 정답해설 | ② 프로세스 제어 블록(PCB; Process Control Block): 프로세스는 운영 체제 내에서 프로세스 제어 블록이라 표현하며, 작업 제어 블록이라고도 한다. 프로세스를 관리하기 위해 유지되는 데이터 블록 또는 레코드의 데이터 구조이다. 프로세스 식별자, 프로세스 상태, 프로그램 카운터 등의 정보로 구성된다. 프로세스 생성 시 만들어지고 메인 메모리에 유지, 운영 체제에서 한 프로세스의 존재를 정의한다. 프로세스 제어 블록의 정보는 운영 체제의 모든 모듈이 읽고 수정 가능하다.

---

08 프로세스 관리 > 프로세스 스케줄링 답 ③

| 정답해설 | ③ SSTF(Shortest Seek Time First)는 디스크 스케줄링 기법에 해당한다.

┤ **함께 보는 이론** ├ 비선점과 선점 스케줄링의 종류 ─
- 비선점(Non-preemptive) 스케줄링: FCFS, SJF, HRN 등
- 선점(Preemptive) 스케줄링: SRT, RR, MLQ, MFQ 등

---

09 프로세스 관리 > 프로세스 상태 답 ④

| 정답해설 | ④ 종료: 프로세스가 작업 수행을 끝낸 상태로, 프로세스에 할당된 모든 자원을 해제한다.

---

10 프로세스 관리 > 라운드 로빈 스케줄링 답 ②

| 정답해설 | 라운드 로빈 CPU 스케줄링 알고리즘은 FCFS를 선점형 스케줄링으로 변형한 기법이다. 시간 할당량이 4밀리초이므로, P1이 먼저 4밀리초를 사용하고 7밀리초 대기 후에 수행한다. P2는 4밀리초를 대기 후에 수행되며, P3는 7밀리초 대기 후에 수행된다. 프로세스들의 총 대기 시간을 묻고 있으므로 7+4+7하면 답은 18밀리초가 된다.

---

11 프로세스 관리 > 프로세스 스케줄링 답 ③

| 정답해설 | FIFO 방식의 진행 순서: P1 → P2 → P3 → P4
FIFO 방식의 실행 시간 차트는 다음과 같다.

P1	P2	P3	P4
0	2	4	7 16

- P1: 0 도착, 2 결과 출력, 응답 시간: 2−0 = 2
- P2: 2 도착, 4 결과 출력, 응답 시간: 4−2 = 2
- P3: 3 도착, 7 결과 출력, 응답 시간: 7−3 = 4
- P4: 4 도착, 16 결과 출력, 응답 시간: 16−4 = 12
∴ ③ 평균 응답 시간 = (2 + 2 + 4 + 12)÷4 = 5

---

12 프로세스 관리 > 라운드 로빈 스케줄링 답 ②

| 정답해설 | ② 범용 시분할 시스템에 가장 적합한 스케줄링 기법은 RR(Round-Robin)이다.

---

13 프로세스 관리 > 라운드 로빈 스케줄링 답 ②

| 정답해설 | 라운드 로빈(Round Robin) 스케줄링

프로세스 번호	1	2	3	4	5	2	4
시간 할당량	10	10	5	10	1	8	2
남은 작업량	0	8	0	2	0	0	0

- 프로세스 1의 대기 시간: 0초
- 프로세스 2의 대기 시간: 10 + (5 + 10 + 1) − 6 = 20초
- 프로세스 3의 대기 시간: (10 + 10) − 14 = 6초
- 프로세스 4의 대기 시간: (10 + 10 + 5) + (1 + 8) − 15 = 19초
- 프로세스 5의 대기 시간: (10 + 10 + 5 + 10) − 19 = 16초
∴ ② 평균 대기 시간= (0 + 20 + 6 + 19 + 16)÷5 = <u>12.2초</u>

---

14 프로세스 관리 > SRT 스케줄링   답 ③

| **정답해설** | ③ SRT(Shortest Remaining Time) 스케줄링은 실행 중인 작업이 끝날 때까지 남은 실행 시간의 추정 값보다 더 작은 추정 값을 갖는 작업이 들어오게 되면 언제라도 현재 실행 중인 작업을 중단하고 그것을 먼저 실행시키는 스케줄링 기법이다.

프로세스 번호	P₁	P₂	P₄	P₃	P₁
시간 할당량	30	10	10	15	25
남은 작업량	25	0	0	0	0

- P₁의 대기 시간: 35
- P₂의 대기 시간: 0
- P₃의 대기 시간: 15
- P₄의 대기 시간: 0
- 총 대기 시간: (35 + 15) = 50

---

15 프로세스 관리 > 라운드 로빈 스케줄링   답 ②

| **정답해설** |

프로세스 번호	P1	P2	P3	P1	P4	P2	P3	P4	P2
시간 할당량	5	5	5	5	5	5	1	4	5
남은 작업량	5	10	1	0	4	5	0	0	0
대기 시간		4	7	10	14	15	15	6	5

- 평균 대기 시간: (4 + 7 + 10 + 14 + 15 + 15 + 6 + 5) ÷ 4 = 19
- 평균 실행 시간: (10 + 15 + 6 + 9) ÷ 4 = 10
- 평균 반환 시간: 19 + 10 = 29
∴ ② 29.0

┤ 함께 보는 이론 ├ RR(Round Robin, 라운드 로빈)
- FCFS를 선점형 스케줄링으로 변형한 기법이다.
- 대화형 시스템에서 사용되며, 빠른 응답 시간을 보장한다.
- RR은 각 프로세스가 CPU를 공평하게 사용할 수 있다는 장점이 있지만, 시간 할당량의 크기는 시스템의 성능을 결정하므로 세심한 주의가 필요하다.

---

16 프로세스 관리 > SJF 스케줄링   답 ②

| **정답해설** | SJF(Shortest Job First) 스케줄링
- SJF 스케줄링은 FCFS를 개선한 기법으로, 대기 리스트의 프로세스들 중 작업이 끝나기까지의 실행 시간 추정치가 가장 작은 프로세스에 CPU를 할당한다.
- 프로세스 1이 0초에 도착하여 6초를 실행하고 대기 시간은 <u>0</u>

초이다.
- 프로세스 1의 완료 시간 6초에서 실행 시간이 가장 작은 프로세스는 3이고, 프로세스 3은 1초 실행하고, 대기 시간은 <u>4초</u>이다.
- 프로세스 3의 완료 시간 7초에서 실행 시간이 가장 작은 프로세스는 4이고, 프로세스 4는 2초 실행하고, 대기 시간은 <u>4초</u>이다.
- 프로세스 4의 완료 시간 9초에서 실행 시간이 남아있는 프로세스는 2이고, 프로세스 2는 4초 실행하고, 대기 시간은 <u>8초</u>이다.
∴ ② 평균 대기 시간 = (0 + 4 + 4 + 8)÷4 = <u>4초</u>

---

17 프로세스 관리 > 프로세스 스케줄링   답 ④

| **정답해설** | ④ 우선순위 스케줄링 기법: 준비 큐에 프로세스가 도착하면, 도착한 프로세스의 우선순위와 현재 실행 중인 프로세스의 우선순위를 비교하여 우선순위가 가장 높은 프로세스에 프로세서를 할당하는 방식이다. 만약, 우선순위가 동일한 프로세스가 준비 큐로 들어오게 되면 FIFO의 순서로 스케줄링을 하게 된다. 또한 우선순위 스케줄링은 선점 또는 비선점이 존재하며, 선점 방식과 비선점 방식은 동일하게 도착한 프로세스의 우선순위를 보고 구분을 결정하는데 기존 프로세스보다 우선순위가 높으면 할당하는 방식이다.

---

18 프로세스 관리 > SRT 스케줄링   답 ②

| **정답해설** | SRT(Shortest Remaining Time) 스케줄링
- SRT 스케줄링은 실행 중인 작업이 끝날 때까지 남은 실행 시간의 추정 값보다 더 작은 추정 값을 갖는 작업이 들어오게 되면 언제라도 현재 실행 중인 작업을 중단하고 그것을 먼저 실행시키는 스케줄링 기법이다.
- 처음에 프로세스 P₁의 실행이 시작되며, 시간 2가 되면 프로세스 P₂가 도착하는데 전체 실행 시간이 P₁은 6(8−2)이고 P₂의 실행 시간이 4이므로 선점하여 실행하는 순으로 진행된다.
- 시간 4가 되면 P₃이 시작되어 시간 5에 종료되면, 다시 P₂가 실행되어 시간 7에 종료되면 P₄가 시간 11까지 실행된 후 나머지 P₁이 시간 <u>17</u>까지 실행된다.
- 반환 시간: P₁(17), P₂(7 − 2 = <u>5</u>), P₃(5 − 4 = <u>1</u>), P₄(11 − 6 = <u>5</u>)
∴ ② 평균 반환 시간 = (17 + 5 + 1 + 5) ÷ 4 = <u>7</u>

---

19 프로세스 관리 > HRN 스케줄링   답 ②

| **정답해설** | HRN(Highest Response Next): SJF의 단점인 실행 시간이 긴 프로세스와 짧은 프로세스의 지나친 불평등을 보완한 기법이다. 대기 시간을 고려하여 실행 시간이 짧은 프로세스와 대기 시간이 긴 프로세스에게 우선순위를 높여준다. <u>우선순위 계산식에서 가장 큰 값을 가진 프로세스를 스케줄링한다.</u>

– 우선순위 = (대기 시간 + 서비스 받을 시간) ÷ 서비스 받을 시간
– 작업 A: $(15 + 8) \div 8 = 2.875$
– 작업 B: $(15 + 5) \div 5 = 4$
– 작업 C: $(10 + 7) \div 7 = 2.4285\cdots$
– 작업 D: $(5 + 5) \div 5 = 2$
– 작업 E: $(8 + 6) \div 6 = 2.3333\cdots$
∴ ② B

---

20 프로세스 관리 > 교착 상태   답 ④

| **정답해설** | ④ 교착 상태는 상호 배제 조건, 점유와 대기 조건, 비선점(Non-Preemptive) 조건, 순환 대기의 <u>조건 모두 만족해야 발생한다.</u>

┌─ **함께 보는 이론** | 교착 상태 4대 발생 조건 ─

– **상호 배제(Mutual Exclusion)**: 다중 프로그래밍 시스템에서는 제한된 공유 자원의 효율적 사용을 위해 상호 배제를 유지해야 한다. 상호 배제는 여러 프로세스를 동시에 처리하기 위해 공유 자원을 순차적으로 할당하면서 동시에 접근하지 못하므로, 한번에 하나의 프로세스만이 자원을 사용할 수 있다.
– **비선점(Non-Preemption)**: 비선점은 프로세스가 사용 중인 공유 자원을 강제로 빼앗을 수 없다는 의미로, 어느 하나의 프로세스에게 할당된 공유 자원의 사용이 끝날 때까지 다른 하나의 프로세스가 강제로 중단시킬 수 없다. 이렇듯 자원을 빼앗을 수 없다면, 공유 자원을 사용하기 위해 대기하던 프로세스는 자원을 사용하지 못할 수도 있기 때문에 교착 상태 발생 조건 중 하나가 된다.
– **환형 대기(순환 대기, Circular Wait)**: 공유 자원들을 여러 프로세스에게 순서대로 분배한다면, 시간은 오래 걸리지만 교착 상태는 발생하지 않는다. 그러나 프로세스들에게 우선순위를 부여하여 공유 자원 할당의 사용 시기와 순서를 융통성 있게 조절한다면, 공유 자원의 점유와 대기는 환형 대기 상태가 될 수 있다. 여러 프로세스들이 공유 자원을 사용하기 위해 원형으로 대기하는 구성으로 앞이나 뒤에 있는 프로세스의 자원을 요구한다.
– **점유와 대기(Hold and Wait)**: 하나의 프로세스만 실행한다면, 모든 자원을 점유한 상태에서 실행하여 교착 상태가 발생되지 않지만, 시스템 성능이 떨어지게 된다. 다중 프로그래밍 시스템에서는 시스템 성능을 향상시키기 위해 여러 프로세스를 동시에 운영하면서 공유 자원을 순차적으로 할당해야 하므로, 어느 하나의 프로세스가 자원을 점유하면서 다른 프로세스에게 할당된 자원을 차지하기 위해 대기해야 한다.

---

21 프로세스 관리 > 교착 상태   답 ③

| **정답해설** | 교착 상태의 필요 조건: 상호 배제 조건, 점유와 대기 조건, 비선점(Non-Preemptive) 조건, 순환 대기의 조건이다.
∴ ③ 비환형 대기는 교착 상태가 발생하는 필요 조건에 해당하<u>지 않는다.</u>

---

22 프로세스 관리 > 교착 상태   답 ①

| **정답해설** | ① 교착 상태(Deadlock)는 둘 이상의 프로세스가 자원을 공유한 상태에서, 서로 상대방의 작업이 끝나기만을 무한정 기다리는 현상으로 불안전한 상태(Unsafe State)에 속한다.

┌─ **함께 보는 이론** | 교착 상태 ─

– **교착 상태 발견(탐지, Detection)**: 컴퓨터 시스템에 교착 상태가 발생했는지 교착 상태에 있는 프로세스와 자원을 발견하는 것으로, 교착 상태 발견 알고리즘과 자원 할당 그래프를 사용한다.
– **교착 상태 회복(복구, Recovery)**: 교착 상태가 발생한 프로세스를 제거하거나 프로세스에 할당된 자원을 선점하여 교착 상태를 회복한다.
– **교착 상태 회피(Avoidance)**: 교착 상태가 발생할 가능성은 배제하지 않으며, 교착 상태 발생 시 적절히 피해가는 기법이다. 시스템이 안전 상태가 되도록 프로세스의 자원 요구만을 할당하는 기법으로 은행원 알고리즘이 대표적이다.

---

23 프로세스 관리 > 교착 상태   답 ④

| **정답해설** | 교착 상태를 예방할 수 있도록 교착 상태 필요 조건에서 상호 배제를 제외하고, 점유 대기/비선점/환형 대기 중 하나를 부정함으로써 교착 상태를 예방한다.
④ 환형 대기 부정은 모든 공유 자원에 순차적으로 고유 번호를 부여하여 프로세스는 공유 자원의 고유 번호 순서에 맞게 자원을 요청한다.

| **오답해설** | ① 상호 배제를 부정한다면, 공유 자원의 동시 사용으로 인하여 하나의 프로세스가 다른 하나의 프로세스에게 영향을 주므로 다중 프로그래밍에서 프로세스를 병행 수행할 수 없는 결과가 나온다.
② 점유와 대기 부정은 어느 하나의 프로세스가 수행되기 전에 프로세스가 필요한 모든 자원을 일시에 요청하는 방법으로, 모든 자원 요청이 받아지지 않는다면 프로세스를 수행할 수 없도록 한다. 공유 자원의 낭비와 기아 상태를 발생시킬 수 있는 단점이 있다.
③ 비선점 부정은 프로세스가 사용 중인 공유 자원을 강제로 빼앗을 수 있도록 허용한다. 프로세스가 공유 자원을 반납한 시점까지의 작업이 무효될 수 있으므로 처리 비용이 증가하고, 자원 요청과 반납이 무한정 반복될 수 있다는 단점이 있다.

---

24 프로세스 관리 > 교착 상태   답 ②

| **정답해설** | ② 비선점(Non-Preemption) 조건: 프로세스가 점유 중인 공유 자원을 강제로 빼앗을 수 없다는 의미로, <u>어느 하나의 프로세스에 할당된 공유 자원의 사용이 끝날 때까지는 다른 하나의 프로세스가 강제로 점유할 수 없다.</u>

| **오답해설** | ① 점유와 대기 조건이다.
③ 상호 배제 조건이다.
④ 환형 대기 조건이다.

---

25 프로세스 관리 > 교착 상태   답 ②

| **정답해설** | ② 선점 조건은 <u>교착 상태 발생 조건에 해당하지 않는다.</u> 교착 상태 발생 필요 조건은 비선점 조건이다.

26 프로세스 관리 > 스레싱   답 ③

| 정답해설 | ③ 각 프로세스에 설정된 작업 집합 크기가 매우 크다면, 다중 프로그래밍 정도를 감소시킨다.

27 프로세스 관리 > 스레싱   답 ④

| 오답해설 | ① 두 개 이상의 작업이 서로 상대방의 작업이 끝나기만을 기다리고 있기 때문에 결과적으로 아무것도 완료되지 못하는 현상을 의미하는 것은 교착 상태(Deadlock)이다.
② CPU 버스트가 짧은 프로세스에게 우선순위를 항상 부여한다면, 상대적으로 CPU 버스트가 긴 프로세스가 계속해서 지연되는 것은 기아 상태(Starvation State)가 발생되는 것이다.
③ CPU가 프로그램을 실행하고 있을 때 입출력 하드웨어 등의 장치나 예외 상황이 발생하여 처리가 필요한 경우는 인터럽트(Interrupt)이다.

> **┤ 함께 보는 이론 ┃ 스레싱(Thrashing) ├**
> – 페이지 부재가 지나치게 발생하여 프로세스가 수행되는 시간보다 페이지 이동에 시간이 더 많아지는 현상이다.
> – 다중 프로그래밍 정도를 높이면, 어느 정도까지는 CPU 이용률이 증가되지만, 스레싱에 의해 CPU 이용률은 급격히 감소된다.

28 프로세스 관리 > 세마포어   답 ③

| 정답해설 | ③ 바쁜 대기(Busy Waiting)는 한 프로세서가 임계 영역에 있을 때, 이 임계 영역에 진입하려는 프로세스는 코드에서 계속 반복해야 하는 상태이다. 공유 자원을 동시에 사용할 수 없도록 하면 바쁜 대기는 증가하여 중앙 처리 장치의 시간을 낭비할 수 있다.

29 프로세스 관리 > 세마포어   답 ①

| 정답해설 | ① 세마포어(Semaphore) 알고리즘은 상호 배제 문제를 해결할 수 있다. 세마포어는 Dijkstra(다익스트라)에 의해 제안되었으며, 상호 배제를 해결하기 위한 동기 도구라 할 수 있다. 이진 세마포어와 계수형 세마포어가 있다.

30 프로세스 관리 > 프로세스 스케줄링   답 ①

| 정답해설 | RR(Round Robin) 스케줄링

프로세스 번호	P1	P2	P1	P3	P2
시간 할당량	3	4	1	2	2
남은 작업량	1	2	0	0	0

– P1의 대기 시간: 2
– P2의 대기 시간: (1 + 3) = 4
– P3의 대기 시간: 2
– 평균 대기 시간: (2 + 4 + 2) ÷ 3 = 2.666.. ≒ 2.7

– 평균 실행 시간: (3 + 4 + 2) ÷ 3 = 3
∴ ① 평균 반환(응답) 시간 = 5.7

CHAPTER 03 ┃ 기억 장치 관리   문제편 P.52

01	③	02	②	03	③	04	②	05	①
06	③	07	④	08	④	09	②	10	④
11	①	12	②	13	④				

01 기억 장치 관리 > 배치 전략   답 ③

| 정답해설 | ③ 최악 적합(Worst-Fit) 방법으로 요청한다고 했으므로 현재 사용 가능한 크기 중 가장 큰 공간에 배치된다. 따라서 영역 번호 5에 배치된다.

02 기억 장치 관리 > 배치 전략   답 ②

| 정답해설 | ② 최초 적합을 한다면 M1, 최적 적합은 M2, 최악 적합은 가장 공간이 큰 M4에 배치된다.

M1	16KB
M2	14KB
M3	5KB
M4	30KB

> **┤ 함께 보는 이론 ┃ 주기억 장치의 배치 전략 ├**
> – **최초 적합(First Fit):** 주기억 장치의 공백들 중에서 프로그램이나 데이터 배치가 가능한 첫 번째 가용 공간에 배치한다. 주기억 장치 배치 전략 중에서 작업의 배치 결정이 가장 빠르며, 후속 적합(Next Fit)의 변형이다.
> – **최적 적합(Best Fit):** 주기억 장치의 공백들 중 프로그램이나 데이터 배치가 가능한 가장 알맞은 가용 공간에 배치한다. 주기억 장치 배치 전략 중에서 작업의 배치 결정이 가장 느리다.
> – **최악 적합(Worst Fit):** 주기억 장치의 공백들 중 프로그램이나 데이터 배치가 가능한 가장 큰 가용 공간에 배치한다. 프로그램이나 데이터를 적재하고 남는 공간은 다른 프로그램이나 데이터를 배치할 수 있어서 주기억 장치 공간을 효율적으로 사용할 수 있다.

03 기억 장치 관리 > 가상 메모리   답 ③

| 정답해설 | ㄴ. 스레싱(Thrashing): 페이지 부재가 지나치게 발생하여 프로세스가 수행되는 시간보다 페이지 이동에 시간이 더 많아지는 현상이다. 다중 프로그래밍 정도를 높이면, 어느 정도까지는 CPU 이용률이 증가되지만, 스레싱에 의해 CPU 이용률은 급격히 감소된다.
ㄷ. 지역성은 프로세스 수행 중 일부 페이지가 집중적으로 참조되는 경향을 의미하며, 공간 지역성의 대표적인 예가 배열의 순회이다.

| **오답해설** | ㄱ. 인위적 연속성이란 가상 기억 장치 시스템에서 프로세스가 갖는 가상 주소 공간의 연속된 주소들이 실제 기억 장소에서도 반드시 연속적일 필요는 없다는 성질이다.

ㄹ. 프로세스가 자주 참조하는 페이지의 집합을 작업 집합(Working Set)이라 하며, 작업 집합은 필요에 따라 변화될 수 있다.

---

04 기억 장치 관리 > LRU 페이지 교체 알고리즘 답 ②

| **정답해설** |

요구 페이지	2	3	2	1	5	2	4	5
페이지 프레임	2	2	2	2	2	2	2	2
		3	3	3	5	5	5	5
				1	1	1	4	4
페이지 부재	○	○		○	○		○	

∴ ② Page-fault는 5번 발생한다.

┌─ **함께 보는 이론** | LRU(Least Recently Used)

– 주기억 장치에서 가장 오랫동안 사용되지 않은 페이지를 교체한다.

– 계수기 또는 스택과 같은 별도의 하드웨어가 필요하며, 시간적 오버헤드(Overhead)가 발생한다.

– 최적화 기법에 근사하는 방법으로, 효과적인 페이지 교체 알고리즘으로 사용된다.

---

05 기억 장치 관리 > LRU 페이지 교체 알고리즘 답 ①

| **정답해설** | LRU 페이지 교체 알고리즘

요구 페이지	1	0	2	2	2	1	7	6	7	0	1	2
페이지 프레임	1	1	1	1	1	1	1	1	1	1	1	1
		0	0	0	0	0	0	6	6	6	6	2
			2	2	2	2	2	2	2	2	0	0
							7	7	7	7	7	7
페이지 부재	○	○	○	적중	적중	적중	○	○	적중	○	적중	○

∴ ① 전체 페이지 참조에서 페이지 부재 7회를 제거한 적중은 5회이므로 적중률은 $\dfrac{\text{적중 횟수}}{\text{전체 참고 횟수}} = \dfrac{5}{12}$이다.

---

06 기억 장치 관리 > LRU 페이지 교체 알고리즘 답 ③

| **정답해설** | ③ 페이지 교체가 필요한 시점에서 최근 가장 오랫동안 사용되지 않은 페이지를 제거하여 교체하는 방식은 LRU 알고리즘이다.

---

07 기억 장치 관리 > LRU 페이지 교체 알고리즘 답 ④

| **정답해설** | 스택(Stack)을 이용한 LRU 방식은 가장 최근 페이지가 스택의 TOP에 위치하며, 스택이 모두 채워지면 bottom에 있는 페이지를 제거한다. 스택에 들어 있는 페이지가 참조될 경우에는 스택의 top에 위치한다.

	1	2	3	4	5	3	4	2	5	4	6	7	2	4
top				4	5	3	4	2	5	4	6	7	2	4
			3	3	4	5	3	4	2	5	4	6	7	2
		2	2	2	3	4	5	3	4	2	5	4	6	7
bottom	1	1	1	1	2	2	2	5	3	3	2	5	4	6

↑
최종

---

08 기억 장치 관리 > LRU 페이지 교체 알고리즘 답 ④

| **정답해설** |

요구 페이지	1	2	3	1	2	3	1	2	3	1	2	3	4	5	6	7	4	5	6	7	4	5	6	7
페이지 프레임	1	1	1	1	1	1	1	1	1	1	1	1	4	4	7	7	6	6	6	5	5	5		
		2	2	2	2	2	2	2	2	2	2	2	5	5	4	4	4	7	7	7	6	6		
			3	3	3	3	3	3	3	3	3	3	6	6	6	5	5	5	4	4	4	7		
페이지 부재	○	○	○										○	○	○	○	○	○	○	○	○	○	○	○

∴ ④ 페이지 부재 횟수는 15번 발생한다.

---

09 기억 장치 관리 > LFU 페이지 교체 알고리즘 답 ②

| **정답해설** | LFU 페이지 교체 알고리즘

요구 페이지	2	3	1	2	1	2	4	2	1	3	2
페이지 프레임	2	2	2	2	2	2	2	2	2	2	2
		3	3	3	3	3	4	4	4	3	3
			1	1	1	1	1	1	1	1	1
페이지 부재	○	○	○				○			○	

∴ ② 페이지 부재 횟수는 5번 발생한다.

---

10 기억 장치 관리 > 배치 전략 답 ④

| **정답해설** | 최악 적합(Worst-Fit) 방법으로 요청한다고 했으므로 25KB는 현재 가장 큰 공간인 35KB에 할당된다. 30KB는 30KB에 할당, 15KB는 20KB에 할당, 10KB는 15KB에 할당된다.

∴ ④ 최악 적합 배치 전략을 사용할 경우 할당되는 가용 공간 시작 주소는 z → w → x → y 순으로 나열된다.

11 기억 장치 관리 > 페이지 교체 알고리즘 답 ①

| 오답해설 | ② MRU(Most Recently Used): 가장 많이 사용된 페이지를 교체한다.

③ LRU(Least Recently Used): 가장 오랫동안 사용되지 않은 페이지를 교체한다.

④ LFU(Least Frequently Used): 가장 적게 사용된 페이지를 교체한다.

12 기억 장치 관리 > 임계 영역 답 ②

| 정답해설 | ② 임계 영역(Critical Region)은 병렬적으로 실행할 수 없는 한 순간에 반드시 하나의 프로세스만 허용된다.

┌ | 함께 보는 이론 | 임계 영역(Critical Region) ─

두 개 이상의 프로세스들이 공유할 수 없는 자원을 임계 자원이라 하는데, 이 자원을 이용하는 부분을 임계 영역이라 한다. 한 순간에 반드시 단 하나의 프로세스만이 임계 영역에 허용된다. 임계 영역 내에서는 반드시 빠른 속도로 수행되어야 하며, 무한 루프에 빠지지 않아야 한다.

13 기억 장치 관리 > 임계 영역 답 ④

| 정답해설 | ④ 임계 영역 바깥에 있는 프로세스가 다른 프로세스의 임계 영역 진입에 영향을 끼치지 않아야 하며, 임계 영역 외에 있는 프로세스의 결과에 영향을 주면 안 된다.

CHAPTER 04 | 파일 관리							문제편 P.55		
01	③	02	②	03	①	04	④	05	②
06	②								

01 파일 관리 > 디스크 스케줄링 답 ③

| 정답해설 | ③ C-Look: C-SCAN 기법을 개선한 기법이다. 디스크 헤드가 바깥쪽에서 안쪽으로 이동하는 것을 기본 헤드의 이동 방향이라고 한다면, 트랙의 바깥쪽에서 안쪽 방향의 마지막 입출력 요청을 처리한 다음, 디스크 끝까지 이동하는 것이 아니라 다시 가장 바깥쪽의 요청 트랙으로 이동한다.

| 오답해설 | ① FCFS(First-Come First-Service)

- 입출력 요청 대기 큐에 들어온 순서대로 서비스를 하는 방법이다.
- 가장 간단한 스케줄링으로, 디스크 대기 큐를 재배열하지 않고, 먼저 들어온 트랙에 대한 요청을 순서대로 디스크 헤드를 이동시켜 처리한다.

② N-step SCAN
 - SCAN 기법을 개선한 기법이다.

- SCAN의 무한 대기 발생 가능성을 제거한 것으로 SCAN보다 응답 시간의 편차가 적고, SCAN과 같이 진행 방향상의 요청을 서비스하지만, 진행 중 새롭게 추가된 요청은 서비스하지 않고 다음 진행 시에 서비스하는 기법이다.

④ SSTF(Shortest Seek Time First)
- FCFS보다 처리량이 많고 평균 응답 시간이 짧다.
- 탐색 거리가 가장 짧은 트랙에 대한 요청을 먼저 서비스하는 기법이다.
- 디스크 헤드는 현재 요청만을 먼저 처리하므로, 가운데를 집중적으로 서비스한다.

02 파일 관리 > 디스크 스케줄링 답 ②

| 정답해설 | ② 〈보기〉의 서비스 순서에서 트랙의 순서가 바깥쪽에서 안쪽으로 이동되므로 선택지의 디스크 스케줄링 방식 중에서 정확한 표현은 C-LOOK이며 가장 관련 있는 것은 C-SCAN이라 할 수 있다.

┌ | 함께 보는 이론 | 디스크 스케줄링 방식 ─

- FCFS(First-Come First-Service): 입출력 요청 대기 큐에 들어온 순서대로 서비스하는 방법이다. 가장 간단한 스케줄링으로, 디스크 대기 큐를 재배열하지 않고, 먼저 들어온 트랙에 대한 요청을 순서대로 디스크 헤드를 이동시켜 처리한다.
- C-SCAN: 항상 바깥쪽에서 안쪽으로 움직이면서 가장 짧은 탐색 거리를 갖는 요청을 서비스한다. 헤드는 트랙의 바깥쪽에서 안쪽으로 한 방향으로만 움직이며 서비스하여 끝까지 이동한 후, 안쪽에 더 이상의 요청이 없으면 헤드는 가장 바깥쪽 끝으로 이동한 후 다시 안쪽으로 이동하면서 요청을 서비스한다.
- SSTF(Shortest Seek Time First): FCFS보다 처리량이 많고 평균 응답 시간이 짧다. 탐색 거리가 가장 짧은 트랙에 대한 요청을 먼저 서비스하는 기법이다.
- SCAN: SSTF가 갖는 탐색 시간의 편차를 해소하기 위한 기법이며, 대부분의 디스크 스케줄링 기본 전략으로 사용된다. 현재 진행 중인 방향으로 가장 짧은 탐색 거리에 있는 요청을 먼저 서비스한다. 현재 헤드의 위치에서 진행 방향이 결정되면 탐색 거리가 짧은 순서에 따라 그 방향의 모든 요청을 서비스하고 끝까지 이동한 후 역방향의 요청 사항을 서비스한다.

03 파일 관리 > 디스크 스케줄링 답 ①

| 정답해설 | ① 운영 체제의 디스크 스케줄링 중에서 FCFS 스케줄링은 공평성이 유지되지만, 스케줄링 방법 중 가장 성능이 안 좋은 기법이다.

04 파일 관리 > 디스크 스케줄링 답 ④

| 정답해설 | ④ 디스크 스케줄링 기법 중 SCAN 기법은 현재 헤드의 위치에서 진행 방향이 결정되면 탐색 거리가 짧은 순서에 따라 그 방향의 모든 요청을 서비스하고 끝까지 이동한 후 역방향의 요청 사항을 서비스한다. 따라서 작업 대기 큐의 진행 방법은 ④ 47 → 56 → 139 → 158 → 175 → 199 → 22 → 13 순이다.

05 파일 관리 > 디스크 스케줄링　　　　답 ②

| **정답해설** | ② 문제에서 가장 안쪽 트랙을 0번, 가장 바깥쪽 트랙을 200번으로 가정할 때, C-SCAN 기법은 55 − 50 − 47 − 30 − 25 − 0 − 200 − 100 − 75 − 63 순으로 처리한다.
∴ ② 63이다.

06 파일 관리 > 디스크 스케줄링　　　　답 ②

| **정답해설** | C-LOOK
- 디스크 헤드가 바깥쪽에서 안쪽으로 이동하는 것을 기본 헤드의 이동 방향이라고 한다면, 트랙의 바깥쪽에서 안쪽 방향의 마지막 입출력 요청을 처리한 다음, 디스크의 끝까지 이동하는 것이 아니라 다시 가장 바깥쪽 트랙으로 이동한다.
- 이동 방향: 50 − 65 − 90 − 112 − 165 − 170 − 180 − 16 − 35 − 40
∴ ② 이동 거리 = 15 + 25 + 22 + 53 + 5 + 10 + 164 + 19 + 5 = <u>318</u>

챕터별 키워드 & 취약영역 체크

☑ 챕터별 키워드로 본인의 취약영역 확인 후, 취약영역에 해당하는 문제와 이론은 꼼꼼하게 다시 점검하세요!

CHAPTER 01 데이터베이스 개요		CHAPTER 02 데이터 모델 및 언어		CHAPTER 03 정규형과 데이터베이스 설계		CHAPTER 04 고급 기능	
틀린 개수 _____ / 12개		틀린 개수 _____ / 29개		틀린 개수 _____ / 8개		틀린 개수 _____ / 14개	
01	데이터 중복	01	릴레이션	01	논리적 설계 단계	01	트랜잭션의 특성
02	스키마	02	개체 관계 모델	02	논리적 설계 단계	02	트랜잭션의 특성
03	스키마	03	관계 데이터 모델	03	정규형	03	트랜잭션의 특성
04	스키마	04	후보키	04	정규형	04	트랜잭션의 특성
05	데이터베이스 모델	05	키	05	정규형	05	지연 갱신
06	데이터베이스 접근 순서	06	기본키	06	정규화	06	트랜잭션의 회복
07	데이터베이스 관리 시스템(DBMS)	07	키	07	순차 파일	07	트랜잭션의 회복
08	데이터베이스 모델	08	후보키	08	질의 최적화	08	분산 데이터베이스
09	데이터베이스 관리 시스템(DBMS)	09	관계 대수와 SQL			09	인덱스
10	파일 시스템과 데이터베이스 시스템	10	관계 대수 연산			10	무결성 제약
11	논리적 데이터 모델	11	E–R 다이어그램			11	무결성 제약
12	데이터베이스 관리 시스템(DBMS)	12	E–R 다이어그램			12	무결성 제약
		13	SQL			13	OLAP
		14	SQL			14	로킹 기법
		15	SQL				
		16	SQL				
		17	SQL				
		18	SQL				
		19	SQL				
		20	SQL				
		21	SQL				
		22	SQL				
		23	SQL				
		24	SQL				
		25	SQL				
		26	SQL				
		27	SQL				
		28	SQL				
		29	뷰				

➡ 나의 취약영역: _____

CHAPTER 01 | 데이터베이스 개요								문제편 P.58	
01	①	02	③	03	③	04	④	05	③
06	④	07	③	08	④	09	③	10	④
11	④	12	③						

01 데이터베이스 개요 > 데이터 중복 답 ①

| 정답해설 | ① 중복성이 높다면 같은 데이터가 여러 곳에 중복되어 저장되므로 동일 수준의 보안을 유지하기가 어렵다.

02 데이터베이스 개요 > 스키마 답 ③

| 정답해설 | ③ 개념 스키마: 기관이나 조직, 즉 범기관적 입장에서 데이터베이스를 정의한 것으로, 모든 응용 시스템이나 사용자들이 필요로 하는 데이터를 통합한 조직 전체의 데이터베이스를 기술한 스키마를 말한다.

| 오답해설 | ① 외부 스키마: 사용자나 응용 프로그래머 관점의 스키마를 말한다.

② 내부 스키마: 내부 물리적 저장 장치 관점의 스키마를 말한다.

03 데이터베이스 개요 > 스키마 답 ③

| 정답해설 | ③ 여러 개의 외부 스키마를 통합하는 관점에서 논리적인 데이터베이스를 기술한 것은 개념 스키마이며, 내부 스키마는 물리적 저장 장치의 관점이다.

04 데이터베이스 개요 > 스키마 답 ④

| 정답해설 | ㄱ. 내부 스키마: 물리적 저장 장치 관점에서 전체 데이터베이스가 저장되는 방법을 명세한다.

ㄴ. 외부 스키마: 가장 바깥쪽 스키마로, 전체 데이터 중 사용자가 사용하는 한 부분에서 본 구조를 말한다.

ㄷ. 개념 스키마: 논리적 관점에서 본 구조로 전체적인 데이터 구조를 말한다.

∴ ④ ㄱ, ㄴ, ㄷ 모두 옳은 설명이다.

05 데이터베이스 개요 > 데이터베이스 모델 답 ③

| 정답해설 | ③ 관계형 데이터베이스는 표 데이터 모델이라고도 하며, 구조가 단순하고 사용이 편리하며, n : m 표현이 가능하다.

06 데이터베이스 개요 > 데이터베이스 접근 순서 답 ④

| 정답해설 | 데이터베이스의 접근

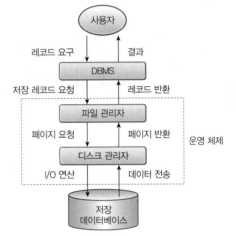

∴ ④ 데이터베이스의 접근 순서는 사용자 → DBMS → 파일 관리자 → 디스크 관리자 → 데이터베이스 순이다.

07 데이터베이스 개요 > 데이터베이스 관리 시스템(DBMS) 답 ③

| 정답해설 | ③ 데이터 무결성 유지를 위해 데이터의 중복을 최소화한다.

08 데이터베이스 개요 > 데이터베이스 모델 답 ④

| 정답해설 | – 개념적 데이터 모델: 개체 관계 모델

– 논리적 데이터 모델: 계층 데이터 모델, 관계 데이터 모델, 네트워크 데이터 모델

∴ ④는 논리적 데이터 모델에 해당한다.

09 데이터베이스 개요 > 데이터베이스 관리 시스템(DBMS) 답 ③

| 정답해설 | ③ 데이터베이스를 구성하는 데이터 구조가 변경되어도 변경된 데이터 항목을 사용하는 프로그램만 변경되고, 나머지 프로그램은 변경될 필요가 없는 것이 데이터 독립성이다.

┌─ | 함께 보는 이론 | 데이터 독립성(Data Independent) ─

• 정의
  – DBMS의 궁극적인 목적은 데이터 독립성(Data Independency)을 제공하는 것
  – 상위 단계의 스키마 정의에 영향을 주지 않고 스키마의 정의를 수정할 수 있는 능력

• 논리적 데이터 독립성
  – DB의 논리적 구조의 변화에 대해 응용 프로그램들이 영향을 받지 않는 능력
  – 기존 응용 프로그램에 영향을 주지 않고 데이터베이스의 논리적 구조를 변경시킬 수 있는 능력

• 물리적 데이터 독립성
  – 응용 프로그램이나 데이터베이스의 논리적 구조에 영향을 주지 않고 데이터베이스의 물리적 구조를 변경할 수 있는 능력

－ 물리적 독립성에 의해 응용 프로그램이나 데이터베이스의 논리적 구조가 물리적 구조의 변경으로부터 영향을 받지 않는다.
－ 시스템 성능(Performance)을 향상시키기 위해 필요

10 데이터베이스 개요 > 파일 시스템과 데이터베이스 시스템 답 ④

| 정답해설 | ④ 파일 시스템은 응용 프로그램과 데이터 파일 간에 상호 의존 관계가 강하게 연결되어 종속성이 심하므로 데이터 파일의 공유가 용이하지 않다.

┌ | 함께 보는 이론 | 파일 시스템 ─
- **파일 시스템**
  - 각각의 응용 프로그램은 개별적으로 자기 자신의 데이터 파일을 관리·유지한다.
  - 각각의 응용 프로그램은 자기의 데이터 파일을 접근하고 관리하기 위해 조작(검색, 삽입, 삭제, 갱신)을 할 수 있는 루틴을 포함한다.
- **파일 시스템의 문제점**
  - 논리적 파일 구조와 물리적 파일 구조 간에 일대일(1:1)로 대응 필요
  - 물리적 데이터 구조에 대한 접근 방법을 응용 프로그램에 구현
  - 데이터 종속성, 데이터 중복성 문제가 발생함

┌ | 함께 보는 이론 | 데이터 종속성과 중복성 ─
- **데이터 종속성(Data Dependency)**
  - 응용 프로그램과 데이터 간에 상호 의존 관계가 강하게 연결됨을 의미한다.
  - 데이터의 구성 방법이나 접근 방법이 변경되면 관련된 응용 프로그램에 영향을 미친다.
- **데이터 중복성(Data Redundancy)**
  - 한 시스템 내에 같은 내용의 데이터가 중복되어 저장, 관리한다.
  - 내부적 일관성(Internal Consistency)이 없음, 보안성(Security)이 결여, 경제성(Economics) 저하, 무결성(Integrity) 유지 곤란 등의 문제가 있다.

11 데이터베이스 개요 > 논리적 데이터 모델 답 ④

| 정답해설 | ④ 개체 관계 모델은 개념적 데이터 모델에 해당한다.

┌ | 함께 보는 이론 | 레거시(Legacy) ─
과거에 개발되어 현재에도 사용 중인 낡은 하드웨어나 소프트웨어, 새로 제안되는 방식이나 기술을 부각시키는 의미로서 사용된다.

12 데이터베이스 개요 > 데이터베이스 관리 시스템(DBMS) 답 ③

| 정답해설 | ③ 데이터베이스 관리 시스템(DBMS)의 필수 기능에 데이터베이스 사용자의 통제는 포함되지 않는다.

┌ | 함께 보는 이론 | 데이터베이스 관리 시스템의 필수 기능 ─
- **정의 기능**: 데이터의 형태, 구조, 데이터베이스의 저장에 관한 내용 정의
- **조작 기능**: 사용자의 요구에 따라 검색, 갱신, 삽입, 삭제 등을 지원하는 기능
- **제어 기능**: 정확성과 안전성을 유지하는 기능
  - 무결성 유지
  - 보안, 권한 검사
  - 병행 수행 제어(Concurrency Control)

CHAPTER 02 | 데이터 모델 및 언어 문제편 P.60

01	④	02	②	03	④	04	①	05	③
06	①	07	④	08	②	09	④	10	③
11	④	12	②	13	①	14	①	15	②
16	④	17	①	18	④	19	②	20	②
21	③	22	③	23	①	24	①	25	①
26	③	27	④	28	④	29	③		

01 데이터 모델 및 언어 > 릴레이션 답 ④

| 정답해설 | ④ 한 릴레이션을 구성하는 속성(애트리뷰트) 사이에는 순서가 없다.

┌ | 함께 보는 이론 | 릴레이션의 특성 ─
- 릴레이션의 튜플들은 모두 상이하다.
- 릴레이션에서 애트리뷰트들 간의 순서는 의미가 없다.
- 한 릴레이션에 포함된 튜플 사이에는 순서가 없다.
- 애트리뷰트는 원자 값으로서 분해가 불가능하다.

02 데이터 모델 및 언어 > 개체 관계 모델 답 ②

| 정답해설 | ② E-R 다이어그램에서 마름모 모양은 관계 타입(Relationship Type)을 의미한다.

┌ | 함께 보는 이론 | E-R 다이어그램 표기법 ─

기호	의미
▭	개체 타입
▭▭	약한 개체 타입
◯	속성
◎	다중 속성: 여러 개의 값을 가질 수 있는 속성
◇	관계: 개체 간의 상호 작용
◈	식별 관계 타입
◯	키 속성: 모든 개체들이 모두 다른 값을 갖는 속성(기본키)
◯	부분키 속성
👥	복합 속성: 하나의 속성을 부분으로 나눌 수 있는 속성

03 데이터 모델 및 언어 > 관계 데이터 모델 답 ④

| 정답해설 | ④ 속성(애트리뷰트)은 원자 값으로서 분해가 불가능하다.

04 데이터 모델 및 언어 > 후보키   답 ①

| **정답해설** | ① 후보키(Candidate Key)는 <u>유일성</u>과 <u>최소성</u>을 만족해야 한다.

┌ **함께 보는 이론** ┐
- 유일성: 한 릴레이션 내에서 각 개체(튜플)들을 유일하게 구분하는 특성
- 최소성: 키를 구성하고 있는 여러 속성 중에서 하나라도 없으면 튜플을 유일하게 구별할 수 없는, 꼭 필요한 최소한의 속성들로만 키를 구성하는 특성

05 데이터 모델 및 언어 > 키   답 ③

| **정답해설** | ③ 후보키는 유일성과 최소성을 만족하여야 한다. 이 문제에서 직원 테이블은 나이가 같은 동명이인이 존재할 수 있기 때문에 (이름, 나이)는 유일성을 만족할 수 없으므로 <u>후보키가 될 수 없다.</u>

06 데이터 모델 및 언어 > 기본키   답 ①

| **정답해설** | ① 기본키는 유일성을 가져야 하므로 성명 속성과 같이 중복되는 값을 가질 수 있는 속성은 기본키로 적합하지 않다.

07 데이터 모델 및 언어 > 키   답 ④

| **정답해설** | ④ 두 개 이상의 후보키 중에서 기본키로 선택되지 않은 나머지 후보키를 <u>대체키(Alternate Key)</u>라고 한다.

┌ **함께 보는 이론** 키의 이해 ┐
- 기본키(Primary Key): 개체 식별자. 튜플을 유일하게 식별할 수 있는 속성(애트리뷰트)의 집합(보통 Key라고 하면 기본키를 말하지만, 때에 따라서 후보키를 뜻하는 경우도 있음)이다. 기본키는 그 키 값만으로 그 키 값을 가진 튜플을 대표하기 때문에 기본키가 Null 값을 포함하면 유일성이 깨진다.
- 대체키(Alternate Key): 기본키를 제외한 후보키들을 말한다.
- 후보키(Candidate Key): 속성(애트리뷰트) 집합으로 구성된 테이블의 각 튜플을 유일하게 식별할 수 있는 속성이나 속성의 조합으로 유일성과 최소성을 만족해야 한다.
- 슈퍼키(Super Key): 릴레이션을 구성하는 속성들 중에서 각 튜플을 유일하게 식별할 수 있도록 하는 속성 또는 속성들의 집합으로 유일성은 있으나 최소성이 없다.
- 외래키(Foreign Key): 다른 테이블을 참조하는 데 사용되는 속성으로서 두 개의 릴레이션 R1, R2에서 R1이 참조하는 R2의 기본키가 R1에서 사용되는 속성이면 이를 외래키라 한다.

08 데이터 모델 및 언어 > 후보키   답 ②

| **정답해설** | 후보키는 유일성과 최소성을 만족하여야 한다. 문제의 릴레이션에서 (A, C)는 유일성을 만족하며 구성되는 요소를 분리했을 때 각각의 요소가 유일성이 없으므로 최소성도 만족한다.

09 데이터 모델 및 언어 > 관계 대수와 SQL   답 ④

| **정답해설** | π 이름, 학년(σ 학과 = '컴퓨터' (학생)) ← 학생 테이블에서 학과가 컴퓨터인 학생의 이름과 학년을 검색하라는 의미이다.
- 테이블에서 조건에 맞는 데이터를 검색하는 SELECT문을 이용한다.
- 형식: SELECT 검색할 열 이름 나열 FROM 테이블명 WHERE 조건;
∴ SELECT 이름, 학년 FROM 학생 WHERE 학과 = '컴퓨터';

┌ **함께 보는 이론** ┐
- 셀렉트(SELECT, σ): 선택 조건을 만족하는 릴레이션의 수평적 부분 집합(Horizontal Subset), 행의 집합이다.

  σ 〈선택 조건〉(테이블 이름)

- 프로젝트(PROJECT, π): 수직적 부분 집합(Vertical Subset), 열(Column)의 집합이다.

  π 〈속성 리스트〉(테이블 이름)

- 조인(JOIN, ⋈): 두 관계로부터 관련된 튜플들을 하나의 튜플로 결합하는 연산이다. 카티션 프로덕트와 셀렉트를 하나로 결합한 이항 연산자로, 일반적으로 조인이라 하면 자연 조인을 말한다.

10 데이터 모델 및 언어 > 관계 대수 연산   답 ③

| **정답해설** | - 구매 테이블과 상품 테이블을 자연 조인하고, 조건에 맞는 튜플을 고른다. 해당 테이블에서 고객번호와 상품코드만 검색한다.
- 관계 대수 π 고객번호, 상품코드 (σ 가격<=40 (구매 ⋈N 상품))을 수행하기 위해서는 가장 안쪽 조인 연산(⋈N)을 먼저 수행하고, 그 결과에서 셀렉트(σ)을 수행한 후, 마지막으로 프로젝트(π) 연산을 하도록 한다.
㉠ 구매 ⋈N 상품 조인 연산: 두 테이블의 공통 속성 즉 상품코드가 일치하는 튜플을 검색한다.

고객번호	상품코드	비용	가격
100	P1	20	35
200	P2	50	65
100	P3	10	27
100	P2	50	65
200	P1	20	35
300	P2	50	65

㉡ ㉠의 결과에서 σ 가격<=40을 검색하면 아래와 같다.

고객번호	상품코드	비용	가격
100	P1	20	35
100	P3	10	27
200	P1	20	35

ⓒ ⓛ의 결과에서 π 고객번호, 상품코드만 검색하면 아래와 같다.

고객번호	상품코드
100	P1
100	P3
200	P1

---

11 데이터 모델 및 언어 > E-R 다이어그램   답 ④

| **정답해설** | ④ 문제의 ERD는 다대다의 관계이고 관계에 속성이 있어 설명 속성이 존재한다. 매핑 시 각 릴레이션의 참조 관계를 맺기 위해 등록 개체 기본키를 학생 개체의 학번 속성과 과목 개체의 과목번호 속성으로 한다.

┌─ **함께 보는 이론** ┃ 다대다(n:m) 관계 ─────────

다대다(n:m) 관계일 때 새로운 릴레이션을 생성하여 양쪽의 기본키를 기본키로 선정한다.

⇒ E1(a, b), E2(d, e), R(a, d, c)

---

12 데이터 모델 및 언어 > E-R 다이어그램   답 ②

| **정답해설** | ② 판매처 개체가 N의 관계를 가지므로 공장 개체의 한 행에 판매처 개체의 여러 행이 연결되는 형태를 갖는다. 그러므로 판매처 개체의 판매처번호를 기본키로 구성하고 이 개체의 속성으로 공장명을 추가하는 형태로 매핑되어야 한다.

---

13 데이터 모델 및 언어 > SQL   답 ①

| **정답해설** | ① 사용자가 데이터에 대한 검색, 삽입, 삭제, 수정 등의 처리를 DBMS에 요구하기 위해 사용되는 언어는 데이터 제어어가 아니라 데이터 조작어이다.

┌─ **함께 보는 이론** ┃ 다대다(n:m) 관계 ─────────

- 데이터 정의어(DDL; Data Definition Language): CREATE, ALTER, DROP, RENAME
- 데이터 조작어(DML; Data Manipulation Language): SELECT, INSERT, UPDATE, DELETE
- 데이터 제어어(DCL; Data Control Language): GRANT, REVOKE, COMMIT, ROLLBACK

---

14 데이터 모델 및 언어 > SQL   답 ①

| **정답해설** | – 데이터 정의어(DDL; Data Definition Language): CREATE, ALTER, DROP, RENAME
– 데이터 조작어(DML; Data Manipulation Language): SELECT,

INSERT, UPDATE, DELETE
– 데이터 제어어(DCL; Data Control Language): GRANT, REVOKE, COMMIT, ROLLBACK

---

15 데이터 모델 및 언어 > SQL   답 ②

| **정답해설** | ② 데이터베이스 시스템에서 사용하는 데이터 언어는 DDL(데이터 정의어), DML(데이터 조작어), DCL(데이터 제어어)가 있다.

---

16 데이터 모델 및 언어 > SQL   답 ④

| **정답해설** | GROUP BY: 그룹에 대한 조건을 작성할 때는 WHERE가 아니라 HAVING을 사용해야 한다.

┌─ **함께 보는 이론** ┃ SELECT문 ─────────

SELECT [ALL | DISTINCT] 열_리스트(검색 대상)
FROM 테이블_리스트
[WHERE 조건]
[GROUP BY 열_이름 [HAVING 조건]]
[ORDER BY 열_이름 [ASC | DESC 조건]];

- SELECT절과 FROM절만 필수이고, [대괄호] 안의 명령문은 선택 사항임
- ALL: 검색 결과를 모두 검색(중복 데이터도 추출)하며 생략 가능함
- DISTINCT: 검색 결과 중복값이 있으면 하나만 표시함
- AS: alias의 약자로, 검색 결과에 대해 열 이름(필드명)에 별칭을 지정할 때 사용함
- GROUP BY: 그룹으로 나눔
- HAVING: 그룹에 대한 조건을 지정할 때, GROUP BY에서 사용함
- ORDER BY절: 지정된 열 이름 리스트를 기준으로 정렬함. ASC는 오름차순, DESC는 내림차순이며 ASC가 default임

---

17 데이터 모델 및 언어 > SQL   답 ④

| **오답해설** | ① 데이터 조작어(DML)를 이용하여 데이터를 검색한다. ② 데이터 제어어(DCL)를 이용하여 권한을 부여하거나 취소한다. ③ DROP문은 테이블을 삭제하는 데 사용한다.

---

18 데이터 모델 및 언어 > SQL   답 ①

| **정답해설** | 데이터 정의어(DDL; Data Definition Language): CREATE, ALTER, DROP, RENAME

| **오답해설** | 데이터 조작어(DML; Data Manipulation Language): SELECT, INSERT, UPDATE, DELETE

19 데이터 모델 및 언어 > SQL 답 ②

| **정답해설** | 갱신문(UPDATE): 기존 레코드 열값을 갱신할 경우 사용한다.

- 형식:

> UPDATE 테이블
> SET 열_이름 = 변경_내용
> [WHERE 조건];

- WHERE절에 BETWEEN문을 사용하여 값의 범위를 지정할 수 있다.
- BETWEEN x AND y: x에서 y 사이를 말한다.

20 데이터 모델 및 언어 > SQL 답 ②

| **정답해설** | ② 정상적인 문법이며, 입사년도가 널(NULL)인 직원들의 레코드를 검색한다.

| **오답해설** | ① 부서별로 처리하기 위해서는 GROUP 부서;가 아니라, GROUP BY 부서;로 써야 한다.
③ 부분 매치 질의문은 WHERE 이름 = '최%';에서 =을 LIKE로 수정해야 한다. WHERE 이름 LIKE '최%';
④ 입사년도와 비교되는 항목이 여러 개이므로 =이 아니라 IN으로 써야 한다.

21 데이터 모델 및 언어 > SQL 답 ③

| **정답해설** | - ORDER BY: 정렬 수행(기본 정렬은 ASC)
- SELECT * FROM emp ORDER BY wyear DESC, age;

22 데이터 모델 및 언어 > SQL 답 ③

| **정답해설** | ㉠ SELECT DEPT FROM STUDENT;
→ STUDENT 테이블에서 DEPT 속성을 검색한다. 실행 결과 영문학과 50개, 법학과 100개, 수학과 50개로, 총 **200개**가 검색된다.
㉡ SELECT DISTINCT DEPT FROM STUDENT;
→ STUDENT 테이블에서 DEPT 속성을 중복 없이 검색한다. 따라서 영문학과, 법학과, 수학과가 각 1개씩 총 **3개**가 검색된다.
㉢ SELECT NAME FROM STUDENT WHERE DEPT='영문학과';
→ STUDENT 테이블에서 DEPT가 영문학과인 학생만 NAME 속성을 검색한다. 따라서 영문학과 **50명**의 이름이 검색된다.

23 데이터 모델 및 언어 > SQL 답 ①

| **정답해설** | ① 결과 테이블의 내용을 보면 검색 대상이 되는 속성은 '주문고객', '주문제품', '수량'을 '주문' 테이블에서 검색하

며, 모든 튜플을 검색하지 않고 '수량'이 10 이상인 행들만 검색하고 있다. 또한 검색 결과를 보면 '주문제품'을 기준으로 오름차순 정렬을 하며, 같은 주문제품이 존재하면 수량을 기준으로 내림차순 정렬을 하고 있다.

24 데이터 모델 및 언어 > SQL 답 ①

| **정답해설** | DELETE FROM 테이블명 WHERE 조건;
① DELETE FROM 사원
　 WHERE 사번=100;
　 → 사원 테이블에서 사번이 100인 사원의 튜플을 삭제한다.

| **오답해설** | ② DELETE IN 사원 WHERE 사번=100;
→ DELETE FROM이 맞는 표현이다.
③ DROP TABLE 사원 WHERE 사번=100;
　 → DROP은 전체(구조, 데이터) 삭제를 하는 DDL 명령이다.
④ DROP 사원 COLUMN WHERE 사번=100;
　 → DROP은 전체(구조, 데이터)를 삭제하는 DDL 명령이다.

25 데이터 모델 및 언어 > SQL 답 ①

| **정답해설** | ① 문제의 SQL에서 ㉠은 부속 질의어의 부서번호 결과가 여러 개일 수 있으므로 IN으로 비교한다. 또한 부속 질의어에서 부분 매치 질의문을 사용하므로 ㉡에는 = 대신에 LIKE를 사용한다.

┌ **함께 보는 이론** | 부분 매치 질의문 ─

- 부분 매치 질의문에서는 '=' 대신 LIKE 사용
- %: 하나 이상의 문자
- _: 단일 문자

26 데이터 모델 및 언어 > SQL 답 ③

| **정답해설** | SQL의 내장 집계 함수(Aggregate Function): COUNT, SUM, MAX, MIN, AVG 등
∴ ③ TOTAL이란 내장 집계 함수는 없다.

27 데이터 모델 및 언어 > SQL 답 ④

| **정답해설** | ④ group by절에서 조건식이 들어가면 having을 사용한다.

> select 과목, count(*) as 학생수, AVG(점수) as 평균점수
> from 성적
> group by 과목 having count(학번) > = 2;

28 데이터 모델 및 언어 > SQL 답 ④

| 정답해설 | ④ CHECK절은 조건식이 들어갈 수도 있으며, 반드시 UPDATE 키워드와 함께 사용할 필요는 없다.

┌ 함께 보는 이론 | CREATE문의 구문 ─────────

CREATE TABLE 테이블_명
  ({열_이름 데이터_타입 [NOT NULL][DERAULT 묵시값] }
    [PRIMARY KEY (열_이름)]
    {[UNIQUE(열_이름)]}
    {[FOREIGN KEY(열_이름) REFERENCES 기본 테이블]}
      [ON DELETE 옵션]
      [ON UPDATE 옵션]
      [CHECK (조건식)])
※{ }: 반복을 의미, [ ]: 생략을 의미

29 데이터 모델 및 언어 > 뷰 답 ③

| 정답해설 | ③ 뷰에 대한 연산에서 검색은 제약이 없지만, 삽입/삭제/갱신에는 제약이 있다.

┌ 함께 보는 이론 | 뷰 ─────────

하나 이상의 테이블로부터 유도되어 만들어진 가상 테이블이며, 실행 시간에만 구체화되는 특수한 테이블이다. 뷰에 대한 검색은 기본 테이블과 거의 동일(삽입, 삭제, 갱신은 제약), DBA는 보안 측면에서 뷰를 활용할 수 있다.

CHAPTER 03 | 정규형과 데이터베이스 설계 문제편 P.66

01	③	02	③	03	④	04	①	05	①
06	④	07	③	08	②				

01 정규형과 데이터베이스 설계 > 논리적 설계 단계 답 ③

| 정답해설 | ③ 논리적 설계 단계: 앞 단계의 개념적 설계 단계에서 만들어진 정보 구조로부터 목표 DBMS가 처리할 수 있는 스키마를 생성한다. 이 스키마는 요구 조건 명세를 만족해야 되고, 무결성과 일관성 제약 조건도 만족하여야 한다.

02 정규형과 데이터베이스 설계 > 논리적 설계 단계 답 ③

| 정답해설 | ③ 논리적 설계 단계: 논리적 데이터 모델로 변환, 트랜잭션 인터페이스 설계(응용 프로그램의 인터페이스 설계), 스키마의 평가 및 정제 등을 한다.

03 정규형과 데이터베이스 설계 > 정규형 답 ④

| 정답해설 | 정규형은 릴레이션에 존재하는 이상 문제를 해결하기 위하여 릴레이션을 분해한다.

─ 제1정규형: 속성을 원자 값만 갖도록 분해한다.
─ 제2정규형: 부분 함수 종속성을 제거하여 완전 함수 종속성을 갖도록 한다.
─ 제3정규형: 이행적 함수 종속성을 제거한다.
─ BCNF: 결정자가 후보키가 아닌 함수 종속성을 제거한다.
∴ ④ ㄷ → ㄴ → ㄹ → ㄱ

04 정규형과 데이터베이스 설계 > 정규형 답 ①

| 정답해설 | ① (A, B)가 기본키인데 B → C의 함수 종속이 있기 때문에 부분 함수 종속이 존재하며, 이는 제1정규형에 속한다.

┌ 함께 보는 이론 | 정규화 ─────────

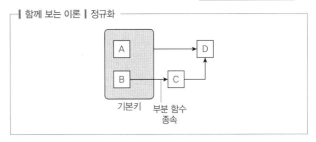

기본키   부분 함수
        종속

05 정규형과 데이터베이스 설계 > 정규형 답 ①

| 정답해설 | ① 기본키가 복합 속성 {A, B}로 구성되어 있는데, 함수적 종속성의 집합에서 A → C 가 존재하므로 부분 함수 종속성이 존재한다. 부분 함수 종속이 존재하기 때문에 현재 상태는 제1정규형이라 할 수 있다.

06 정규형과 데이터베이스 설계 > 정규화 답 ④

| 정답해설 | ④ 정규화는 데이터의 중복을 최소화하고, 이상 현상을 방지한다. 정규화를 위해 반드시 속성들 간의 관계를 고려해야 하지만 튜플들 간의 관계는 고려하지 않는다.

┌ 함께 보는 이론 | 정규화의 개념 ─────────

─ 이상 문제를 해결하기 위해 애트리뷰트 간의 종속 관계를 분석하여 여러 개의 릴레이션으로 분해하는 과정이다.
─ 릴레이션의 애트리뷰트, 엔티티, 관계성을 파악하여 데이터의 중복성을 최소화하는 과정이다.
─ 논리적 설계 단계에서 수행한다.
─ 정규화를 통해 릴레이션을 분해하면 일반적으로 연산 시간이 증가한다.

07 정규형과 데이터베이스 설계 > 순차 파일 답 ③

| 정답해설 | ㄱ. 순차 파일에서의 데이터 레코드 증가는 적용된 순차 기준으로 마지막 위치에서 이루어진다.
ㄹ. 인덱스 순차 파일의 인덱스에는 인덱스 대상 필드 값과 그 값을 가지는 데이터 레코드에 접근할 수 있게 하는 위치 값이 기록된다.

ㅁ. 인덱스 순차 파일에서는 인덱스 갱신 없이 데이터 레코드를 추가하거나 삭제하는 것이 가능하다.

ㅂ. 인덱스 순차 파일에서는 접근 조건에 해당하는 인덱스 대상 필드 값을 가지는 소량의 데이터 레코드를 순차 파일보다 효과적으로 접근할 수 있다.

┤ 함께 보는 이론 ┃ 순차 파일과 인덱스 순차 파일 ├

• 순차 파일
 − 입력되는 데이터들을 논리적인 순서에 따라 물리적 연속 공간에 순서대로 기록하는 방식이다.
 − 일괄 처리에 적합하며, 순차 접근이 가능한 자기 테이프에서 주로 사용된다.
 − 기록 밀도가 높아서 기억 공간을 효율적으로 사용할 수 있으며, 매체 변환이 쉬워 어떠한 매체에도 적용할 수 있다.
 − 새로운 레코드를 변경하는 경우 파일 전체를 복사해야 하므로 시간이 많이 소요된다.
• 인덱스 순차 파일
 − ISAM(Index Sequential Access Method)이라고 하며, 순차 처리와 랜덤 처리가 모두 가능하도록 레코드들을 키 값순으로 정렬하여 기록하고, 레코드의 키 항목만을 모은 색인을 구성하여 편성하는 방식이다.
 − 레코드의 삽입, 삭제, 갱신이 용이하다.
 − 추가 기억 공간이 필요하며, 파일이 정렬되어 있어야 하므로 추가, 삭제가 너무 많으면 효율이 떨어질 수 있다.

08 정규형과 데이터베이스 설계 > 질의 최적화 답 ②

| 정답해설 | ② 조인 연산은 선택과 추출 후에 수행하여 중간 결과를 줄인다. → 가능한 한 일찍 수행하지 않는다.

| 오답해설 | ① 가능한 한 먼저 추출 연산을 수행하여 애트리뷰트의 수를 줄인다.
③ 가능한 한 먼저 선택 연산을 수행하여 튜플의 수를 줄인다.
④ 중간 결과를 적게 산출하면 질의 처리를 빠르게 수행할 수 있고, 이는 빠른 시간에 결과를 줄 수 있다.

┤ 함께 보는 이론 ┃ 질의 최적화 ├

• 질의문을 어떤 형식의 내부 표현으로 변환시키는 것이다.
• 이 내부 표현을 논리적 변환 규칙을 이용해 의미적으로 동등한, 그러나 처리하기에는 보다 효율적인 내부 표현으로 변환시킨다.
• 이 변환된 내부 표현을 구현시킬 후보 프로시저들을 선정한다.
• 프로시저들로 구성된 질의문 계획들을 평가하여 가장 효율적인 것을 결정하는 것이다.
• 초기 트리를 최적화된 트리로의 변환 방법
 − 논리곱으로 된 조건을 가진 셀렉트 연산은 분해, 일련의 개별적 셀렉트 연산으로 변환한다.
 − 셀렉트 연산의 교환 법칙을 이용하여 셀렉트 연산을 트리의 가능한 한 아래까지 내림한다.
 − 가장 제한적인 셀렉트 연산이 가장 먼저 수행될 수 있도록 단말 노드를 정렬한다.
 − 카티션 프로덕트와 해당 셀렉트 연산을 조인 연산으로 통합한다.
 − 프로젝트 연산은 가능한 한 프로젝트 애트리뷰트를 분해하여 개별적 프로젝트로 만들어 이를 먼저 실행할 수 있도록 트리의 아래로 내림한다.

CHAPTER 04 | 고급 기능 문제편 P.68

01	④	02	④	03	①	04	③	05	④
06	①	07	②	08	②	09	②	10	③
11	②	12	③	13	③	14	③		

01 고급 기능 > 트랜잭션의 특성 답 ④

| 정답해설 | 트랜잭션의 특성: 원자성(Atomicity), 일관성(Consistency), 격리성(Isolation), 영속성(Durability) 등이 있다.

02 고급 기능 > 트랜잭션의 특성 답 ④

| 정답해설 | ④ 종속성(Dependency)은 트랜잭션의 특징에 해당하지 않는다. 트랜잭션의 특징은 원자성, 일관성, 격리성, 영속성이다.

┤ 함께 보는 이론 ┃ 트랜잭션의 성질 ├

 − 원자성(Atomicity): 트랜잭션은 전부, 전무의 실행만 있지 일부 실행으로 트랜잭션의 기능을 가질 수는 없다.
 − 일관성(Consistency): 트랜잭션이 그 실행을 성공적으로 완료하면 언제나 일관된 데이터베이스 상태로 된다라는 의미이다. 즉, 이 트랜잭션의 실행으로 일관성이 깨지지 않는다는 의미이다.
 − 격리성(Isolation): 연산의 중간 결과에 다른 트랜잭션이나 작업이 접근할 수 없다는 의미이다.
 − 영속성(Durability): 트랜잭션이 일단 그 실행을 성공적으로 끝내면 그 결과를 어떠한 경우에라도 보장받는다는 의미이다.

03 고급 기능 > 트랜잭션의 특성 답 ①

| 정답해설 | ① 원자성에 대한 설명이다.

04 고급 기능 > 트랜잭션의 특성 답 ③

| 정답해설 | ③ 트랜잭션의 실행 중에는 다른 트랜잭션의 간섭을 받아서는 안 되며, 동시에 수행되는 트랜잭션들은 서로 상호 작용해선 안 된다.

05 고급 기능 > 지연 갱신 답 ④

| 정답해설 | − 지연 갱신에서는 로그에 Old Value가 표현되지 않고, undo를 하지 않는다.
 − T4는 시스템 실패 시까지 Commit되지 못하였고, 지연 갱신(Deferred Update)을 기반으로 한 회복 기법을 사용하므로 no operation이 되어야 한다.

06   고급 기능 > 트랜잭션의 회복   답 ①

| **정답해설** | ① T_4는 시스템 다운 전에 commit이 되었으므로 Tc 이후에 일어난 변경 부분에 대해서만 redo를 수행한다.

| **오답해설** | ② T_5는 시스템 다운 전에 commit이 되었으므로 트 랜잭션 전체에 대하여 redo를 수행한다.
③ T_2는 전체에 대하여 undo를 수행한다.
④ T_3는 Tc 이전에 commit이 되었으므로, no operation이 되어 야 한다.

07   고급 기능 > 트랜잭션의 회복   답 ②

| **정답해설** | - none(제외): T_1(T_1은 체크포인트 이전에 commit 되었으 므로 모든 작업이 인정되며, 수행 대상에서 제외된다)
- redo(재실행): T_2, T_3, T_6(T_2, T_3, T_6는 시스템 장애 이전에 commit 되었으므로 재실행 대상이 된다)
- undo(실행 취소): T_4, T_5(T_4, T_5는 시스템 장애까지 commit되지 못 하고 수행 중이므로 실행이 취소된다)

08   고급 기능 > 분산 데이터베이스   답 ②

| **정답해설** | ② 지역 사이트에 있는 모든 DBMS는 동일하지 않아 도 된다.

┌─ | **함께 보는 이론** | 분산 데이터베이스 ──

컴퓨터 네트워크를 기반으로 데이터가 물리적으로 여러 시스템에 분산되어 있 으나 논리적으로는 하나의 통합된 DB인 것처럼 보이도록 구성한 데이터베이스 를 의미한다.

09   고급 기능 > 인덱스   답 ②

| **정답해설** | ㄱ. 기본키의 경우, 자동으로 인덱스가 생성되며 인 덱스 구축 시 두 개 이상의 칼럼(Column)을 결합하여 인덱스를 생성할 수 있다.
ㄴ. SQL 명령문의 검색 결과는 인덱스 사용 여부와 관계 없이 동일하며 인덱스는 검색 속도에 영향을 미친다.

| **오답해설** | ㄷ. 테이블의 모든 칼럼(Column)에 대하여 인덱스를 생성하면 불필요한 인덱스 갱신이 발생되므로 성능이 저하될 수 있다.
ㄹ. 인덱스는 칼럼(Column)에 대하여 생성되며 테이블 내의 데이 터를 임의적으로 접근하여 검색 결과를 제공한다.

10   고급 기능 > 무결성 제약   답 ③

| **정답해설** | ③ 참조 무결성 제약이란 각 릴레이션(Relation)에 속 한 각 애트리뷰트(Attribute)가 해당 도메인을 만족하면서 참조할 수 없는 외래키 값을 가져서는 안 된다는 것을 말한다.

┌─ | **함께 보는 이론** | 관계 데이터 제약 ──

① 데이터 무결성(Data Integrity)의 정의
- 데이터의 정확성 또는 유효성을 의미한다.
- 무결성이란 데이터베이스에 저장된 데이터 값과 그것이 표현하는 현실세 계의 실제값이 일치하는 정확성을 의미한다.
- 데이터베이스 내에 저장되는 데이터 값들이 항상 일관성을 가지고 유효한 데이터가 존재하도록 하는 제약 조건들을 두어 안정적이며 결함이 없이 존재시키는 데이터베이스의 특성이다.
- **무결성 제약 조건은 데이터베이스 상태가 만족시켜야 하는 조건**
  - 사용자에 의한 데이터베이스 갱신이 데이터베이스의 일관성을 깨지 않 도록 보장하는 수단이다.
  - 일반적으로 데이터베이스 상태가 실세계에 허용되는 상태만 나타낼 수 있도록 제한한다.
② 무결성의 종류
- 개체 무결성(Entity Integrity): 기본 릴레이션의 기본키를 구성하는 어떤 속 성도 NULL일 수 없고, 반복 입력을 허용하지 않는다는 규정이다.
- 참조 무결성(Referential Integrity): 외래키 값은 널(Null)이거나, 참조 릴레이 션에 있는 기본키와 같아야 한다는 규정(FK는 상위 개체의 PK와 같아야 한다.)

11   고급 기능 > 무결성 제약   답 ②

| **정답해설** | ② 참조하는 릴레이션은 하위(자식) 릴레이션이므로, 튜플이 삭제되는 경우에도 참조 무결성 제약 조건이 위배되지 않 는다.

┌─ | **함께 보는 이론** | ──

- **개체 무결성(Entity Integrity):** 기본 릴레이션의 기본키를 구성하는 어떤 속성 도 Null일 수 없고, 반복 입력을 허용하지 않는다는 규정이다.
- **참조 무결성(Reverential Integrity):** 외래키 값은 널이거나, 참조 릴레이션에 있 는 기본키와 같아야 한다는 규정이다. (외래키는 상위 개체의 기본키와 같아 야 한다.)
- **도메인 무결성(Domain Integrity):** 특정 속성의 값이 그 속성이 정의된 도메인 에 속한 값이어야 한다는 규정이다.
- **키 무결성(Key Integrity):** 한 릴레이션에 같은 키 값을 가진 튜플들이 허용 안 되는 규정이다.

12   고급 기능 > 무결성 제약   답 ③

| **정답해설** | ③ 학생 테이블에서 학번이 기본키이므로 NULL 값 을 가질 수 없다. 따라서 튜플 〈NULL, '김영희', '서울'〉은 개체 무결성 규칙을 위반하여 삽입 불가이다.

| **오답해설** | ① 개체 무결성 규칙을 위반하기 때문에 삽입 불가이다.
② 무결성 제약 조건에 관계 무결성 규칙은 존재하지 않는다.
④ 참조 무결성 규칙을 위반하는 사항은 존재하지 않는다.

13 고급 기능 > OLAP 답 ③

| **정답해설** | ③ OLAP은 정형 및 비정형 데이터 구조를 모두 사용할 수 있다. 정형은 이미 정해진 보고서를 의미하며, 비정형은 사용자가 조건을 정의하여 분석할 수 있는 것(다차원 분석)을 의미한다.

14 고급 기능 > 로킹 기법 답 ③

| **오답해설** | ㄹ. 2단계 로킹 규약을 적용하면 트랜잭션의 직렬 가능성을 보장할 수 있지만 교착 상태가 발생할 수 있다.

┤ **함께 보는 이론** | 로킹(Locking) ├

• Lock과 Unlock 연산을 통해 트랜잭션의 데이터 아이템을 제어한다. 하나의 트랜잭션만이 Lock을 걸고 Unlock할 수 있다. Lock된 데이터는 다른 트랜잭션이 접근할 수 없으며, Unlock될 때까지 대기하여야 한다. 이러한 방법은 실제 유용하게 사용되지만 서로 다른 트랜잭션이 변경이 없이 참조만 하는 경우 시간 낭비를 초래한다.
• 로킹 단위가 크면 로킹 단위가 작은 경우보다 동시 수행 정도가 감소한다.
• 로킹 단위가 작으면 로킹 단위가 큰 경우보다 로킹에 따른 오버헤드가 증가한다.

PART IV | 데이터 통신과 인터넷

| 챕터별 키워드 & 취약영역 체크 |

☑ 챕터별 키워드로 본인의 취약영역 확인 후, 취약영역에 해당하는 문제와 이론은 꼼꼼하게 다시 점검하세요!

CHAPTER 01 데이터 통신 시스템		CHAPTER 02 정보의 전송 방식 및 기술		CHAPTER 03 통신 프로토콜		CHAPTER 04 인터넷		CHAPTER 05 멀티미디어	
틀린 개수 _____ / 12개		틀린 개수 _____ / 9개		틀린 개수 _____ / 40개		틀린 개수 _____ / 12개		틀린 개수 _____ / 7개	
01	데이터 통신 시스템의 구성	01	동기식 전송 방식	01	OSI 7계층 모델	01	DNS	01	벡터 방식
02	데이터 회선 종단 장치	02	동기식 전송 방식	02	OSI 7계층 모델	02	인터넷의 주소 체계	02	벡터 방식
03	데이터 회선 종단 장치	03	전이중 통신 방식	03	네트워크 장치	03	인터넷의 주소 체계	03	HDMI
04	통신 제어 장치	04	펄스 부호 변조(PCM)	04	네트워크 장치	04	인터넷의 주소 체계	04	통신 대역폭
05	CSMA/CD	05	통신 속도	05	네트워크 장치	05	인터넷의 주소 체계	05	VoIP
06	LAN	06	데이터 전송 방식	06	네트워크 장치	06	인터넷의 주소 체계	06	MPEG
07	LAN	07	회선 교환 방식	07	스위치	07	DNS	07	이미지 파일 형식
08	네트워크 토폴로지	08	다중 접속 방식	08	오류 제어 방식	08	IPv6		
09	네트워크 토폴로지	09	무선 네트워크 방식	09	네트워크 장치	09	IPv6		
10	네트워크 토폴로지			10	게이트웨이	10	사설 IP		
11	CSMA/CD			11	OSI 7계층 모델	11	이동 애드혹 네트워크		
12	펨토셀			12	HDLC	12	무선 PAN 기술		
				13	IP				
				14	OSI 7계층 모델				
				15	TCP				
				16	TCP				
				17	TCP/IP 프로토콜				
				18	OSI 7계층 모델				
				19	OSI 7계층 모델				
				20	OSI 7계층 모델				
				21	OSI 7계층 모델				
				22	ARQ				
				23	프로토콜				
				24	TCP/IP 프로토콜				
				25	프로토콜				
				26	HTTP 프로토콜				
				27	TCP/IP 프로토콜				
				28	TCP/IP 프로토콜				
				29	프로토콜				
				30	HTTP 프로토콜				
				31	TCP/IP 프로토콜				
				32	DHCP				
				33	프로토콜				
				34	TCP/IP 프로토콜				
				35	VoIP				
				36	패리티 비트				
				37	해밍코드				
				38	경로 배정 프로토콜				
				39	TCP/IP 프로토콜				
				40	슬라이딩 윈도 기법				

➡ 나의 취약영역: _____

CHAPTER 01 | 데이터 통신 시스템				문제편 P.72
01 ③	02 ②	03 ④	04 ①	05 ③
06 ③	07 ②	08 ③	09 ②	10 ④
11 ①	12 ②			

01   데이터 통신 시스템 > 데이터 통신 시스템의 구성   답 ③

| 정답해설 | ③ 호스트 컴퓨터는 데이터 <u>처리계</u>에 속한다.

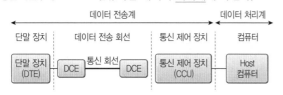

02   데이터 통신 시스템 > 데이터 회선 종단 장치   답 ②

| 정답해설 | ② 디지털 통신 회선에서는 DSU가 사용되고, 아날로그 통신 회선에서는 <u>MODEM</u>이 사용된다.

┌ **| 함께 보는 이론 |** 데이터 전송 장치(DCE; Data Communication Equipment)

신호 변환 장치	통신 회선 형태	신호 변환 (데이터 ↔ 신호)
전화	아날로그	아날로그 → 아날로그
MODEM	아날로그	디지털 ↔ 아날로그
CODEC	디지털	아날로그 ↔ 디지털
DSU	디지털	디지털 ↔ 디지털

03   데이터 통신 시스템 > 데이터 회선 종단 장치   답 ④

| 정답해설 | ④ CODEC은 디지털 회선상에서 아날로그 데이터와 디지털 신호를 상호 변환한다.

04   데이터 통신 시스템 > 통신 제어 장치   답 ①

| 정답해설 | ① 통신 제어 장치는 에러 제어 기능이 있어서 <u>오류 검출이 가능</u>하다.

┌ **| 함께 보는 이론 |** 통신 제어 장치

- 데이터 전송 회선과 컴퓨터 사이에 위치하며 통신에 있어 각종 제거 기능을 담당한다.
- 통신 접속 기능(교환 접속 제어, 통신 방식 제어, 다중 접속 제어)과 정보 전송 기능(동기 제어, 오류 제어, 흐름 제어, 응답 제어, 우선권 제어)이 있다.
- 문자의 조립 및 분해가 가능하다.
- 전송 속도와 처리 속도 차이를 조정한다.
- 에러 검출 및 에러 제어용 확장 비트를 부가할 수 있다.

05   데이터 통신 시스템 > CSMA/CD   답 ③

| 정답해설 | ③ CSMA/CD는 일반적으로 버스형 토폴로지로 구성되므로 하나의 스테이션이 고장이 나도 <u>네트워크 전체가 마비되지 않는다</u>.

┌ **| 함께 보는 이론 |** CSMA/CD(Carrier Sense Multiple Access/Collision Detection)

프레임이 목적지에 도착할 시간 이전에 다른 프레임의 비트가 발견되면 충돌이 일어난 것으로 판단하며, 유선 Ethernet LAN에서 사용한다.

06   데이터 통신 시스템 > LAN   답 ③

| 정답해설 | ③ CSMA/CA(Carrier Sense Multiple Access/Collision Avoidance): 무선 네트워크에서는 충돌을 감지하기 힘들기 때문에 CSMA/CD 방식을 사용할 수 없다. 따라서 충돌을 회피하는 방식을 사용한다.

┌ **| 함께 보는 이론 |**

- CSMA(Carrier Sense Multiple Access): 반송파 감지 다중 접촉 방식을 말한다.
- CSMA/CD(Carrier Sense Multiple Access/Collision Detection): 프레임이 목적지에 도착할 시간 이전에 다른 프레임의 비트가 발견되면 충돌이 일어난 것으로 판단하며, 유선 Ethernet LAN에서 사용한다.
- ALOHA: 하와이 대학에서 실험적으로 설치한 무선 패킷 교환 시스템이다.

07   데이터 통신 시스템 > LAN   답 ②

| 정답해설 | LAN의 구성 형태로는 버스형, 링형, 스타형 방식이 있다.

┌ **| 함께 보는 이론 |** 프레임 릴레이(Frame Relay) 방식

LAN들을 연결하는 고속 통신 기술의 하나이다. 1980년대에 들어 랜 및 광케이블의 사용이 일반화되면서 고속의 네트워크에 대한 사용자의 요구를 해결하기 위해 개발되었으며, 대기 시간을 줄이고 작업의 효율성을 높이고, 사용자 요구에 따른 대역폭 할당, 대역폭의 동적인 공유, 기간망으로 활용 등을 지원한다.

08   데이터 통신 시스템 > 네트워크 토폴로지   답 ③

| 정답해설 | ③ 고리처럼 순환형으로 구성된 형태는 링(Ring)형이며, <u>트리형</u>은 계층 구조를 이룬다.

09   데이터 통신 시스템 > 네트워크 토폴로지   답 ②

| 정답해설 | - FDDI: 광섬유 케이블을 사용하며, 링 토폴로지를 사용하지만 이중 링형을 이용하여 통신망이 한꺼번에 단절되는 경우를 방지한다.
- 버스형: 한 개의 통신 회선에 여러 대의 터미널 장치가 연결되고, 각 터미널 간의 통신은 공동의 통신 회선을 통해 이루어진다.
- 트리형(계층형): 처리 능력을 가지고 있는 여러 개의 처리 센터가 존재하며, 변경 및 확장에 융통성이 있으며, 허브 장비를

필요로 한다.

– 터미네이터: 신호 흡수 장치라고 하며, 데이터 신호가 네트워크 연결의 끝에서 되돌아오지 않게 하는 장치이다.

10　데이터 통신 시스템 > 네트워크 토폴로지　답 ④

| **정답해설** | ④ 메시(Mesh) 토폴로지는 모든 노드를 상호 연결하기 때문에 회선이 많아지지만, 그만큼 신뢰성도 매우 높다고 할 수 있다.

11　데이터 통신 시스템 > CSMA/CD　답 ①

| **정답해설** | ① CSMA/CD(Carrier Sense Multiple Access With Collision Detection) 방식은 버스형 통신망의 이더넷에서 주로 사용되며, 통신 회선이 사용 중이면 일정 시간 동안 대기하고 통신 회선 상에 데이터가 없을 때만 데이터를 송신하며, 송신 중에도 전송로의 상태를 계속 감시한다. 또한 IEEE 802.3 MAC 방식으로 사용된다.

┌ **함께 보는 이론** | IEEE ─

– IEEE 802.3: CSMA/CD 액세스 제어 방식을 사용하며, 이더넷 표준이다.
– IEEE 802.11b: IEEE가 정한 무선 LAN 규격인 IEEE 802.11의 차세대 규격이다.

12　데이터 통신 시스템 > 펨토셀　답 ②

| **정답해설** | ② 펨토셀(Femto Cell): 가정이나 소규모 사무실을 위한 초소형, 저전력의 이동 통신 기지국으로 데이터 트래픽 분산 및 음영 지역 해소의 목적으로 사용된다. 일반적인 이동 통신 서비스보다 훨씬 작은 지역을 커버하는 초소형 기지국으로써 기존의 인터넷을 통해서 핵심망(코어망)과 접속되며, 전파가 닿기 힘든 실내 혹은 지하 공간에 설치해 이동 통신 서비스를 제공하는 기술이다.

| **오답해설** | ① 블루투스(Bluetooth): 휴대폰, 노트북, 이어폰·헤드폰 등의 휴대 기기를 서로 연결해 정보를 교환하는 근거리 무선 기술 표준을 뜻한다. 블루투스 통신 기술은 1994년 휴대폰 공급 업체인 에릭슨(Ericsson)이 시작한 무선 기술 연구를 바탕으로, 1998년 에릭슨, 노키아, IBM, 도시바, 인텔 등으로 구성된 '블루투스 SIG(Special Interest Group)'를 통해 본격적으로 개발되었으며, IEEE 802.15.1 규격으로 발표되었다.
③ 빔 포밍(Beam Forming): 안테나 여러 개를 일정한 간격으로 배열하고 각 안테나로 공급되는 신호의 진폭과 위상을 변화시켜 특정한 방향으로 안테나 빔을 만들어 그 방향으로 신호를 강하게 송수신하는 기술이다.
④ 와이파이(Wi-Fi): 무선 접속 장치가 설치된 곳의 일정 거리 안에서 초고속 인터넷을 할 수 있는 근거리 통신망으로 비교적 좁은 지역에서 고성능 무선 통신을 가능하게 하는 통신 기술이다.

CHAPTER 02 | 정보의 전송 방식 및 기술　문제편 P.74

01	②	02	①	03	②	04	①	05	④
06	①	07	①	08	②	09	③		

01　정보의 전송 방식 및 기술 > 동기식 전송 방식　답 ②

| **정답해설** | ② Start Bit와 Stop Bit를 삽입하는 방식은 비동기식 전송에 대한 설명이다. 비동기식 전송(Asynchronous Transmission)이란 동기식 전송을 하지 않는다는 의미가 아니라 블록 단위가 아닌 문자 단위로 동기 정보를 부여해서 보내는 방식이며, 시작-정지(Start-Stop) 전송이라고 한다. 한 번에 한 문자씩 전송하며, Start Bit와 Stop Bit을 사용한다.

02　정보의 전송 방식 및 기술 > 동기식 전송 방식　답 ①

| **정답해설** | ① 문자 동기 방식에서는 동기 문자(전송 제어 문자, Syn)를 이용하며, 비트 동기 방식에서는 플래그 비트(01111110)를 사용한다.

03　정보의 전송 방식 및 기술 > 전이중 통신 방식　답 ②

| **정답해설** | ② 전송 반전 지연 시간이 많이 발생하는 것은 반이중 방식의 단점이다.

┌ **함께 보는 이론** | 통신 회선의 이용 방식 ─

구분	단방향	반이중	전이중
방향	한쪽은 송신만, 다른 한쪽은 수신만 가능	양방향 통신 가능, 동시에 송수신은 불가능	동시에 양방향 송수신 가능
선로	1선식	2선식	4선식
사용 예	라디오, TV	전신, 텔렉스, 팩스	전화

04　정보의 전송 방식 및 기술 > 펄스 부호 변조(PCM)　답 ①

| **정답해설** | 아날로그 신호를 디지털 신호로 변조하기 위한 펄스 부호 변조 (PCM) 과정으로는 표본화, 부호화, 양자화가 필요하다.

┌ **함께 보는 이론** | 통신 속도 ─

– 표본화(Sampling): 연속적인 아날로그 정보에서 일정 시간마다 신호 값을 추출하는 과정을 표본화라고 한다.
– 부호화(Encoding): 양자화 과정에서 결과 정수 값을 2진수의 값으로 변환하는 것을 부호화라고 한다.
– 양자화(Quantization): 표본화된 신호 값을 미리 정한 불연속한 유한개의 값으로 표시해 주는 과정이 양자화다. 즉, 연속적으로 무한한 아날로그 신호를 일정한 개수의 대표값으로 표시한다. 원 신호의 파형과 양자화된 파형 사이에는 약간의 차이가 존재하는데 이를 양자화 잡음(Quantization Noise) 또는 양자화 오차라고 한다.

– 펄스 부호 전송 방식

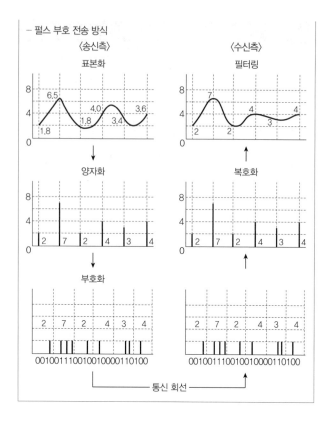

| **정답해설** | bps 속도 = bit(한 번의 변조로 전송 가능한 비트 수) × Baud

이때 8위상은 2^3, 즉 3bit, 2진폭은 2^1으로 1bit이다. 그러므로 8위상 2진폭은 3 + 1 = 4bit를 전송한다.

∴ ④ bps 속도 = 4 × 9600 = 38400

┤ 함께 보는 이론 ┃ 통신 속도 ├

- **데이터 신호 속도(BPS)**: 1초 동안 전송되는 bit수로 'Bit Per Second'의 약자 이며, 가장 보편적이고 기본적인 통신 속도 단위이다.
- **데이터 변조 속도(Baud)**: 변조 과정에서 초당 상태 변화, 신호 변화의 횟수 이다.
- **전송 가능 비트 수**
  - 1bit = Onebit(2위상)
  - 2Bit = Dibit(4위상)
  - 3bit = Tribit(8위상)
  - 4Bit = Quadbit(16위상)

| **정답해설** | ① 비동기식 전송(Asynchronous Transmission): 비동기 식 전송이란 동기식 전송을 하지 않는다는 의미가 아니라 블록 단위가 아닌 문자 단위로 동기 정보를 부여해서 보내는 방식이 다. 시작–정지(Start–Stop) 전송이라고도 하며 한 번에 한 문자씩 전송한다.

| **정답해설** | ① 데이터를 전송하기 전에 통신을 원하는 호스트가 연결 경로를 미리 설정하는 방식은 PSTN에서 사용하는 방법이 며, 회선 교환 방식이다.

┤ 함께 보는 이론 ┃ 교환 기술(Switching) ├

- **정의**: 원하는 통신 상대방을 선택하여 데이터를 전송하는 기술을 교환 기술 이라 한다. 즉, 다수의 통신망 가입자 사이에서 통신을 위해 경로를 설정하는 것이다.
- **회선 교환 방식**
  - 두 지점 간 지정된 경로를 통해서만 전송하는 교환 방식이며, 물리적으로 연결된 회선은 정보 전송이 종료될 때까지 계속된다.
  - 음성 데이터를 전송하는 PSTN에서 사용하는 방법이며, 일단 연결이 이루 어진 회선은 다른 사람과 공유하지 못하고 당사자만 이용이 가능하여 회선 의 효율이 낮아진다는 단점이 있다.
- **축적 교환 방식의 종류**

패킷 교환 방식	메시지 교환 방식
– 메시지를 패킷 단위로 분할한 후 논리적 연결에 의해 패킷을 목적지에 전송하는 교환하는 방식이다. – 동일한 데이터 경로를 여러 명 의 사용자들이 공유할 수 있다.	– 회선 교환 방식의 제약 조건을 해결 하기 위해 고안되었으며, 메시지 단 위로 데이터를 교환하는 방식이다. – 송수신 측이 동시에 운영 상태에 있 지 않아도 되며, 여러 지점에 동시 에 전송하는 방송 통신 기능이 가능 하다. – 응답 시간이 느리고, 전송 지연 시간 이 길기 때문에 실시간을 요구하는 방식에는 적합하지 않다.

| **정답해설** | ② 대역 확산 기법을 사용하는 것은 <u>코드 분할 다중 접속(CDMA)</u>이다.

┤ 함께 보는 이론 ┃ 다중 접속 방식 ├

- **주파수 분할 다중화 방식(FDM; Frequency Division Mulitplexing)**: 한 전송로 의 대역폭을 여러 개의 작은 대역폭(채널)으로 분할하여 여러 단말기가 동시 에 이용하는 방식이다. 정보를 동일 시간에 전송하기 위해 별도의 주파수인 채널을 설정해 이용한다. 채널 간의 상호 간섭을 막기 위해 보호 대역(Guard Band)이 필요하고, 이 보호 대역은 채널의 이용률을 낮춘다.
- **시분할 다중화 방식(TDM; Time Division Multiplexing)**: 하나의 전송로 대역폭 을 시간 슬롯(Time Slot)으로 나누어 채널에 할당함으로써, 몇 개의 채널들이 한 전송로의 시간을 분할하여 사용한다.
- **코드 분할 다중화 방식(CDM; Code Division Multiplexing)**: 스펙트럼 확산(SS; Spread Spectrum) 다중화라고도 하며, 이 방식은 여러 단계를 거친다. 이동 통 신 시스템에서 이동국과 기지국 간의 무선망 접속 방식으로 통화 시 음성 신 호를 비트 단위로 분할해 코드화한 후, 이 신호를 통신 주파수 대역에 확산하 는 방식이다.

09 정보의 전송 방식 및 기술 > 무선 네트워크 방식 답 ③

| 정답해설 | ③ NFC 방식은 근거리에서 데이터를 교환할 수 있는 비접촉식 무선 통신 기술로서 액세스 포인트(Access Point) 없이 두 장치 간의 통신이 가능하다.

| 오답해설 | ① 블루투스(Bluetooth)는 서로 다른 유형의 기기 간에도 통신이 가능하다.
② NFC 방식이 블루투스 방식보다 최대 전송 속도가 느리다.
④ 최대 통신 가능 거리를 가까운 것부터 먼 순으로 나열하면 NFC 〈 Bluetooth 〈 Wi-Fi 〈 LTE 순이다.

┌ | 함께 보는 이론 | 무선 네트워크 ─

- Bluetooth: 휴대폰, 노트북, 이어폰·헤드폰 등의 휴대 기기를 서로 연결하여 정보를 교환하는 근거리 무선 기술 표준을 뜻한다. 블루투스 통신 기술은 1994년 휴대폰 공급업체인 에릭슨(Ericsson)이 시작한 무선 기술 연구를 바탕으로 1998년 에릭슨, 노키아, IBM, 도시바, 인텔 등으로 구성된 '블루투스 SIG(Special Interest Group)'를 통해 본격적으로 개발되었으며, IEEE 802.15.1 규격으로 발표되었다.
- NFC(Near Field Communication): 13.56MHz 대역의 주파수를 사용하여 약 10cm 이내의 근거리에서 데이터를 교환할 수 있는 비접촉식 무선 통신 기술로 스마트폰 등에 내장되어 교통카드, 신용카드, 멤버십 카드, 쿠폰, 신분증 등 다양한 분야에서 활용할 수 있는 성장 잠재력이 큰 기술이다. NFC를 활용하면 스마트폰으로 도어록을 간편하게 여닫을 수 있으며, 버스나 지하철 등 대중교통을 손쉽게 이용할 수 있고, 쿠폰을 저장해 쇼핑에 활용하는 것도 가능하다.

CHAPTER 03 | 통신 프로토콜							문제편 P.76
01	②	02	②	03	④	04	②	05	④
06	①	07	④	08	④	09	④	10	④
11	①	12	④	13	①	14	①	15	③
16	③	17	②	18	②	19	②	20	①
21	③	22	①	23	④	24	④	25	③
26	③	27	①	28	④	29	②	30	②
31	②	32	①	33	②	34	③	35	②
36	①	37	④	38	②	39	③	40	④

01 통신 프로토콜 > OSI 7계층 모델 답 ②

| 정답해설 | ② 네트워크 계층: 두 개의 통신 시스템 간에 신뢰할 수 있는 데이터를 전송할 수 있도록 경로 선택과 중계 기능을 수행하고, 이 계층에서 동작하는 경로 배정(Routing) 프로토콜은 데이터 전송을 위한 최적의 경로를 결정한다.

| 오답해설 | ① 데이터 링크 계층: 통신 경로상 지점 간(Link-To-Link)의 오류 없는 데이터 전송에 관한 프로토콜이다. 전송되는 비트의 열을 일정 크기 단위의 프레임으로 잘라 전송하고, 전송 도중 잡음으로 인한 오류 여부를 검사하며, 수신측 버퍼의 용량

및 양측의 속도 차이로 인한 데이터 손실이 발생하지 않도록 하는 흐름 제어 등을 한다.
③ 전송 계층: 수신측에 전달되는 데이터에 오류가 없고 데이터의 순서가 수신측에 그대로 보존되도록 보장하는 연결 서비스의 역할을 하는 종단 간(End-To-End) 서비스 계층이다. 종단 간의 데이터 전송에서 무결성을 제공하는 계층으로 응용 계층에서 생성된 긴 메시지가 여러 개의 패킷으로 나누어지고, 각 패킷은 오류 없이 순서에 맞게 중복되거나 유실되는 일 없이 전송되도록 하는데 이러한 전송 계층에는 TCP, UDP 프로토콜 서비스가 있다.
④ 세션 계층: 두 응용 프로그램(Applications) 간의 연결 설정, 이용 및 연결 해제 등 대화를 유지하기 위한 구조를 제공한다. 또한 분실 데이터의 복원을 위한 동기화 지점(Sync Point)을 두어 상위 계층의 오류로 인한 데이터 손실을 회복할 수 있도록 한다.

02 통신 프로토콜 > OSI 7계층 모델 답 ②

| 정답해설 | (1) 데이터 링크 계층: 통신 경로상의 지점 간(Link-To-Link)의 오류 없는 데이터 전송에 관한 프로토콜이다. 전송되는 비트의 열을 일정 크기 단위의 프레임으로 잘라 전송하고, 전송 도중 잡음으로 인한 오류 여부를 검사하며, 수신측 버퍼의 용량 및 양측의 속도 차이로 인한 데이터 손실이 발생하지 않도록 하는 흐름 제어 등을 한다.
(2) 전송 계층: 수신측에 전달되는 데이터에 오류가 없고 데이터의 순서가 수신측에 그대로 보존되도록 보장하는 연결 서비스의 역할을 하는 종단 간(End-To-End) 서비스 계층이다. 종단 간의 데이터 전송에서 무결성을 제공하는 계층으로 응용 계층에서 생성된 긴 메시지가 여러 개의 패킷으로 나누어지고, 각 패킷은 오류 없이 순서에 맞게 중복되거나 유실되는 일 없이 전송되도록 하는데, 이러한 전송 계층에는 TCP, UDP 프로토콜 서비스가 있다.

03 통신 프로토콜 > 네트워크 장치 답 ④

| 정답해설 | ④ 게이트웨이: OSI 전 계층에서 동작하며 두 개의 완전히 다른 네트워크 사이의 데이터 형식을 변환하는 장치이다. 프로토콜 구조가 다른 네트워크 환경들을 연결할 수 있는 기능을 제공한다.

┌ | 함께 보는 이론 | 라우터 ─

리피터와 브리지, 허브가 비교적 근거리에서 네트워크(LAN)를 통합하거나 분리하기 위해서 사용하는 반면, 라우터는 원거리에서 네트워크 간의 통합을 위해 사용되는 장비이다. 라우터를 이용하여 복잡한 인터넷상에서 원하는 목적지로 데이터를 보낼 수 있으며, 원하는 곳의 데이터를 가져올 수도 있다.

04 통신 프로토콜 > 네트워크 장치 답 ②

| 정답해설 | ② 브리지(Bridge): 데이터 링크 계층(Data Link Layer)에서 동작하며 같은 MAC 프로토콜(Protocol)을 사용하는 근거리 통신망 사이를 연결하는 통신 장치이다. 2개 이상의 LAN을 연결하여 하나의 네트워크로 만들어주고 동일 LAN 내의 단말 간 통신 트래픽이 다른 LAN으로 흐르는 것을 차단하여 효율을 높인 통신 장비이다.

| 오답해설 | ① 리피터(Repeater): 물리 계층(Physical Layer)에서 동작하며 전송 신호를 재생·중계해주는 증폭 장치이다.

③ 라우터(Router): 네트워크 계층에서 망을 연결하고 라우팅 알고리즘을 이용하여 최적의 경로를 선택하여 패킷을 전송한다.

④ 더미 허브(Dummy Hub): 허브는 일반적으로 더미 허브(Dummy Hub)를 말하며, 허브 본래의 목적에 충실한 허브이다. 전달 받은 신호를 그와 케이블로 연결된 모든 노드들에 전달한다.

05 통신 프로토콜 > 네트워크 장치 답 ④

| 정답해설 | ④ 라우터(Router)는 OSI 7계층 네트워크 계층에서 동작하는 장치로 최적 경로를 선택하고 관리한다.

┤ 함께 보는 이론 ├ **네트워크 장치**

- 네트워크 계층: 라우터
- 데이터 링크 계층: 스위치, 브리지
- 물리 계층: 리피터, 허브

06 통신 프로토콜 > 네트워크 장치 답 ①

| 정답해설 | ① 네트워크의 각 단말기를 연결하는 집선 장치로 일종의 분배기 역할을 하는 것은 허브이고, 리피터는 신호를 증폭 및 재생하는 장비로 LAN의 거리 연장 시 사용한다.

07 통신 프로토콜 > 스위치 답 ④

| 정답해설 | ④ TCP/UDP 포트(Port)를 기반으로 사용자의 요구를 여러 대의 서버로 부하를 분산하는 기능을 하는 스위치 장비는 L4 스위치이다.

┤ 함께 보는 이론 ├ **멀티 레이어 스위치**

- 스위치 자체는 2계층 장비였지만, 멀티 레이어 스위치는 상위 계층으로 점점 올라가면서 TCP, UDP 등의 프로토콜에 대한 컨트롤 역할을 수행하게 되면서 트래픽 제어 등의 기능이 추가되었다.
- L2(Layer 2) 스위치를 그냥 스위치라고 부르며, L3 스위치는 허브와 라우터의 역할, 즉 스위칭 허브에 라우팅 기능을 추가한 장비이고 L4 스위치는 서버나 네트워크의 트래픽을 로드 밸런싱하는 기능을 포함한 장비이다.

08 통신 프로토콜 > 오류 제어 방식 답 ④

| 정답해설 | ④ Go-back-N ARQ에서는 오류가 발생한 프레임부터 전송해 놓은 프레임까지 다시 재전송하며 3, 4, 5, 6번 프레임의 재전송이 필요하다. 따라서 4개이다.

┤ 함께 보는 이론 ├ **오류 제어 방식**

- **자동 반복 요청(ARQ; Automatic Repeat reQuest)**: 통신 경로에서 에러 발생 시 수신측은 오류의 발생을 송신측에 통보하고, 송신측은 오류가 발생한 프레임을 재전송한다.
- **정지-대기(Stop-and-Wait) ARQ**: 송신측이 하나의 블록을 전송한 후 수신측에서 오류의 발생을 점검한 다음 오류 발생 유무 신호를 보내올 때까지 기다리는 방식이다. 수신측에서 오류 점검 후 제어 신호를 보내올 때까지 오버헤드(Overhead)가 효율면에서 부담이 크다.
- **연속(Continuous) ARQ**
  - Go-Back-N ARQ: 오류가 발생한 블록 이후의 모든 블록을 다시 재전송하는 방식이다. 에러가 발생한 부분부터 모두 재전송하므로 중복 전송의 단점이 있다. HDLC 방식에서 사용한다.
  - 선택적 재전송(Selective-Repeat ARQ): 수신측에서 NAK를 보내오면 오류가 발생한 블록만 재전송한다. 복잡한 논리 회로와 큰 용량의 버퍼를 필요로 한다.
  - 적응적(Adaptive) ARQ: 데이터 블록의 길이를 채널의 상태에 따라 동적으로 변경하는 방식이다.

09 통신 프로토콜 > 네트워크 장치 답 ④

| 정답해설 | ④ 한 네트워크 세그먼트에서 들어온 데이터를 그의 물리적 주소와 관계없이 무조건 다른 세그먼트로 전달하는 것은 더미 허브를 의미한다.

브리지는 들어오는 데이터 패킷을 분석하여 물리적 주소에 따라 다른 세그먼트의 네트워크로 전송할 수 있는지를 결정할 수 있다.

10 통신 프로토콜 > 게이트웨이 답 ④

| 정답해설 | ④ 게이트웨이(Gateway): 서로 다른 통신 프로토콜을 사용하는 네트워크 사이를 연결하여 데이터를 교환할 수 있도록 한다.

| 오답해설 | ① 모뎀(Modem) 또는 코덱(Codec)에 대한 설명이다.

② 리피터(Repeater)에 대한 설명이다.

③ 브리지(Bridge)에 대한 설명이다.

11 통신 프로토콜 > OSI 7계층 모델 답 ①

| 정답해설 | ① OSI 7계층 모델: Application Layer(응용 계층) > Presentation Layer(표현 계층) > Session Layer(세션 계층) > Transport Layer(전송 계층) > Network Layer(네트워크 계층) > Datalink Layer(데이터 링크 계층) > Physical Layer(물리 계층)

12 통신 프로토콜 > HDLC 답 ④

| 정답해설 | HDLC 프레임 구성

플래그(F)	주소부(A)	제어부(C)	정보부(I)	프레임검사 순서(FCS)	플래그(F)
01111110	8bit	8bit	임의 bit	16bit	01111110

- 플래그: 프레임 개시 또는 종료 표시
- 주소부: 명령을 수신하는 모든 2차국(또는 복합국)의 주소, 응답을 송신하는 2차국(또는 복합국)의 주소를 지정하는 데 사용
- 제어부: 1차국(또는 복합국)이 주소부에서 지정한 2차국 (또는 복합국)에 동작을 명령하고, 그 명령에 대한 응답을 하는 데 사용
- 정보부: 이용자 사이의 메시지와 제어 정보가 들어 있는 부분 (정보부의 길이와 구성에 제한이 없으며 송수신 간 합의에 따름)
- FCS: 주소부, 제어부, 정보부의 내용이 오류가 없이 상대측에게 정확히 전송되는가를 확인하기 위한 오류 검출용 다항식
- 플래그: 프레임 개시 또는 종료 표시

13 통신 프로토콜 > IP 답 ①

| 정답해설 | ① IP(Internet Protocol)는 네트워크 계층에서 사용되는 프로토콜이다.

14 통신 프로토콜 > OSI 7계층 모델 답 ①

| 정답해설 | ① 데이터 링크 계층은 통신 경로상의 지점 간(Link-To-Link) 오류 없는 데이터 전송에 관한 프로토콜이다. 전송되는 비트의 열을 일정 크기 단위의 프레임으로 잘라 전송하고, 전송 도중 잡음으로 인한 오류 여부를 검사하며, 수신측 버퍼의 용량 및 양측의 속도 차이로 인한 데이터 손실이 발생하지 않도록 하는 흐름 제어 등을 한다.

15 통신 프로토콜 > TCP 답 ③

| 정답해설 | - TCP(Transport Control Protocol)는 연결 지향형(Connection Oriented) 프로토콜이며, 이는 실제로 데이터를 전송하기 전에 먼저 TCP 세션을 맺는 과정이 필요함을 의미한다(TCP 3-way handshaking). 패킷의 일련번호(Sequence Number)와 확인 신호(Acknowledgement)를 이용하여 신뢰성 있는 전송을 보장하는데, 일련번호는 패킷들이 섞이지 않도록 순서대로 재조합 방법을 제공하며, 확인 신호는 송신측의 호스트로부터 데이터를 잘 받았다는 수신측의 확인 메시지를 의미한다.
- 혼잡 제어(Congestion Control)는 TCP의 역할이다. 혼잡 제어는 통신망의 특정 부분에 트래픽이 몰리는 것이 방지하는 것을 말한다. 즉, 송신된 패킷이 네트워크상의 라우터가 처리할 수 있는 양을 넘어서 혼잡하게 되면 데이터가 손실될 수 있기 때문에 송신측의 전송량을 제어하게 된다.

16 통신 프로토콜 > TCP 답 ③

| 정답해설 | ㄱ. RTT(Round Trip Time)은 패킷망(인터넷)에서 송신측과 수신측에서 패킷이 왕복하는 데 걸리는 시간을 말하며, 네트워크 성능을 측정할 때 사용할 수 있으며, 네트워크 연결의 속도와 안정성을 진단할 때도 사용 가능하다.
ㄴ. TCP는 연결 지향형(Connection Oriented) 프로토콜이며, 이는 실제로 데이터를 전송하기 전에 먼저 TCP 세션을 맺는 과정이 필요함을 의미한다. TCP 3-way Handshaking을 통해 연결되며 양방향 데이터 전달이 가능하다.
ㅁ. 패킷의 순서 번호(Sequence Number)와 확인 신호(Acknowledgement)를 이용하여 신뢰성 있는 전송을 보장하는 데 일련번호는 패킷들이 섞이지 않도록 순서대로 재조합 방법을 제공하며, 확인 신호는 송신측의 호스트로부터 데이터를 잘 받았다는 수신측의 확인 메시지를 의미한다.

| 오답해설 | ㄷ. 라우터 혼잡을 피하기 위해 혼잡 제어(Congestion Control)를 수행한다.
ㄹ. IP 헤더에 필드(Length Field)가 존재한다.

┌─ | 함께 보는 이론 | RTT(Round Trip Time) ──────
패킷망(인터넷)에서 송신측과 수신측에서 패킷이 왕복하는 데 걸리는 시간이다. 송신측에서 패킷을 수신측에 보낼 때, 패킷이 수신측에 도달하고 나서 해당 패킷에 대한 응답이 송신측으로 다시 돌아오기까지의 시간을 말한다. 네트워크 성능을 측정할 때 사용할 수 있으며, 네트워크 연결의 속도와 안정성을 진단할 때도 사용 가능하다.
└────────────────────────

17 통신 프로토콜 > TCP/IP 프로토콜 답 ④

| 정답해설 | TCP/IP 인터넷 프로토콜에서 사용되는 주소
- 4계층(전송 계층): 포트(Port) 주소
- 3계층(네트워크 계층): IP(Internet Protocol) 주소
- 2계층(데이터 링크 계층): MAC(Media Access Control) 주소

18 통신 프로토콜 > OSI 7계층 모델 답 ②

| 정답해설 | ② 브리지(Bridge)는 네트워크에 있어서 케이블을 통과하는 데이터를 중계하는 기기이며, 데이터 링크 계층의 중계 기기이다. 동일 MAC 프로토콜을 사용하는 LAN 사이를 연결한다.

19 통신 프로토콜 > OSI 7계층 모델   답 ②

| **정답해설** | ② UDP는 데이터 링크 계층의 프로토콜이 아니라, 전송 계층의 프로토콜이다.

┤ **함께 보는 이론** ┃ TCP와 UDP ├

TCP	UDP
− 커넥션 기반이다. − 안정성과 순서를 보장한다. − 패킷을 자동으로 나눈다. − 회선이 처리할 수 있을 만큼의 적당한 속도로 보낸다. − 파일을 쓰는 것처럼 사용하기 쉽다.	− 커넥션 기반이 아니다(직접 구현). − 안정적이지 않고 순서도 보장되지 않는다(데이터를 잃을 수도 중복될 수도 있다). − 데이터가 크다면 보낼 때 직접 패킷 단위로 잘라야 한다. − 회선이 처리할 수 있을 만큼 나눠서 보내야 한다. − 패킷을 잃었을 경우, 필요하다면 이를 찾아내서 다시 보내야 한다.

20 통신 프로토콜 > OSI 7계층 모델   답 ①

| **정답해설** | ① 전송 계층: 전송 계층은 수신측에 전달되는 데이터에 오류가 없고 데이터의 순서가 수신측에 그대로 보존되도록 보장하는 연결 서비스의 역할을 하는 종단 간(End−To−End) 서비스 계층이다.

21 통신 프로토콜 > OSI 7계층 모델   답 ③

| **정답해설** | ③ 전송(Transport) 계층: 수신측에 전달되는 데이터에 오류가 없고 데이터의 순서가 수신측에 그대로 보존되도록 보장하는 연결 서비스의 역할을 하는 종단 간(End−To−End) 서비스 계층이다.

| **오답해설** | ① 응용(Application) 계층: 네트워크 이용자의 상위 레벨 영역으로, 화면 배치, Escape Sequence 등을 정의하는 네트워크 가상 터미널(Network Virtual Terminal), 파일 전송, 전자 우편, 디렉토리 서비스 등 하나의 유용한 작업을 할 수 있도록 한다.
② 네트워크(Network) 계층: 패킷이 송신측으로부터 수신측에 이르기까지의 경로를 설정해주는 기능과 너무 많은 패킷이 한쪽 노드에 집중되는 병목 현상을 방지하기 위한 밀집 제어(Congest Control) 기능을 수행한다.
④ 데이터 링크(Link) 계층: 통신 경로상의 지점 간(Link−To−Link)의 오류 없는 데이터 전송에 관한 프로토콜이다. 전송되는 비트의 열을 일정 크기 단위의 프레임으로 잘라 전송하고, 전송 도중 잡음으로 인한 오류 여부를 검사하며, 수신측 버퍼의 용량 및 양측의 속도 차이로 인한 데이터 손실이 발생하지 않도록 하는 흐름 제어 등을 한다.

22 통신 프로토콜 > ARQ   답 ①

| **정답해설** | ① 자동 반복 요청(ARQ; Automatic Repeat reQuest): 통신 경로에서 에러 발생 시 수신측은 에러의 발생을 송신측에 통보하고 송신측은 에러가 발생한 프레임을 재전송한다.

23 통신 프로토콜 > 프로토콜   답 ①

| **정답해설** | ① RARP(Reverse ARP)에 대한 설명이다.

┤ **함께 보는 이론** ┃ ARP(Address Resolution Protocol) ├

네트워크상에서 IP 주소를 MAC 주소로 대응시키기 위해 사용하는 프로토콜이다.

24 통신 프로토콜 > TCP/IP 프로토콜   답 ④

| **정답해설** | ④ HTTP, SMTP, DNS는 응용 계층에 속하는 프로토콜이고, ICMP는 네트워크 계층에 속하는 프로토콜이다.

25 통신 프로토콜 > 프로토콜   답 ③

| **정답해설** | ③ RTP(Real−Time Transport Protocol): 이메일 서비스에 관련된 프로토콜이 아니라 인터넷상에서 다수의 종단 간에 비디오나 오디오 패킷의 실시간 전송을 지원하기 위해 표준화된 실시간 통신용 프로토콜이다.

┤ **함께 보는 이론** ├

- DNS 서비스 4가지
  - Translation: 호스트 네임(도메인)을 IP 주소로 변환한다.
  - Host Aliasing
  - Mail Server Aliasing: 이메일을 보낼 때 이메일 주소만 입력하면 자동으로 메일 서버로 매핑된다.
  - Load Distribution: 트래픽 분산
- HTTP, RTP
  - HTTP(HyperText Transfer Protocol): 분산 하이퍼미디어 환경에서 빠르고 간편하게 데이터를 전송하는 프로토콜이다.
  - RTP(Real−Time Transport Protocol): 인터넷상에서 다수의 종단 간에 비디오나 오디오 패킷의 실시간 전송을 지원하기 위해 표준화된 실시간 통신용 프로토콜이다. 주요 용도로는 VoIP, VoD, 인터넷 방송, 인터넷 영상회의 등이 있다.

26 통신 프로토콜 > HTTP 프로토콜   답 ④

| **정답해설** | ④ HTTP(Hyper Text Transfer Protocol): 하이퍼텍스트의 방식에서 HTTP는 정보를 교환하기 위한 하나의 규칙이다. 인터넷에서 웹서버와 클라이언트 브라우저 간에 하이퍼텍스트(Hypertext) 문서를 전송하기 위한 통신 규약이다.

| **오답해설** | ① FTP(File Transfer Protocol): 인터넷을 통해 다른 컴퓨터로 파일을 전송할 수 있도록 하는 방법, 프로그램이다.
② SMTP(Simple Mail Transfer Protocol): 인터넷상에서 전자 우편

을 전송할 때 쓰이는 표준적인 프로토콜이다.

③ SNMP(Simple Network Management Protocol): 관리자가 네트워크의 활동을 감시하고 제어하는 목적으로 사용하는 서비스이며, 망을 관리하기 위한 프로토콜이다.

---

27 통신 프로토콜 > TCP/IP 프로토콜   답 ③

| **정답해설** | TCP(Transport Control Protocol): 연결형(Connection Oriented) 프로토콜이며, 이는 실제로 데이터를 전송하기 전에 먼저 TCP 세션을 맺는 과정이 필요함을 의미한다. (TCP3-Way Handshaking) 패킷의 일련번호(Sequence Number)와 확인 신호(Acknowledgement)를 이용하여 신뢰성 있는 전송을 보장하는데 일련번호는 패킷들이 섞이지 않도록 순서대로 재조합 방법을 제공하며, 확인 신호는 송신측의 호스트로부터 데이터를 잘 받았다는 수신측의 확인 메시지를 의미한다.

| **오답해설** | ㄱ. 연결형 서비스를 지원한다.
ㄴ. UDP보다 데이터 전송 신뢰도가 높다.

---

28 통신 프로토콜 > TCP/IP 프로토콜   답 ④

| **정답해설** | ④ IP는 각 패킷의 주소 부분을 처리하여 패킷이 목적지에 도달할 수 있도록 한다. IP는 연결 없이 이루어지는 전송 서비스(Connectionless Delivery Service)를 제공하는데, 이는 패킷을 전달하기 전에 대상 호스트와 아무런 연결도 필요하지 않음을 의미한다.

| **오답해설** | ① TCP는 연결형 프로토콜 방식을 사용한다.
② TCP는 전송 계층에 속한다.
③ IP는 잘못 전송된 패킷에 대하여 재전송을 요청하는 기능을 제공하지 않는다.

┌ **| 함께 보는 이론 |** IP(Internet Protocol) ─────────

– IP는 연결 없이 이루어지는 전송 서비스(Connectionless Delivery Service)를 제공하는데, 이는 패킷을 전달하기 전에 대상 호스트와 아무런 연결도 필요하지 않다는 것을 의미한다.
– IP 패킷의 중요한 헤더 정보는 IP 주소이다. IP 헤더 주소에는 자신의 IP 주소, 목적지 IP 주소 그리고 상위 계층의 어느 프로토콜을 이용할 것인지를 알려주는 프로토콜 정보, 패킷이 제대로 도착했는지를 확인하기 위한 용도로 사용되는 Checksum 필드, 그리고 패킷이 네트워크상에서 존재하지 않는 호스트를 찾기 위해 네트워크 통신망을 계속 돌아다니는 경우가 없도록 하기 위한 TTL 등의 정보가 포함된다.

---

29 통신 프로토콜 > 프로토콜   답 ②

| **정답해설** | ② IP는 데이터가 목적지에 성공적으로 도달하도록 하지만 비연결형으로 신뢰성이 낮다. 연결형으로 신뢰성이 높은 것은 TCP이다.

---

30 통신 프로토콜 > HTTP 프로토콜   답 ②

| **정답해설** | ② POST: 내용(파일) 전송 메소드이다. 클라이언트에서 서버로 어떤 정보를 제출하며, 대량의 데이터를 전송할 때 사용한다. 보내는 데이터가 URL을 통해 노출되지 않기 때문에 최소한의 보안성을 가진다.

| **오답해설** | ① GET: 리소스 취득 메소드이다. URL 형식으로 웹 서버측 리소스(데이터)를 요청한다.
③ HEAD: 메시지 헤더(문서 정보) 취득 메소드이다. GET과 비슷하나 실제 문서를 요청하는 것이 아니라, 문서 정보를 요청한다.
④ CONNECT: 프록시 서버와 같은 중간 서버 경유한다(거의 사용 안함).

---

31 통신 프로토콜 > TCP/IP 프로토콜   답 ②

| **정답해설** | ② IP는 제어 기능이 부족하며 비연결형이다. TCP가 연결형으로 오류 제어와 흐름 제어를 한다.

---

32 통신 프로토콜 > DHCP   답 ①

| **오답해설** | ② 서로 다른 통신 규약을 사용하는 네트워크들을 상호 연결하기 위해 통신 규약을 전환하는 것은 게이트웨이이다.
③ 데이터 전송 시 케이블에서의 신호 감쇠를 보상하기 위해 신호를 증폭하고 재생하여 전송하는 것은 증폭기이다.
④ IP 주소를 기준으로 네트워크 패킷의 경로를 설정하며 다중 경로일 경우에는 최적의 경로를 설정하는 것은 라우터이다.

---

33 통신 프로토콜 > 프로토콜   답 ②

| **정답해설** | ② QoS(Quality of Service): 네트워크상에서 일정 정도 이하의 지연 시간이나 데이터 손실률 등의 보장을 일컫는 말로, 사전에 합의 또는 정의된 통신 서비스 수준을 의미한다.

| **오답해설** | ① NTP(Network Time Protocol): 인터넷상의 시간을 정확하게 유지하기 위한 통신망 시간 규약이다.
③ RADIUS(Remote Authentication Dial In User Service): 가장 널리 알려지고 많이 사용되는 AAA 프로토콜이며, 1990년 중반에 Livingston Enterprise가 자사의 NAS 장비에 인증과 과금 서비스를 제공하기 위해 개발하였다.
④ SMTP(Simple Mail Transfer Protocol): 인터넷에서 전자 우편을 보낼 때 이용하게 되는 표준 통신 규약이다.

---

34 통신 프로토콜 > TCP/IP 프로토콜   답 ③

| **정답해설** | ③ FTP, SMTP는 전송 계층의 프로토콜이 아니고, 응용 계층의 프로토콜이다.

35 통신 프로토콜 〉 VoIP 답 ②

| 정답해설 | ② VoIP(Voice Over Internet Protocol): 음성이 디지털화되고, 전달 체계로 IP를 이용함으로써 전화는 물론 인터넷 팩스, 웹콜, 통합 메시지 처리 등의 향상된 인터넷 텔레포니 서비스가 가능하게 된다. VoIP 기술은 인터넷뿐만 아니라 사설 IP 기반망, 공중전화망(PSTN) 또는 이들의 복합망에서도 연동되어야 하기 때문에 기술 및 프로토콜의 표준화가 중요하다.

| 오답해설 | ① IPTV: 인터넷을 이용하여 방송 및 기타 콘텐츠를 TV로 제공하는 서비스 방식이다.

③ IPv6: IPv4에 이어서 개발된 128bit의 주소 체계를 가지고 있는 인터넷 프로토콜(IP) 주소 표현 방식이다.

④ IPSec: 네트워크 계층에서 보안성을 제공해 주는 보안 프로토콜이며 인증, 기밀성, 무결성 등을 제공한다.

36 통신 프로토콜 〉 패리티 비트 답 ①

| 정답해설 | 홀수 패리티와 짝수 패리티 어떤 것이 쓰였는지를 찾는 문제이다. 데이터 이름 A는 패리티 비트를 포함하여 1의 개수가 총 5개이므로 데이터 이름 A는 패리티 비트를 포함하여 1의 개수가 총 5개이므로 홀수이다. 같은 방법으로 B, C, D, E에서 1의 개수를 세어 보면 B – 6개로 짝수, C – 4개로 짝수, D – 5개로 홀수, E – 4개로 짝수 개이다. 따라서 홀수가 2개이고, 짝수가 3개다. 문제에서 두 개의 오류가 발생한 것이라고 했으므로 A와 D가 오류이므로, 짝수 패리티 비트를 사용했다고 볼 수 있다.

37 통신 프로토콜 〉 해밍코드 답 ④

| 오답해설 | ① 문제의 방법은 짝수 패리티를 사용하고 있다.

② 원본 데이터가 0100이면 0101010으로 인코딩된다.

③ 패리티 비트에 오류가 발생하여도 복구는 가능할 수 있다.

┌─ **함께 보는 이론 | 해밍코드(Hamming Code)** ─

– 오류 검출과 교정이 가능하다.

– 2의 거듭제곱 번째 위치에 있는 비트들은 패리티 비트로 사용한다(1, 2, 4, 8, 16…번째 비트).

– 나머지 비트에는 부호화될 데이터가 들어 간다(3, 5, 6, 7, 9, 10, 11, 12 …번째 비트).

P1	P2		P3			P4		

– P1의 패리티 값: 1, 3, 5, 7, 9, 11, … 번째 비트들의 짝수(또는 홀수) 패리티 검사 수행

– P2의 패리티 값: 2, 3, 6, 7, 10, 11, … 번째 비트들의 짝수(또는 홀수) 패리티 검사 수행

– P3의 패리티 값: 4, 5, 6, 7, 12, 13, 14, 15, … 번째 비트들의 짝수(또는 홀수) 패리티 검사 수행

– P4의 패리티 값: 8, 9, 10, 11, 12, 13, 14, 15, 24, 25, … 번째 비트들의 짝수(또는 홀수) 패리티 검사 수행

38 통신 프로토콜 〉 경로 배정 프로토콜 답 ②

| 오답해설 | ㄴ. BGP는 외부에서 사용된다.

┌─ **함께 보는 이론 | 내부와 외부 라우팅 종류** ─

• 내부 라우팅(Interior Routing): 자율시스템(AS) 내의 라우팅
  – OSPF(Open Shortest Path First)
  – RIP(Routing Information Protocol)
  – IGRP(Interior Gateway Routing Protocol)
  – EIGRP(Enhanced Interior Gateway Routing Protocol)
  – IS–IS(Intermediate System–to–Intermediate System)

• 외부 라우팅(Exterior Routing): 자율시스템(AS)간 라우팅
  – BGP(Border Gateway Protocol)

┌─ **함께 보는 이론 | 라우팅 프로토콜** ─

• RIP v1/v2
  – 대표적인 내부 라우팅 프로토콜이며, 가장 단순한 라우팅 프로토콜이다.
  – Distance–vector 라우팅을 사용하며, hop count를 메트릭으로 사용한다.
  – Distance vector Routing: 두 노드 사이의 최소 비용 경로의 최소 거리를 갖는 경로이며, 경로를 계산하기 위해 Bellman–Ford 알고리즘을 이용한다.

• OSPF(Open Shortest Path First)
  – Link State Routing 기법을 사용하며, 전달 정보는 인접 네트워크 정보를 이용한다.
  – 모든 라우터로부터 전달받은 정보로 네트워크 구성도를 생성한다.
  – Link State Routing: 모든 노드가 전체 네트워크에 대한 구성도를 만들어서 경로를 구한다. 최적 경로 계산을 위해서 Dijkstra's 알고리즘을 이용한다.

• BGP(Border Gateway Protocol)
  – 대표적인 외부 라우팅 프로토콜이며, Path Vector Routing을 사용한다.
  – Path Vector Routing: 네트워크에 해당하는 next router과 path가 메트릭에 들어있으며, path에 거쳐 가는 자율 시스템(AS) 번호를 명시한다.

39 통신 프로토콜 〉 TCP/IP 프로토콜 답 ③

| 정답해설 | – TELNET: 기본적으로 연결 지향형 파일을 요구하며, TCP 서비스를 이용한다.

– SNMP(Simple Network Management Protocol): TCP/IP 네트워크 관리 프로토콜로 UDP 서비스를 이용한다.

– TFTP(Trivial File Transfer Protocol): 간단한 형태의 파일 전송 프로토콜이며, 두 호스트 간의 사용자 인증을 거치지 않고 UDP 서비스를 이용한다.

40 통신 프로토콜 〉 슬라이딩 윈도 기법 답 ④

| 정답해설 | ④ 수신측 윈도는 데이터 프레임을 수신할 때마다 하나씩 줄어들고 응답을 전송할 때마다 하나씩 늘어나게 된다. 또한 수신측 윈도에 수신된 프레임 개수를 확인하고, 지정된 윈도 크기만큼 모두 수신되었으면 송신측에 다음 수신 윈도의 크기를 보내준다.

| 함께 보는 이론 | 슬라이딩 윈도 기법 ─

한번에 여러 개의 프레임을 보낼 수 있는 방식으로 수신측에 n개의 프레임에 대한 버퍼를 할당하고, 송신측에서 수신측의 ACK를 기다리지 않고 n개의 프레임을 보낼 수 있도록 하는 방식이다.

CHAPTER 04 | 인터넷   문제편 P.84

01	①	02	③	03	③	04	③	05	①
06	②	07	④	08	③	09	①	10	④
11	④	12	④						

---

01   인터넷 > DNS   답 ①

| 정답해설 | ① DNS(Domain Name System): 영문자의 도메인 주소를 숫자로 된 IP 주소로 변환시켜 주는 작업을 의미한다.

| 오답해설 | ② OSPF(Open Shortest Path First): 모든 라우터로부터 전달받은 정보로 네트워크 구성도를 생성한다. Link State Routing 기법을 사용하며, 전달 정보는 인접 네트워크 정보를 이용한다.
③ ICMP(Internet Control Message Protocol): ICMP는 IP가 패킷을 전달하는 동안에 발생할 수 있는 오류 등의 문제점을 원본 호스트에 보고하는 일을 한다. 라우터가 혼잡한 상황에서 보다 나은 경로를 발견했을 때 방향 재설정(redirect) 메시지로서 다른 길을 찾도록 하며, 회선이 다운되어 라우팅할 수 없을 때 목적지 미도착(Destination Unreachable)이라는 메시지 전달도 ICMP를 이용한다.
④ SNMP(Simple Network Management Protocol): 관리자가 네트워크의 활동을 감시하고 제어하는 목적으로 사용하는 서비스이다.

---

02   인터넷 > 인터넷의 주소 체계   답 ③

| 정답해설 | ③ 서브넷 마스크가 255.255.255.0인 경우 하나의 네트워크에 최대 254대의 호스트를 연결할 수 있는 것은 C 클래스이다.

┌ 함께 보는 이론 | 클래스별 연결 가능한 호스트 수 ─

구분	주소 범위	연결 가능한 호스트 개수
A 클래스	0.0.0.0 ~ 127.255.255.255	16,777,214개
B 클래스	128.0.0.0 ~ 191.255.255.255	65,534개
C 클래스	192.0.0.0 ~ 223.255.255.255	254개

---

03   인터넷 > 인터넷의 주소 체계   답 ③

| 정답해설 | − 서브넷 마스크(255.255.255.224)와 211.168.83.34를 AND 연산을 수행한 후, 호스트 ID의 비트 수 5개를 1로 하면 그 서브넷 브로드캐스트 주소를 구할 수 있다.
− 클래스별 연결 가능한 호스트 수: AND 연산은 2진수 연산으로 두 수가 1, 1일 때만 1이 되는 연산이다. 그러므로 마지막 8비트만 2진수로 변환하면 다음과 같다.

공인 IP 주소	211.168.83.34 → 211.168.83.00100010
서브넷 마스크	255.255.255.224 → 255.255.255.11100000
AND 연산	
네트워크 주소	211.168.83.32 → 211.168.83.00100000

서브넷 마스크를 참조하면 네트워크 주소 중 마지막 5비트가 호스트 주소로 사용됨을 알 수 있다. 최종 브로드캐스트 주소는 호스트 주소가 모두 1인 경우이므로 211.168.83.00111111 = 211.168.83.63이 된다.

---

04   인터넷 > 인터넷의 주소 체계   답 ③

| 정답해설 | − 서브넷 마스크(Subnet Mask)는 커다란 네트워크를 서브넷으로 나눠 주는 네트워크의 중요한 방법 중 하나이다. 브로드캐스트 형태의 전송 시 회선이 낭비되는 단점을 보완하기 위한 방법으로 할당된 IP 주소를 네트워크 환경에 알맞게 나눠 주기 위해 만들어지는 이진수의 조합이다.
− 브로드캐스트 주소는 호스트 식별자가 모두 1인 경우를 말한다.
− 8개 하위 네트워크로 나누기 위해 3비트가 필요하며, 오른쪽 8비트에서 하위 5비트가 모두 1인 경우는 8가지이다. (00011111, 00111111, 01011111, 01111111, 10011111, 10111111, 11011111, 11111111)
즉, (31, 63, 95, 127, 159, 191, 223, 255)이다.

---

05   인터넷 > 인터넷의 주소 체계   답 ①

| 정답해설 | − IPv4: 32비트, 8비트씩 4부분
예) 169.254.17.5
− IPv6: 128비트, 16비트씩 8부분
예) 1080 : 0000 : 0000 : 0000 : 0008 : 0800 : 200C : 417A

---

06   인터넷 > 인터넷의 주소 체계   답 ②

| 정답해설 | ② 프리픽스 표기법에서 /27이므로 네트워크 주소로 27비트를 사용한다. 서브넷 마스크는 11111111.11111111.11111111.11100000이므로 255.255.255.224가 된다.

| 오답해설 | ① IP 주소가 117.17.23.253/27인 호스트의 네트워크 주소는 117.17.23.224이고, 브로드캐스트 주소는 117.17.23.255이다.

③ 117.17.23.253/27 주소는 클래스가 없는 CIDR(Classless Inter-Domain Routing) 표기이므로 클래스 개념이 주소 지정의 기본 수단으로 사용되지 않는다. 단, 주소에서 첫 번째 옥텟은 117이므로 만약 클래스 기반의 주소 지정으로 비교한다면 C 클래스가 아닌 A클래스로 설명할 수 있다.

④ 이 주소가 포함된 네트워크에서 사용될 수 있는 IP 주소는 특수 주소(네트워크 주소, 브로드캐스트 주소) 2개를 제외한 30개이다.

---

07 인터넷 > DNS   답 ④

| **정답해설** | ④ DNS 서버: DNS 서버 자체에 할당된 주소로 보통은 IP 주소로 나타낸다. 호스트의 도메인 이름을 호스트의 네트워크로 변환하여 수행할 수 있다.

| **오답해설** | ① Proxy 서버: 반복 제공되는 정보를 서버와는 별도로 저장해서 요청이 있을 경우, 서버 대신 빠른 속도로 클라이언트에게 이를 제공할 수 있다. 프록시 서버는 기업 내부의 네트워크와 인터넷의 경계 지점에 위치해 있기 때문에 방화벽의 용도로 사용 가능하다.

② DHCP 서버: IP 주소들의 풀(Pool)과 클라이언트 설정 파라미터를 관리한다. 새로운 호스트(DHCP 클라이언트)로부터 요청을 받으면 서버는 특정 주소와 그 주소의 대여(Lease) 기간을 응답한다. 클라이언트는 일반적으로 부팅 후 즉시 이러한 정보에 대한 질의를 수행하며, 정보의 유효 기간이 해제되면 주기적으로 재질의한다.

③ WEB 서버: 사용자에게 웹(Web)을 제공하기 위한 서버로, 웹에서 사용자가 서비스를 요청하는 경우, 네트워크를 통해 HTML로 구성된 웹 페이지를 제공한다.

---

08 인터넷 > IPv6   답 ③

| **정답해설** | ③ 데이터 링크 계층에서 비트 오류를 줄이기 위한 체크섬이 행해지기 때문에 IPv6의 헤더에서 데이터그램의 비트 오류를 검출하기 위한 헤더 체크섬 필드는 생략되었다.

---

09 인터넷 > IPv6   답 ①

| **정답해설** | ① IPv4 헤더의 체크섬 필드가 IPv6에서는 제거되었다.

┌─ **함께 보는 이론** | IPv6 ─

① IPv4의 문제점: IP 설계 시 예측하지 못한 많은 문제점 발생
  • IP 주소 부족 문제
    – 클래스별 주소 분류 방식으로 인한 문제 가속화
    – 국가별로 보유한 IP 주소 개수의 불균형
    – 주소 부족 문제 해결을 위해 한정된 IP 주소를 다수의 호스트가 사용하는 NAT(Network Address Translation) 또는 DHCP(Dynamic Host Configuration Protocol) 방법 사용
    – IPv4의 근본적인 한계와 성능 저하 문제를 극복하지는 못함.

  • 유무선 인터넷을 이용한 다양한 단말기 및 서비스 등장: 효율적이고 안정적인 서비스 지원을 위해 네트워크 계층에서의 추가적인 기능이 요구
  • 취약한 인터넷 보안
② IPv6의 등장: RFC 2460
  • 차세대 IP(IPng: Internet Protocol Next Generation)에 대한 연구가 IETF(Internet Engineering Task Force)에서 진행
  • IPv6(IP version 6, RFC 2460)이 탄생
    – IPv6은 128비트 주소 길이를 사용
    – 보안 문제, 라우팅 효율성 문제 제공
    – QoS(Quality of Service) 보장, 무선 인터넷 지원과 같은 다양한 기능 제공
③ IPv6 특징
  • 확장된 주소 공간
    – IP 주소 공간의 크기를 32 비트에서 128 비트로 증가
    – 128비트의 공간은 대략 3.4×10^{32}만큼의 주소가 사용 가능
    – 주소 부족 문제를 근본적으로 해결
  • 헤더 포맷의 단순화
    – IPv4에서 자주 사용하지 않는 헤더 필드를 제거
    – 추가적으로 필요한 기능은 확장 헤더를 사용하여 수행
  • 향상된 서비스의 지원
  • 보안과 개인 보호에 대한 기능
④ IPv6 주소 표기법
  • 기본 표기법: IPv6 주소는 128 비트로 구성되는데, 긴 주소를 읽기 쉽게 하기 위해서 16비트씩 콜론으로 나누고, 각 필드를 16진수로 표현하는 방법을 사용
  • 주소 생략법: 0 값이 자주 있는 IPv6 주소를 쉽게 표현하기 위해서 몇 가지 생략 방법이 제안되었다. 0으로만 구성된 필드가 연속될 경우 필드 안의 0을 모두 삭제하고 2개의 콜론만으로 표현하며, 생략은 한 번만 가능하다.
⑤ IPv6의 헤더
  • Traffic Class: QoS를 위한 class 설정
  • Flow Label: Flow를 위한 index 지정
  • Payload Length: 기본 헤더를 제외한 나머지
  • Next Header: 맨 처음 확장 헤더를 지정
  • Hop Limit: TTL과 같은 기능

	32비트	
Ver.	Traffic Class	Flow Label
Payload Length	Next Header	Hop Limit
128bit Source Address		
128bit Destination Address		

---

10 인터넷 > 사설 IP   답 ④

| **오답해설** | ① 전 세계적으로 중복이 없는 유일한 IP 주소는 공인(Public) IP 주소이다.

② 특정한 하나의 NAT(Network Address Translation) 방식의 공유기/라우터에 유일하게 할당되는 하나의 IP 주소는 공인(Public) IP 주소이다.

③ 세계적으로는 ICANN(Internet Corporation for Assigned Names and Numbers)이, 국내는 한국인터넷진흥원이 관리하는 IP 주소는 공인(Public) IP 주소이다.

┤ 함께 보는 이론 ┃ 사설(Private) IP 주소 ├

인터넷에서 공인된 IP 주소를 사용하지 않고, 사적인 용도로 임의 사용하는 IP 주소이다. 공인 IP 주소는 내부와 외부에서 모두 통신이 되지만, 사설 IP 주소는 내부에서만 통신이 되고 외부와 통신하거나 외부에서 접근할 수 없는 주소이다.

− Class A 규모: 10.0.0.0 ～ 10.255.255.255
− Class B 규모: 172.16.0.0 ～ 172.31.255.255
− Class C 규모: 192.168.0.0 ～ 192.168.255.255

---

11 인터넷 > 이동 애드혹 네트워크 답 ④

| 정답해설 | ④ 이동 애드혹 네트워크는 노드들에 의해 자율적으로 구성되는 네트워크로 기반 구조가 없다. 따라서 네트워크의 구성 및 유지를 위한 기지국이나 AP(액세스 포인트)와 같은 기반 장치가 필요없다.

┤ 함께 보는 이론 ┃ 이동 애드혹 네트워크(MANET) ├

유선 기반 망 없이 이동 단말기로만 구성된 무선 지역의 통신망이다. 유선 기반이 구축되지 않은 산악 지역이나 전쟁터 등지에서 통신망을 구성해서 인터넷 서비스를 제공하는 기술이다. 무선 신호의 송수신은 현재의 자료 연결 기술을 활용하고, 라우터 기능은 이동 애드혹 네트워크의 이동 단말기가 호스트와 라우터 역할을 동시에 하도록 하는데, 여기에 라우터 프로토콜의 개발과 무선 신호의 보안 문제 해결 기술 등이 필요하다.

---

12 인터넷 > 무선 PAN 기술 답 ④

| 정답해설 | (가) Bluetooth: 휴대폰, 노트북, 이어폰·헤드폰 등의 휴대 기기를 서로 연결하여 정보를 교환하는 근거리 무선 기술 표준을 뜻한다. 블루투스 통신 기술은 1994년 휴대폰 공급업체인 에릭슨(Ericsson)이 시작한 무선 기술 연구를 바탕으로, 1998년 에릭슨, 노키아, IBM, 도시바, 인텔 등으로 구성된 '블루투스 SIG(Special Interest Group)'를 통해 본격적으로 개발되었으며, IEEE 802.15.1 규격으로 발표되었다.
(나) NFC(Near Field Communication): 13.56MHz 대역의 주파수를 사용하여 약 10cm 이내의 근거리에서 데이터를 교환할 수 있는 비접촉식 무선 통신 기술로서 스마트폰 등에 내장되어 교통 카드, 신용 카드, 멤버십 카드, 쿠폰, 신분증 등 다양한 분야에서 활용될 수 있는 성장 잠재력이 큰 기술이다. NFC를 활용하면 스마트폰으로 도어록을 간편하게 여닫을 수 있으며, 버스나 지하철 등 대중교통을 손쉽게 이용할 수 있고, 쿠폰을 저장해 쇼핑에 활용하는 것도 가능하다.
(다) ZigBee: 근거리 통신을 지원하는 IEEE 802.15.4 표준 중 하나를 말한다. 가정·사무실 등의 무선 네트워킹 분야에서 10~20m 내외의 근거리 통신과 유비쿼터스 컴퓨팅을 위한 기술이다. 즉, 지그비는 휴대 전화나 무선 LAN의 개념으로, 기존의 기술과 다른 특징은 전력 소모를 최소화하는 대신 소량의 정보를 소통하는 개념이다.

CHAPTER 05 ┃ 멀티미디어									문제편 P.86
01	②	02	④	03	③	04	④	05	④
06	③	07	④						

---

01 멀티미디어 > 벡터 방식 답 ②

| 정답해설 | ② 색상의 미묘한 차이를 표현하기 위해서는 해상도가 중요하기 때문에 풍경이나 인물 사진에는 비트맵 방식이 적합하다.

┤ 함께 보는 이론 ┃ 비트맵과 벡터 방식 ├

• 비트맵(Bitmap) 방식
 − 동일한 크기의 정사각형 모양의 픽셀(Pixel)로 이루어진 비트맵 위에 만들고자 하는 글자 또는 그림의 모양대로 픽셀들을 칠하는 방식이다. (Image)
 − 컴퓨터 스크린의 해상도는 Pixel의 개수로 정의된다.
 − 컬러의 점진적인 변화를 표현하는 데 유리하여 사진이나 사실적인 그림을 표현할 때에 적합하다.
 − 단점: 많은 기억 용량 차지하며, 확대할 경우 화질이 급격히 나빠진다.
• 벡터(Vector) 방식
 − 나타내려고 하는 문자 또는 그림의 윤곽선을 수학적인 함수를 통하여 표현한다. (Graphics)
 − 확대하거나 축소하여도 그림의 형태를 그대로 유지한다.
 − 단점: 세밀한 부분을 표현하기 어려우며, 미세한 컬러의 변화를 표현하기도 어렵다.

---

02 멀티미디어 > 벡터 방식 답 ④

| 정답해설 | ④ 벡터 이미지는 비트맵 이미지보다 캐릭터, 간단한 삽화 등을 표현하는 데 적합하다.

---

03 멀티미디어 > HDMI 답 ③

| 정답해설 | ③ HDMI(High Definition Multimedia Interface): HDMI는 고선명 멀티미디어 인터페이스(High Definition Multimedia Interface)의 준말로, 비압축 방식의 디지털 비디오/오디오 인터페이스 규격의 하나이다. HDMI를 이용하면 기존의 아날로그 케이블보다 고품질 음향 및 영상을 감상할 수 있다.

| 오답해설 | ① D-SUB: 일반적으로 많이 사용되는 그래픽카드 단자로서 브라운관(CRT), LCD 모니터를 연결할 수 있다. 출시되고 있는 그래픽카드와 모니터 대부분이 DVI나 HDMI 방식의 디지털 단자를 주로 사용하여, D-Sub 단자 사용이 점차 줄어들고 있다.
② DVI(Digital Visual Interface): LCD 모니터를 위한 고화질의 디지털 인터페이스이다.

04 멀티미디어 > 통신 대역폭 답 ④

| **정답해설** | 통신 대역폭 = 해상도 × 화소당 컬러 × 초당 프레임
= 352 × 240 × 24 × 30
= 60,825,600bps = 약 60Mbps
∴ ④ 통신 대역폭 = 60Mbps

05 멀티미디어 > VoIP 답 ④

| **정답해설** | ④ VoIP(Voice over Internet Protocol): 인터넷 전화 또는 음성 패킷망이라고 한다. 초고속 인터넷과 같이 IP망을 기반으로 패킷 데이터를 통해 음성 통화를 구현하는 통신 기술이다.

| **오답해설** | ① VPN(Virtual Private Network): 가상 사설망이라 하며, 인터넷망과 같은 공중망을 사설망처럼 이용하여 회선 비용을 크게 절감할 수 있는 기업 통신 서비스이다.
② IPSec(IP Security Protocol): 안전에 취약한 인터넷에서 안전한 통신을 실현하는 통신 규약이다. 인터넷상에 전용 회선과 같이 이용 가능한 가상적인 전용 회선을 구축하여 데이터를 도청 당하는 등의 행위를 방지하기 위한 통신 규약이다.
③ IPv6: IPv4에 이어서 개발된 인터넷 프로토콜 주소 표현 방식의 차세대 버전이다.

06 멀티미디어 > MPEG 답 ③

| **정답해설** | 사운드 용량을 계산하는 방법은 다음과 같다.
사운드 용량 = 샘플링 주파수 × 샘플링 비트 수 × 채널 수 × 초 /8(채널 수는 모노=1, 스테레오=2, /8은 비트를 바이트로 표현)
∴ ③ 사운드(WAV) 용량 = 44100 × 16 × 2 × 100 /8
= 17,640,000byte = 17.6MB

07 멀티미디어 > 이미지 파일 형식 답 ④

| **정답해설** | ④ GIF: 심볼, 로고, 애니메이션 등에 사용하며, 색상은 256가지 색을 지원한다.

┤ **함께 보는 이론** | 파일 형식 ├

– RLE(Run Length Encoding) 방식: 압축 알고리즘의 하나로서 연속적으로 반복되는 문자들(또는 데이터 단위)을 하나의 문자와 그 길이로 대체하는 방법을 사용한다. 특별히 데이터 단위가 단일 비트 픽셀인 흑백 사진이나 만화 등과 같은 그래픽을 압축하는 데 가장 적합하다.
– JPEG: 이미지를 압축하여 저장하는 파일 포맷으로 다른 파일 포맷에 비교해서 압축률이 높으며, 압축률이 높을수록 이미지의 질이 떨어지는 단점이 있다. 또한 255×255×255 색상을 표현할 수 있다.
– TIFF: 매킨토시와 IBM PC, 워크스테이션 등에서 이미지 저장용으로 많이 쓰인다. 대부분의 그래픽 소프트웨어에서 지원하며, 이미지 손실 없는 LZW, ZIP 압축을 지원한다. 탁상 출판, 팩스, 3차원 응용 프로그램 및 의료 이미지 업무 등에 널리 사용된다.

정 답 과
해 설

PART

V | **소프트웨어 공학**

챕터별 키워드 & 취약영역 체크

☑ 챕터별 키워드로 본인의 취약영역 확인 후, 취약영역에 해당하는 문제와 이론은 꼼꼼하게 다시 점검하세요!

CHAPTER 01 소프트웨어 생명 주기		CHAPTER 02 소프트웨어 개발 계획		CHAPTER 03 요구 분석과 소프트웨어 설계		CHAPTER 04 소프트웨어 테스트와 유지 보수		CHAPTER 05 객체 지향 프로그램 개발	
틀린 개수 _____ / 12개		틀린 개수 _____ / 8개		틀린 개수 _____ / 11개		틀린 개수 _____ / 14개		틀린 개수 _____ / 24개	
01	폭포수 모형	01	소프트웨어 개발팀 구성	01	요구 분석	01	블랙박스 테스트	01	객체 지향 개념
02	폭포수 모형	02	CPM	02	요구 분석	02	블랙박스 테스트	02	객체 지향 언어의 특징
03	프로토타입 모형	03	CPM	03	요구 분석	03	블랙박스 테스트	03	객체 지향 시스템의 특성
04	소프트웨어 개발 프로세스 모형	04	기능 점수	04	모듈화	04	소프트웨어 테스트	04	클래스
05	프로토타입 모형	05	기능 점수	05	모듈화	05	소프트웨어 테스트	05	객체 지향 시스템의 특성
06	애자일 개발 방법론	06	소프트웨어의 특성	06	응집도	06	소프트웨어 테스트	06	다형성
07	나선형 모형	07	소프트웨어의 특성	07	결합도	07	인수 테스트	07	다형성
08	나선형 모형	08	COCOMO 모델	08	소프트웨어 시스템의 동적 관점	08	소프트웨어 테스트	08	UML 다이어그램
09	V 모형			09	HIPO	09	소프트웨어 유지 보수	09	UML 다이어그램
10	익스트림 프로그래밍			10	구조도	10	소프트웨어 형상 관리	10	UML 다이어그램
11	소프트웨어 유형			11	응집도	11	시스템의 가용성	11	UML 다이어그램
12	익스트림 프로그래밍					12	소프트웨어 테스트	12	UML 다이어그램
						13	소프트웨어 유지 보수	13	UML 다이어그램
						14	CMMI	14	UML 다이어그램
								15	UML 다이어그램
								16	UML 다이어그램
								17	디자인 패턴
								18	디자인 패턴
								19	디자인 패턴
								20	디자인 패턴
								21	디자인 패턴
								22	디자인 패턴
								23	디자인 패턴
								24	MVC 아키텍처

➡ **나의 취약영역:** _____

CHAPTER 01 | 소프트웨어 생명 주기 　문제편 P.90

01	④	02	①	03	②	04	④	05	④
06	①	07	④	08	②	09	①	10	②
11	④	12	③						

01　소프트웨어 생명 주기 〉 폭포수 모형　답 ④

| **정답해설** | ④ 폭포수 모형(Waterfall Model)의 진행 단계: 계획 – 요구 분석 – 설계 – 구현 – 시험 – 운영/유지 보수

┌─ **함께 보는 이론** | 폭포수형 모형(선형 순차 모형, 전형적인 생명 주기 모형) ─┐
- 소프트웨어의 개발 시 프로세스에 체계적인 원리를 도입할 수 있는 첫 방법론이다.
- 적용 사례가 많고 널리 사용된 방법이다.
- 단계별 산출물이 명확하다.
- 각 단계의 결과가 확인된 후 다음 단계로 진행하는 단계적, 순차적, 체계적인 접근 방식이다.
- 기존 시스템 보완에 좋다.
- 응용 분야가 단순하거나 내용을 잘 알고 있는 경우 적용한다.
- 비전문가가 사용할 시스템을 개발하는 데 적합하다.

02　소프트웨어 생명 주기 〉 폭포수 모형　답 ①

| **정답해설** | ① 폭포수 모형(Waterfall Model): 소프트웨어 생명 주기 모형 중 Boehm이 제시한 고전적 생명 주기 모형으로서 선형 순차적 모델이라고 하며, 타당성 검토, 계획 요구 사항 분석, 설계, 구현, 테스트, 유지 보수의 단계를 통해 소프트웨어를 개발하는 모형이다.

| **오답해설** | ② 프로토타입 모형(Prototyping Model): 폭포수 모형에서의 요구 사항 파악의 어려움을 해결하기 위해 실제 개발될 소프트웨어의 일부분을 직접 개발하여 사용자의 요구 사항을 미리 정확하게 파악하기 위한 모형이다.

③ 나선형 모형: 폭포수 모델과 프로토타이핑 모델의 장점을 수용하고, 새로운 요소인 위험 분석을 추가한 진화적 개발 모델이다. 프로젝트 수행 시 발생하는 위험을 관리하고 최소화하려는 것을 목적으로 하며 계획 수립, 위험 분석, 개발, 사용자 평가의 과정을 반복적으로 수행한다. 개발 단계를 반복적으로 수행함으로써 점차적으로 완벽한 소프트웨어를 개발하는 진화적(Evolutionary) 모델이며, 대규모 시스템의 소프트웨어 개발에 적합하다.

④ RAD 모형(Rapid Application Development Model): 매우 짧은 개발 주기를 강조하는 점진적 소프트웨어 개발 방식으로 빠른 개발을 위해 컴포넌트 기반으로 소프트웨어를 개발하여, 재사용이 가능한 프로그램 컴포넌트의 개발을 강조한다.

03　소프트웨어 생명 주기 〉 프로토타입 모형　답 ②

| **정답해설** | ㄴ. 개발이 완료되기 전에 시제품을 미리 만드므로 발주자가 목표 시스템의 모습을 미리 볼 수 있다.

ㄷ. 시제품을 미리 만들어 피드백을 얻을 수 있으므로 폭포수 모형보다 발주자의 요구 사항을 반영하기가 용이하다.

| **오답해설** | ㄱ. 프로토타입 모형의 마지막 단계는 공학적 제품화 단계이다.

ㄹ. 프로토타입별로가 아니라 통합하여 베타 테스트를 실시한다.

04　소프트웨어 생명 주기 〉 소프트웨어 개발 프로세스 모형　답 ④

| **정답해설** | ④ 나선형(Spiral) 모델은 폭포수 모델과 프로토타이핑 모델의 장점을 수용하고, 새로운 요소인 위험 분석을 추가한 진화적 개발 모델이다.

| **오답해설** | ① 프로토타입 모델은 개발 초기 단계에 시범 소프트웨어를 만들어 사용자에게 경험하게 함으로써 사용자 피드백을 신속하게 제공할 수 있다.

② 폭포수 모델은 분석 단계에서 사용자들이 요구한 사항들이 잘 반영되었는지를 개발이 완료 전까지는 사용자가 볼 수 없으며, 그 이후에 사용자의 의견을 반영할 수 있다.

③ 익스트림 프로그래밍(eXtreme Programming, XP)은 비즈니스상의 요구가 시시각각 변동이 심한 경우에 적합한 개발 방법이며, 1999년 켄트 백의 저서인 'Extreme Programming Explained–Embrace Change'에서 발표되었다. Agile Process의 대표적 개발 기법이다.

05　소프트웨어 생명 주기 〉 프로토타입 모형　답 ④

| **정답해설** | ④ 고객의 요구 사항을 초기에 구체적으로 기술하기 어렵고 중요한 문제점이 프로젝트의 후반부에 가서야 발견되는 모델은 폭포수 모델의 설명이다.

┌─ **함께 보는 이론** | 프로토타이핑 모형(Prototyping Model) ─┐
- 폭포수 모형에서의 요구 사항 파악의 어려움을 해결하기 위해 실제 개발될 소프트웨어의 일부분을 직접 개발하여 사용자의 요구 사항을 미리 정확하게 파악하기 위한 모형이다.
- 요구 사항을 미리 파악하기 위한 것으로 개발자가 구축한 S/W 모델을 사전에 만듦으로써 최종 결과물이 만들어지기 전에 사용자가 최종 결과물의 일부 또는 모형을 볼 수 있다.
- 순서: 요구 사항 분석 → 신속한 설계 → 프로토타입 작성 → 사용자 평가 → 프로토 타입의 정제(세련화) → 공학적 제품화

---

06 소프트웨어 생명 주기 > 애자일 개발 방법론   답 ①

| 정답해설 | ① 애자일 개발 방법론: 애자일 소프트웨어 개발 (Agile Software Development) 혹은 애자일 개발 프로세스는 소프트웨어 엔지니어링에 대한 개념적인 구조로, 프로젝트의 생명 주기 동안 반복적인 개발을 촉진한다. eBusiness 시장 및 SW 개발 환경 등 주위 변화를 수용하고, 이에 능동적으로 대응하는 여러 방법론을 통칭한다.

| 오답해설 | ② 구조적 개발 방법론: 크고 복잡한 문제를 작고 단순한 문제로 나누어 해결하는 하향식 개발 방법으로 구조적 분석, 구조적 설계, 구조적 프로그래밍으로 구성된다.

③ 객체 지향 개발 방법론: 재사용을 가능케 하고, 재사용은 빠른 속도의 소프트웨어 개발과 고품질의 프로그램 생산을 가능하게 한다. 객체 지향 소프트웨어는 그 구성이 분리되어 있기 때문에 유지 보수가 쉽다.

④ 컴포넌트 기반 개발 방법론: 시스템 또는 소프트웨어를 구성하는 각각의 컴포넌트를 만들고 조립해 또다른 컴포넌트나 소프트웨어를 만드는 것을 말한다. 소프트웨어 컴포넌트를 조립해 새로운 애플리케이션을 만들 수 있어 개발 기간을 단축할 수 있으며, 기존의 컴포넌트를 재사용할 수 있어 생산성과 경제성을 높일 수 있다.

07 소프트웨어 생명 주기 > 나선형 모형   답 ④

| 정답해설 | ④ 나선형 모형(Spiral Model): 폭포수 모델과 프로토타이핑 모델의 장점을 수용하고, 새로운 요소인 위험 분석을 추가한 진화적 개발 모델이다. 프로젝트 수행 시 발생하는 위험을 관리하고 최소화하려는 것을 목적으로 하며 계획 수립, 위험 분석, 개발, 사용자 평가의 과정을 반복적으로 수행한다. 개발 단계를 반복적으로 수행함으로써 점차적으로 완벽한 소프트웨어를 개발하는 진화적(Evolutionary) 모델이며, <u>대규모 시스템의 소프트웨어 개발에 적합하다.</u>

08 소프트웨어 생명 주기 > 나선형 모형   답 ②

| 정답해설 | ② 나선형(Spiral) 모형에서 단계별로 수행하는 작업 순서: 계획 및 정의 – 위험 분석 – 개발 – 고객평가 순이다.

┤ 함께 보는 이론 | 나선형 모형의 작업 순서 ├

– **계획 수립(Planning)**: 요구 사항 수집, 시스템의 목표 규명, 제약 조건 등을 파악한다.

– **위험 분석(Risk Analysis)**: 요구 사항을 토대로 위험을 규명하며, 기능 선택의 우선순위, 위험 요소의 분석/프로젝트 타당성 평가 및 프로젝트를 계속 진행할 것인지 중단할 것인지를 결정한다.

– **개발(Engineering)**: 선택된 기능의 개발/개선된 한 단계 높은 수준의 제품을 개발한다.

– **평가(Evaluation)**: 구현된 시스템을 사용자가 평가하여 다음 계획을 세우기 위한 피드백을 받는다.

09 소프트웨어 생명 주기 > V 모형   답 ①

| 정답해설 | ① V 모형의 작업 순서

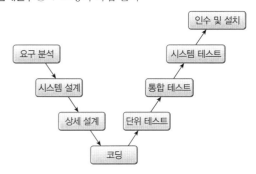

┤ 함께 보는 이론 | V 모형 ├

– 폭포수 모델에 시스템 검증과 테스트 작업을 강조한 것이다.

– 높은 신뢰성이 요구되는 분야에 적합하다.

– **장점**: 모든 단계에 검증과 확인 과정이 있어 오류를 줄일 수 있다.

– **단점**: 생명주기의 반복을 허용하지 않아 변경하기가 쉽지 않다.

10 소프트웨어 생명 주기 > 익스트림 프로그래밍   답 ②

| 정답해설 | ② 익스트림 프로그래밍(XP; eXtreme Programming)

– XP는 켄트 벡 등이 제안한 소프트웨어 개발 방법론이다.

– 비즈니스상의 요구가 시시각각 변동이 심한 경우에 적합한 개발 방법이다.

– 의사소통(Communication), 단순함(Simplicity), 피드백(Feedback), 용기(Courage), 존중(Respect) 등 5가지의 가치에 기초하여 '고객에게 최고의 가치를 가장 빨리' 전달하도록 하는 방법론이다.

– Agile Process의 대표적 개발 기법이다.

– 개발자, 관리자, 고객이 조화를 극대화하여 개발 생산성을 높이고자 하는 접근법이다.

| 오답해설 | ① 통합 프로세스(UP, RUP): 소프트웨어 시스템을 시각화하고 명세화하며 구축하고 문서화하기 위한 산업의 표준 메커니즘이다. 한 사이클이 끝날 때마다 테스트가 완료되어 통합 및 수행 가능한 시스템이 산출되는 점증적인 프로세스 유형의 객체 지향 개발 모형이다.

③ 스크럼: 30일마다 동작 가능한 제품을 제공하는 스플린트를 중심으로 하고 있다. 매일 정해진 시간에 정해진 장소에서 짧은 시간의 개발을 하는 팀을 위한, 프로젝트 관리 중심의 방법론이다.

④ 나선형 모형(Spiral Model): 폭포수 모델과 프로토타이핑 모델의 장점을 수용하고, 새로운 요소인 위험 분석을 추가한 진화적 개발 모델이다. 프로젝트 수행 시 발생하는 위험을 관리하고 최소화하려는 것을 목적으로 하며 계획 수립, 위험 분석, 개발, 사용자 평가의 과정을 반복적으로 수행한다. 개발 단계를 반복적으로 수행함으로써 점차적으로 완벽한 소프트웨어

를 개발하는 진화적(Evolutionary) 모델이며, 대규모 시스템의 소프트웨어 개발에 적합하다.

---

11 소프트웨어 생명 주기 > 소프트웨어 유형　　답 ④

| **정답해설** | ④ Freeware: 조건이나 기간, 기능 등의 제한 없이 개인 사용자는 누구나 무료로 사용하는 것이 허가된 공개 프로그램으로 인터넷 자료실에서 다운받아 자유로이 사용할 수 있다. MP3 음악 파일을 듣는 데 많이 이용하는 윈앰프(Winamp)나 곰플레이어, 알씨, 알집 등이 대표적인 프리웨어다. 한편 프리웨어 프로그램을 변형 및 수정하거나 프리웨어를 유료로 판매하는 등의 프로그램 자체를 이용한 사업을 하는 것은 불법이다. 재배포 상의 모든 통제 권리는 저작권자인 제작자가 갖기 때문이다.

---

12 소프트웨어 생명 주기 > 익스트림 프로그래밍　　답 ③

| **정답해설** | XP(eXtreme Programming)의 실천 사항
- 점증적인 계획 수립
- 소규모 시스템 릴리스(짧은 사이클로 버전 발표)
- 시험 우선 개발
- 리팩토링
- 짝(pair) 프로그래밍(가장 좋은 구현 방법 고민, 전략적인 방법 고민)
- 공동 소유권(개발자들 누구나 코드 수정)
- 지속적 통합
- 유지할 수 있는 속도(1주에 40시간 작업)
- 현장의 고객(고객도 한 자리에)
- 표준에 맞춘 코딩

CHAPTER 02 | 소프트웨어 개발 계획　　문제편 P.93

01	④	02	④	03	①	04	③	05	②
06	①	07	②	08	④					

---

01 소프트웨어 개발 계획 > 소프트웨어 개발팀 구성　　답 ④

| **정답해설** | ④ 분산형팀의 의사 교환 경로는 수평적이다.

중앙 집중식　　　분산형　　　계층형

---

02 소프트웨어 개발 계획 > CPM　　답 ④

| **정답해설** | ④ 문제의 CPM 네트워크에 나타난 임계 경로는 S → B → E → H → M → X이고 전체 소요 기간은 36일이다.

가능 경로	기간(일)
S − A − D − G − K − X	8 + 8 + 10 + 4 = 30
S − A − D − I − M − X	8 + 8 + 8 + 8 = 32
S − B − D − G − K − X	10 + 8 + 10 + 4 = 32
S − B − D − I − M − X	10 + 8 + 8 + 8 = 34
S − B − E − H − K − X	10 + 4 + 14 + 4 = 32
S − B − E − H − M − X	10 + 4 + 14 + 8 = 36
S − B − E − I − M − X	10 + 4 + 8 + 8 = 30
S − B − F − J − L − M − X	10 + 5 + 4 + 5 + 8 = 32
S − C − F − J − L − M − X	8 + 5 + 4 + 5 + 8 = 30

┤ 함께 보는 이론 ├
- CPM(Critical Path Method): 경비(예산)와 개발 일정(기간) 최적화하려는 일정 계획 방법으로, 임계 경로(Critical Path) 방법에 의한 프로젝트 최단 완료 시간을 구한다.
- 임계 경로(Critical Path): 전체 프로젝트의 작업 공정은 여러 가지 경로가 형성되는데, 이 경로들 중 소요 기간이 가장 많이 소요되는 경로가 임계 경로이다.

---

03 소프트웨어 개발 계획 > CPM　　답 ①

| **정답해설** | - 소작업 C의 선행 작업이 소작업 A와 B이며, 소요 기간이 더 긴 소작업인 A를 수행하고 시작할 수 있으므로 가장 빠른 착수일은 15일이다.
- 가장 늦은 착수일: 40(임계 경로) − 25(C와 E의 소요 기간) = 15일
- 여유 기간: 15일 − 15일 = 0일
- 소작업 C가 임계 경로상에 있으므로 여유 기간이 0인 것을 처음부터 알 수 있다.
∴ ① 15일, 15일, 0일

---

04 소프트웨어 개발 계획 > 기능 점수　　답 ③

| **정답해설** | ③ 기능 점수 모형은 구현 언어와 밀접한 관련이 없으며, 소프트웨어의 각 기능에 대하여 가중치를 부여하여 요인별 가중치를 합산해서 소프트웨어의 규모나 복잡도, 난도를 산출한다.

┤ 함께 보는 이론 ├ 기능 점수 모형
- 소프트웨어의 각 기능에 대하여 가중치를 부여하여 요인별 가중치를 합산해서 소프트웨어의 규모나 복잡도, 난도를 산출하는 모형이다.
- 소프트웨어의 생산성 측정을 위해 개발되었으며, 자료의 입력·출력, 알고리즘을 이용한 정보의 가공·저장을 중시한다.
- 최근 유용성과 간편성 때문에 관심이 집중되고 있으며, 라인 수에 기반을 두지 않는다는 것이 장점이 되는 방법이다.

– 기능 증대 요인과 가중치

소프트웨어 기능 증대 요인	수	가중치			기능 점수
		단순	보통	복잡	
자료 입력(입력 양식)		3	4	6	
정보 출력(출력 보고서)		4	5	7	
명령어		3	4	5	
데이터 파일		7	10	15	
필요한 외부 루틴과의 인터페이스		5	7	10	
계					

05 소프트웨어 개발 계획 > 기능 점수　　　답 ②

| 정답해설 | ㄱ. FP(기능 점수) 모형은 소프트웨어의 각 기능에 대하여 가중치를 부여하여 요인별 가중치를 합산해서 소프트웨어의 규모나 복잡도, 난도를 산출하는 모형이다.

ㄷ. FP(기능 점수) 모형은 응용 패키지의 규모 산정, 소프트웨어의 품질 및 생산성 분석, 소프트웨어 개발과 유지 보수를 위한 비용 및 소요 자원 산정 등에 사용할 수 있다.

| 오답해설 | ㄴ. 트랜잭션의 기능을 측정하기 위한 기준으로 외부 입력, 외부 출력, 외부 조회가 있다.

ㄹ. 기능 점수 산출 시 적용되는 조정 인자는 시스템의 특성을 반영한다.

┤ 함께 보는 이론 ├

– 트랜잭션 기능 점수: 사용자가 식별할 수 있고 최소한의 업무를 처리할 수 있는 단위 프로세스를 식별하고 각 단위 프로세스별로 EI / EO / EQ 로 분류한 다음 복잡도와 기여도를 계산한다. EI / EO / EQ 의 단위 프로세스가 식별되면 DET와 FTR(File Transfer Reference)를 통하여 복잡도를 계산한다.
– 외부 입력(EI; External Input): 애플리케이션 경계의 밖에서 들어오는 데이터나 제어 정보를 처리하는 단위 프로세스
– 외부 출력(EO; External Output): 데이터나 제어 정보를 애플리케이션 경계 밖으로 보내는 단위 프로세스
– 외부 조회(EQ; External inQuiry): 데이터나 제어 정보를 애플리케이션 경계 밖으로 보내는 단위 프로세스
– 기능 점수의 영향도 측정: 단순한 기능 점수의 계산 외에 프로젝트의 특성을 고려한 영향도를 계산한다. 기술적 복잡도는 14개의 항목에 대해 영향도가 0∼5까지의 정수로 평가되며 모든 영향도를 합산한 것이 총 영향도이다. 14개 항목의 영향도를 평가하여 합산한 총 영향도는 0∼70 사이의 값이 된다.

06 소프트웨어 개발 계획 > 소프트웨어의 특성　　　답 ①

| 정답해설 | ① 소프트웨어는 편리성이나 유지 보수성에 점차 비중을 많이 두고 있다.

┤ 함께 보는 이론 | 소프트웨어 품질 특성 ├

– 기능성(Functionality): 사용자의 요구 사항과 일치하는가? (안정성, 정확성, 접속성)
– 신뢰성(Reliability): 정해진 시간 내에 고장 없이 정확한 결과를 산출 가능한가? (무결성, 가용성)
– 사용 편리성(Usability): 이해가 쉬우며, 조작이 용이하고 대화가 가능한가?
– 효율성(Efficiency): 자원과 시간을 적게 사용하는 것이 가능한가?
– 유지 보수성(Maintain Ability): 수정, 확장이 용이하며 테스트가 쉬운가?
– 이식성(Portability): 다른 기종의 환경에서도 수행 가능한가? (독립성)

07 소프트웨어 개발 계획 > 소프트웨어의 특성　　　답 ②

| 정답해설 | ② 결함 내성은 소프트웨어에 결함이 있더라도 정상적인 수행이 이루어지는 성질을 말한다.

┤ 함께 보는 이론 | 확실성(Dependability) ├

소프트웨어의 신뢰성, 보안성, 안전성을 포함하는 포괄적인 특성을 말한다.

08 소프트웨어 개발 계획 > COCOMO 모델　　　답 ④

| 정답해설 | COCOMO 모델에서 사용되는 노력 승수값을 구하기 위해 사용되는 요소는 제품의 특성, 컴퓨터의 특성, 개발 요원의 특성, 프로젝트의 특성이다.

∴ ④ 사용자의 특성은 해당하지 않는다.

┤ 함께 보는 이론 | COCOMO(Constructive Cost Model) ├

– Boehm(1981)이 제안한 산정 기법으로 원시 프로그램의 규모에 의한 비용 예측 모형이다.
– 과거 수많은 프로젝트의 실적을 통계 분석한 공식을 이용하며 지금 진행 예정인 프로젝트의 여러 특성을 고려할 수 있다.
– 미리 준비된 식과 표를 이용하여 비용을 산정할 수 있는 알고리즘 방식(Algorithmic) 기법이다.
– 진행 예정인 프로젝트의 여러 특성을 고려할 때 4가지 특성에 15개의 노력 조정 수치를 두어 융통성을 부여할 수 있다.

CHAPTER 03 | 요구 분석과 소프트웨어 설계 문제편 P.95

01	③	02	②	03	②	04	①	05	①
06	③	07	①	08	②	09	②	10	①
11	②								

---

01 요구 분석과 소프트웨어 설계 > 요구 분석 　　　　　답 ③

| **정답해설** | ③ 요구 분석 시에는 고객과 개발자가 서로 당연한 것으로 인정하는 요구 사항도 정확하게 파악되고 기술되어야 한다.

---

02 요구 분석과 소프트웨어 설계 > 요구 분석 　　　　　답 ②

| **정답해설** | ② 요구 분석 단계에서는 사용자가 무엇(어떠한 기능: WHAT)을 요구하는지를 분석하는 단계이다.

---

03 요구 분석과 소프트웨어 설계 > 요구 분석 　　　　　답 ②

| **정답해설** | ② 요구 분석 단계는 타당성 조사 → 요구 사항 추출 및 분석 → 요구 사항 명세화 → 요구 사항 검증 순으로 이루어진다.

---

04 요구 분석과 소프트웨어 설계 > 모듈화 　　　　　답 ①

| **정답해설** | - 결합도(Coupling, 모듈 ⓒ 사이의 관련성)와 응집도(Cohesion, 모듈 ⓒ 내부의 관련성)는 모듈의 ㉠ 독립성을 판단하는 기준이다.
- 모듈화가 잘되었다는 것은 모듈의 독립성이 높은 것이며, 모듈의 독립성이 높기 위해서는 결합도는 ㉣ 최소가 되어야 하며 응집도는 ⓜ 최대가 되어야 한다.

┤ 함께 보는 이론 │ 결합도와 응집도 ├

- **결합도(Coupling)**: 결합도는 모듈들이 서로 관련되거나 연결된 정도를 나타낸다. 두 모듈 간의 상호 의존도, 낮은 결합도를 유지해야 바람직하다.

1. 내용 결합도(Content Coupling)	▲ 결합도가 높음
2. 공통 결합도(Common Coupling)	
3. 외부 결합도(External Coupling)	
4. 제어 결합도(Control Coupling)	
5. 스탬프 결합도(Stamp Coupling)	
6. 자료 결합도(Data Coupling)	▼ 결합도가 낮음

- **응집도(Cohesion)**: 한 모듈 내에 있는 처리 요소들 사이의 기능적인 연관 정도를 나타내며, 응집도가 높아야 좋은 모듈이 된다. 한 모듈 내에 필요한 함수와 데이터들의 친화력을 측정하는 데 사용한다.

1. 우연적 응집도(Coincidental Cohesion)	▲ 응집도가 낮음
2. 논리적 응집도(Logical Cohesion)	
3. 시간적 응집도(Temporal Cohesion)	
4. 절차적 응집도(Procedural Cohesion)	
5. 통신적 응집도(Communicational Cohesion)	
6. 순차적 응집도(Sequential Cohesion)	
7. 기능적 응집도(Functional Cohesion)	▼ 응집도가 높음

---

05 요구 분석과 소프트웨어 설계 > 모듈화 　　　　　답 ①

| **정답해설** | ① 결합도는 모듈 간의 상호 의존도를 말한다.

| **오답해설** | ② 모듈화가 잘 되었다고 평가받기 위해서는 모듈의 독립성이 높아야 하며, 독립성을 높이기 위해서는 결합도는 최소화, 응집도는 최대화되어야 한다.
③ 여러 모듈이 공동 자료 영역을 사용하는 경우 공통 결합이라 한다.
④ 응집도 중에 가장 이상적인 것은 기능적 응집도이다.

---

06 요구 분석과 소프트웨어 설계 > 응집도 　　　　　답 ③

| **정답해설** | 응집도를 강한 것부터 약한 순으로 나열하면 기능적 응집 > 순차적 응집 > (㉠ 교환적 응집) > (ⓒ 절차적 응집) > (ⓒ 시간적 응집) > (㉣ 논리적 응집) > 우연적 응집 순이다.

---

07 요구 분석과 소프트웨어 설계 > 결합도 　　　　　답 ①

| **정답해설** | 결합도는 ㄷ. 자료 결합도(Data Coupling) − 스탬프 결합도(Stamp Coupling) − ㄴ. 제어 결합도(Control Coupling) − 외부 결합도(External Coupling) − ㄹ. 공통 결합도(Common Coupling) − ㄱ. 내용 결합도(Content Coupling) 순으로 강해진다.

---

08 요구 분석과 소프트웨어 설계 > 소프트웨어 시스템의 동적 관점 　　　　　답 ②

| **오답해설** | ①③④ 동적 관점(Dynamic Space)에서 시스템을 기술할 때 사용할 수 있는 도구로는 상태 변화도(STD), 사건 추적도(ETD), 페트리넷(Petri Net)이 있다.

┤ 함께 보는 이론 ├

- **기능 관점(Function Space)**
  - 기능 모델은 시스템이 어떠한 기능을 수행하는가의 관점에서 시스템을 기술한다.
  - 주어진 입력에 대하여 어떤 결과가 나오는가를 보여주는 관점이며, 연산과 제약 조건을 묘사한다.
  - 기능 모델의 일반적인 표현 방법은 자료 흐름도에 의하여 도식적으로 나타난다.
- **동적 관점(Dynamic Space)**
  - 시간의 변화에 따른 시스템의 동작과 제어에 초점을 맞추어 시스템의 상태와 상태를 변하게 하는 원인을 묘사하는 것이다.
  - 상태 변화도(STD), 사건 추적도(ETD), 페트리넷(Petri Net): 동적 관점을 기술할 때, 외부와의 상호 작용이 많은 실시간 시스템들은 동적 관점에서 시스템이 기술되어야 할 때 쓰이는 도구이다.
- **정보 관점(Information Space)**
  - 시스템에 필요한 정보를 보여줌으로써 시스템의 정적인 정보 구조를 포착하는데 사용한다.
  - 정보 모델은 특히 시스템의 데이터베이스를 분석하는 데 많이 사용되며 ER 모델이 대표적인 도구이다.

---

09 요구 분석과 소프트웨어 설계 > HIPO 답 ②

| **정답해설** | ② 가시적 도표(Visual Table Of Contents)는 시스템의 전체 도식이기 때문에 입력, 처리, 출력으로 구분하여 작성하지 않는다.

┌─ | **함께 보는 이론** | HIPO(Hierarchical Plus Input Process Output)

- **HIPO의 의의**: 프로그램의 입력, 처리, 출력 기능에 대한 과정을 시각적으로 나타낸 다이어그램이다.
  - **가시적 도표**: 시스템의 전체적인 흐름을 계층적으로 표현한 도표이다.
  - **총괄 도표**: 입력, 처리, 출력에 대한 기능을 개략적으로 표현한 도표이다.
  - **세부 도표**: 총괄 도표 내용을 구체적 모듈별 입력 – 처리 – 출력으로 표현한다.
- **HIPO의 특징**
  - Top-Down 개발 기법(계층적 구조)이다.
  - 프로그램의 전체적인 흐름 파악이 가능하다.
  - 문서의 체계화가 가능하다.

---

10 요구 분석과 소프트웨어 설계 > 구조도 답 ①

| **정답해설** | ① ●──▶ 제어 흐름(플래그)

| **오답해설** | ──▶ 한 모듈이 다른 모듈을 호출

○──▶ 자료 흐름(변수나 자료 구조)

☐ 모듈

☐☐ 미리 정의된 모듈(라이브러리)

---

11 요구 분석과 소프트웨어 설계 > 응집도 답 ②

| **오답해설** | ① 기능적 응집: 모듈 내의 모든 요소가 한 가지 기능을 수행하기 위해 구성될 때, 이들 요소는 기능적 응집도로 결속되어 있다고 한다.

③ 논리적 응집: 논리적으로 서로 관련이 있는 요소를 모아 하나의 모듈로 한 경우, 그 모듈의 기능은 이 모듈을 참조할 때 어떤 파라미터를 주느냐에 따라 다르다. 응집도가 가장 높은 것은 기능적 응집도이다.

④ 순차적 응집: 순차적 응집도는 실행되는 순서가 서로 밀접한 관계를 갖는 기능을 모아 한 모듈로 구성한 것으로 흔히 어떤 프로그램을 작성할 때 순서도를 작성하는데 이 경우에는 순차적 응집도를 갖는 모듈이 되기 쉽다.

CHAPTER 04 | 소프트웨어 테스트와 유지 보수 문제편 P.98

01	②	02	②	03	②	04	③	05	③
06	④	07	②	08	②	09	③	10	③
11	④	12	②	13	②	14	②		

---

01 소프트웨어 테스트와 유지 보수 > 블랙박스 테스트 답 ②

| **정답해설** | ② 기초 경로 시험(Basic Path Testing)은 대표적인 화이트박스 테스트이다.

┌─ | **함께 보는 이론** |

- **블랙박스 테스트**
  - 프로그램의 논리(알고리즘)를 고려치 않고 프로그램의 기능이나 인터페이스에 관한 외부 명세로부터 직접 시험하여 데이터를 선정하는 방법이다.
  - 기능 시험, 데이터 위주(Data-driven) 시험, 입출력 위주(IO-driven) 시험 등이 있다.
  - 블랙박스 시험 방법은 소프트웨어의 기능적 요구 사항에 초점을 맞추고 있다.
  - 블랙박스 시험의 종류는 동등 분할, 경계값 분석, 원인 결과 그래프, 비교 검사 등이 있다.
- **화이트박스 테스트**
  - 프로그램 내의 모든 논리적 구조를 파악하거나, 경로들의 복잡도를 계산하여 시험 사례를 만든다.
  - 절차, 즉 순서에 대한 제어 구조를 이용하여 시험 사례들을 유도하는 시험 사례 설계 방법이다.
  - 시험 사례들을 만들기 위해 소프트웨어 형상(SW Configuration)의 구조를 이용한다.
  - 프로그램 내의 허용되는 모든 논리적 경로(기본 경로)를 파악하거나, 경로들의 복잡도를 계산하여 시험 사례를 만든다.
  - 기본 경로를 조사하기 위해 유도된 시험 사례들은 시험 시에 프로그램의 모든 문장을 적어도 한 번씩 실행하는 것을 보장받는다.
  - 내부 명세서 기준으로 테스트를 실시한다.

---

02 소프트웨어 테스트와 유지 보수 > 블랙박스 테스트 답 ②

| **정답해설** | ② 블랙박스 테스트(기능 시험): 외부 명세서 기준으로 테스트를 실시한다.

---

03 소프트웨어 테스트와 유지 보수 > 블랙박스 테스트 답 ②

| **정답해설** | ② 테스트케이스 70은 경계값 분석 방법이 아닌 동등 분할 방법으로 했을 경우에 포함되는 입력 조건이다.

┌─ | **함께 보는 이론** | 경계값 분석

입력 조건의 중간값보다 경계값에서 오류가 발생될 확률이 높다는 점을 이용한 것이다. (동등 분할 기법의 보완) 입력 조건이 [A, B]와 같이 값의 범위를 명시하고 있으면, A, B값뿐만 아니라 [A, B]의 범위를 약간씩 벗어나는 값들을 시험 사례로 선정한다. 즉, 최댓값, 최솟값, 최댓값보다 약간 큰 값, 최솟값보다 약간 작은 값을 시험 사례로 선정한다.

04 소프트웨어 테스트와 유지 보수 > 소프트웨어 테스트   답 ③

| **정답해설** | ③ 화이트박스(White Box) 테스트는 <u>프로그램 내의 모든 논리적 구조를 파악</u>하거나, 경로들의 복잡도를 계산하여 시험 사례를 만든다. 그리고 블랙박스 테스트는 프로그램의 논리(알고리즘)을 고려치 않고 프로그램의 기능이나 인터페이스에 관한 외부 명세로부터 직접 시험하여 데이터를 선정하는 방법이다.

┤ 함께 보는 이론 │ 소프트웨어 테스트 ├

– 블랙박스 테스트(Black Box Testing): 소프트웨어 외부 명세서를 기준으로 그 기능과 성능을 시험한다.
– 화이트박스 테스트(White Box Testing): 소프트웨어 내부의 논리적 구조를 시험한다.
– 부피 테스트(Volume Test): 소프트웨어로 하여금 상당량의 데이터를 처리해 보도록 여건을 조성하는 것을 말한다.
– 스트레스 테스트(Stress Test): 소프트웨어에게 다양한 스트레스를 가해 보는 것으로 민감성 테스트(Sensitivity Test)라고 불리기도 한다.
– 성능 테스트(Performance Test): 소프트웨어의 효율성을 진단하는 것으로서 응답 속도, 처리량, 처리 속도 등을 테스트한다.

05 소프트웨어 테스트와 유지 보수 > 소프트웨어 테스트   답 ③

| **정답해설** | ③ 너비 우선 방식 또는 깊이 우선 방식은 <u>통합 테스트에서 사용</u>된다.
시스템(System) 테스트의 종류로는 외부 기능 테스트, 내부 기능 테스트, 부피 테스트, 스트레스 테스트, 성능 테스트, 신뢰성 테스트 등이 있다.

06 소프트웨어 테스트와 유지 보수 > 소프트웨어 테스트   답 ④

| **정답해설** | ④ 화이트박스 테스트에는 기초 경로(Basic Path), 조건 기준(Condition Coverage), 루프(Loop) 검사, 논리 위주(Logic Driven) 검사 등이 있다.

07 소프트웨어 테스트와 유지 보수 > 인수 테스트   답 ②

| **정답해설** | ② 알파 테스트는 선택된 사용자가 개발자 환경에서 수행하는 인수 테스트이다.

┤ 함께 보는 이론 │ 알파 테스트와 베타 테스트 ├

– 알파 테스트: 특정 사용자들에 의해 개발자 위치에서 테스트를 실행한다. 즉, 관리된 환경에서 수행된다. 본래의 환경에서 개발자가 사용자의 "어깨 너머"로 보고 에러와 문제들을 기록하는 것을 다룬다. 통제된 환경에서 일정 기간 사용해 보면서 개발자와 함께 문제점들을 확인하며 기록한다.
– 베타 테스트: 최종 사용자가 사용자 환경에서 검사를 수행한다. 개발자는 일반적으로 참석하지 않는다. 발견된 오류와 사용상의 문제점을 기록하여 다음에 반영될 수 있도록 개발 조직에 보고하는 형식을 취한다.

08 소프트웨어 테스트와 유지 보수 > 소프트웨어 테스트   답 ②

| **정답해설** | ② 조건 검증 기준(Condition Coverage)은 조건문의 모든 조건식을 만족하는 경우와 만족하지 않는 경우를 검사하는 것이다.

┤ 함께 보는 이론 ├

– 문장 검증 기준(Statement Coverage): 프로그램 내의 모든 명령문을 적어도 한 번 수행하는 테스트케이스이다.
– 분기 검증 기준(Branch Coverage): 프로그램에 있는 분기를 최소한 한 번은 실행하게 하는 시험 방법으로 분기점 조사라고 한다.
– 조건 검증 기준(Condition Coverage): 조건문의 모든 조건식을 만족하는 경우와 만족하지 않는 경우를 검사하는 것이다. 또한 각 개별 조건식이 참 한 번, 거짓 한 번을 갖도록 테스트케이스를 만드는 방법이다.
– 경로 검증 기준(Path Coverage): 프로그램에서 수행 가능한 모든 경로를 테스트하는 방법이다.

09 소프트웨어 테스트와 유지 보수 > 소프트웨어 유지 보수   답 ③

| **정답해설** | ③ 적응 유지 보수(Adaptive Maintenance)는 소프트웨어를 운용하는 환경 변화에 대응하여 소프트웨어를 변경하는 경우이다.

┤ 함께 보는 이론 │ 유지 보수의 구분 ├

– 완전 유지 보수(Perfective Maintenance): 새로운 기능을 추가하고 기존의 소프트웨어를 개선하는 경우로 기능상 변경 없이 독해성을 향상시키는 보수 형태를 말한다.
– 적응 유지 보수(Adaptive Maintenance): 소프트웨어를 운용하는 환경 변화에 대응하여 소프트웨어를 변경하는 경우이다.
– 수정 유지 보수(Corrective Maintenance): 소프트웨어를 테스팅 동안 밝혀지지 않은 모든 잠재적 오류를 수정하기 위한 보수를 말한다.
– 예방 유지 보수(Preventive Maintenance): 장래의 유지 보수성 또는 신뢰성을 개선하거나 소프트웨어의 오류 발생에 대비하여 미리 예방 수단을 강구해 두는 것을 말한다.

10 소프트웨어 테스트와 유지 보수 > 소프트웨어 형상 관리   답 ③

| **정답해설** | ③ 원시 코드(Source Code)도 형상 관리 항목에 포함된다.

┤ 함께 보는 이론 │ 형상 관리의 이해 ├

– 형상 관리(SCM; Software Configuration Management): 소프트웨어에 대한 변경을 철저히 관리하기 위해 개발된 일련의 활동이며, 소프트웨어를 이루는 부품의 Baseline(변경 통제 시점)을 정하고 변경을 철저히 통제하는 것이다.
– 형상(Configuration): 소프트웨어 공학의 프로세스 부분으로부터 생성된 모든 정보 항목의 집합체를 말한다.
– 소프트웨어 형상 관리 항목(SCI; Software Configuration Item): 분석서, 설계서, 프로그램(원시 코드, 목적 코드, 명령어 파일, 자료 파일, 테스트 파일), 사용자 지침서 등이 있다.

11 소프트웨어 테스트와 유지 보수 > 시스템의 가용성 　답 ④

| 정답해설 | ④ 가용성 $= \dfrac{MTTF}{MTTF+MTTR} = \dfrac{MTTF}{MTBF}$

┌ | 함께 보는 이론 |

- MTTF(Mean Time To Failure): 주어진 시간에서 고장이 발생할 때까지의 평균 시간을 말한다.
- MTTR(Mean Time To Repair): 고장이 발생한 시점에서 결함을 제거, 즉 수리 시까지의 평균 시간을 말한다.
- MTBF(Mean Time Between Failure): 고장과 또 하나의 고장 사이의 평균 시간을 말한다.
- MTBF = MTTF + MTTR
- 가용성 = MTTF/(MTTF+MTTR) = MTTF/MTBF

12 소프트웨어 테스트와 유지 보수 > 소프트웨어 테스트 　답 ②

| 정답해설 | ② 소프트웨어 구현 버전이 여러 개인 경우 각 버전을 함께 테스트하고 결과를 비교하는 것은 <u>Back to Back 테스트의 설명</u>이다. Spike Test는 동시 사용자와 같은 갑작스러운 부하의 증가에 대한 애플리케이션 반응 확인하는 것이다.

13 소프트웨어 테스트와 유지 보수 > 소프트웨어 유지 보수 　답 ②

| 오답해설 | ㄱ. 역공학은 낮은 추상도 표현에서 높은 추상도 표현을 추출하는 작업이다.
ㄴ. 형상 관리는 개발 전 단계를 걸쳐서 진행된다.
ㄷ. 유지 보수 비용은 개발 비용의 50% 이상(70~80%)을 차지한다.

14 소프트웨어 테스트와 유지 보수 > CMMI 　답 ②

| 정답해설 | ② 표준화된 프로젝트 프로세스가 존재하나 프로젝트 목표 및 활동이 정량적으로 측정되지 못하는 단계는 3레벨인 정의(Defined) 단계이다.

┌ | 함께 보는 이론 | CMMI의 단계적 모델

- Level 1: Initial(초기)
- Level 2: Managed(관리)
- Level 3: Defined(정의)
- Level 4: Quantitatively Managed(정량적 관리)
- Level 5: Optimizing(최적화)

CHAPTER 05 | 객체 지향 프로그램 개발 　문제편 P.101

01	③	02	③	03	②	04	④	05	④
06	③	07	④	08	④	09	①	10	①
11	③	12	②	13	④	14	④	15	①
16	②	17	①	18	①	19	①	20	②
21	④	22	②	23	④	24	③		

01 객체 지향 프로그램 개발 > 객체 지향 개념 　답 ③

| 정답해설 | ③ 다중 상속(Multiple Inheritance)은 한 클래스가 두 개 이상의 클래스로부터 상속받는 것을 말한다.

02 객체 지향 프로그램 개발 > 객체 지향 언어의 특징 　답 ③

| 정답해설 | ③ 객체 지향 언어의 특징은 상속성, 추상화, 다형성 등이 있으며, 구조화는 구조적 언어에서도 볼 수 있는 특징이기 때문에 객체 지향 언어의 특징으로만 볼 수는 없다.

03 객체 지향 프로그램 개발 > 객체 지향 시스템의 특성 　답 ②

| 정답해설 | ② 객체 지향 기법은 상속성, 캡슐화, 다형성, 정보 은닉의 특성을 가지고 있지만, 재귀용법은 함수나 메서드가 자기 자신을 호출하는 형태로 구조적 기법에서도 사용되는 방법이다.

04 객체 지향 프로그램 개발 > 클래스 　답 ④

| 정답해설 | ④ 클래스(Class): 공통된 행위와 특성을 갖는 유사한 객체의 집합이며, 객체 타입으로 구현된 소프트웨어를 의미한다. 클래스는 동일한 타입의 객체들의 메서드와 변수들을 정의하는 템플릿(Templete)이다.
| 오답해설 | ① 메서드(Method): 객체가 어떻게 동작하는지를 규정하고 속성의 값을 변경시킨다.
② 인스턴스(Instance): 같은 클래스에 속하는 개개의 객체로, 하나의 클래스에서 생성된 객체이다.
③ 어트리뷰트(Attribute): 객체가 가지고 있는 특성으로 현재 상태(객체의 상태)를 의미한다.

05 객체 지향 프로그램 개발 > 객체 지향 시스템의 특성 　답 ④

| 정답해설 | ④ 다형성은 여러 가지 형태가 있다는 의미로 동일한 메시지에 각각의 객체가 다르게 동작하는 특성이다.

06 객체 지향 프로그램 개발 > 다형성 　답 ③

| **정답해설** | ③ 다형성(Polymorphism)은 서로 다른 객체가 동일한 동작에 대하여 서로 다른 방법으로 응답할 수 있는 기능으로, 그림에서 Open이라는 동일한 오퍼레이션(Operation)에 객체마다 다른 동작을 나타낸다. 또한 Java 언어에서 오버로딩(중복), 오버라이딩(재정의)으로 구현되는 개념이다.

| **오답해설** | ① 캡슐화(Encapsulation): 객체를 정의할 때 서로 관련성이 많은 데이터들과 이와 연관된 함수들을 정보 처리에 필요한 기능을 하나로 묶는 것을 말한다. 데이터, 연산, 다른 객체, 상수 등의 관련된 정보와 그 정보를 처리하는 방법을 하나의 단위로 묶는 것이다.
② 인스턴스(Instance): 클래스에 속하는 실제 객체를 말하며, 객체는 클래스에 의해 인스턴스화된다.
④ 상속(Inheritance): 새로운 클래스를 정의할 때 기존의 클래스들의 속성을 상속받고 필요한 부분을 추가하는 방법이다. 높은 수준의 개념은 낮은 수준의 개념으로 특화된다. 상속은 하위 계층은 상위 계층의 특수화(Specialization) 계층이 되며, 상위 계층은 하위 계층의 일반화(Generalization) 계층이 된다.

07 객체 지향 프로그램 개발 > 다형성 　답 ④

| **정답해설** | ④ 오버라이딩(Overriding)은 다형성의 하나이며, 부모 클래스의 메서드를 자식 클래스에서 재정의하는 것을 말한다. 오버라이딩되는 메서드는 시그니처(반환형, 메소드명, 매개변수의 형과 개수)가 동일해야 한다.

08 객체 지향 프로그램 개발 > UML 다이어그램 　답 ④

| **정답해설** | 데이터 흐름도(DFD)는 구조적 분석 방법이며, 객체 분석 방법에서는 유스케이스 다이어그램을 사용하여 시스템 분석을 수행할 수 있다. 객체 설계 방법에서는 시퀀스 다이어그램이 사용된다.
㉠ 데이터 흐름 다이어그램(DFD: Data Flow Diagram): 가장 보편적으로 사용되는 시스템 모델링 도구로서 기능 중심의 시스템을 모델링하는 데 적합하다. DeMarco, Youdon에 의해 제안되었고, 이를 Gane, Sarson이 보완하였다.
㉡ 유스케이스(Use Case) 다이어그램: 시스템이 어떤 기능을 수행하고, 주위에 어떤 것이 관련되어 있는지를 나타낸 모형으로 시스템의 기능을 나타내기 위해 사용자의 요구를 추출하고 분석하는 데 사용한다.
㉢ 시퀀스(Sequence) 다이어그램: 객체 간의 메시지 통신을 분석하기 위한 것이다. 이는 시스템의 동적인 모델을 아주 보기 쉽게 표현하고 있기 때문에 의사소통에 매우 유용하다.

09 객체 지향 프로그램 개발 > UML 다이어그램 　답 ①

| **정답해설** | ① 배치(Deployment) 다이어그램은 시스템의 정적인 측면을 표현하기 위한 다이어그램이다.

┤ **함께 보는 이론** ├
- 구조적 다이어그램(시스템의 정적인 측면): Class Diagram, Object Diagram, Component Diagram, Deployment Diagram, Composite Diagram, Package Diagram
- 행위 다이어그램(시스템의 동적인 측면): Sequence Diagram, State Diagram, Activity Diagram, Timing Diagram, Communication Diagram

10 객체 지향 프로그램 개발 > UML 다이어그램 　답 ①

| **정답해설** | ① 문제의 그림은 Use Case Diagram을 나타내며, Use Case Diagram은 액터와 사용 사례로 구성된다. 액터는 시스템 외부의 사용자나 시스템을 의미하며, 사용 사례는 액터에게 보이는 시스템의 기능을 나타낸다.

┤ **함께 보는 이론** Use Case(사용 사례) Diagram ├
- 시스템이 어떤 기능을 수행하고, 주위에 어떤 것이 관련되어 있는지를 나타낸 모형이다.
- 각 기능을 정의함으로써 시스템에 대한 전반적인 이해를 높이고, 문제 영역에 대해 개발자와 사용자 간에 의사소통을 원활하게 하는 데 도움을 줄 수 있다.
- 시스템의 기능을 나타내기 위해 사용자의 요구를 추출하고 분석하는 데 사용한다.
- 외부에서 보는 시스템의 동작으로, 외부 객체들이 어떻게 시스템과 상호 작용하는지 모델링한 것이다.

11 객체 지향 프로그램 개발 > UML 다이어그램 　답 ③

| **정답해설** | ③ 포함(Include) 관계: 복잡한 시스템에서 중복된 것을 줄이기 위한 방법으로 함수의 호출처럼 포함된 사용 사례를 호출하는 의미를 갖는다.

| **오답해설** | ① 일반화(Generalization) 관계: 사용 사례의 상속을 의미하며 유사한 사용 사례를 모아 일반적인 사용 사례를 정의한다.
② 확장(Extend) 관계: 예외 사항을 나타내는 관계로 이벤트를 추가하여 다른 사례로 확장한다.
④ 연관(Association) 관계: 두 개 이상의 클래스 사이의 의존 관계로서 한 클래스를 사용함을 나타낸다.

12 객체 지향 프로그램 개발 > UML 다이어그램 　답 ②

| **정답해설** | ② 순차(Sequence) 다이어그램: 순서 다이어그램은 객체 간의 메시지 통신을 분석하기 위한 것이다. 이는 시스템의 동적인 모델을 아주 보기 쉽게 표현하고 있기 때문에 의사 소통에 매우 유용하다. 시스템의 동작을 정형화하고 객체들의 메시지 교환을 시각화하여 나타낸다. 객체 사이에 일어나는 상호 작용을 나타낸다.

| **오답해설** | ① 클래스(Class) 다이어그램: 객체, 클래스, 속성, 오퍼레이션 및 연관 관계를 이용하여 시스템을 나타낸다.

③ 배치(Deployment) 다이어그램: 시스템 구조도를 통하여 서버와 클라이언트 간의 통신 방법이나 연결 상태, 각 프로세스를 실제 시스템에 배치하는 방법 등을 표현하게 된다.

④ 컴포넌트(Component) 다이어그램: 각 컴포넌트를 그리고 컴포넌트 간의 의존성 관계를 화살표로 나타낸다.

---

13 객체 지향 프로그램 개발 > UML 다이어그램 　답 ④

| **정답해설** | – 확장(extend) 관계는 예외 사항을 나타내는 관계로 이벤트를 추가하여 다른 사례로 확장한다.

– 확장(extend) 관계는 기준이 되는 A 유스케이스에서 조건이 만족하면 B 유스케이스를 수행하는데, 화살표의 방향이 B 유스케이스에서 기준이 되는 A 유스케이스를 향한다.

---

14 객체 지향 프로그램 개발 > UML 다이어그램 　답 ④

| **정답해설** | ④ 복합(Composition) 관계는 강한 전체와 부분의 클래스 관계이므로 전체 객체가 소멸되면 부분 객체도 소멸된다.

┤ **함께 보는 이론** ├

– **통신(Communication) 관계**: 액터와 사용 사례 사이의 관계를 선으로 표시하며 시스템의 기능에 접근하여 사용할 수 있음을 의미한다.
– **포함(Inclusion) 관계**: 복잡한 시스템에서 중복된 것을 줄이기 위한 방법으로 함수의 호출처럼 포함된 사용 사례를 호출하는 의미를 갖는다.
– **확장(Extention) 관계**: 예외 사항을 나타내는 관계로 이벤트를 추가하여 다른 사례로 확장한다.
– **일반화(Generalization)**: 사용 사례의 상속을 의미하며 유사한 사용 사례를 모아 일반적인 사용 사례를 정의한다.
– **연관(Association) 관계**: 두 개 이상의 클래스 사이의 의존 관계로서 한 클래스를 사용함을 나타낸다.

---

15 객체 지향 프로그램 개발 > UML 다이어그램 　답 ①

| **정답해설** | ㉠ 소프트웨어 아키텍처: 외부에서 인식 가능한 특성이 담긴 소프트웨어의 골격이 되는 기본 구조이다. 개발할 소프트웨어의 구조, 구성 요소, 구성 요소의 속성, 구성 요소 간의 관계와 상호 작용을 판단하고 결정하는 것이다.

㉡ 다형성: 같은 메시지에 대해 각 클래스가 가지고 있는 고유한 방법으로 응답할 수 있는 능력을 의미한다. 두 개 이상의 클래

스에서 똑같은 메시지에 대해 객체가 서로 다르게 반응하는 것이다. 다형성은 주로 동적 바인딩에 의해 실현된다.

㉢ 시퀀스 모델: 순서 다이어그램은 객체 간의 메시지 통신을 분석하기 위한 것이다. 이는 시스템의 동적인 모델을 아주 보기 쉽게 표현하고 있기 때문에 의사 소통에 매우 유용하다. 시스템의 동작을 정형화하고 객체들의 메시지 교환을 시각화하여 나타낸다.

┤ **함께 보는 이론 UML(Unified Modeling Language)** ├

– UML은 세계 객체 지향 방법론을 주도하는 Booch(OOAD 93), Rambaugh(OMT–II), Jacobson(OOSE)가 자신들의 경험을 토대로 각각의 장점들을 통합하여 여러 방법론을 모두 표현할 수 있게끔 만든 것이다.
– 시스템의 여러 다양한 특성을 표현할 수 있는 방법이 있으며, 객체 지향 설계의 표현 방법에 대한 표준으로 받아들여지고 있다.
– OMG(Object Management Group)에 의해 1997년 국제 표준으로 인정받은 모델링 언어이다.

시스템의 정적인 측면	Class Diagram
시스템의 동적인 측면	Sequence Diagram, State Diagram
시스템의 기능적 측면	Use Case Diagram

---

16 객체 지향 프로그램 개발 > UML 다이어그램 　답 ②

| **정답해설** | ② 상태 다이어그램은 객체가 갖는 여러 상태와 상태 사이의 전환을 이용하여 단일 객체의 동작을 나타낸다. 클래스 또는 객체 사이의 메시지 교환을 시간 흐름으로 표현한 것은 시퀀스 다이어그램이다.

---

17 객체 지향 프로그램 개발 > 디자인 패턴 　답 ①

| **정답해설** | ① 디자인 패턴: 객체 지향 소프트웨어 시스템 디자인 과정에서 자주 접하게 되는 디자인 문제를 기존의 시스템에 적용하여 검증된 해법의 재사용성을 높여 쉽게 적용할 수 있도록 하는 방법론이다. UML과 같은 일종의 설계 기법이며, UML이 전체 설계 도면을 설계한다면, Design Pattern은 설계 방법을 제시한다.

| **오답해설** | ② 요구 사항 정의서: 사용자의 요구 사항을 명세한 문서로 소프트웨어 자체는 물론이고, 정보 처리 시스템의 전체 영역, 이용 환경을 전반적으로 명세화한다.

③ 소프트웨어 개발 생명 주기: 소프트웨어가 개발되기 위해 정의되고 사용이 완전히 끝나 폐기될 때까지의 전 과정이다.

④ 소프트웨어 프로세스 모델: 소프트웨어를 개발하기 위한 절차를 정의하는 모델로 폭포수 모델, 프로토타입 모델, 나선형 모델 등이 있다.

---

18 객체 지향 프로그램 개발 > 디자인 패턴 　답 ①

| **정답해설** | ① Facade 패턴: 일련의 클래스에 대해서 간단한 인터페이스 제공한다(서브 시스템의 명확한 구분 정의).

| **오답해설** | ② Strategy 패턴: 교환 가능한 행동을 캡슐화하고,

위임을 통해서 어떤 행동을 사용할지 결정한다(동일 목적의 여러 알고리즘 중 선택해서 적용).

③ Adapter 패턴: 객체를 감싸서 다른 인터페이스를 제공한다(기존 모듈 재사용을 위한 인터페이스 변경).

④ Singleton 패턴: 한 객체만 생성되도록 한다(객체 생성 제한).

---

19 객체 지향 프로그램 개발 > 디자인 패턴　　　답 ①

| **정답해설** | ① Observer: 상태가 변경되면 다른 객체들한테 통지할 수 있게 해준다(1대 다의 객체 의존 관계를 정의).

| **오답해설** | ② Facade: 일련의 클래스에 대해서 간단한 인터페이스 제공한다(서브 시스템의 명확한 구분 정의).

③ Mediator: N:M 객체 관계를 1:N로 단순화한다.

④ Bridge: 인터페이스와 구현의 명확한 분리를 말한다.

---

20 객체 지향 프로그램 개발 > 디자인 패턴　　　답 ②

| **오답해설** | ㄷ. 메멘토(Memento) 패턴은 객체의 이전 상태 복원 또는 보관을 위해 사용할 수 있다.

ㄹ. 데코레이터(Decorator) 패턴은 객체를 감싸서 새로운 행동을 제공한다. 즉, 객체의 기능을 동적으로 추가·삭제할 수 있다.

┌─| **함께 보는 이론** | 디자인 패턴(Design Pattern) ─

• 디자인 패턴
- UML과 같은 일종의 설계 기법이며, UML이 전체 설계 도면을 설계한다면, 디자인 패턴은 설계 방법을 제시한다.
- 객체 지향 소프트웨어 시스템 디자인 과정에서 자주 접하게 되는 디자인 문제에 대한 기존의 시스템에 적용되어 검증된 해법의 재사용성을 높여 쉽게 적용할 수 있도록 하는 방법론이다.
- 패턴은 여러 가지 상황에 적용될 수 있는 템플릿과 같은 것이며, 문제에 대한 설계를 추상적으로 표현한 것이다.
- 패턴(Pattern)은 90년대 초반 Erich Gamma에 의해 첫 소개된 이후 95년에 Gamma, Helm, John, Vlissides 네 사람에 의해 집대성되었고, 이후 디자인 패턴(Design Pattern)이 널리 알려졌다.

• 디자인 패턴 유형별 정리

분류	패턴	설명
객체 생성을 위한 패턴	Abstract Factory	클라이언트에서 구상 클래스를 지정하지 않으면서도 일군의 객체를 생성할 수 있게 함(제품군별 객체 생성)
	Builder	부분 생성을 통한 전체 객체 생성
	Factory Method	생성할 구상 클래스를 서브 클래스에서 결정(대행 함수를 통한 객체 생성)
	Prototype	복제를 통한 객체 생성
	Singleton	한 객체만 생성되도록 함(객체 생성 제한)

구조 개선을 위한 패턴	Adapter	객체를 감싸서 다른 인터페이스를 제공(기존 모듈 재사용을 위한 인터페이스 변경)
	Bridge	인터페이스와 구현의 명확한 분리
	Composit	클라이언트에서 객체 컬렉션과 개별 객체를 똑같이 다룰 수 있도록 해줌(객체 간의 부분·전체 관계 형성 및 관리)
	Decorator	객체를 감싸서 새로운 행동을 제공(객체의 기능을 동적으로 추가·삭제)
	Facade	일련의 클래스에 대해서 간단한 인터페이스 제공(서브 시스템의 명확한 구분 정의)
	Flyweight	작은 객체들의 공유
	Proxy	객체를 감싸서 그 객체에 대한 접근성을 제어(대체 객체를 통한 작업 수행)
행위 개선을 위한 패턴	Chain of Responsibility	수행 가능 객체군까지 요청 전파
	Command	요청을 객체로 감쌈(수행할 작업의 일반화를 통한 조작)
	Interpreter	간단한 문법에 기반한 검증 작업 및 작업 처리
	Iterator	컬렉션이 어떤 식으로 구현되었는지 드러내지 않으면서도 컬렉션 내에 있는 모든 객체에 대해 반복 작업을 처리 할 수 있게 함(동일 자료형의 여러 객체 순차 접근)
	Mediator	M:N 객체 관계를 M:1로 단순화
	Memento	객체의 이전 상태 복원 또는 보관
	Observer	상태가 변경되면 다른 객체들한테 연락을 돌릴 수 있게 함(1대 다의 객체 의존 관계를 정의).
	State	상태를 기반으로 한 행동을 캡슐화한 다음 위임을 통해서 필요한 행동을 선택(객체 상태 추가 시 행위 수행의 원활한 변경)
	Strategy	교환 가능한 행동을 캡슐화하고 위임을 통해서 어떤 행동을 사용할지 결정(동일 목적의 여러 알고리즘 중 선택해서 적용)
	Template Method	알고리즘의 개별 단계를 구현하는 방법을 서브클래스에서 결정(알고리즘의 기본 골격 재사용 및 상세 구현 변경)
	Visitor	작업 종류의 효율적 추가·변경

---

21 객체 지향 프로그램 개발 > 디자인 패턴　　　답 ④

| **정답해설** | ④ Facade 패턴: 일련의 클래스에 대해서 간단한 인터페이스를 제공한다(서브 시스템의 명확한 구분 정의).

| **오답해설** | ① Adapter 패턴: 객체를 감싸서 다른 인터페이스를 제공한다(기존 모듈 재사용을 위한 인터페이스 변경).

② Bridge 패턴: 인터페이스와 구현을 명확하게 분리한다.

③ Decorator 패턴: 객체를 감싸서 새로운 행동을 제공한다.

22 객체 지향 프로그램 개발 > 디자인 패턴　　　답 ②

| 정답해설 | ② Facade Pattern: Facade 패턴은 서브 시스템의 내부가 복잡하여 클라이언트 코드가 사용하기 힘들 때 사용한다. 몇 개의 클라이언트 클래스와 서브 시스템의 클라이언트 사이에 Facade라는 객체를 세워놓음으로써 복잡한 관계를 정리(구조화)한 것이다. 모든 관계가 전면에 세워진 Facade 객체를 통해서만 이루어질 수 있게 단순한 인터페이스를 제공(단순한 창구 역할)하는 것이다.

| 오답해설 | ① MVC(Model−View−Controller) Pattern: 소프트웨어 설계에서 세 가지 구성 요소인 모델(Model), 뷰(View), 컨트롤러(Controller)를 이용한 설계 방식이다.
③ Mediator Pattern: 행위 개선을 위한 패턴이며, N:M 객체 관계를 1:N로 단순화한다.
④ Bridge Pattern: 구조 개선을 위한 패턴이며, 인터페이스와 구현을 명확하게 분리한다.

23 객체 지향 프로그램 개발 > 디자인 패턴　　　답 ④

| 정답해설 | ④ Observer 패턴: 상태가 변경되면 다른 객체들에게 통지할 수 있게 해준다(일대 다의 객체 의존 관계를 정의).

| 오답해설 | ① Decorator 패턴: 객체를 감싸서 새로운 행동을 제공한다(객체의 기능을 동적으로 추가 및 삭제).
② Flyweight 패턴: 작은 객체들을 공유한다.
③ Mediator 패턴: N:M 객체 관계를 1:N로 단순화한다.

24 객체 지향 프로그램 개발 > MVC 아키텍처　　　답 ③

| 정답해설 | ③ MVC(Model−View−Controller) 아키텍처
- 모델, 뷰, 제어 구조라는 세 가지 다른 서브 시스템으로 구성된다.
- 사용자 인터페이스를 시스템의 비즈니스 로직 부분과 분리하는 구조이다.
- 같은 모델에 대하여 여러 가지 뷰가 필요한 상호 작용 시스템을 위하여 적절한 구조이다.
- 결합도(Coupling)를 낮추기 위한 소프트웨어 아키텍처 패턴 구조이다.
- 디자인 패턴 중 옵서버(Observer) 패턴에 해당하는 구조이다.
| 오답해설 | ① 클라이언트−서버(Client−server) 아키텍처
- 서버는 클라이언트에게 서비스를 제공한다.
- 서비스의 요구: 원격 호출 메커니즘. CORBA나 Java RMI의 공통 객체 브로커 등이다.
- 클라이언트: 사용자로부터 입력을 받아 범위를 체크. 데이터베이스 트랜잭션을 구동하여 필요한 모든 데이터를 수집한다.
- 서버: 트랜잭션을 수행. 데이터의 일관성을 보장한다.

② 브로커(Broker) 아키텍처
- 분리된 컴포넌트들로 이루어진 분산 시스템에서 사용한다.
- 컴포넌트들은 원격 서비스 실행을 통해 서로 상호 작용을 한다.
- 브로커(Broker) 컴포넌트는 컴포넌트(Components) 간의 통신을 조정하는 역할을 수행한다.
④ 계층형(Layered) 아키텍처
- 각 서브 시스템이 하나의 계층이 되어 하위층이 제공하는 서비스를 상위층의 서브 시스템이 사용한다.
- 추상화의 성질을 잘 이용한 구조이다.
- 대표적인 예: OSI 구조
- 장점: 각 층을 필요에 따라 쉽게 변경할 수 있다.
- 단점: 성능 저하를 가져올 수 있다.

챕터별 키워드 & 취약영역 체크 |

☑ 챕터별 키워드로 본인의 취약영역 확인 후, 취약영역에 해당하는 문제와 이론은 꼼꼼하게 다시 점검하세요!

CHAPTER 01 데이터 입력 및 편집		CHAPTER 02 수식의 활용		CHAPTER 03 데이터 관리 및 분석	
틀린 개수 _____ / 6개		틀린 개수 _____ / 16개		틀린 개수 _____ / 3개	
01	서식의 표시 형식	01	RIGHT, LEN	01	엑셀의 기능
02	서식의 표시 형식	02	셀 연산 및 참조	02	엑셀의 기능
03	매크로의 저장 위치	03	함수	03	정렬과 필터
04	셀 편집	04	RANK		
05	엑셀의 시트 선택	05	FV, ROUNDDOWN		
06	서식의 표시 형식	06	HLOOKUP		
		07	VLOOKUP		
		08	수식 표현		
		09	함수		
		10	TODAY, DATE		
		11	SUMIF		
		12	VLOOKUP		
		13	AVERAGE, INDEX, MAX		
		14	INDEX, HLOOKUP		
		15	HLOOKUP, VLOOKUP		
		16	FV		

➡ 나의 취약영역: _____

CHAPTER 01 | 데이터 입력 및 편집　문제편 P.108

01	②	02	④	03	④	04	③	05	①
06	②								

01　데이터 입력 및 편집 > 서식의 표시 형식　답 ②

| **정답해설** | ② 표시 형식 코드(#,##0): 1,235

| **오답해설** | ③ 표시 형식 코드(#,###.#): 1,234.5
④ 표시 형식 코드(#,###.#0): 1,234.50

┌ **함께 보는 이론** | 표시 형식 ─────────
- 0: 유효하지 않은 숫자를 표시한다.
- #: 유효하지 않은 숫자를 무시한다.
- 콤마(,): 천 단위마다 콤마를 표시한다.

02　데이터 입력 및 편집 > 서식의 표시 형식　답 ④

| **정답해설** | 제시된 셀 서식 '0.0,'이 의미하는 것은 소수점 둘째 자리에서 반올림하여 소수점 한 자리까지 표시한다는 것이고, 셀 서식의 뒤에 쉼표가 있을 때는 천 단위로 표시한다는 것을 의미한다. 따라서 ④가 정답이다.

03　데이터 입력 및 편집 > 매크로의 저장 위치　답 ④

| **정답해설** | ④ 개인용 매크로 통합 문서는 'Personal.xls'에 저장되므로 엑셀을 실행시킬 때마다 사용 가능하다.

04　데이터 입력 및 편집 > 셀 편집　답 ③

| **정답해설** | ③ 셀을 클릭하고 〈F5〉 키를 누르면 셀에 편집 모드가 나타나는 것이 아니고, 이동 대화 상자가 나타난다. 이동 옵션을 통해 다양한 부분을 선택할 수 있다.

05　데이터 입력 및 편집 > 엑셀의 시트 선택　답 ①

| **정답해설** | ① 모든 시트를 한 번에 선택할 때는 시트 탭에서 마우스 오른쪽 단추를 눌러 [모든 시트 선택] 메뉴를 선택할 수 있다.

| **오답해설** | ② 떨어져 있는 여러 개의 시트를 선택할 때는 〈Ctrl〉 키를 누른 채 시트 탭을 클릭하면 된다.
③ 연속된 여러 개의 시트를 선택 할 때는 첫 번째 시트를 선택하고 〈Shift〉 키를 누른 상태에서 마지막 시트 탭을 클릭하면 된다.
④ 워크시트를 삽입하거나 삭제할 때 한번에 여러 개의 시트를 대상으로 작업할 수 있다.

06　데이터 입력 및 편집 > 서식의 표시 형식　답 ②

| **정답해설** | ② 특정한 셀 범위를 설정하고 정렬을 실행하면 표 범위 전체로 정렬 범위가 확장되어 실행되지 않고, 지정한 셀에만 정렬이 실행된다.

CHAPTER 02 | 수식의 활용　문제편 P.110

01	④	02	①	03	①	04	③	05	③
06	②	07	②	08	④	09	①	10	②
11	②	12	③	13	②	14	④	15	①
16	①								

01　수식의 활용 > RIGHT, LEN　답 ④

| **정답해설** | - LEN(문자열): 문자열의 길이를 반환한다.
- RIGHT(문자열, 개수): 문자열에서 지정된 개수만큼 문자열을 반환한다.
- &: 문자열과 문자열을 연결한다.
- LEN(C4): C4에 있는 문자열의 길이를 구하므로 13이고, LEN(C4)-4는 13-4이므로 9가 된다.
- RIGHT(C4,9): 오른쪽을 기준으로 9개의 문자를 반환하므로 문자열 2119-9019가 된다.
- 문자열과 문자열의 결합을 의미하는 &에 의해 ④ 2119-9019****를 출력한다.

02　수식의 활용 > 셀 연산 및 참조　답 ①

| **정답해설** | ① [D1] 셀의 =$A$1+$B2를 복사하여 [D5] 셀에 붙여넣기 하면 $A$1은 절대 참조이므로 셀의 변화가 없지만, $B2는 혼합 참조이므로 열에는 변화가 없지만 행은 6으로 변화된다. 따라서 [D5] 셀 수식은 =$A$1+$B6이 되어 결과는 1이 된다.

┌ **함께 보는 이론** | 셀 참조 ─────────

상대 참조	수식을 입력한 셀의 위치가 변동되면 참조가 상대적으로 변경된다. 예 A1
절대 참조	수식을 입력한 셀의 위치와 관계없이 고정된 주소로, 참조가 변경되지 않는다. 예 $A$1
혼합 참조	- 열 고정 혼합 참조: 열만 절대 참조가 적용된다($A1). - 행 고정 혼합 참조: 행만 절대 참조가 적용된다(A$1).
다른 워크시트의 셀 참조	- 시트 이름과 셀 주소 사이를 느낌표(!)로 구분한다. 예 =Sheet!A5 - 시트 이름에 공백이 있는 경우 따옴표(")로 묶는다.
다른 통합 문서의 셀 참조	통합 문서의 이름을 대괄호([ ])로 묶어 표기한다. 예 =[매출현황]Sheet4!B6

03 수식의 활용 > 함수 답 ①

| 정답해설 | ① GCD(인수1, 인수2, …): 인수들의 최대공약수
=GCD(A1,A6) → 1
② MEDIAN(인수1, 인수2, …): 인수들의 중간 값
=MEDIAN(A1:A6) → 3
③ MODE(인수1, 인수2, …): 인수 중 가장 많이 발생한 값
=MODE(A1:A6) → 3
④ POWER(인수, 제곱값): 인수의 거듭 제곱값
=POWER(A1,A6) → 3

04 수식의 활용 > RANK 답 ③

| 정답해설 | – RANK(인수, 범위, 논리값): 지정된 범위 안에서의 인수의 순위, 논리값이 0이거나 생략되면 내림차순, 0 이외의 값은 오름차순으로 정렬한다.
– 인수는 채우기 핸들 시 상대적인 주소가 변경되어야 하므로 D2와 같이 상대 주소로 표기하였으며, 범위는 채우기 핸들 시에도 변경되면 안 되기 때문에 $D$2:$D$6과 같이 절대 주소로 표기하였다.
∴ ③ =RANK(D2,$D$2:$D$6,0)

05 수식의 활용 > FV, ROUNDDOWN 답 ③

| 정답해설 | • 소수점 처리 함수: ROUNDDOWN
– 형식: =ROUNDDOWN(인수, 반올림할 자릿수)
– 지정한 자릿수로 반올림을 한다.
• 미래가치 함수: FV
– 고정 이자율을 기반으로 투자의 미래 가치를 계산한다. (매월 일정한 금액을 불입하였을 경우 만기일에 받을 원금과 이자 계산)
– 형식: =FV(이자율, 납입 횟수, 정기 납부액, 현재 가치, 납입 시점) → 현재 가치와 납입 시점은 생략 가능하며, 이 문제에서 사용할 때에도 이자율과 납입 횟수, 정기 납부액만 사용하고 있다. 따라서 연이자율이 4%이므로 이자율은 4%/12, 납입 횟수는 3*12, 정기 납부액은 –B2(금액을 지급하므로 '–' 부호를 붙임)이다.
∴ 만기지급금 수식은 ③ =ROUNDDOWN(FV(4%/12,3*12,–B2),–1)

┤ 함께 보는 이론 ┃ ROUNDDOWN 함수 ├
– 소수점 처리 함수: = ROUNDDOWN(처리할 수, 반올림할 자릿수)
– 반올림할 자릿수: 10 미만 = 1의 자리 → –1
– 반올림할 자릿수: 100 미만 = 10의 자리 → –2
– 반올림할 자릿수: 1000 미만 = 100의 자리 → –3

06 수식의 활용 > HLOOKUP 답 ②

| 정답해설 | ② =HLOOKUP(LEFT(A3,1),$B$8:$D$9,2,0)*C3
→ [A3] 셀에서 첫 번째 문자인 'P'를 추출한 후 [B8:D9] 영역에서 추출한 문자를 찾아 찾은 행 [D8] 셀에서 행 번호(2)로 이동한 [D9] 셀에 있는 값을 표시한다.

07 수식의 활용 > VLOOKUP 답 ②

| 정답해설 | ② 문제의 수식 =VLOOKUP(LARGE(C4:C11,3), C4:F11, 4, 0)에서 LARGE(C4:C11,3) 함수는 C4:C11에서 3번째로 큰 값을 선택하므로 13이 된다. LARGE(C4:C11,3) 함수의 값을 반환하면 =VLOOKUP(13, C4:F11,4,0)와 같이 되므로 결과는 2,380이 된다.

┤ 함께 보는 이론 ├
– VLOOKUP(기준값, 범위, 열 번호, 옵션): 범위의 첫 번째 열에서 기준값과 같은 데이터를 찾은 후, 기준값이 있는 행의 지정된 열 번호 위치에 있는 데이터 표시
– LARGE(범위, n번째): 범위 중 n번째로 큰 값

08 수식의 활용 > 수식 표현 답 ④

| 정답해설 | ④ C2 셀에 들어갈 식을 E2 셀에 복사해서 사용하기 위해 수식 =B2/B$7*100을 C2 셀에 적용한다. B2는 상대 주소를 적용하여 셀 이동 시 움직이도록 하였고, B$7에서 B는 상대 주소를 써야 하지만, 7은 합계로 고정되기 때문에 절대 주소로 기입한다.

09 수식의 활용 > 함수 답 ①

| 정답해설 | • POWER(number, power): 밑수를 지정한 만큼 거듭 제곱한 결과를 구한다.
– number: 밑수
– power: 지수(거듭제곱되는 수)
∴ =POWER(3, 3): 27
• PRODUCT(number1, [number2], …): 인수로 지정된 숫자를 모두 곱한 결과를 구한다.
– number1: 곱하려는 첫 번째 숫자 또는 범위
– number2: 곱하려는 두 번째 숫자 또는 범위
∴ =PRODUCT(3, 6, 2): 36
| 오답해설 | • FACT(number): 입력된 숫자의 팩토리얼(계승값)을 구한다.
– number: 팩토리얼을 구할 숫자
∴ =FACT(5): 120
• INT(number): 숫자를 가장 가까운 정수로 내림한다.
– number: 내림할 숫자
∴ =INT(–3.14): –4

- MOD(number, divisor): 나눗셈의 나머지를 반환한다.
  - number: 나눗셈에서 피제수
  - divisor: 나눗셈에서 제수
  ∴ =MOD(3,4): 3

---

10 수식의 활용 > TODAY, DATE 답 ②

| **정답해설** | TODAY( ) 함수는 오늘 날짜를 표시하며, DATE ( ) 함수는 연, 월, 일을 이용하여 특정 날짜를 표시한다.
∴ ② = TODAY( ) − DATE(2020,6,1)

---

11 수식의 활용 > SUMIF 답 ②

| **정답해설** | SUMIF 함수
- 조건에 맞는 셀들의 합계를 구할 때 사용한다.
- 형식: SUMIF(조건 범위, 조건, 합계 범위)
- 조건 범위는 부서를 지정하기 위해 $B$2:$B$7로 설정한다.
- 조건은 $A10은 혼합 참조로 설정하여 A열은 절대 참조로 고정하고, 행은 10으로 상대 참조를 이용하여 채우기 핸들 사용 시 조건에 맞게 영업1부와 영업2부를 지정할 수 있도록 한다.
- 합계 범위는 조건에 맞는 1/4분기 합계를 구해야 하므로 C$2:C$7로 지정한다.
∴ ② =SUMIF($B$2:$B$7,$A10,C$2:C$7)

---

12 수식의 활용 > VLOOKUP 답 ③

| **정답해설** | VLOOKUP(기준값, 범위, 열 번호, 옵션): 범위의 첫 번째 열에서 기준값과 같은 데이터를 찾은 후, 기준값이 있는 행의 지정된 열 번호 위치에 있는 데이터를 표시한다.
| **오답해설** | ① =VLOOKUP("시금치", Sheet1!A2:D6,4,0)이 옳은 표현이다.

---

13 수식의 활용 > AVERAGE, INDEX, MAX 답 ②

| **정답해설** | − AVERAGE(인수1, 인수2, …): 인수 중 평균값을 구한다.
- INDEX(범위, 행 번호, 열 번호): 지정된 범위에서 행 번호와 열 번호에 있는 데이터를 표시한다.
- MAX(인수1, 인수2, …): 인수 중 가장 큰 값을 찾는다.
- MAX(점수): [B2:D6] 영역 '점수'에서 최댓값을 찾으면 100이 된다.
⑩ INDEX(점수, 2, 1) → [B2:D6] 영역 '점수'에서 2행 1열의 값을 찾으면 75가 된다.
⑩ AVERAGE(INDEX(점수, 2, 1),MAX(점수))
  → AVERAGE(75, 100)이므로 결괏값은 두 인수의 평균인 87.5이다.

---

14 수식의 활용 > INDEX, HLOOKUP 답 ④

| **정답해설** | − INDEX(범위, 행의 위치, 열의 위치)
⑩ = INDEX(A2:C5,2,2) → A2:C5 범위에서 2행 2열의 값 'C123'을 반환한다.
- HLOOKUP(찾는 값, 찾는 범위, 행번호, 찾는 방법)
⑩ = HLOOKUP('C123',B7:E9,2) → B7:B9 범위에서 'C123'이 있는 열의 2번 행의 값인 '알고리즘'을 반환한다.

---

15 수식의 활용 > HLOOKUP, VLOOKUP 답 ①

| **정답해설** | =HLOOKUP(11,B1:D5,3): [B1:D5] 영역에서 11과 비슷하게 일치(10)하는 3번째 행의 값 20원을 표시한다.
=VLOOKUP("나",A2:D5,4,TRUE): [A2:D5] 영역에서 "나"와 정확하게 일치하는 4번째 열의 값 100원을 표시한다.

---

16 수식의 활용 > FV 답 ①

| **정답해설** | − FV 함수: 고정 이자율을 기반으로 투자의 미래가치를 계산한다(매월 일정한 금액을 불입하였을 경우 만기일에 받을 원금과 이자 계산).
- FV(이자율, 납입 횟수, 정기 납부액, 현재 가치, 납입 시점): 이자율은 B4/12, 납입 횟수 B5*12, 정기 납부액 −B3, 현재 가치 공백, 납입 시점 0으로 작성한다.
- 납입 시점은 1이면 기간 초 납입을 의미하며, 0(또는 생략)인 경우에는 기간 말 납입을 의미한다.
∴ ① 만기 금액 = FV(B4/12, B5*12, −B3,, 0)

CHAPTER 03 | 데이터 관리 및 분석 문제편 P.114

01	③	02	②	03	③		

---

01 데이터 관리 및 분석 > 엑셀의 기능   답 ③

| **정답해설** | ③ 특정 항목의 구성 비율을 살펴보기 위하여 워크시트에 입력된 수치 값들을 막대그래프나 선, 도형, 그림 등을 사용하여 시각적으로 표현한 것은 차트이다.

| **오답해설** | ① 피벗 테이블: 많은 양의 데이터를 요약하여 쉽게 표시하는 도구이다.

② 시나리오: 결괏값에 영향을 주는 다양한 변수에 따른 결괏값을 예측하여 분석하는 도구이다.

④ 매크로: 엑셀에서 다양한 명령들을 기록해 두었다가 키나 도구를 이용하여 기록해 둔 처리 과정을 수행하는 도구이다.

---

02 데이터 관리 및 분석 > 엑셀의 기능   답 ②

| **정답해설** | ② 테이블에서 변동에 따르는 전체 평균 점수의 변화 과정을 구하고자 할 때 사용할 도구는 데이터 표이다.

| **오답해설** | ① 통합: 분산된 데이터를 하나로 합쳐 요약 및 계산을 해주는 메뉴이다.

③ 목표값 찾기: 수식에서 목표값을 알고 있으나, 결괏값을 계산하는데 필요한 입력값을 모를 경우 사용하는 도구이다.

④ 부분합: 많은 양의 데이터 목록을 그룹별로 분류하여, 분류된 각 그룹별 계산을 수행하는 데이터 분석 도구이다.

---

03 데이터 관리 및 분석 > 정렬과 필터   답 ③

| **정답해설** | ③ 데이터 정렬 시 숨겨진 행이나 열에 있는 데이터는 정렬 대상에 포함시킬 수 있다.

| 챕터별 키워드 & 취약영역 체크 |

☑ 챕터별 키워드로 본인의 취약영역 확인 후, 취약영역에 해당하는 문제와 이론은 꼼꼼하게 다시 점검하세요!

CHAPTER 01 정보 보안 및 보호의 개요		CHAPTER 02 암호학		CHAPTER 03 보안 기법		CHAPTER 04 악성 코드 및 해킹 기법		CHAPTER 05 정보 보안 관련 법규	
틀린 개수 _____ / 12개		틀린 개수 _____ / 21개		틀린 개수 _____ / 15개		틀린 개수 _____ / 16개		틀린 개수 _____ / 2개	
01	정보 보안 기술	01	암호화 표준(DES)	01	워터마킹	01	스푸핑	01	개인 정보 보호 원칙
02	정보 보안 용어	02	AES 알고리즘	02	핑거프린팅	02	악성 코드	02	가명 정보 처리에 관한 특례
03	정보 보안의 특성	03	ARIA	03	캡차	03	악성 코드		
04	정보 보안의 특성	04	대칭키 암호 알고리즘	04	사용자 인증 도구	04	트로이목마		
05	정보 보안의 특성	05	공개키 암호화 방식	05	MAC 정책	05	피싱, 파밍, 스미싱		
06	보안 요소	06	대칭키 · 공개키 암호 방식	06	이메일 보안	06	스니핑		
07	위험 관리	07	공개키 기반 구조	07	IPSec	07	DoS 공격		
08	보안 공격	08	공개키 암호화 방식	08	SET	08	DoS 공격		
09	보안 공격	09	대칭형 암호 알고리즘	09	IPSec AH 프로토콜	09	DDoS 공격		
10	위험 분석	10	공개키 암호화 방식	10	방화벽	10	시스템의 보안 취약점을 활용 한 공격 방법		
11	위험 관리	11	공개키 암호화 방식	11	침입 탐지 시스템	11	파밍		
12	위험 분석	12	공개키 암호화 방식	12	침입 탐지 시스템	12	DDoS 공격		
		13	공개키 암호화 방식	13	재해 복구 시스템	13	DoS 공격		
		14	공개키 암호화 방식	14	가상 사설망(VPN)	14	컴퓨터 바이러스		
		15	전자 서명	15	ESP	15	스니핑		
		16	공개키 암호화 알고리즘			16	랜섬웨어		
		17	공개키 암호화 방식						
		18	해시 함수						
		19	해시 함수						
		20	공개키 암호화 방식						
		21	하이브리드 암호 시스템						

➡ 나의 취약영역: _____

CHAPTER 01		정보 보안 및 보호의 개요		문제편 P.116	
01	④	02	④	03	③	04	④	05	③
06	②	07	①	08	④	09	③	10	④
11	④	12	②						

01 정보 보안 및 보호의 개요 > 정보 보안 기술 답 ④

| **정답해설** | ④ 공용(Public) 네트워크를 사설(Private) 네트워크처럼 사용할 수 있도록 제공하는 인증 및 암호화 기법은 VPN(가상사설망)이다.

┌─ **함께 보는 이론** | 디지털 서명(Digital Signature) ─
전자 문서나 메시지를 보낸 사람의 신원이 진짜임을 증명하기 위해 디지털 형태로 생성하여 첨부하는 것이다.

02 정보 보안 및 보호의 개요 > 정보 보안 용어 답 ④

| **정답해설** | ④ 임의 정보에 접근할 수 있는 주체의 능력이나 주체의 자격을 검증하는 데 사용하는 수단을 인증(Authentication)이라 한다.

┌─ **함께 보는 이론** | 인가(Authorization) ─
특정한 프로그램, 데이터 또는 시스템 서비스 등에 접근할 수 있는 권한이 주어지는 것을 말한다.

03 정보 보안 및 보호의 개요 > 정보 보안의 특성 답 ③

| **정답해설** | ③ 무결성(Integrity)은 인증된 집단만이 데이터를 수정할 수 있도록 허가함을 의미한다.

04 정보 보안 및 보호의 개요 > 정보 보안의 특성 답 ④

| **정답해설** | ④ Availability(가용성): 정보와 정보 시스템의 사용을 인가받은 사람이 그를 사용하려고 할 때 언제든지 사용할 수 있도록 보장하는 것이다.

┌─ **함께 보는 이론** | Nonrepudiation(부인 방지) ─
행위나 이벤트의 발생을 증명하여 나중에 행위나 이벤트를 부인할 수 없도록 한다.

05 정보 보안 및 보호의 개요 > 정보 보안의 특성 답 ③

| **정답해설** | ③ 무결성은 정보와 정보 처리 방법의 완전성과 정확성을 보호하는 것으로 인증된 집단만이 정보를 변경할 수 있는 특성이다.

06 정보 보안 및 보호의 개요 > 보안 요소 답 ②

| **정답해설** | ㄱ. 위험: 자산의 손실을 초래할 수 있는 원하지 않는 사건의 잠재적인 원인이나 행위자를 말한다.
ㄴ. 위험: 원하지 않는 사건이 발생하여 손실 또는 부정적인 영향을 미칠 가능성이 있는 것을 말한다.
ㄷ. 취약점: 자산의 잠재적인 속성으로서 위협의 이용 대상이 되는 것을 말한다.

07 정보 보안 및 보호의 개요 > 위험 관리 답 ①

| **정답해설** | ① 위험 회피: 위험이 존재하는 프로세스나 사업을 수행하지 않고 포기하는 것이다.
| **오답해설** | ② 위험 감소: 위험을 감소시킬 수 있는 대책을 채택하여 구현하는 것이다.
③ 위험 수용: 현재의 위험을 받아들이고 잠재적 손실 비용을 감수하는 것이다.
④ 위험 전가: 보험이나 외주 등으로 잠재적 비용을 제3자에게 이전하거나 할당하는 것이다.

08 정보 보안 및 보호의 개요 > 보안 공격 답 ④

| **정답해설** | ㄷ. 신분 위장, ㄹ. 서비스 거부는 능동적 보안 공격에 해당한다.
| **오답해설** | ㄱ. 도청, ㄴ. 감시는 수동적 보안 공격에 해당한다.

┌─ **함께 보는 이론** | 보안 공격 ─
- 능동적 공격(적극적 공격): 데이터에 직접 접근하여 변조, 파괴, 재전송을 하는 공격으로 데이터에 직접적인 피해를 준다.
- 수동적 공격(소극적 공격): 데이터 도청, 수집된 데이터 분석 등이 있으며, 직접적인 피해를 주지 않는다.

09 정보 보안 및 보호의 개요 > 보안 공격 답 ③

| **정답해설** | ㄴ. 서비스 거부, ㄹ. 메시지 변조는 능동적 보안 공격에 해당한다.
| **오답해설** | ㄱ. 도청, ㄷ. 트래픽 분석은 수동적 보안 공격에 해당한다.

10 정보 보안 및 보호의 개요 > 위험 분석 답 ④

| **정답해설** | ④ 자산의 가치 평가 범위에는 서버 시스템, 네트워크, 정보 시스템, 보안 시스템, 데이터베이스, 문서, 소프트웨어, 물리적 환경 등이 포함된다.

11 정보 보안 및 보호의 개요 > 위험 관리 답 ④

| **정답해설** | ④ 위험 분석의 절차는 자산 분석, 위협 평가, 취약성 평가, 기존 정보 보호 대책의 평가를 통해 잔여 위험을 평가하는 단계로 나눌 수 있다.

12 정보 보안 및 보호의 개요 > 위험 분석 답 ②

| **정답해설** | ② 델파이법, 시나리오법은 정성적 위험 분석 접근 방법이다.

┤ 함께 보는 이론 | 위험 분석 ├

구분	정성적 위험 분석	정량적 위험 분석
개념	위험의 구성 요소와 손실에 대하여 정확한 숫자나 화폐적 가치를 부여하지 않고, 위험 가능성의 시나리오에 자산의 중요성, 위협 및 취약성의 심각성을 등급 또는 순위에 의해 상대적으로 비교하는 방법이다.	위험 구성 요소에 실제 의미가 있는 숫자 혹은 금액을 명시하여 위험의 크기를 금전적 가치로 산정하는 것이 가능하게 하는 방법이다.
기법	델파이 기법, 시나리오법, 순위 결정법, 질문서법, 브레인스토밍, 스토리보딩	과거 자료 분석법, 수학 공식 접근법, 확률 분포법, 점수법
장·단점	주관적 방법, 분석이 용이	– 보안 대책의 비용을 정당화 – 위험 분석의 결과를 이해하기 용이 – 일성한 객관적 결과를 산출 – 복잡한 계산으로 인한 분석 시간 소요

CHAPTER 02 | 암호학 문제편 P.119

01	②	02	④	03	①	04	③	05	④
06	②	07	③	08	정답 없음	09	③	10	②
11	①	12	②	13	④	14	①	15	③
16	②	17	④	18	③	19	④	20	③
21	④								

01 암호학 > 암호화 표준(DES) 답 ②

| **정답해설** | ② DES는 64비트 평문을 암호문으로 암호화하며, 실질적 키의 크기는 56비트(키의 크기는 64비트이다. 이 중 8비트는 패리티 검사용으로 사용)이다. 미국은 DES를 장착한 장비를 수출할 수 없었으며, DES 알고리즘이 공개된 후 수출 규제가 풀렸고, 하드웨어나 소프트웨어로 자유롭게 구현될 수 있다.

02 암호학 > AES 알고리즘 답 ④

| **정답해설** | ④ AES 알고리즘의 블록 크기는 128비트이고, 키 길이는 128/192/256비트이다. 라운드 수는 10/12/14이며, SPN(Substitution−Permutation Network) 구조를 사용하고 있다.

03 암호학 > ARIA 답 ①

| **정답해설** | ① ARIA: 대한민국의 국가보안기술연구소에서 개발한 블록 암호 체계이다. ARIA라는 이름은 학계(Academy), 연구소(Research Institute), 정부 기관(Agency)이 공동으로 개발한 특징을 함축적으로 표현한 것이다. ARIA의 블록 크기는 128비트이고, 키 길이는 128/192/256비트이며, 라운드 수는 12/14/16이다.

| **오답해설** | ② HMAC: 속도 향상과 보안성을 높이기 위해 MAC과 MDC를 합쳐 놓은 새로운 해시이다. 해시 함수의 입력에 사용자의 비밀키와 메시지를 동시에 포함하여 해시 코드를 구하는 방법이다.
③ 3DES: DES보다 강력하도록 DES를 3단 겹치게 한 암호 알고리즘이다.
④ IDEA: 블록 암호 알고리즘으로서 64비트의 평문에 대하여 동작하며, 키의 길이는 128비트이고, 8라운드의 암호 방식을 적용한다.

04 암호학 > 대칭키 암호 알고리즘 답 ③

| **정답해설** | ③ 대칭키 암호 알고리즘은 송수신자 간의 비밀키를 공유하여야 한다. 이는 대칭키 암호 알고리즘의 단점이기도 하다.

┤ 함께 보는 이론 | Kerckhoff의 원리 ├

Kerckhoff에 따르면 암호문의 안전성은 비밀키의 비밀성에만 기반을 두라고 권장한다. 키를 알아내는 것이 매우 어려워서 암·복호화 알고리즘을 비밀로 할 필요가 없어야 한다는 것이다.

05 암호학 > 공개키 암호화 방식 답 ④

| **정답해설** | ④ 공개키 암호화 방식은 비대칭키 방식이며, 메시지를 전송하는 송신측에서 공개키를 이용하여 암호화하고 수신측에서 개인키를 이용하여 복호화한다.

06 암호학 > 대칭키·공개키 암호 방식 답 ②

| **정답해설** | ㄱ. 대칭키 암호 방식은 암호화키와 복호화키가 동일하며, 공개키 암호 시스템은 암호화키와 복호화키가 서로 다르다.
ㄷ. 대칭키 암호 방식은 공개키 암호 방식에 비하여 암호화 속도가 빠르고, 키의 길이가 짧다.

| 오답해설 | ㄴ. 대칭키 암호 방식은 사용자 수가 증가하면 관리해야 할 키의 수가 증가한다.

ㄹ. 공개키 암호 방식은 송신자와 발신자가 서로 다른 키를 사용하여 통신을 수행한다.

┤ 함께 보는 이론 ├

- 대칭키 암호 방식(Symmetric Key Cryptosystem): 암호화용의 키와 복호화용 키가 동일한 키를 사용하는 방식을 공통키(비밀키, 대칭키) 암호 방식이라 한다. 공개키 암호 방식에 비하여 키가 상대적으로 작아서 효율성이 좋으며, 알고리즘의 내부 구조가 치환(Substitution)과 순열(Permutation)의 조합으로 되어 있다.
- 공개키 암호 방식(Public Key Cryptosystem): 암호화용의 키와 복호화용 키가 서로 다른 키를 사용하는 방식이며, 공개하는 키(공개키, Public키)와 비밀로 두는 키(비밀키, Private키)의 키 쌍에 의해 처리한다.

---

07 암호학 > 공개키 기반 구조   답 ③

| 정답해설 | ③ 공개키로 암호화한 데이터는 개인키를 사용하여 복호화한다.

┤ 함께 보는 이론 ├ 공개키 기반 구조(Public Key Infrastructure)

공개키를 이용하여 송수신 데이터를 암호화하고 디지털 인증서를 통해 사용자를 인증하는 시스템이다. 공개키 암호 알고리즘을 안전하게 사용하기 위해 필요한 서비스를 제공하는 기반 구조이다.

---

08 암호학 > 공개키 암호화 방식   답 정답 없음

| 오답해설 | ① MAC(Message Authentication Code)는 해시 함수와 대칭키 알고리즘을 사용한다.

② 송신자는 수신자의 공개키를 이용하여 암호화한 메시지를 송신하고 수신자는 수신한 메시지를 자신의 개인키를 이용하여 복호화한다.

③ 송수신자 규모가 동일할 경우, 공개키 암호 방식이 대칭키 암호 방식보다 더 적은 키들을 필요로 한다.

④ 키 운영의 신뢰성을 공식적으로 제공하기 위하여 인증 기관은 고객별로 공개키와 키 소유자 정보를 만들고 이를 해당 고객에게 인증서로 제공한다.

┤ 함께 보는 이론 ├

- MAC(Message Authentication Code): 메시지 인증 코드는 데이터가 변조(수정, 삭제, 삽입 등) 되었는지를 검증할 수 있도록 데이터에 덧붙이는 코드이다. 원래의 데이터로만 생성할 수 있는 값을 데이터에 덧붙여서 확인하도록 하는 것이 필요하고, 이때, 변조된 데이터에 대해서 MAC를 생성하여 MAC도 바꿔치기 할 가능성이 있으므로 MAC의 생성과 검증은 반드시 비밀키를 사용하여 수행해야만 한다.
- 대칭키 암호 방식(Symmetric Key Crypto System): 암호화용의 키와 복호화용 키가 동일한 키를 사용하는 방식을 공통키(비밀키, 대칭키) 암호 방식이라 한다. 공개키 암호 방식에 비하여 키가 상대적으로 작아서 효율성이 좋으며, 알고리즘의 내부 구조가 치환(Substitution)과 순열(Permutation)의 조합으로 되어 있다.

- 공개키 암호 방식(Public Key Crypto System): 암호화용의 키와 복호화용 키가 서로 다른 키를 사용하는 방식이며, 공개하는 키(공개키, public키)와 비밀로 두는 키(비밀키, private키)의 키 쌍에 의해 처리한다.

---

09 암호학 > 대칭형 암호 알고리즘   답 ③

| 정답해설 | ③ 문제 보기의 내용 중 국내에서 개발된 암호 알고리즘으로 ARIA, LEA, SEED가 있다.

┤ 함께 보는 이론 ├

- AES(Advanced Encryption Standard): 미국 연방 표준 알고리즘으로 대칭형 암호 알고리즘이고 DES를 대신하는 차세대 표준 암호화 알고리즘으로 미국 상무성 산하 NIST 표준 알고리즘이다. 키 길이는 128, 192, 256 bit의 3종류로 구성된다.
- ARIA: ARIA는 대한민국의 국가보안기술연구소에서 개발한 블록 암호 체계이다. ARIA라는 이름은 학계(Academy), 연구소(Research Institute), 정부 기관(Agency)이 공동으로 개발한 특징을 함축적으로 표현한 것이다.
- IDEA: 스위스에서 1990년 Xuejia Lai, James Messey에 의해 만들어진 PES(Proposed Encryption Standard)는 이후 1992년 IDEA(International Data Encryption Algorithm)로 이름을 고쳐 제안하였다. IDEA는 블록 암호 알고리즘으로써 64비트의 평문에 대하여 동작하며, 키의 길이는 128비트이고, 8라운드의 암호 방식을 적용한다.
- LEA(Lightweight Encryption Algorithm): 국산 경량 암호화 알고리즘으로 대칭형 암호 알고리즘이고 빅데이터, 클라우드 등 고속 환경 및 모바일기기의 경량 환경에서 기밀성을 제공하기 위해 개발된 블록 암호 알고리즘이다. 128비트 데이터 블록과 128/192/256 키를 사용하며 24/28/32 라운드를 제공한다.
- RC5: 1994년 미국 RSA 연구소의 Rivest가 개발한 입출력, 키, 라운드 수가 가변인 블록 알고리즘이다.
- SEED: 한국 정보 보호 센터가 1998년 10월에 초안을 개발하여 공개 검증 과정을 거쳐 안전성과 성능이 개선된 최종 수정안을 1998년 12월에 발표하였다. 1999년 2월 최종 결과를 발표하고 128비트 블록 암호 표준(안)으로 한국 통신기술협회에 제안하였다. SEED 알고리즘의 전체 구조는 변형된 Feistel 구조로 이루어져 있으며, 128비트 열쇠로부터 생성된 16개의 64비트 회전 열쇠를 사용하여 총 16회전을 거쳐 128비트의 평문 블록을 128비트 암호문 블록으로 암호화하여 출력한다.

---

10 암호학 > 공개키 암호화 방식   답 ②

| 정답해설 | ② 공개키 암호화 방식은 비밀키(또는 대칭키) 암호화 방식에 비해 암호화 강도는 높다고 할 수 있지만, 암호화 속도는 느리다.

---

11 암호학 > 공개키 암호화 방식   답 ①

| 정답해설 | ㄱ. 한 쌍의 공개키와 개인키 중에서 개인키만 비밀로 보관하면 되므로 공개키 암호 시스템에서는 1인당 보관해야 하는 키의 개수는 개인키 한 개가 된다.

ㄴ. 동일한 안전성을 가정할 때 ECC는 RSA보다 1/6정도 짧은 길이의 키를 사용한다.

| **오답해설** | ㄷ. 키의 분배와 관리가 대칭키 암호 시스템에 비하여 용이하다.

ㄹ. 일반적으로 암호화 및 복호화 처리 속도가 대칭키 암호 시스템에 비하여 느리다.

---

12 암호학 > 공개키 암호화 방식   답 ②

| **정답해설** | ② 공개키 암호화 방법을 사용하여 철수(송신자)가 영희(수신자)에게 메시지를 보낼 때에는 영희가 개인키와 공개키를 생성하고, 철수는 영희의 공개키로 평문을 암호화하여 전송하면 영희는 자신의 개인키로 암호문을 복호화한다.

---

13 암호학 > 공개키 암호화 방식   답 ④

| **정답해설** | ④ n(n−1)/2개의 키가 요구되는 것은 대칭키 암호이며, 공개키 암호는 2n개가 요구된다.

---

14 암호학 > 공개키 암호화 방식   답 ①

| **정답해설** | A는 (㉠ A의 개인키)를 사용하여 암호화한 메시지를 B에게 전송하고, B는 (㉡ A의 공개키)를 사용하여 수신된 메시지를 해독한다.

---

15 암호학 > 전자 서명   답 ③

| **정답해설** | ③ 전자 서명은 전자 문서를 작성한 사람의 신원과 전자 문서의 변경 여부를 확인할 수 있도록 암호화 방식을 이용하여 디지털 서명키로 전자 문서에 대한 작성자의 고유 정보에 서명하는 기술을 말한다.

┌ **함께 보는 이론** | 디지털 서명의 특징 ─
- **위조 불가**: 서명자만이 서명문을 생성할 수 있다.
- **부인 방지**: 서명자는 서명 후에 사실을 부인할 수 없다.
- **재사용 불가**: 한번 서명한 서명문은 또 다른 문서에 사용할 수 없다.
- **변경 불가**: 내용 변경 시 서명문 자체가 변경되어 변조 사실을 확인이 가능하다.
- **서명자 인증**: 서명자의 서명문은 서명자의 식별이 가능하다.

---

16 암호학 > 공개키 암호화 알고리즘   답 ②

| **정답해설** | ② RSA 알고리즘은 공개키 암호 알고리즘에 해당하고, ①③④는 대칭키 알고리즘에 해당한다.

┌ **함께 보는 이론** | 암호와 알고리즘 ─
- 대칭키 암호화 알고리즘: DES, 3DES, AES, SEED, IDEA, ARIA, Blowfish, RC5, RC6 등
- 비대칭키 암호화 알고리즘: RSA, ElGamal, ECC, RABIN 등

---

17 암호학 > 공개키 암호화 방식   답 ④

| **정답해설** | ㉠ ElGamal 암호 시스템의 안전성은 유한체의 이산대수 계산의 어려움에 기반을 둔다.
㉡ ECC의 안전성은 타원 곡선군의 이산대수 계산의 어려움에 기반을 둔다.
㉢ Rabin 암호 시스템의 안전성은 소인수 분해의 어려움에 기반을 둔다.

┌ **함께 보는 이론** | 공개키 알고리즘 ─

알고리즘명	발표연도	개발자	안전도 근거
RSA	1978	Rivest, Shamir, Adleman	소인수 분해 문제
Knapsack	1978	R.C.Merkle, M.E.Hellman	부분합 문제
McEliece	1978	McEliece	대수적 부호 이론
ELGamal	1985	ELGamal	이산 대수 문제
ECC	1985	N.kObitz, V.Miller	타원 곡선 이산 대수 문제
RPK	1996	W.M.Raike	이산 대수 문제
Lattice	1997	Goldwasser, Goldreich, Halevi	가장 가까운 벡터를 찾는 문제
Rabin	1979	M.Rabin	소인수 분해 문제

---

18 암호학 > 해시 함수   답 ③

| **정답해설** | ③ 해시 함수는 가변 길이 입력을 받아 고정 길이의 출력을 생성할 수 있다.

┌ **함께 보는 이론** | 해시 함수의 기본 요구 조건 ─
- 입력은 임의의 길이를 갖는다.
- 출력은 고정된 길이를 갖는다.
- 주어진 x에 대해서 H(x)는 비교적 계산하기 쉽다.
- H(x)는 일방향 함수이다.
- H(x)는 충돌이 없다. (Collision Free)

---

19 암호학 > 해시 함수   답 ④

| **정답해설** | ④ MAC은 해시 함수와 비밀키로 구성되므로, 데이터의 무결성과 데이터 발신지 인증 기능도 제공한다.

| **오답해설** | ① 입력이 가변 길이이고, 출력은 고정되어 있다.
② 충돌이 발생할 수 있지만, 충돌 저항성이 있어야 한다.
③ 해시 함수는 해시값의 생성에 있어서 비밀키를 사용하는 MAC(Message Authentication Code)과 비밀키를 사용하지 않는 MDC(Manipulation Detection Code)로 나눌 수 있다.

20 암호학 > 공개키 암호화 방식　답 ③

| 정답해설 | ㉠ 서명은 메시지를 보내는 송신자 A가 본인이 보냈음을 확인하기 위한 것이므로, ㉠은 송신자 A의 개인키를 사용한다.

㉡ 암호화는 메시지를 받는 수신자 B만 내용을 볼 수 있도록 하는 것이므로, ㉡은 수신자 B의 공개키를 사용한다.

㉢ 메시지의 복호화는 수신자만 할 수 있어야 하므로, ㉢은 수신자 B의 개인키를 사용한다.

㉣ 서명의 검증은 송신자가 맞는지 확인하는 과정으로, ㉣은 송신자 A의 공개키를 사용한다.

┤ 함께 보는 이론 ┠ 전자 서명

- 전자 서명(Digital Signature)은 전자 문서를 작성한 사람의 신원과 전자 문서의 변경 여부를 확인할 수 있도록 암호화 방식을 이용하여 디지털 서명키로 전자 문서에 대한 작성자의 고유 정보에 서명하는 기술을 말한다.
- 전자 서명을 위해서는 비대칭키(공개키) 인증 시스템을 이용하며, 이를 위해서는 송신자의 개인키를 이용하여 암호화한다. 수신자는 송신자의 공개키를 이용하여 해독(검증)한다.

21 암호학 > 하이브리드 암호 시스템　답 ④

| 정답해설 | ④ 하이브리드 암호 시스템은 기본적으로 대칭키 암호 시스템에 기반하고 있다고 생각하면 더 이해하기 쉽다. 대칭키 암호 시스템으로 문서를 암/복호화하여 송수신하는데 대칭키 분배의 문제를 공개키 암호 시스템으로 해결한 것이다. 즉, 송신자는 대칭키를 수신자의 공개키를 통하여 암호화하여 전송하고, 이를 받은 수신자는 자신의 개인키를 통하여 복호화하여 대칭키를 분배한다. 따라서 ㉠은 대칭키 암호 시스템, ㉡은 공개키 암호 시스템, ㉢은 대칭키 암호 시스템을 적용한다.

CHAPTER 03 | 보안 기법　문제편 P.123

01	①	02	④	03	②	04	③	05	②
06	①	07	②	08	④	09	②	10	②
11	③	12	④	13	①	14	③	15	②

01 보안 기법 > 워터마킹　답 ①

| 정답해설 | ① 워터마크에는 부인 방지성 제공이 안 되며, 부인 방지성이 제공되기 위해서는 전자 서명이 필요하다.

┤ 함께 보는 이론 ┠ 워터마크(Watermark)

- 저작권 정보를 원본의 내용을 왜곡하지 않는 범위에서 사용자가 인식하지 못하는 방식으로 디지털 콘텐츠에 삽입하는 기술을 말한다.
- 콘텐츠의 변조 유무 확인, 소유권 주장, 사용 제한/불법 복제 방지 등이 가능하다.

- 워터마크의 특성
  - 비가시성: 사용자가 알 수 없고 콘텐츠의 질 저하가 없다.
  - 견고성: 다양하게 변조해도 워터마크를 읽어 낼 수 없다.
  - 효율성: 워터마크는 하나의 키에만 대응된다.
  - 경로 추적: 원본의 출처를 밝히거나 누구에게 전달된 정보인지 추적이 가능하다.

┤ 함께 보는 이론 ┠

구분	스테가노그래피	워터마크	핑거프린팅
은닉 정보	메시지	판매자 정보	구매자 추적 정보
목적	은닉 메시지 검출	저작권 표시	구매자 추적
추적 가능	불가	가능	가능
저작권 증명 효과	낮음	중간	높음

02 보안 기법 > 핑거프린팅　답 ④

| 정답해설 | ④ 핑거프린팅(Fingerprinting)은 텍스트, 비디오, 오디오, 이미지, 멀티미디어 콘텐츠에 저작권 정보와 구매한 사용자의 정보를 삽입하여 콘텐츠 불법 배포자를 추적하는 기술이다.

| 오답해설 | ① 스미싱(Smishing)은 문자(SMS)와 피싱(Phishing)의 합성어이며, 주로 스마트폰 문자에다 URL을 첨부하여 URL을 클릭 시 악성 앱이 설치되어 개인 정보나 금융 정보를 빼내거나 이를 활용하여 금전적 손해를 끼치는 사기 수법이다.

② 노마디즘(Nomadism)은 신기술의 발달로 인한 집단적 행위의 특성을 지칭하는 용어로, 유비쿼터스 개념을 설명하는 데에도 유용하게 사용되고 있다.

03 보안 기법 > 캡차　답 ②

| 정답해설 | ② 캡차(CAPCHA; Completely Automated Public Turing test to tell Computers and Humans Apart): 기계는 인식할 수 없으나 사람은 쉽게 인식할 수 있는 테스트를 통해 사람과 기계를 구별하는 프로그램이다. 어떤 서비스에 가입하거나 인증이 필요할 때 알아보기 힘들 게 글자들이 쓰여 있고, 이것을 그대로 옮겨 써야 하는데 보통 영어 단어 또는 무의미한 글자 조합이 약간 변형된 이미지로 나타난다.

04 보안 기법 > 사용자 인증 도구　답 ③

| 정답해설 | ㄱ. 지식 기반 인증 – B. 패스워드
ㄴ. 소유(소지) 기반 인증 – A. 스마트 카드, OTP 토큰
ㄷ. 존재(생체) 인증 기반 – C. 지문, 홍채, 망막
– 행위 기반 인증: 서명, 움직임

05 보안 기법 > MAC 정책 답 ②

| 정답해설 | ② DAC는 모든 주체 및 객체에 대하여 일정하지 않고 어느 하나의 주체/객체 단위로 접근 제한을 설정할 수 있는 반면, MAC 정책은 모든 주체 및 객체에 대하여 일정하며 어느 하나의 주체/객체 단위로 접근 제한을 설정할 수 없다.

06 보안 기법 > 이메일 보안 답 ①

| 정답해설 | ① IMAP(Internet Messaging Access Protocol): 인터넷 메일 서버에서, 메일을 읽기 위한 인터넷 표준 통신 규약의 하나이다. 메일을 가져와서 관리하는 방식이 아닌 서버에 직접 접근하여 관리하며, 메일을 가져와도 Server에는 원본이 남아 있다.

| 오답해설 | ②③④ S/MIME, PEM, PGP은 이메일의 보안을 강화하기 위한 기술이다.

07 보안 기법 > IPSec 답 ②

| 정답해설 | ② IKE(Internet Key Exchange)를 이용한 비밀키 교환: ISAKMP(Internet Security Association and Key Management Protocol), SKEME, Oakley 알고리즘의 조합이다. 두 컴퓨터 간의 보안 연결(SA; Security Association)을 설정한다.

┤ 함께 보는 이론 ├
- AH(Authentication Header): 데이터가 전송 도중에 변조되었는지를 확인할 수 있도록 데이터의 무결성에 대해 검사한다. 그리고 데이터를 스니핑한 뒤 해당 데이터를 다시 보내는 재생 공격(Replay Attack)을 막을 수 있다.
- ESP(Encapsulating Security Payload): 메시지의 암호화를 제공한다. 사용하는 암호화 알고리즘으로는 DES-CBC, 3DES, RC5, IDEA, 3IDEA, CAST, blowfish가 있다.

08 보안 기법 > SET 답 ④

| 정답해설 | ④ SET(Secure Electronic Transaction)은 SSL(Secure Socket Layer)에 비해 상대적으로 속도가 저속으로 동작한다.

┤ 함께 보는 이론 ├ SET(Secure Electronic Transaction)
• SET의 개요
 - 전자 상거래에서 지불 정보를 안전하고 비용 효과적으로 처리할 수 있도록 규정한 프로토콜이다.
 - 1997년 5월 31일 신용카드 업계의 메이저인 Master와 Visa가 공동으로 발표하였으며 기술 자문역으로 GTE, IBM, Microsoft, Netscape, Terisa, VeriSign, RSA, SAIC가 참여하여 SET 1.0을 개발하였다.
• SET의 내용
 - 고객과 상점 간에 서로의 신분을 확인할 수 있는 인증에 관한 내용이다.
 - 인터넷 상에서 메시지를 안전하게 주고 받을 수 있는 암호화 기법에 관한 내용이다.
 - 지불 절차에 관한 내용이다.

• SET의 암호 기술
 - 비밀키(대칭키): 전자 문서의 암호화를 위한 기술이다.
 - 공개키(비대칭키): 비밀키를 공개키 암호 방식으로 암호화하여 키분배 문제를 해결한다.
 - 전자 서명: 서명자의 인증이나 전자 문서의 위조 및 변조, 부인 방지를 목적으로 사용하며, 공개키 암호화 방식에서의 개인키를 이용한 메시지 암호화는 서명 당사자밖에 할 수 없다는 점을 이용하여 구현하였다.
 - 해시 함수: 임의의 길이인 전자 문서를 일정한 길이의 코드값으로 축약한다.

09 보안 기법 > IPSec AH 프로토콜 답 ②

| 정답해설 | • AH(Authentication Header): 데이터가 전송 도중에 변조되었는지를 확인할 수 있도록 데이터의 무결성에 대해 검사하는 인증 방식이다.
• 모드(Mode)
 - 전송 모드(Transport Mode)

최초 IP 헤더	AH	TCP 데이터	전송 데이터

 - 터널 모드(Tunnel Mode)

새로운 IP 헤더	AH	최초 IP 헤더	TCP 데이터	전송 데이터

10 보안 기법 > 방화벽 답 ②

| 정답해설 | ② 패킷 필터링 기법은 전송 계층에서 동작하며, 응용 게이트웨이 방화벽은 응용 계층(Application Layer)에서 동작하며, WWW와 같은 서비스를 보호할 수 있다.

11 보안 기법 > 침입 탐지 시스템 답 ③

| 정답해설 | ③ 새로운 공격 유형이 발견될 때마다 지속적으로 해당 시그니처(Signature)를 갱신해 주어야 하는 것은 비정상 행위(이상) 탐지가 아니고, 오용 탐지이다.

12 보안 기법 > 침입 탐지 시스템 답 ④

| 정답해설 | ④ 상태전이 분석과 패턴 매칭 방식은 오용 탐지 기법에서 사용된다.

┤ 함께 보는 이론 ├
• 오용 탐지(Misuse Detection): 오용 탐지는 알려진 취약성을 통한 공격에 대한 정보를 가지고 실제적인 공격이 시도될 때 이를 탐지하는 방식이다. 비정상 행위 탐지가 침입으로 여겨지는 행위를 탐지한다면 오용 탐지는 명백한 침입을 탐지하게 된다.
 - 전문가 시스템(Expert System)
 - 키 모니터링(Keystroke Monitoring)
 - 상태 전이 분석(State Transition Analysis)
 - 패턴 매칭(Pattern Matching)

- 비정상 행위 탐지(Anomaly Detection): 비정상 행위 탐지는 알려지지 않은 새로운 공격 기법도 탐지가 가능하다는 장점이 있지만 그에 앞서 정상적인 행위에 대한 프로파일을 구축해둬야 하기 때문에 많은 데이터의 분석이 필요하게 된다. 때문에 상대적으로 구현 비용이 큰 편이고 그만큼 어렵기 때문에 상용 제품에서는 오용 탐지를 주로 사용하고, 비정상 행위 탐지는 보조하는 측면에서 사용되고 있다.
  - 통계적 접근(Statistical Approaches)
  - 예측 가능 패턴 생성(Predictive Pattern Generation)
  - 신경망(Neural Networks)

---

13   보안 기법 > 재해 복구 시스템   답 ①

| 정답해설 | ① 핫 사이트(Hot Site): 메인 센터와 동일한 수준의 정보 기술 자원을 대기 상태로 사이트에 보유하면서, 동기적 또는 비동기적 방식으로 실시간 미러링을 통하여 데이터를 최신 상태로 유지한다. RTO(복구 소요 시간)는 수시간 이내이다.

┤ 함께 보는 이론 ┤ 복구 수준별 유형

- 미러 사이트(Mirror Site): 메인 센터와 동일한 수준의 정보 기술 자원을 원격지에 구축하고, 메인 센터와 재해 복구 센터 모두 액티브 상태로 실시간 동시 서비스를 하는 방식이다. RTO(복구 소요 시간)는 이론적으로 0이다.
- 웜 사이트(Warm Site): 메인 센터와 동일한 수준의 정보 기술 자원을 보유하는 대신 중요성이 높은 기술 자원만 부분적으로 보유하는 방식이다. 실시간 미러링을 수행하지 않으며 데이터의 백업 주기가 수시간~1일(RTO) 정도로 핫 사이트에 비해 다소 길다.
- 콜드 사이트(Cold Site): 데이터만 원격지에 보관하고 서비스를 위한 정보 자원은 확보하지 않거나 최소한으로만 확보하는 유형이다. 메인 센터의 데이터는 주기적 수일~수주(RTO)로 원격지에 백업한다.

---

14   보안 기법 > 가상 사설망(VPN)   답 ③

| 정답해설 | ③ 터널링 기술은 VPN의 기본이 되는 기술로서 터미널이 형성되는 양 호스트 사이에 전송되는 패킷을 추가 헤더 값으로 캡슐화(Encapsulation)하는 기술이다. L2TP 터널링은 2계층 터널링 기술이기 때문에 데이터 링크층 상위에서 L2TP 헤더를 덧붙이고 IPSec 터널링은 3계층 터널링 기술이기 때문에 인터넷층 상위에서 IPSec(AH, ESP) 헤더를 덧붙인다.

---

15   보안 기법 > ESP   답 ②

| 정답해설 | ② ESP(Encapsulating Security Payload): 메시지의 암호화를 제공한다. 사용하는 암호화 알고리즘으로는 DES-CBC, 3DES, RC5, IDEA, 3IDEA, CAST, blowfish가 있다.

| 오답해설 | - AH(Authentication Header): 데이터가 전송 도중에 변조되었는지를 확인할 수 있도록 데이터의 무결성에 대해 검사한다. 그리고 데이터를 스니핑한 뒤 해당 데이터를 다시 보내는 재생공격(Replay Attack)을 막을 수 있다.
- MAC(Message Authentication Code): 해시 함수와 비밀키를 이용하여 메시지 무결성과 인증용으로 사용한다.

- IKE(Internet Key Exchange): ISAKMP(Internet Security Association and Key Management Protocol), SKEME, Oakley 알고리즘의 조합으로, 두 컴퓨터 간의 보안 연결(SA, Security Association)을 설정한다. IPSec에서는 IKE를 이용하여 연결이 성공하면 8시간 동안 유지하므로, 8시간이 넘으면 SA를 다시 설정해야 한다.

CHAPTER 04 | 악성 코드 및 해킹 기법   문제편 P.126

01	①	02	②	03	④	04	②	05	③
06	③	07	①	08	①	09	①	10	②
11	②	12	②	13	②	14	④	15	②
16	②								

---

01   악성 코드 및 해킹 기법 > 스푸핑   답 ①

| 정답해설 | ① 스푸핑(Spoofing): 속임을 이용한 공격에 해당되며, 네트워크에서 스푸핑 대상은 MAC 주소, IP 주소, 포트 등 네트워크 통신과 관련된 모든 것이 될 수 있다.

| 오답해설 | ② 스니핑(Sniffing): 네트워크 통신 내용을 도청하는 행위이다. 네트워크상에서 다른 상대방들의 패킷 교환을 엿듣는 것을 의미하며 이때 사용되는 도구를 패킷 분석기 또는 패킷 스니퍼라고 하며, 이는 네트워크 일부나 디지털 네트워크를 통하는 트래픽 내용을 저장하거나 가로채는 기능을 하는 SW/HW이다.
③ 피싱(Phishing): 금융 기관 등의 웹 사이트에서 보내온 메일로 위장하여 개인의 인증 번호나 신용 카드 번호, 계좌번호 등을 빼내 이를 불법적으로 이용하는 사기 수법이다.
④ DoS(Denial of Service) 공격: 공격 대상이 수용할 수 있는 능력 이상의 정보를 제공하거나, 사용자 또는 네트워크의 용량을 초과시켜 정상적으로 작동하지 못하게 하는 공격이다.

---

02   악성 코드 및 해킹 기법 > 악성 코드   답 ②

| 정답해설 | ② 웜(Worm)은 바이러스와 달리 숙주가 필요하지 않고 독립적으로 존재한다.

---

03   악성 코드 및 해킹 기법 > 악성 코드   답 ④

| 정답해설 | (가) 랜섬웨어: 사용자 컴퓨터 시스템에 침투하여 중요 파일에 대한 접근을 차단하고 금품(Ransom)을 요구하는 악성 프로그램이다. 몸값을 뜻하는 Ransom과 제품을 뜻하는 Ware의 합성어이며, 인터넷 사용자의 컴퓨터에 잠입해 내부 문서나 사진 파일 등을 제멋대로 암호화해 열지 못하도록 한 뒤 돈을 보내면 해독용 열쇠 프로그램을 전송해 준다며 금품 등을 요구한다.
(나) 스미싱: SMS와 피싱(Phishing)의 합성어로 문자 메시지를 이

용한 새로운 휴대폰 해킹 기법이며, 사회공학적 공격의 일종이다. 휴대폰 사용자에게 웹 사이트 링크를 포함하는 문자 메시지를 보내 휴대폰 사용자가 웹 사이트에 접속하면 악성 코드를 이용해 휴대폰을 통제하며 개인 정보를 빼갈 수 있다.

| 오답해설 | – 스파이웨어(Spyware): 사용자의 적절한 동의가 없이 설치되었거나 컴퓨터에 대한 사용자의 통제 권한을 침해하는 프로그램으로서, 사용자의 정보, 행동 특성 등을 빼가는 프로그램이다.
– 트로이목마: 트로이목마 프로그램은 유용하거나 자주 사용되는 프로그램 또는 명령 수행 절차 내에 숨겨진 코드를 포함시켜 잠복하고 있다가 사용자가 프로그램을 실행할 경우 원치 않는 기능을 수행한다.
– 파밍(Pharming): 파밍 공격은 피싱 공격에서 발전된 공격 방법으로 DNS poisoning 기법을 악용한 공격 방법이다.
– 피싱(Phishing): 공공 기관이나 금융 기관을 사칭하여 개인 정보나 금융 정보를 빼내거나 이를 활용하여 금전적 손해를 끼치는 사기 수법이다.

---

04 악성 코드 및 해킹 기법 > 트로이목마　　　　답 ②

| 정답해설 | ② 트로이목마 프로그램: 유용하거나 자주 사용되는 프로그램 또는 명령 수행 절차 내에 숨겨진 코드를 포함시켜 잠복하고 있다가 <u>사용자가 프로그램을 실행할 경우 원치 않는 기능을 수행한다.</u>

| 오답해설 | ① 키로거 공격: 컴퓨터 사용자의 키보드 움직임을 탐지해 ID나 패스워드, 계좌 번호, 카드 번호 등과 같은 개인의 중요한 정보를 몰래 빼가는 해킹 공격이다.
③ 애드웨어: 광고를 목적으로 설치되어 사용자의 성향을 파악하여 무분별한 광고를 제공하는 프로그램이다.
④ Ransomware: 랜섬웨어는 '몸값(Ransom)'과 '소프트웨어(Software)'의 합성어다. 컴퓨터 사용자의 문서를 볼모로 잡고 돈을 요구한다고 해서 '랜섬(Ransom)'이란 수식어가 붙었다. 인터넷 사용자의 컴퓨터에 잠입해 내부 문서나 스프레드 시트, 그림 파일 등을 제멋대로 암호화해 열지 못하도록 만들거나 첨부된 이메일 주소로 접촉해 돈을 보내 주면 해독용 열쇠 프로그램을 전송해 준다며 금품을 요구하기도 한다.

---

05 악성 코드 및 해킹 기법 > 피싱, 파밍, 스미싱　　　답 ③

| 정답해설 | ③ Web Shell에 대한 설명이다. 파밍은 사용자로 하여금 진짜 사이트로 오인하도록 하여 접속 유도 후 개인 정보를 탈취하는 기법이다.

┌─ **| 함께 보는 이론 |** Web Shell ─────
│ 웹 서버에 명령을 실행해 관리자 권한을 획득하는 방식의 공급 방법이다. 공격자가 원격에서 대상 웹 서버에 웹 스크립트 파일을 전송, 관리자 권한을 획득한 후 웹 페이지 소스 코드 열람, 악성 코드 스크립트 삽입, 서버 내 자료 유출 등의 공격을 하는 것이다.
└──────────────────────

---

06 악성 코드 및 해킹 기법 > 스니핑　　　　답 ③

| 정답해설 | ③ 스니핑은 정보를 도청하는 해킹 기법이다.

| 오답해설 | ① DoS 공격은 희생 시스템에 과도한 부하를 일으켜 희생 시스템의 가용성을 떨어뜨리는 공격이다.
② ICMP 스머프 공격은 DoS 공격의 일종으로, IP를 속여 다이렉트 브로드케스트를 수행하여 희생 시스템에 과도한 에코 메시지를 받게 하는 공격이다.
④ 트로이 목마는 유용한 프로그램인 것처럼 위장하여 사용자의 시스템으로 침투하여 악의적인 기능을 수행하는 프로그램이다.

---

07 악성 코드 및 해킹 기법 > DoS 공격　　　　답 ①

| 정답해설 | DoS(Denial of Service, 서비스 거부) 공격: <u>Ping of death</u>, TearDrop 공격, <u>SYN Flooding</u> 공격, Land 공격, Smurf 공격

| 오답해설 | ㄷ. Session Hijacking 공격: TCP가 가지는 고유한 취약점을 이용해 정상적인 접속을 빼앗는 방법이다. TCP는 클라이언트와 서버 간 통신을 할 때 패킷의 연속성을 보장하기 위해 클라이언트와 서버는 각각 시퀀스 넘버를 사용한다. 이 시퀀스 넘버가 잘못되면 이를 바로 잡기 위한 작업을 하는데, TCP 세션 하이재킹은 서버와 클라이언트에 각각 잘못된 시퀀스 넘버를 위조해서 연결된 세션에 잠시 혼란을 준 뒤 자신이 끼어 들어가는 방식이다.
ㄹ. ARP Redirect 공격: 공격자가 자신의 MAC 주소가 라우터 또는 게이트웨이인 것으로 속여서 수행하는 공격이다.

---

08 악성 코드 및 해킹 기법 > DoS 공격　　　　답 ①

| 정답해설 | ① ICMP 프로토콜을 이용한 공격 방법에는 스머프 공격(Smurf Attack)과 죽음의 핑 공격(Ping of Death Attack)이 해당된다.

┌─ **| 함께 보는 이론 |** ─────────────
│ • 스머프 공격(Smurf Attack)
│   – 죽음의 핑 공격처럼 ICMP 패킷을 이용한다.
│   – ICMP Request를 받은 네트워크는 ICMP Request 패킷의 위조된 시작 IP 주소로 ICMP Reply를 다시 보낸다. 결국 공격 대상은 수많은 ICMP Reply를 받게 되고 죽음의 핑 공격처럼 수많은 패킷이 시스템을 과부하 상태로 만든다.
│   – 스머프 공격에 대한 대응책은 라우터에서 다이렉트 브로드캐스트를 막는 것이다(처음부터 다이렉트 브로드캐스트를 지원하지 않는 라우터도 있다).
│ • 죽음의 핑 공격(Ping of Death Attack)
│   – 네트워크에서는 ICMP 패킷을 전송하기 적당한 크기로 잘라서 보내는데 죽음의 핑 공격은 네트워크의 이런 특성을 이용한 것이다. 네트워크의 연결 상태를 점검하기 위한 Ping 명령을 보낼 때, 패킷을 최대한 길게 하여(최대 65,500바이트) 공격 대상에게 보내면 패킷은 네트워크에서 수백 개의 패킷으로 잘게 쪼개져 보내진다.
└──────────────────────

- 네트워크의 특성에 따라 한번 나뉜 패킷이 다시 합쳐서 전송되는 일은 거의 없으며, 공격 대상 시스템은 결과적으로 대량의 작은 패킷을 수신하게 되어 네트워크가 마비된다.
  - 죽음의 핑 공격 공격을 막는 방법으로는 Ping이 내부 네트워크에 들어오지 못하도록 방화벽에서 Ping이 사용하는 프로토콜은 ICMP를 차단하는 방법이 있다.
- **랜드 공격(Land Attack)**
  - 패킷을 전송할 때 출발지 IP 주소와 목적지 IP 주소값을 똑같이 만들어서 공격 대상에게 보내는 공격이다. 이때 조작된 IP 주소값은 공격 대상의 IP 주소여야 한다.
  - Land 공격에 대한 보안 대책도 운영 체제의 패치를 통해서 가능하다.
  - 방화벽 등과 같은 보안 솔루션에서 패킷의 출발지 주소와 목적지 주소의 적절성을 검증하는 기능을 이용하여 필터링할 수 있다.
- **SYN 플로딩 공격(SYN Flooding Attack)**
  - SYN 공격은 대상 시스템에 연속적인 SYN 패킷을 보내서 넘치게 만들어 버리는 공격이다.
  - 각각의 패킷이 목적 시스템에 SYN-ACK 응답을 발생시키는데, 시스템이 SYN-ACK에 따르는 ACK(Acknowledgement)를 기다리는 동안, Backlog 큐로 알려진 큐에 모든 SYN-ACK 응답들을 넣게 된다.
  - SYN-ACK은 오직 ACK가 도착할 때나 내부의 비교적 길게 맞추어진 타이머의 시간이 넘었을 때만 이 3단계 교환 TCP 통신 규약을 끝내게 된다. 이 큐가 가득 차게 되면 들어오는 모든 SYN 요구를 무시하고 시스템이 인증된 사용자들의 요구에 응답할 수 없게 되는 것이다.
  - 웹서버의 SYN Received의 대기 시간을 줄이거나 IPS와 같은 보안 시스템도 이러한 공격을 쉽게 차단하여 공격의 위험성을 낮출 수 있다.
- **티어드롭 공격(Teardrop Attack)**
  - Teardrop은 IP 패킷 전송이 잘게 나누어졌다가 다시 재조합하는 과정의 약점을 악용한 공격이다. 보통 IP 패킷은 하나의 큰 자료를 잘게 나누어서 보내게 되는데, 이때 Offset을 이용하여 나누었다 도착지에서 Offset을 이용하여 재조합하게 된다. 이때 동일한 Offset을 겹치게 만들면 시스템은 교착되거나 충돌을 일으키거나 재시동되기도 한다.
  - 시스템의 패킷 재전송과 재조합에 과부하가 걸리도록 시퀀스 넘버를 속인다.
  - 과부하가 걸리거나 계속 반복되는 패킷은 무시하고 버리도록 처리해야 방지할 수 있다.
- **HTTP GET 플로딩 공격(HTTP GET Flooding Attack)**
  - HTTP Get을 지속적으로 요청하여 HTTP 연결 및 HTTP 처리 로직의 과부하를 유발하는 공격이다.
  - 공격 패킷을 수신하는 웹 서버는 정상적인 TCP 세션과 정상으로 보이는 HTTP GET을 지속적으로 요청하므로 시스템에 과부하가 걸린다.

09 악성 코드 및 해킹 기법 > DDoS 공격　　답 ①

| **정답해설** | ① 여러 개의 공격 지점에서 대규모 공격 패킷을 발생시켜서 하나의 특정 사이트를 동시에 공격하는 방법이다.

┌ | **함께 보는 이론** | DDoS(Distributed Denial of Service) 공격 ─
공격자, 마스터 에이전트, 공격 대상으로 구성된 메커니즘을 통해 DoS 공격을 다수의 PC에서 대규모로 수행한다.

10 악성 코드 및 해킹 기법 > 시스템의 보안 취약점을 활용한 공격 방법　　답 ②

| **정답해설** | ② Land 공격에 대한 설명이다. Exploit 공격은 시스템의 보안 취약점을 이용한 공격 방법으로 시스템 보안/네트워크 보안/응용 프로그램 취약점 등을 사용하는 공격 행위이다.

11 악성 코드 및 해킹 기법 > 파밍　　답 ②

| **정답해설** | ② 파밍(Pharming)은 공격자가 사용자의 합법적 도메인을 탈취하거나 도메인 네임 시스템(DNS) 또는 프록시 서버의 주소를 변조하여, 사용자가 진짜 사이트로 오인하여 접속하도록 유도한 후 개인 정보를 훔치는 공격을 하는 것을 말한다.

12 악성 코드 및 해킹 기법 > DDoS 공격　　답 ②

| **정답해설** | ② DDoS(Distributed Denial of Service): 공격자는 여러 대의 좀비 컴퓨터를 분산 배치하여 가상의 접속자를 만든 후 처리할 수 없을 정도로 매우 많은 양의 패킷을 동시에 발생시켜 시스템을 공격한다. 공격받은 컴퓨터는 사용자가 정상적으로 접속할 수 없어 가용성이 저하된다.

| **오답해설** | ① 키로거(Key Logger) 공격: 컴퓨터 사용자의 키보드 움직임을 탐지해 ID나 패스워드, 계좌 번호, 카드 번호 등과 같은 개인의 중요한 정보를 몰래 탈취하는 공격 기법이다.
③ XSS(Cross Site Scripting): XSS 취약점은 애플리케이션이 신뢰할 수 없는 데이터를 가져와 적절한 검증이나 제한 없이 웹 브라우저로 보낼 때 발생한다. XSS는 공격자가 피해자의 브라우저에 스크립트를 실행하여 사용자 세션 탈취, 웹 사이트 변조, 악의적인 사이트로 이동할 수 있다.
④ 스파이웨어(Spyware): 사용자의 적절한 동의가 없이 설치되었거나 컴퓨터에 대한 사용자의 통제 권한을 침해하는 프로그램으로서 사용자의 정보, 행동 특성 등을 빼내는 프로그램이다.

13 악성 코드 및 해킹 기법 > DoS 공격　　답 ②

| **정답해설** | ㄱ. Smurf Attack: 발신지 IP 주소가 공격 대상의 IP 주소로 위조된 ICMP 패킷을 특정 브로드캐스트 주소로 보내어 공격 대상이 다량의 ICMP reply 패킷을 받도록 하는 공격 기법이다.
ㄴ. SYN Flooding Attack: 공격자가 송신자 IP 주소가 존재하지 않거나 다른 시스템의 IP 주소로 위장하여 목적 시스템으로 SYN 패킷을 연속해서 보내는 공격 기법이다.
ㄷ. Land Attack: 송신자 IP 주소와 수신자 IP 주소, 송신자 포트와 수신자 포트가 동일하게 조작된 SYN 패킷을 공격 대상에 전송하는 공격 기법이다.

14 악성 코드 및 해킹 기법 > 컴퓨터 바이러스 답 ④

| **정답해설** | ④ 루트킷(Rootkit)은 특정 사용자가 시스템에 관리자 권한으로 접근할 수 있는 루트(Root) 접근을 얻어내기 위해 설계되었다. 이러한 기능은 시스템상의 악성 코드의 존재를 적극적으로 숨기는 기능을 포함하고 있다.

15 악성 코드 및 해킹 기법 > 스니핑 답 ②

| **정답해설** | ② Buffer Overflow: 입력값을 확인하지 않는 입력 함수에 정상보다 큰 값을 입력하여 ret 값을 덮어쓰기를 함으로써, 임의의 코드를 실행시키기 위한 공격이다.

| **오답해설** | ① Spoofing: 속임을 이용한 공격에 해당되며, 네트워크에서 스푸핑 대상은 MAC 주소, IP 주소, 포트 등 네트워크 통신과 관련된 모든 것이 될 수 있다
③ Sniffing: 네트워크상의 데이터를 도청하는 행위라 할 수 있으며, 스니핑(Sniffing) 공격을 수동적(Passive) 공격이라 한다.
④ Scanning: 시스템의 취약점을 파악하는 것이며, 공격전에 취약 정보를 확인할 수 있다.

16 악성 코드 및 해킹 기법 > 랜섬웨어 답 ②

| **정답해설** | ② Ransomware: 랜섬웨어는 '몸값'(Ransom)과 '소프트웨어'(Software)의 합성어다. 컴퓨터 사용자의 문서를 볼모로 잡고 돈을 요구한다고 해서 '랜섬(Ransom)'이란 수식어가 붙었다. 인터넷 사용자의 컴퓨터에 잠입해 내부 문서나 스프레드시트, 그림 파일 등을 제멋대로 암호화해 열지 못하도록 만들거나 첨부된 이메일 주소로 접촉해 돈을 보내 주면 해독용 열쇠 프로그램을 전송해 준다며 금품을 요구하기도 한다.

| **오답해설** | ① Web Shell: 웹 서버에 명령을 실행해 관리자 권한을 획득하는 방식의 공급 방법이다. 공격자가 원격에서 대상 웹 서버에 웹 스크립트 파일을 전송, 관리자 권한을 획득한 후 웹페이지 소스 코드 열람, 악성 코드 스크립트 삽입, 서버 내 자료 유출 등의 공격을 하는 것이다.
③ Honeypot: 컴퓨터 프로그램에 침입한 스팸과 컴퓨터 바이러스, 크래커를 탐지하는 가상 컴퓨터이다. 침입자를 속이는 최신 침입 탐지 기법으로 마치 실제로 공격을 당하는 것처럼 보이게 하여 크래커를 추적하고 정보를 수집하는 역할을 한다.
④ Stuxnet: 발전소 등 전력 설비에 쓰이는 지멘스의 산업 자동화 제어 시스템(PCS7)만을 감염시켜 오작동을 일으키거나 시스템을 마비시키는 신종 웜 바이러스이다.

CHAPTER 05 | 정보 보안 관련 법규 문제편 P.130

01	①	02	②					

01 정보 보안 관련 법규 > 개인 정보 보호 원칙 답 ①

| **정답해설** | ㄱ. 개인 정보 처리자는 개인 정보의 처리 목적에 필요한 범위에서 개인 정보의 정확성, 완전성 및 최신성이 보장되도록 하여야 한다.

| **오답해설** | ㄴ. 개인 정보 처리자는 개인 정보의 처리 목적에 필요한 범위에서 적합하게 개인 정보를 처리하여야 하며, 그 목적 외의 용도로 활용하여서는 아니 된다.
ㄷ. 개인 정보 처리자는 개인 정보 처리 방침 등 개인 정보의 처리에 관한 사항을 공개하여야 하며, 열람 청구권 등 정보 주체의 권리를 보장하여야 한다.
ㄹ. 개인 정보 처리자는 개인 정보를 익명 또는 가명으로 처리하여도 개인 정보 수집 목적을 달성할 수 있는 경우 익명 처리가 가능한 경우에는 익명에 의하여, 익명 처리로 목적을 달성할 수 없는 경우에는 가명에 의하여 처리될 수 있도록 하여야 한다.

┌ **| 함께 보는 이론 | 개인 정보 보호법** ─

제3조(개인 정보 보호 원칙) ① 개인 정보 처리자는 개인 정보의 처리 목적을 명확하게 하여야 하고 그 목적에 필요한 범위에서 최소한의 개인 정보만을 적법하고 정당하게 수집하여야 한다.
② 개인 정보 처리자는 개인 정보의 처리 목적에 필요한 범위에서 적합하게 개인 정보를 처리하여야 하며, 그 목적 외의 용도로 활용하여서는 아니 된다.
③ 개인 정보 처리자는 개인 정보의 처리 목적에 필요한 범위에서 개인 정보의 정확성, 완전성 및 최신성이 보장되도록 하여야 한다.
④ 개인 정보 처리자는 개인 정보의 처리 방법 및 종류 등에 따라 정보 주체의 권리가 침해받을 가능성과 그 위험 정도를 고려하여 개인 정보를 안전하게 관리하여야 한다.
⑤ 개인 정보 처리자는 제30조에 따른 개인 정보 처리 방침 등 개인 정보의 처리에 관한 사항을 공개하여야 하며, 열람 청구권 등 정보 주체의 권리를 보장하여야 한다.
⑥ 개인 정보 처리자는 정보 주체의 사생활 침해를 최소화하는 방법으로 개인 정보를 처리하여야 한다.
⑦ 개인 정보 처리자는 개인 정보를 익명 또는 가명으로 처리하여도 개인 정보 수집 목적을 달성할 수 있는 경우 익명 처리가 가능한 경우에는 익명에 의하여, 익명 처리로 목적을 달성할 수 없는 경우에는 가명에 의하여 처리될 수 있도록 하여야 한다. 〈개정 2020. 2. 4.〉
⑧ 개인 정보 처리자는 이 법 및 관계 법령에서 규정하고 있는 책임과 의무를 준수하고 실천함으로써 정보 주체의 신뢰를 얻기 위하여 노력하여야 한다.

02 정보 보안 관련 법규 > 가명 정보 처리에 관한 특례 답 ②

| **정답해설** | ② 개인 정보 처리자는 가명 정보를 처리하는 과정에서 특정 개인을 알아볼 수 있는 정보가 생성된 경우에는 즉시 해당 정보의 처리를 중지하고, 지체 없이 회수·파기하여야 한다. (개인 정보 보호법 제28조의5 제2항)

┃ 함께 보는 이론 ┃ 개인 정보 보호법

제28조의2(가명 정보의 처리 등) ① 개인 정보 처리자는 통계 작성, 과학적 연구, 공익적 기록 보존 등을 위하여 정보 주체의 동의 없이 가명 정보를 처리할 수 있다.
② 개인 정보 처리자는 제1항에 따라 가명 정보를 제3자에게 제공하는 경우에는 특정 개인을 알아보기 위하여 사용될 수 있는 정보를 포함해서는 아니 된다. [본조신설 2020. 2. 4.]

제28조의3(가명 정보의 결합 제한) ① 제28조의2에도 불구하고 통계 작성, 과학적 연구, 공익적 기록 보존 등을 위한 서로 다른 개인 정보 처리자 간의 가명 정보의 결합은 보호위원회 또는 관계 중앙행정기관의 장이 지정하는 전문기관이 수행한다.
② 결합을 수행한 기관 외부로 결합된 정보를 반출하려는 개인 정보 처리자는 가명 정보 또는 제58조의2에 해당하는 정보로 처리한 뒤 전문기관의 장의 승인을 받아야 한다.
③ 제1항에 따른 결합 절차와 방법, 전문기관의 지정과 지정 취소 기준·절차, 관리·감독, 제2항에 따른 반출 및 승인 기준·절차 등 필요한 사항은 대통령령으로 정한다. [본조신설 2020. 2. 4.]

제28조의4(가명 정보에 대한 안전 조치 의무 등) ① 개인 정보 처리자는 제28조의2 또는 제28조의3에 따라 가명 정보를 처리하는 경우에는 원래의 상태로 복원하기 위한 추가 정보를 별도로 분리하여 보관·관리하는 등 해당 정보가 분실·도난·유출·위조·변조 또는 훼손되지 않도록 대통령령으로 정하는 바에 따라 안전성 확보에 필요한 기술적·관리적 및 물리적 조치를 하여야 한다.
② 개인 정보 처리자는 제28조의2 또는 제28조의3에 따라 가명 정보를 처리하는 경우 처리 목적 등을 고려하여 가명 정보의 처리 기간을 별도로 정할 수 있다. 〈신설 2023. 3. 14.〉
③ 개인 정보 처리자는 제28조의2 또는 제28조의3에 따라 가명 정보를 처리하고자 하는 경우에는 가명 정보의 처리 목적, 제3자 제공 시 제공받는 자, 가명 정보의 처리 기간(제2항에 따라 처리 기간을 별도로 정한 경우에 한한다) 등 가명 정보의 처리 내용을 관리하기 위하여 대통령령으로 정하는 사항에 대한 관련 기록을 작성하여 보관하여야 하며, 가명 정보를 파기한 경우에는 파기한 날부터 3년 이상 보관하여야 한다. 〈개정 2023. 3. 14.〉
[본조신설 2020. 2. 4.]

제28조의5(가명 정보 처리 시 금지 의무 등) ① 제28조의2 또는 제28조의3에 따라 가명 정보를 처리하는 자는 특정 개인을 알아보기 위한 목적으로 가명 정보를 처리해서는 아니 된다.
② 개인 정보 처리자는 제28조의2 또는 제28조의3에 따라 가명 정보를 처리하는 과정에서 특정 개인을 알아볼 수 있는 정보가 생성된 경우에는 즉시 해당 정보의 처리를 중지하고, 지체 없이 회수·파기하여야 한다. [본조신설 2020. 2. 4.]

PART

VIII | 기초영어

| 챕터별 키워드 & 취약영역 체크 |

☑ 챕터별 키워드로 본인의 취약영역 확인 후, 취약영역에 해당하는 문제와 이론은 꼼꼼하게 다시 점검하세요!

CHAPTER 01 어휘 및 숙어				CHAPTER 02 회화		CHAPTER 03 독해	
틀린개수 _____ / 40개		33	우체국 숙어	틀린개수 _____ / 30개		틀린개수 _____ / 25개	
01	필수 어휘	34	우체국 숙어	01	우편	01	문맥상 다양한 추론
02	필수 어휘	35	우체국 숙어	02	우편	02	내용 일치/불일치
03	필수 어휘	36	우체국 숙어	03	우편	03	빈칸 추론
04	필수 어휘	37	우체국 숙어	04	소포	04	문맥상 다양한 추론
05	필수 어휘	38	우체국 숙어	05	소포	05	내용 일치/불일치
06	우체국 어휘	39	우체국 숙어	06	소포	06	주제
07	우체국 어휘	40	우체국 숙어	07	계좌 개설/해지	07	내용 일치/불일치
08	우체국 어휘			08	계좌 개설/해지	08	제목
09	우체국 어휘			09	계좌 개설/해지	09	문맥상 다양한 추론
10	우체국 어휘			10	입출금	10	문맥상 다양한 추론
11	우체국 어휘			11	입출금	11	주제
12	우체국 어휘			12	입출금	12	빈칸 추론
13	우체국 어휘			13	송금/이체	13	배열
14	우체국 어휘			14	송금/이체	14	제목
15	우체국 어휘			15	송금/이체	15	요지
16	우체국 어휘			16	환전	16	주제
17	우체국 어휘			17	환전	17	내용 일치/불일치
18	우체국 어휘			18	환전	18	내용 일치/불일치
19	우체국 어휘			19	카드(신청/분실신고/갱신/재발급)	19	요지
20	우체국 어휘			20	카드(신청/분실신고/갱신/재발급)	20	내용 일치/불일치
21	필수 숙어			21	공과금 납부	21	문맥상 다양한 추론
22	필수 숙어			22	공과금 납부	22	빈칸 추론
23	필수 숙어			23	온라인 뱅킹	23	제목
24	필수 숙어			24	온라인 뱅킹	24	빈칸 추론
25	필수 숙어			25	보험	25	내용 일치/불일치
26	우체국 숙어			26	보험		
27	우체국 숙어			27	정보 보안(피싱)		
28	우체국 숙어			28	기타 상황(전자 영수증/스마트페이)		
29	우체국 숙어			29	기타 상황(전자 영수증/스마트페이)		
30	우체국 숙어			30	기타 관용 표현		
31	우체국 숙어						
32	우체국 숙어						

➡ 나의 취약영역: _____

CHAPTER 01 | 어휘 및 숙어

문제편 P.132

01	①	02	①	03	①	04	④	05	①
06	④	07	②	08	④	09	③	10	②
11	④	12	①	13	②	14	②	15	①
16	③	17	②	18	③	19	④	20	③
21	②	22	①	23	④	24	②	25	③
26	①	27	③	28	④	29	④	30	③
31	①	32	①	33	①	34	①	35	②
36	③	37	①	38	①	39	①	40	②

---

01 어휘 및 숙어 > 필수 어휘 　　　　답 ①

| 정답해설 | ① inevitably는 '필연적으로, 반드시'라는 뜻이므로 necessarily(필연적으로)와 의미상 가장 가깝다.

| 오답해설 | ②④ substantially는 '상당히, 대체로'의 뜻이고, utterly는 '완전히, 전혀'의 뜻이며 '필연적으로'의 뜻으로 쓰이지 않는다.

| 해석 | 수요가 <u>필연적으로</u> 활발하게 반등하여 향후 1년 동안 브렌트유와 서부 텍사스산 원유의 가격이 상승할 것이라고 생각하는 것이 합리적이다.

| 어휘 및 표현 |
make sense 타당하다. 합리적이다. 이치에 맞다
demand 수요
inevitably 필연적으로, 불가피하게, 반드시(= necessarily)
rebound 반향하다. 반등하다. 다시 튀어 오르다
briskly 활발히, 세차게
Brent 브렌트유
West Texas Intermediate(WTI) 서부 텍사스산 원유
substantially 상당히, 대체로
miraculously 기적적으로
utterly 완전히, 전혀
incredibly 믿을 수 없을 정도로, 엄청나게

---

02 어휘 및 숙어 > 필수 어휘 　　　　답 ①

| 정답해설 | ① 일반 노트북이 impractical(실용적이지 않은)하거나 not provide the needed functionality(필요한 기능을 제공하지 않는)한 경우와 같은 부정적인 상황이어야 하므로 문맥상 unwieldy(다루기 힘든)가 어울린다.

| 오답해설 | ② inconclusive(결정적이 아닌)는 기계와 어울리지 않는 단어이다.
③④ exclusive(독점적인)와 unprecedented(전례 없는)는 부정적인 의미가 아니기 때문에 문맥상 어울리지 않는다.

| 해석 | 일반적으로, 태블릿 PC는 컴퓨터를 작동시키기 위한 터치스크린이나 스타일러스 펜이 장착된 슬레이트(판) 모양의 모바일 컴퓨터 장치를 말한다. 태블릿 PC는 일반 노트북이 실용적이지 않거나 <u>다루기 힘든</u> 환경, 혹은 필요한 기능을 제공하지 않는 경우에 자주 사용된다.

| 어휘 및 표현 |
slate 점판암, 돌판
impractical 비실용적인, 실용적이지 않은
unwieldy 다루기 힘든, 불편한, 거추장스러운
inconclusive 결정적이 아닌
exclusive 독점적인, 배타적인
unprecedented 전례 없는

---

03 어휘 및 숙어 > 필수 어휘 　　　　답 ①

| 정답해설 | ① settle이 the issue(문제, 쟁점)를 해결한다는 뜻으로 쓰였으므로 같은 뜻으로 쓰이는 resolve(해결하다)가 적합하다.

| 오답해설 | ②③④ resume(재개하다), retrieve(회수하다), revoke(폐지하다)는 the issue(문제, 쟁점)와 어울리지 않는 단어들이다.

| 해석 | 회의가 시작되기 전에 그 문제를 <u>해결할</u> 방법을 찾는 것이 중요하다.

| 어휘 및 표현 |
settle 해결하다, 결정하다(= resolve)
resume 재개하다, 다시 시작하다
retrieve 되찾아오다, 회수하다
revoke 폐지하다, 철회하다, 취소하다

---

04 어휘 및 숙어 > 필수 어휘 　　　　답 ④

| 정답해설 | ④ puzzled는 '당혹스러운'의 뜻으로 confused(혼란스러운)와 의미상 가장 가깝다.

| 오답해설 | ①②③ assured(확실한, 자신감 있는), relieved(안도하는), satisfied(만족하는)는 모두 당황스러운 것과는 거리가 먼 뜻이므로 답이 될 수 없다.

| 해석 | 지금까지, 고대 극장의 존재는 로마 문헌에 언급되어 있지만 그 소재가 이전에 문서로 기록되지 않았기 때문에 많은 사람들을 당혹스럽게 했다.

| 어휘 및 표현 |

existence 존재	ancient 고대의
puzzled 당혹스러운(= confused)	mention 언급하다
whereabouts 소재, 행방	previously 이전의
document 기록하다	assured 확실한, 자신감 있는
relieved 안도하는	satisfied 만족하는

---

05 어휘 및 숙어 > 필수 어휘 　　　　답 ①

| 정답해설 | ① Allow yourself to feel confident about the things you have accomplished(자신이 성취한 일에 대해 자신감을 가지십시오)로 보아, 자신을 믿는다는 뜻이 문맥상 적절하기 때문에 credit(신용, 믿음)이 정답이다.

| 오답해설 | ②③④ disbelief(불신, 의혹)와 negligence(태만, 부주의)는 부정적인 의미이므로 문맥상 적절하지 않으며 intelligence(지성, 지능)는 지문에서 언급되지 않았기 때문에 오답이다.

| 해석 | 자신에게 <u>신용(믿음)</u>을 주십시오. 좌절감이나 속상함을 느낄 때 우리는 자신이 옳은 일을 한 것에 대해 자신을 <u>신용(믿음)</u>하기보다는 나쁜 일이나 저지른

실수에만 집중하는 경우가 많습니다. 다른 부분에서 실수를 했더라도 자신이 성취한 일에 대해 자신감을 가지십시오.

| 어휘 및 표현 |

frustrated 좌절한, 낙담한   upset 속상한, 마음이 상한

confident 자신감 있는, 확신하는   accomplish 성취하다

mess up 엉망으로 만들다, 다 망치다   credit 신용, 믿음

disbelief 불신, 의혹   negligence 태만, 부주의

intelligence 지성, 지능

---

06   어휘 및 숙어 > 우체국 어휘   답 ④

| 정답해설 | ④ to their destinations abroad(해외 목적지까지)라는 부분으로 보아, 해외로 보내는 우편 서비스에 관한 내용임을 알 수 있으므로 international(국제의)이 정답이다.

| 오답해설 | ② EMS(Express Mail Service)라는 용어 때문에 express(빠른)로 혼동할 수도 있지만 내용상 적합하지 않다.

| 해석 | 한국 우정사업본부와 타국 우정청 간의 특별 협약을 통해, 국제 우편 서비스는 가장 빠르고 안전한 방법으로 편지, 서류, 소포 등을 해외 목적지로 배송한다.

| 어휘 및 표현 |

destination 목적지   special agreement 특별 협정

postal administration 우정청   regular 보통의

express 빠른   domestic 국내의

international 국제의

---

07   어휘 및 숙어 > 우체국 어휘   답 ②

| 정답해설 | ② all financial transactions ～ will be unavailable(모든 금융 거래 ～ 이용할 수 없다)는 내용으로 보아, suspension(중단)이 가장 적절하다.

| 오답해설 | ④ shortcoming은 '단점, 결점'이라는 뜻으로 내용상 서비스 기간과 어울리지 않기 때문에 정답이 아니다.

| 해석 | 서비스 중단 기간 동안, 우체국 계좌를 이용한 모든 금융 거래 및 우체국 계좌를 이용한 타 금융 기관 플랫폼을 통한 금융 거래는 이용할 수 없다.

| 어휘 및 표현 |

period 기간   financial transaction 금융 거래

via ～을(를) 통하여   unavailable 이용할 수 없는

worship 숭배   suspension 정지, 중단

membership 회원   shortcoming 단점, 결점

---

08   어휘 및 숙어 > 우체국 어휘   답 ④

| 정답해설 | ④ EMS Smart Postage System(EMS 스마트 우편 시스템)을 5월에 새로 도입한다는 내용이 가장 적절하므로 introduce(도입하다)가 정답이다.

| 오답해설 | ① 시스템을 설치한다고 생각하여 install(설치하다)을 정답으로 고를 수도 있으나, 우정사업본부가 도입한 시스템을 고객이 스마트폰 앱으로 다운받아 필요한 정보를 입력한다고 해야 문맥상 적절하다.

| 해석 | 우정사업본부는 고객이 우정사업본부 스마트폰 앱에 필요한 정보를 입력하고 직접 배송비를 결제할 수 있는 EMS 스마트 우편 시스템을 5월에 도입할 예정이다.

| 어휘 및 표현 |

install 설치하다

enroll 등록하다

conceive 생각하다, 상상하다, 착상하다

introduce 도입하다, 소개하다

---

09   어휘 및 숙어 > 우체국 어휘   답 ③

| 정답해설 | ③ 떡볶이와 순대는 우리나라의 대표적인 길거리 음식으로 알려져 있으므로 representative(대표적인)가 정답이다.

| 오답해설 | ④ fundamental(근본적인)은 본질과 연관된 단어이므로 길거리 음식과는 어울리지 않는다.

| 해석 | 한국의 국영 우편 서비스 기관인 우정사업본부는 한국 드라마의 확산과 함께 해외에서 K-푸드로 주목받고 있는 한국의 대표적인 길거리 음식인 떡볶이(원통 모양 떡을 주재료로 한 매운 볶음 요리)와 순대(피소시지의 일종) 2종을 담은 기념 우표 128만 장을 발행할 것이라고 밝혔다.

| 어휘 및 표현 |

issue 발행하다   commemorative 기념의

in conjunction with ～와(과) 함께   vicious 사악한

moderate 온건한, 적당한   representative 대표적인

fundamental 근본적인

---

10   어휘 및 숙어 > 우체국 어휘   답 ②

| 정답해설 | ② 괄호 뒤에 발송인이 잘못된 정보 수정을 요청하거나 새 주소로 다시 보낼 수 있다는 내용이 있는 것으로 보아, 물건이 발송된 후의 후속 조치에 대한 글임을 알 수 있다.

| 해석 | 주소 라벨에 잘못된 정보가 기재되어 있거나, 발송 후 수취인의 주소가 새로운 주소로 이전된 것으로 확인되는 경우, 발송인은 잘못된 정보 수정을 요청하거나 물품을 새로운 주소로 다시 보낼 수 있다.

| 어휘 및 표현 |

confirm 확인하다

relocate 이전시키다

redirect (다른 주소·방향으로) 다시 보내다

grant 승인하다

dispatch 급송하다, 급파하다

estimate 추정하다

transform 변형시키다

---

11   어휘 및 숙어 > 우체국 어휘   답 ④

| 정답해설 | ④ scams(사기), illegally(불법적으로), false(허위의), manipulate(조작하다) 등의 부정적인 단어들로 보아, 괄호에 들어갈 적절한 단어는 '부도덕한'임을 알 수 있다.

| 해석 | 브러싱 스캠은 부도덕한 전자 상거래 판매자가 불법적으로 취득한 개인 정보나 허위 개인 정보를 이용해 전자 상거래 플랫폼(쇼핑몰) 내 인기 순위를 조작하고, 허위 상품평을 작성하기 위해 발송하는 우편물을 말한다.

| 어휘 및 표현 |

scam 사기

illegally 불법적으로

false 허위의

manipulate 조작하다

savvy 약삭빠른, 요령 있는, 사리에 밝은

deluxe 호화로운, 사치스러운

unanimous 만장일치의

unscrupulous 부도덕한, 파렴치한

---

12 어휘 및 숙어 > 우체국 어휘　답 ①

| 정답해설 | ① 괄호 뒤에 invoice(운송장)를 준비해야 한다는 내용이 나오므로 괄호에는 첨부한다는 표현이 들어가야 적절하다.

| 해석 | 프랑스(FR)로 향하는 EMS(비서류) 우편 신청 시에는, 면세 한도에 상관없이 상업용 물품과 개인 물품 모두에 대한 운송장을 준비하여 첨부해야 한다.

| 어휘 및 표현 |

apply for ~을(를) 신청하다, 지원하다	non-documents 비서류
bound for ~(으)로 향하는, ~행의	invoice 운송장
regardless of ~에 상관없이	duty-free 면세의
attach 붙이다, 첨부하다	startle 깜짝 놀라게 하다
discard 버리다, 처분하다	prescribe 처방하다, 규정하다

---

13 어휘 및 숙어 > 우체국 어휘　답 ②

| 정답해설 | ② 앱의 특징을 나타내는 simple(단순한, 간결한)과 어울리는 단어가 들어가야 하므로 intuitive(직관적인)가 적절하다.

| 해석 | "모바일 우편함"은 휴대전화에서 우편물을 수신하고 열람할 수 있는 간결하고 직관적인 전자문서 전용 앱이다.

| 어휘 및 표현 |

dedicated to ~에 전념하는, 전용의	electronic 전자상의
divine 신성한	intuitive 직관적인
coherent 일관성 있는	compulsive 강제적인

---

14 어휘 및 숙어 > 우체국 어휘　답 ②

| 정답해설 | ② without going through a post office counter(우체국 창구를 거치지 않고)라고 하면서 고객이 직접 우편물을 신청하거나 수령할 수 있다고 했으므로 unmanned(무인의)가 적절하다.

| 해석 | 무인 우체국 시스템은 고객이 우체국 창구를 거치지 않고 간편하게 우편물을 신청하거나 직접 수령할 수 있도록 하며, 공휴일 및 업무 시간 외에 우편 서비스를 이용할 수 있도록 하는 시스템이다.

| 어휘 및 표현 |

outside of ~이외에(= except)	exotic 외래의, 이국적인
unmanned 무인의	subjective 주관적인
anonymous 익명의	

---

15 어휘 및 숙어 > 우체국 어휘　답 ①

| 정답해설 | ① 잇다머니 서비스는 우체국쇼핑에서 현금처럼 사용할 수 있는 서비스라고 했으므로 우체국쇼핑과 연계된 (affiliated) 가맹점에서도 사용할 수 있음을 추론할 수 있다.

| 해석 | 잇다머니 서비스는 우체국페이에서 통합 멤버십 가입 후 우체국쇼핑과 가맹점에서 현금처럼 사용할 수 있다.

| 어휘 및 표현 |

sign up 가입하다	integrated 통합적인
affiliated 소속된, 연계된	affiliated stores 가맹점
prominent 유명한, 두드러진	widespread 널리 퍼진
substituted 대체된	

---

16 어휘 및 숙어 > 우체국 어휘　답 ③

| 정답해설 | ③ three people were hospitalized(3명이 입원했다)와 suspicious packages(의심스러운 소포들)라는 표현들로 보아, 괄호 안에는 '해가 되는'의 뜻을 가진 단어가 문맥상 어울리므로 긍정적인 의미의 profitable(유익한)은 적절하지 않다.

| 해석 | 한국 우정청은 3명이 입원한 후 독성 물질이 포함되어 있을 수 있는 의심스러운 소포들이 국내 여러 지역으로 보내졌다고 금요일에 밝혔다.

| 어휘 및 표현 |

suspicious 의심스러운

substance 물질

hospitalize 입원하다

toxic 독성의, 유독한(= noxious, venomous)

profitable 유익한, 이익이 되는

---

17 어휘 및 숙어 > 우체국 어휘　답 ②

| 정답해설 | ② 살아 있는 동물, 도박 용품, 담배, 알코올 등의 제품은 EMS로 보내기에 적합한 물품들이 아니므로 '금지하다'라는 뜻이 있는 단어가 들어가야 문맥상 적절하다. 따라서 '유발하다'는 뜻의 provoke는 적절하지 않다.

| 해석 | 다음 물품들은 한국 정부로부터 EMS로 발송하는 것이 금지된다: 살아 있는 동물, 육류, 유제품, 과일, 씨앗, 골동품, 무알코올 음료, 도박 용품, 보석, 설탕, 차, 농축액, 담배 및 담배 제품들, 알코올 등.

| 어휘 및 표현 |

dairy 유제품의	beverage 음료
concentrate 농축액	ban 금지하다(= forbid, prohibit)
provoke 유발하다, 도발하다	

---

18 어휘 및 숙어 > 우체국 어휘　답 ③

| 정답해설 | ③ 배송 속도를 비교했을 때 우선 취급 우편 서비스가 더 빠르다고 했으므로 괄호 안에는 '일반'이라는 의미의 단어가 적절하다. 일반 우편은 regular mail, surface mail, standard mail로 쓰인다. average도 '보통의'라는 뜻을 가지고 있지만 average mail이라는 표현은 쓰지 않는다.

| 해석 | 우선 취급 우편 서비스는 전국 모든 우체국에서 이용 가능하며, 배송 속도도 <u>일반</u> 우편보다 빠르다.

| 어휘 및 표현 |

priority mail 우선 취급 우편

available 이용 가능한

surface mail 일반 우편, 보통 우편(= regular mail, standard mail)

average 평균의, 보통의

---

19 어휘 및 숙어 > 우체국 어휘　　　　답 ④

| 정답해설 | ④ convert는 '전환하다'는 뜻으로, 환전할 때 쓰이는 단어다.

| 오답해설 | ①②③ 괄호 뒤에 money to other accounts(다른 계좌로 돈을)라는 말이 있으므로 '송금하다'는 의미의 단어가 들어가야 적절하다. wire, remit, transfer는 '송금하다'의 뜻으로 사용된다.

| 해석 | 편지와 소포를 보내는 것 외에도, 우편 서비스는 제한된 은행 서비스도 제공한다. 고객들은 은행 계좌를 개설하고, 전국의 다른 계좌로 <u>송금하고</u>, 청구서를 지불할 수 있다.

| 어휘 및 표현 |

besides ~이외에　　　　wire 송금하다(= remit, transfer)

convert 전환하다

---

20 어휘 및 숙어 > 우체국 어휘　　　　답 ③

| 정답해설 | ③ 제시문에 의하면 EMS는 worldwide(전 세계적인)한 postal service(우편 서비스)임을 알 수 있다. 따라서 괄호 안에 들어갈 적절한 단어는 '보편적인'의 의미로 쓰이는 general, common, universal이다. abnormal(비정상적인)은 괄호 안에 들어가기에 문맥상 적절하지 않다.

| 해석 | EMS는 한국이 지정한 보편적 우편 서비스로 전 세계 고객, 기업, 지역 사회를 지원한다.

| 어휘 및 표현 |

designated 지정된

general 보편적인(= common, universal)

abnormal 비정상적인

---

21 어휘 및 숙어 > 필수 숙어　　　　답 ②

| 정답해설 | ② 문맥상 밑줄 친 부분에는 '관련이 있다'는 표현이 필요하므로 with regard to(~와(과) 관련하여)가 적합하다.

| 해석 | 이차적인 식수 재사용을 위한 재생수의 실행 가능성은 원수 공급의 양과 신뢰성, 재생수의 품질, 비용 효율성과 <u>관련하여</u> 평가되어야 한다.

| 어휘 및 표현 |

viability 실행 가능성　　　　reclaimed water 재생수

indirect 간접적인, 이차적인　　　potable 음료로 적합한, 마셔도 되는

reuse 재사용　　　　assess 평가하다

reliability 신뢰성　　　　raw water 원수

regardless of ~와(과) 상관없이　　with regard to ~와(과) 관련하여

to the detriment of ~을(를) 해치며　on behalf of ~을(를) 대표하여

---

22 어휘 및 숙어 > 필수 숙어　　　　답 ④

| 정답해설 | ④ 문맥상 밑줄 친 부분에 experiments(실험)를 '수행하다'의 표현이 들어가야 하므로 carry out(수행하다)이 답이다.

| 오답해설 | ① 동물 실험을 연기하는 것은 불법이 아니므로 put off(연기하다, 미루다)는 답이 될 수 없다.

| 해석 | 일부 국가에서는 동물 실험을 제한하는 엄격한 규정을 두고 있다. 예를 들어, 네덜란드에서는 화장품을 사용하여 동물 실험을 <u>수행하는</u> 것이 불법이다.

| 어휘 및 표현 |

strict 엄격한　　　　cosmetics 화장품

put off 연기하다, 미루다　　　hand in ~을(를) 건네주다, 제출하다

adapt to ~에 적응하다　　　carry out 수행하다

---

23 어휘 및 숙어 > 필수 숙어　　　　답 ④

| 정답해설 | ④ 즐길 수 있는 운동 루틴을 찾으면 건강한 습관을 '유지할 수 있다'는 의미의 단어가 들어가야 하므로 stick with(~을(를) 계속하다, 고수하다, 유지하다)가 답이다.

| 오답해설 | ②③ 문맥상 밑줄 친 부분에 긍정적인 표현이 와야 하므로 부정적인 뜻을 가진 call off(취소하다)와 pass up(거절하다, 놓치다)은 적합하지 않다.

| 해석 | 시간을 들여 실제로 즐길 수 있는 운동 루틴을 찾으면, <u>유지할 수 있는</u> 건강한 습관을 개발할 가능성이 더 높아진다.

| 어휘 및 표현 |

be likely to ~할 것 같다, ~할 가능성이 높다

get by 지나가다, 생계를 유지하다

call off 취소하다

pass up 거절하다, (기회를) 놓치다

stick with ~을(를) 계속하다, 고수하다, 유지하다

---

24 어휘 및 숙어 > 필수 숙어　　　　답 ②

| 정답해설 | ② 문맥상 그가 열심히 공부하는 이유가 poor grades(좋지 않은 성적) 때문에 부모님을 '실망시키지' 않기 위해서가 되어야 어울린다. 따라서 let down(실망시키다)이 정답이다.

| 오답해설 | ①③ to부정사의 바로 앞에 있는 부정어 not은 to부정사를 수식하고 있으므로 부모님을 지지하거나(back up) 존경한다는(look up to) 긍정의 뜻이 들어가게 되면 반대의 의미가 되므로 적합하지 않다.

| 해석 | 그는 좋지 않은 성적 때문에 부모님을 <u>실망시키지</u> 않기 위해 열심히 공부했다.

| 어휘 및 표현 |

back up 지지하다, 후진하다　　　let down 실망시키다

look up to 존경하다　　　come down with (병에) 걸리다

25 어휘 및 숙어 > 필수 숙어   답 ③

| 정답해설 | ③ give rise to는 '낳다, 일으키다'의 뜻이므로 cause (야기하다)와 의미가 가장 가깝다.

| 오답해설 | ④ untreated(치료를 받지 않는)와 infection(감염)이 라는 원인이 complications(합병증)라는 부정적인 결과로 이어진 것이기 때문에 eliminate(제거하다)는 적합하지 않다.

| 해석 | 치료하지 않고 방치하면, 감염이 다른 많은 합병증을 일으킬 수 있다.

| 어휘 및 표현 |

untreated 치료를 받지 않는   infection 감염
give rise to 낳다, 일으키다   complications 합병증
prefer 선호하다   delay 연기하다
cause ~을(를) 야기하다   eliminate 제거하다

26 어휘 및 숙어 > 우체국 숙어   답 ①

| 정답해설 | ① pick up(들어 올리다)은 '사람이나 물건을 찾으러 오다'라는 의미로도 쓰인다.

| 어휘 및 표현 |

pick up 들어 올리다, 고르다, 데려오다
put off 미루다, 연기하다
break out (갑자기) 발생하다
come across 우연히 발견하다, 마주치다

27 어휘 및 숙어 > 우체국 숙어   답 ③

| 정답해설 | ③ arrange for는 '처리하다'라는 의미로도 쓰인다.

| 오답해설 | ② send out은 '보내다, 발송하다'의 뜻이 있지만 제시 문에 이미 같은 의미인 deliver가 있기 때문에 답이 될 수 없다.

| 어휘 및 표현 |

go off 자리를 뜨다, 폭발하다, (소리 등이) 울리다
send out 보내다, 발송하다, 배포하다, 방출하다
arrange for 준비하다, 계획을 짜다, 처리하다
get on with ~와(과) 사이좋게 지내다

28 어휘 및 숙어 > 우체국 숙어   답 ④

| 정답해설 | ④ charge for는 '~을(를) 청구하다'라는 의미이므로 괄호에 들어갈 표현으로 적절하다.

| 어휘 및 표현 |

pull in 차를 대다(멈추다)
get over 회복하다, ~을(를) 극복하다
make out 이해하다, 작성하다, ~인 체하다
charge for ~을(를) 청구하다

29 어휘 및 숙어 > 우체국 숙어   답 ④

| 정답해설 | ④ in association with는 '~와(과) 관련하여'라는 의 미이므로 괄호에 들어갈 표현으로 적절하다.

| 어휘 및 표현 |

for want of ~이(가) 부족하여
in favor of ~에 찬성/지지하여, ~을(를) 위하여
on behalf of ~을(를) 대표하여
in association with ~와(과) 관련하여

30 어휘 및 숙어 > 우체국 숙어   답 ③

| 정답해설 | ③ '양식에 맞춰 쓰다'는 표현은 fill out, '빈칸에 써넣 다'는 fill in, 포괄적인 의미로 '써 내려 가다'는 write down이다.

| 어휘 및 표현 |

lay out 배열하다, 배치하다   put off 미루다, 연기하다
write down 적다, 기록하다   look after ~을(를) 돌보다

31 어휘 및 숙어 > 우체국 숙어   답 ①

| 정답해설 | ① give away는 '나눠주다, 분배하다'의 뜻으로 괄호 에 들어갈 표현으로 적절하다.

| 오답해설 | ③④ hold up은 '~을 떠받치다, 지연시키다, 방해하 다'의 뜻이고 leave out은 '생략하다'의 뜻이다.

| 어휘 및 표현 |

give away 나눠주다, 분배하다   go through (고통을) 겪다, 경험하다
hold up 지지하다, 연기하다   leave out ~을(를) 빠뜨리다, 생략하다

32 어휘 및 숙어 > 우체국 숙어   답 ②

| 정답해설 | ② deal with는 '취급하다'의 의미로도 쓰인다.

| 어휘 및 표현 |

give up 포기하다, 굴복하다   deal with 취급하다, 다루다, 처리하다
put out (불을) 끄다   hand down 후세에 전해주다, 물려주다

33 어휘 및 숙어 > 우체국 숙어   답 ①

| 오답해설 | ① pay for는 '지불하다'의 의미로 쓰인다.

| 어휘 및 표현 |

pay for 지불하다   abide by 지키다, 준수하다
bring up 기르다, 양육하다   cope with 대처하다

34 어휘 및 숙어 > 우체국 숙어   답 ①

| 정답해설 | ① set up은 무언가를 세우고 설정한다는 의미로 쓰 인다.

| 어휘 및 표현 |

standing order 자동 이체(= direct debit)

set up 건립하다, 설립하다, 수립하다, 준비하다
call for 요구하다
turn on (라디오, TV, 전기, 가스 따위를) 켜다
count on 믿다, 의지하다

---

35 어휘 및 숙어 > 우체국 숙어 답 ②

| **정답해설** | ② in charge of는 '~을 맡아서, ~을 담당해서'의 뜻이다.

| **어휘 및 표현** |
apart from ~외에는, ~을(를) 제외하고
in charge of ~을(를) 맡아서, 담당해서
by means of ~에 의하여
on account of ~때문에

---

36 어휘 및 숙어 > 우체국 숙어 답 ③

| **정답해설** | ③ deal in은 '판매하다, 장사하다'의 뜻이므로 괄호에 들어갈 표현으로 적절하지 않다.

| **오답해설** | ② go over는 '검토하다, 자세히 조사하다'의 뜻으로 '설명하다'와 유사한 의미로 쓰인다.

| **어휘 및 표현** |
explain 설명하다
go over (특정 장소로) 옮겨가다, 이동하다, 점검하다, 검토하다, 조사하다
deal in 판매하다, 장사하다
account for 설명하다, (부분/비율을) 차지하다

---

37 어휘 및 숙어 > 우체국 숙어 답 ③

| **정답해설** | ③ get away는 '도망치다'는 뜻이며, from과 함께 쓰이면 '~를 떠나다'의 뜻이 된다.

| **어휘 및 표현** |
be headed ~로 향하다
go over (특정 장소로) 옮겨가다, 이동하다, 점검하다, 검토하다, 조사하다
get away 도망치다, (from) 떠나다
be on one's way ~(으)로 가는 길이다

---

38 어휘 및 숙어 > 우체국 숙어 답 ①

| **정답해설** | ① as to는 '~에 관해'라는 뜻이므로 괄호에 들어가기에 적절하지 않다.

| **어휘 및 표현** |
money orders 우편환
as to ~에 관해
besides ~이외에도(= aside from, apart from)

---

39 어휘 및 숙어 > 우체국 숙어 답 ①

| **정답해설** | ① attend on은 '~의 시중을 들다'의 뜻이므로 괄호 안에 들어갈 표현으로 적절하지 않다.

| **어휘 및 표현** |
postage 우편 요금
attend on ~의 시중을 들다
hinge on ~에 달려있다(= be based on, depend on)

---

40 어휘 및 숙어 > 우체국 숙어 답 ②

| **정답해설** | ② 현금자동입출금기를 이용해서 돈을 나눠주는 것은 아니므로 give out(나눠주다)이 정답이다.

| **어휘 및 표현** |
withdraw 인출하다, 출금하다(= take out, draw out)
give out 나눠주다

CHAPTER 02	회화								문제편 P.142
01	②	02	③	03	②	04	②	05	②
06	①	07	④	08	③	09	②	10	③
11	②	12	④	13	②	14	③	15	②
16	①	17	①	18	④	19	④	20	③
21	③	22	②	23	①	24	①	25	②
26	②	27	③	28	①	29	②	30	④

---

01 회화 > 우편 답 ②

| **정답해설** | ② 남자가 get me a book of twenty-cent stamps(20센트짜리 우표 한 세트만 사다 달라)라고 했고 To buy twenty stamps(우표 20장 사기)는 남자가 부탁한 일과 다르므로 정답이다.

| **해석** | W: 심부름을 하러 시내로 갈 예정이에요. 제가 밖에 있는 동안 뭐라도 해드릴까요?
M: 우체국에 들를 수도 있나요?
W: 그럴 수 있어요. 무엇을 원하시나요?
M: 이 소포를 보내주시겠어요? 아, 그리고 거기에서 20센트짜리 우표 한 세트만 사다 주시겠어요?
W: 물론이죠, 기꺼이 그렇게 해드릴게요.
M: 보내야 할 편지도 있다고 말하기 미안하네요.
W: 전혀 그렇지 않아요.
M: 정말 고마워요. 그리고 어… 혹시 약국에 가시게 되면 아스피린 좀 사다 주시겠어요?
W: 물론이죠. 문제없어요.
M: 정말 고마워요.
① 소포 부치기
② 우표 20장 사기
③ 편지 부치기
④ 약 사기

| **어휘 및 표현** |
run some errands 볼일 보러 나가다, 심부름을 하다
go by ~에 들르다(= stop by, drop by)
drugstore 약국

02 회화 > 우편 답 ③

| **정답해설** | ③ 남자의 말에 대해 여자가 'Really? That would be great!(정말이야? 그렇게 해주면 정말 좋지!)'라고 답한 것을 통해 남자가 여자를 대신해 편지를 부쳐주겠다고 말했음을 유추할 수 있다.

| **오답해설** | ② 여자가 to mail these letters(이 편지들을 부치러)라고 했기 때문에 소포를 배달해주겠다는 ②는 오답이다.

| **해석** | W: 안녕, Tom!

M: 안녕, Lora. 너 바빠 보이는구나.

W: 맞아. 10분 후에 회의가 시작하는데, 이 편지들을 부치러 우체국에도 가야 하거든. 너 괜찮니?

M: 음, 두통이 조금 있어. 아스피린을 사러 약국에 가는 길이야. 네가 원한다면, 그 편지들을 내가 부쳐줄 수 있어.

W: 정말이야? 그렇게 해주면 정말 좋지! 지난주에 부쳤어야 했는데, 내가 잊었지 뭐야.

M: 걱정하지 마. 내가 처리해 줄게.

W: 야! 내 책상 위에 녹차가 있어. 좀 마셔. 도움이 될 거야.

M: 음, 다녀와서 마실게.

W: 알았어, Tom. 나중에 보자.

M: 그래. 잘가!

① (상황이) 좋아지고 있어.

② 내가 이 소포를 배달해 줄게.

③ 네가 원한다면, 그 편지들을 내가 부쳐줄 수 있어.

④ 네가 이 편지를 받지 못했다면, 너의 지역 지사에 연락해보렴.

| **어휘 및 표현** |

mail (편지를) 부치다   headache 두통

green tea 녹차

03 회화 > 우편 답 ②

| **정답해설** | ② 빈칸에 들어갈 A의 말에 이어진 B의 대답이 Please put the recipient's address here, and your address here(받는 분의 주소는 여기에, 당신의 주소는 여기에 적어주세요)인 것으로 보아, 정답은 주소를 어디에 적어야 하는가와 관련된 ②이다.

| **해석** | A: 이 편지를 부치고 싶은데요. 우편 요금이 얼마나 필요한가요?

B: 국내 편지는 520원, 엽서는 400원에 보내실 수 있습니다.

A: 네. 그럼 520원짜리 우표를 사야겠네요.

B: 여기 있습니다. 다른 건 없으신가요?

A: 보내는 사람의 이름과 주소는 어디에 써야 하나요?

B: 받는 분의 주소는 여기에, 당신의 주소는 여기에 적어주세요.

A: 감사합니다. 항상 헷갈리네요.

B: 천만에요.

① 정확한 도로명 주소를 모릅니다.

② 보내는 사람의 이름과 주소는 어디에 써야 하나요?

③ 통관을 위해 추가 정보가 필요합니다.

④ 우편 주소를 제공하기 위해 이 양식을 작성해주시겠습니까?

| **어휘 및 표현** |

postage 우편 요금   domestic 국내의, 가정의

recipient 수신인   confusing 혼란시키는, 헷갈리는

04 회화 > 소포 답 ②

| **정답해설** | ② A가 How much does that cost?(비용이 얼마나 드나요?)라고 물어봤기 때문에 B는 소포의 무게를 달아(= 소포를 확인하여) 비용을 확인해야 한다. 빈칸 뒤에 비용이 27,000원이라고 한 것으로 보아, 정답은 ②임을 알 수 있다.

| **오답해설** | ① That will be 27,000 won(27,000원입니다)이라고 했기 때문에 I don't know the exact cost(정확한 비용은 알 수 없습니다)는 문맥상 맞지 않다.

| **해석** | A: 이 소포를 시카고로 부치고 싶습니다.

B: 어떻게 보내시겠어요? 항공편 아니면 선편으로 보내드릴까요?

A: 항공편으로 보내주세요. 비용이 얼마나 드나요?

B: 네. 소포를 확인해 보겠습니다. 27,000원입니다. 다른 건 없으신가요?

A: 아니요. 그게 전부입니다. 제 소포는 언제쯤 거기에 도착하나요?

B: 일주일 후에 도착할 겁니다. 여기 거스름돈과 영수증 있습니다. 감사합니다.

① 정확한 비용은 알 수 없습니다.

② 네. 소포를 확인해 보겠습니다.

③ 물건의 가치를 적어주시기 바랍니다.

④ 우편 번호를 포함시켜야 합니다.

| **어휘 및 표현** |

air mail 항공 우편

surface mail 선박 우편(= 보통 우편)

change 잔돈, 거스름돈

05 회화 > 소포 답 ②

| **정답해설** | ② A의 May I enclose a letter and money in it?(편지와 돈을 동봉해도 될까요?)이라는 물음에 대한 B의 답변 이후에 A가 우편환을 사야겠다고 했으므로 돈을 동봉하면 안 된다는 내용이 답이 되어야 한다.

| **해석** | A: 이 소포를 항공편으로 미국으로 보내고 싶습니다.

B: 알겠습니다. 소포의 내용물을 기재해주셔야 합니다.

A: 내용물은 옷과 과자입니다. 편지와 돈을 동봉해도 될까요?

B: 그 방법으로 현금을 보내는 것은 안전하지 않습니다.

A: 그럼 100달러짜리 우편환을 사야겠네요.

B: 알겠습니다. 소포 보험에 들어드릴까요?

A: 네, 혹시 모르니 이 소포에 보험을 들어주세요.

B: 네, 그럼 이 서류를 작성해주세요.

① 물론 안 됩니다. 그것은 너무 비쌉니다.

② 그 방법으로 현금을 보내는 것은 안전하지 않습니다.

③ 이 소포의 무게를 달아주시겠습니까?

④ 소포가 배달이 안 되면 어떻게 됩니까?

| **어휘 및 표현** |

state 진술하다   contents 내용물

enclose 동봉하다   money order 우편환

insure 보험에 들다

06 회화 > 소포 답 ①

| **정답해설** | ① I want to know where my parcel from Canada is now(캐나다에서 온 제 소포가 지금 어디에 있는지 알고 싶어요)라는 A의 말에 송장 번호를 물어봤으므로 배송 조회를 하려는 것을 알 수 있다.

| **해석** | A: 안녕하세요. 우편 관련해서 무엇을 도와드릴까요?

B: 안녕하세요. 캐나다에서 온 제 소포가 지금 어디에 있는지 알고 싶어요.

A: 택배 조회를 도와드릴까요? 송장 번호 좀 알려주세요.

B: 잠시만 기다려주세요. 음.. 제 송장 번호는 6300-9021-0308입니다.

A: 알겠습니다. 어디 한번 볼게요. 죄송하지만 고객님의 소포는 아직 인천 공항에서 출발하지 않았습니다.

B: 정말요? 그럼 제 소포를 받는 데 얼마나 걸리나요?

A: 일반 우편물의 예상 배송 기간은 영업일 기준 5-7일입니다.

B: 아, 그렇군요. 도와주셔서 감사합니다.

A: 천만에요. 더 도와드릴 일이 있을까요?

① 택배 조회를 도와드릴까요?

② 이 소포의 우편 요금은 얼마입니까?

③ 미국으로 EMS 소포를 보내고 싶습니다.

④ 저는 소포에 약간의 현금을 동봉해서 이틀 전에 보냈습니다.

| **어휘 및 표현** |

invoice 운송장 depart 출발하다
estimate 어림잡다, 추정하다 regular mail 보통 우편
business day 영업일 track 추적하다

07 회화 > 계좌 개설/해지 답 ④

| **정답해설** | ④ 제시된 대화에서 계좌 개설 시 수수료가 부과되지 않으며 월평균 15만 원의 잔액을 유지하기만 하면 된다고 했으므로 빈칸에는 수수료와 관련된 내용이 들어가야 한다.

| **해석** | A: 안녕하세요. 무엇을 도와드릴까요?

B: 은행 계좌를 개설하고 싶어요.

A: 알겠습니다. 이전에 저희 은행 계좌를 소유한 적이 있나요?

B: 아니요. 어떤 종류의 계좌를 제공할 수 있나요?

A: 글쎄요. 몇 가지 다양한 종류의 당좌예금 계좌와 저축예금 계좌가 있어요.

B: 어떤 계좌가 저에게 가장 좋을지 알려주시겠어요?

A: 언제든지 입출금하고 싶다면 당좌예금 계좌를 추천해요. 여기 좋은 게 있네요. 이 계좌는 한 달 안에 무제한 인출과 ATM 사용이 가능해요. 직불 입금도 무료인데, 개설 시 수수료가 부과되지 않습니다.

B: 좋네요. 이 계좌와 관련된 다른 수수료가 있나요?

A: 한번 볼게요. 이 계좌의 옵션은 고객님이 월평균 15만 원의 잔액을 유지하는 것입니다.

B: 그건 제가 감당할 수 있을 것 같아요. 그 계좌로 개설할게요.

① 출금하고 싶습니다.

② 제 통장에 모든 금융 거래가 기록되나요?

③ 당좌예금은 어떤 금리를 제공하나요?

④ 이 계좌와 관련된 다른 수수료가 있나요?

| **어휘 및 표현** |

checking account 당좌예금 계좌 savings account 저축예금 계좌
deposit 입금하다 withdraw 인출하다
recommend 추천하다 unlimited 무제한의
charge (요금을) 부과하다 retain 보유하다, 유지하다

balance 잔액 handle 다루다, 처리하다
transaction 거래 bankbook 통장(= passbook)
in association with ~에 관련하여

08 회화 > 계좌 개설/해지 답 ③

| **정답해설** | ③ 빈칸 뒤에 What account would you like to send it to?(어떤 계좌로 보내드릴까요?)라고 말한 것으로 보아, 빈칸에는 송금과 관련된 내용이 나와야 한다는 것을 알 수 있다. 그리고 Your account is closed and the balance is transferred(계좌가 해지되었고 잔액이 이체되었습니다)라는 부분을 통해 정답은 ③임을 알 수 있다.

| **해석** | A: 제 저축예금 계좌를 해지하고 싶습니다.

B: 계좌 번호가 어떻게 되시죠?

A: 제 계좌 번호는 660-050337-88291입니다.

B: 잔액은 확인해 보셨나요?

A: 아직이요. 확인 좀 해주시겠어요?

B: 잔액은 10만 원입니다.

A: 알겠습니다. 계좌를 해지하고 잔액을 다른 계좌로 송금해주시겠습니까?

B: 네, 고객님. 어떤 계좌로 보내드릴까요?

A: 이 계좌로 부탁드립니다.

B: 송금하기 전에 이 서류를 작성해주시기 바랍니다.

A: 네. 여기 있습니다.

B: 계좌가 해지되었고 잔액이 이체되었습니다. 여기 해지된 통장입니다.

A: 정말 감사합니다.

① 제 딸의 계좌로 5만 원을 입금하겠습니다.

② 제 계좌에서 돈을 인출하려고 합니다.

③ 계좌를 해지하고 잔액을 다른 계좌로 송금해주시겠습니까?

④ 만약 저축에 관심이 있으시다면, 특가 상품을 알려드릴게요.

| **어휘 및 표현** |

take out 꺼내다, 가져가다, 출금하다
wire(send/transfer/remit) money 송금하다

09 회화 > 계좌 개설/해지 답 ②

| **정답해설** | ② A의 I'm recently interested in saving money(제가 최근에 돈을 저축하는 데 관심이 있어요)와 What do I need to open an account?(계좌를 개설하려면 무엇이 필요합니까?)를 통해 저축 계좌를 개설하려는 것을 알 수 있다.

| **해석** | A: 안녕하세요. 은행 계좌를 개설하고 싶습니다.

B: 좋은 아침이에요. 염두에 두고 있는 특정 유형의 계좌가 있습니까?

A: 제가 최근에 돈을 저축하는 데 관심이 있어요.

B: 알겠습니다. 제 생각에는 저축예금 계좌를 개설하는 것이 좋을 것 같아요.

A: 좋아요. 계좌를 개설하려면 무엇이 필요합니까?

B: 신분증과 인감이 필요합니다.

A: 여기 가져왔어요.

B: 좋습니다. 지금 바로 계좌를 설정하겠습니다. 먼저 이 양식을 작성해주세요. 그리고 최소 10,000원을 입금해야 합니다.

A: 네. 여기 있어요.

① 당신의 필요에 맞는 유형을 선택할 수 있습니다.

② 제 생각에는 저축예금 계좌를 개설하는 것이 좋을 것 같아요.

③ 양식을 작성해주시면 자세히 설명해 드리겠습니다.
④ 사용할 수 있는 쿠폰이 있는지 확인해 보셔야 합니다.

| **어휘 및 표현** |

particular 특정한   identity card 신분증
a seal 인감(도장)   set up 설정하다
describe 묘사하다, 설명하다

---

10 | 회화 〉 입출금 | 답 ③

| **정답해설** | ③ B가 입금하려는 상황에서 저축예금 계좌의 금리가 더 높다고 했으므로 저축예금 계좌에 입금한다는 내용인 ③이 정답이다.

| **해석** | A: 무엇을 도와드릴까요?
B: 네, 입금하고 싶습니다. 저축예금 계좌와 당좌예금 계좌 중 어느 투자 계좌가 가장 좋은 이자율을 제공합니까?
A: 당좌예금보다 저축예금 계좌의 금리가 더 높습니다.
B: 저축예금 계좌는 금리가 어떻게 되나요?
A: 올해 금리는 3.5%입니다.
B: 알겠습니다. 그러면, 이 수표들을 저의 저축예금 계좌에 입금해 주시겠습니까?
A: 물론이죠. 더 필요하신 건 없으신가요?
B: 아니요, 그게 전부입니다. 감사합니다.
① 수표를 바로 쓸 수 있습니까?
② 어떤 종류의 계좌를 개설하시겠습니까?
③ 이 수표들을 저의 저축예금 계좌에 입금해 주시겠습니까?
④ 이 편지들을 부치러 우체국에 가야 합니다.

| **어휘 및 표현** |

investment 투자   interest rate 이율, 금리

---

11 | 회화 〉 입출금 | 답 ②

| **정답해설** | ② 처음에 B는 30만 원을 인출하고 싶다고 했으나 인출할 돈이 부족하다는 A의 말에 24만 원을 전부 인출하겠다고 답했으므로 계좌의 잔액이 24만 원이라는 것을 알 수 있다.

| **해석** | A: 안녕하세요! 무엇을 도와드릴까요?
B: 제 계좌에서 30만 원을 인출하고 싶습니다.
A: 이 인출서를 작성해주세요. 우측 하단에 서명하는 것도 잊지 마세요.
B: 알겠습니다. 여기 있습니다.
A: 감사합니다. 제가 대신 출금을 해볼게요. 아, 출금할 돈이 부족하네요. 잔액은 24만 원입니다.
B: 정말요? 그럼 24만 원을 전부 인출하겠습니다.
A: 알겠습니다. 현금은 어떻게 해드릴까요?
B: 5만 원권 4장과 만 원권 4장 부탁드립니다.
A: 알겠습니다. 여기 현금과 영수증입니다.
B: 정말 감사합니다.
① 당신은 잃을 것이 없습니다. (= 손해 볼 것 없잖아요.)
② 잔액은 24만 원입니다.
③ 전혀 모르겠습니다.
④ 아무 차이도 없습니다. (= 상관없습니다.)

| **어휘 및 표현** |

withdraw 인출하다   balance 잔액
note (지폐) 권

---

12 | 회화 〉 입출금 | 답 ④

| **정답해설** | ④ 돈을 인출하러 우체국으로 가던 B가 A의 말을 듣고 Wow, that's good information. From now on I'll try using a debit card(와, 좋은 정보네. 이제부터는 직불 카드로 해볼게)라고 말했으므로 직불 카드를 이용한 출금의 장점에 대한 내용이 빈칸에 들어가야 한다.

| **해석** | A: 안녕! 어디 가는 길이야?
B: 안녕! 나는 지금 우체국에 가고 있어. 현금을 좀 인출할까 해서.
A: 아, 그럼 직불 카드로 현금자동입출금기를 이용하면 수수료가 없는 거 알고 있어?
B: 정말? 나는 은행 창구에서 직접 출금할 때 수수료를 지불했는데.
A: 응. 나도 이번에 알았어. 현금자동입출금기에서 직불 카드로 출금할 때는 수수료가 없대.
B: 와, 좋은 정보네. 이제부터는 직불 카드로 해볼게.
A: 맞아. 출금할 때 수수료를 내지 않아도 돼서 좋아.
① 은행 서비스가 별로 좋지 않은 것 같아.
② 나는 평소 ATM 이용이 어렵고 불편해.
③ 오늘은 너무 바빠서 은행에 갈 시간이 없어.
④ 현금자동입출금기에서 직불 카드로 출금할 때는 수수료가 없대.

| **어휘 및 표현** |

be headed ~(으)로 향하여 가다   withdraw 인출하다, 출금하다
debit card 직불 카드   find out 알아내다
inconvenient 불편한

---

13 | 회화 〉 송금/이체 | 답 ②

| **정답해설** | ② Since it would be a waste to pay a transfer fee for another bank(다른 은행으로 이체하면 수수료가 아까우니까)라고 했기 때문에 빈칸에는 A와 같은 은행 계좌인 우체국 계좌로 이체한다는 내용이 들어가야 한다.

| **오답해설** | ③ 은행에서 직접 돈을 인출해 주는 것도 수수료가 들지 않을 수 있지만 빈칸 다음에 2만 원을 이체한다는 대화가 나오므로 문맥상 ③은 오답이다.

| **해석** | A: 저녁 식사 정말 즐거웠어! 이제 식사비는 어떻게 내지?
B: 응, 정말 즐거웠어! 식비의 절반을 이체해줄게. 어떤 은행의 계좌를 가지고 있어?
A: 나는 우체국 계좌를 가지고 있어.
B: 나도 있어. 다른 은행으로 이체하면 수수료가 아까우니까, 우체국 계좌로 이체하는 게 좋겠어. 얼마를 이체하면 돼?
A: 20,000원만 이체해주면 충분해.
B: 알았어. 20,000원 이체할게. 우체국 계좌 번호 좀 알려줄래?
① 다른 은행 계좌는 없어?
② 우체국 계좌로 이체하는 게 좋겠어.
③ 은행에서 돈을 인출해 줄게.
④ 우체국 계좌의 이체 수수료가 가장 저렴해.

| **어휘 및 표현** |

pay for ~을(를) 지불하다
bank account 은행 계좌
since ~때문에
transfer fee 이체 수수료
take out 인출하다, 꺼내다, 밖으로 가져가다

14　회화 > 송금/이체　　　답 ③

| **정답해설** | ③ B가 미국에 살고 있는 아들에게 송금하려는 상황으로, 빈칸 뒤에 나온 I need your son's bank information and account number(아드님의 은행 정보와 계좌 번호가 필요합니다)를 통해 송금 수취인의 정보를 요구하고 있다는 것을 알 수 있다.

| **해석** | A: 안녕하세요! 무엇을 도와드릴까요?
B: 안녕하세요. 미국에 사는 아들에게 1,000달러를 보내고 싶습니다.
A: 아드님의 전체 이름과 현재 미국 주소가 필요합니다. 그리고 고객님의 신분증도 필요합니다.
B: 아들의 이름은 박지민이고 미국 주소는 뉴욕주 뉴욕시 메인 스트리트 123번지입니다. 제 신분증도 가지고 왔습니다.
A: 좋습니다. 송금 수수료는 25달러이고, 현재 환율은 1달러에 1,100원입니다.
B: 네, 알겠습니다.
A: 이제 송금 수취인 정보를 입력해주세요. 아드님의 은행 정보와 계좌 번호가 필요합니다.
B: 아들의 은행 정보와 계좌 번호를 입력했습니다.
A: 모든 정보가 입력되었습니다. 이제 신분 확인을 위해 신분증을 제출해주세요.
B: 네, 여기 제 신분증입니다.
A: 네, 신분증 확인해 보겠습니다. 잠시만 기다려주세요.
① 해외 송금이 완료되었습니다.
② 돈을 보내는 목적이 무엇입니까?
③ 이제 송금 수취인 정보를 입력해주세요.
④ 우체국 은행 계좌가 있으면 혜택을 받으실 수 있습니다.

| **어휘 및 표현** |
remittance fee 송금 수수료　　　exchange rate 환율
submit 제출하다　　　verify 확인하다, 입증하다
identity 신원, 신분

15　회화 > 송금/이체　　　답 ③

| **정답해설** | ③ 제시된 대화에서 B가 카드나 통장을 투입구에 꽂고 돈을 보내는 방법에 대한 설명을 하고 있으므로 빈칸에 들어갈 말로 ATM을 통한 송금 방법을 문의하는 ③이 가장 적절하다.

| **해석** | A: 실례합니다. 현금자동입출금기로 송금하는 방법을 알려주시겠습니까?
B: 네. 우선 현금 인출 카드나 통장을 투입구에 꽂고 송금할 은행을 선택하세요.
A: 네, 알겠습니다.
B: 돈을 받으려는 사람의 계좌 번호와 정확한 금액을 입력하세요. 받는 사람의 이름과 계좌 번호, 금액이 모두 맞다면 [확인]을 누르세요. 정말 쉽죠?
A: 네. 그런데 잘못 입력한 경우에는 어떻게 해야 하나요?
B: 그건 걱정하지 마세요. [취소]를 누르고 다시 정확한 정보를 입력하시면 됩니다.
A: 이제 잘 할 수 있을 것 같아요. 도와주셔서 감사합니다.
① 통장 정리를 하는
② 계좌 내역을 확인하는
③ 현금자동입출금기로 송금하는
④ 내 계좌에서 인출하는

| **어휘 및 표현** |
insert 끼워 넣다, 삽입하다　　　slot 투입구
receive 받다, 수령하다　　　recipient 수신인
confirm 확인하다　　　tap 가볍게 두드리다, 치다

16　회화 > 환전　　　답 ①

| **정답해설** | ① 165,000엔을 환전하는 상황에서, B가 일본에서는 현금을 많이 사용해서 소액권이 더 유용하니까 1,000엔권을 많이 받는 것이 좋겠다고 설명한 후 A가 지폐를 어떻게 받을지 답했으므로 빈칸에 들어갈 가장 적절한 말은 ①임을 알 수 있다.

| **해석** | A: 안녕하세요, 150만 원을 엔화로 환전하고 싶습니다.
B: 안녕하세요! 환전을 도와드리겠습니다. 현재 엔화 환율은 만 원당 1,100엔이므로 150만 원을 환전하시면 165,000엔을 받으실 수 있습니다.
A: 알겠습니다. 돈은 어떻게 받는 게 좋을까요?
B: 일본에서는 현금을 많이 사용하기 때문에 소액권이 편할 것 같습니다. 소액권은 일상적인 소비나 음식점에서 사용하기에 편리하기 때문에 1만엔권과 5,000엔권을 조금 받고 1,000엔권을 많이 받는 것이 좋을 것 같습니다.
A: 조언 감사합니다. 10,000엔 5장, 5,000엔 10장, 1,000엔 65장 부탁드립니다.
B: 알겠습니다. 여기 현금과 영수증입니다. 일본 여행 잘 다녀오세요.
① 돈은 어떻게 받는 게 좋을까요?
② 이 양식을 먼저 작성해 주시기 바랍니다.
③ 오늘 환율이 어떻게 됩니까?
④ 수수료를 받습니까?

| **어휘 및 표현** |
consumption 소비　　　a bit of 소량의, 조금
commission 수수료

17　회화 > 환전　　　답 ①

| **정답해설** | ① A가 The exchange fee is 1%, which is approximately $7.41(환전 수수료는 1%로 대략 7.41달러입니다)라고 대답한 것으로 보아, B가 환전 수수료에 대해 물어봤다는 것을 알 수 있다. commission과 exchange fee는 모두 '수수료'를 뜻하는 단어이므로 정답은 ①이다.

| **해석** | A: 안녕하세요, 무엇을 도와드릴까요?
B: 안녕하세요, 100만 원을 미국 달러로 환전하고 싶은데 현재 환율이 어떻게 되나요?
A: 현재 미국 달러의 환율은 달러당 1,350원입니다. 100만 원을 환전하면 약 740.74달러가 됩니다.
B: 수수료는 얼마입니까?
A: 환전 수수료는 1%로 대략 7.41달러입니다.
B: 그럼 총 금액은 어떻게 되나요?
A: 총 금액은 740.74달러에 수수료 7.41달러입니다. 따라서 대략 748.15달러가 될 것입니다.
B: 감사합니다.
① 수수료는 얼마입니까?
② 얼마를 환전해 드릴까요?
③ 돈을 어떻게 해드릴까요?
④ 달러/원 환율은 얼마입니까?

| **어휘 및 표현** |
approximately 대략　　　commission 수수료(= exchange fee)

18 회화 〉 환전　　　　　　　　　답 ④

| **정답해설** | ④ 빈칸 이전 대화에서 A가 최근 유로 환율이 상승하는 추세라고 하고, 빈칸 이후에 B가 500유로만 환전하겠다고 했기 때문에 환전하는 금액을 줄이는 내용이 답이 되어야 한다.

| **해석** | A: 안녕하세요! 얼마를 환전하고 싶으신가요?
B: 1,000유로로 환전하고 싶습니다.
A: 하지만 최근 유로 환율이 상승하는 추세여서, 일단 적은 금액을 환전하는 게 좋을 것 같습니다.
B: 그럼 500유로를 환전해주세요.
A: 네, 500유로 환전해 드릴게요. 그리고 트래블 월렛 같은 수수료가 없는 여행 카드가 있어요. 이 카드를 사용하면 해외에서 편리하게 결제할 수 있고 수수료도 줄일 수 있어요.
B: 잘됐네요! 이 카드의 발급 절차도 알려주세요.
① 우리는 4달러의 소액 수수료를 받습니다.
② 환율은 1달러당 1,355원입니다.
③ 달러를 파운드로 바꾸어야 합니다.
④ 일단 적은 금액을 환전하는 게 좋을 것 같습니다.

| **어휘 및 표현** |
conveniently 편리하게　　　　make payment 지불하다, 결제하다
overseas 해외의　　　　　　 reduce 줄이다
step 절차　　　　　　　　　 issue 발급하다

19 회화 〉 카드(신청/분실신고/갱신/재발급)　　답 ④

| **정답해설** | ④ A는 신용 카드를 신청하러 왔다고 했는데 B의 말을 듣고 나서 직불 카드의 장점에 대해 물어봤기 때문에 신용 카드에서 직불 카드로 대화 내용이 전환될 수 있는 것을 정답으로 골라야 한다.

| **해석** | A: 안녕하세요. 신용 카드를 신청하려고 왔습니다.
B: 죄송합니다. 우체국에서는 신용 카드는 취급하지 않고 직불 카드만 취급합니다.
A: 그렇다면 직불 카드의 장점이 무엇인지 알려주실 수 있나요?
B: 네. 직불 카드로 결제한 금액은 소비자 예금에서 즉시 인출되기 때문에 소비자의 무분별한 과소비를 막을 수 있습니다. 또한 카페, 레스토랑, 상점 등 많은 곳과 심지어 온라인에서도 사용될 수 있습니다.
A: 그건 신용 카드와 비슷하네요. 좋아요. 직불 카드를 신청할게요.
B: 좋습니다. 그럼 이 양식을 작성해주세요.
① 당장은 생각이 나지 않습니다.
② 지금 이체 확인 부탁드립니다.
③ 문제를 해결할 수 있는 담당자에게 연결해 드리겠습니다.
④ 우체국에서는 신용 카드는 취급하지 않고 직불 카드만 취급합니다.

| **어휘 및 표현** |
apply for ~을(를) 신청하다　　credit card 신용 카드
debit card 직불 카드　　　　　be similar to ~와(과) 비슷하다
fill out 작성하다

20 회화 〉 카드(신청/분실신고/갱신/재발급)　　답 ②

| **정답해설** | ② 빈칸 다음에 B가 Could you check it for me?(확인 좀 해주시겠습니까?)라고 말했기 때문에 빈칸에서는 A가 확인해야 할 어떤 것에 대해 말하는 내용이 나와야 한다. 따라서 카드 사용 내역을 확인하라는 ②가 정답이다.

| **해석** | A: 안녕하세요. 무엇을 도와드릴까요?
B: 제가 어제 직불 카드를 잃어버렸어요.
A: 알겠습니다. 직불 카드가 분실되었다고 신고해드리겠습니다. 카드를 정지해드릴까요?
B: 네, 부탁드립니다. 그다음에는 어떻게 해야 하나요?
A: 카드 사용 내역을 확인하시는 게 좋겠습니다.
B: 확인 좀 해주시겠습니까?
A: 잠시만 기다려주세요. 이 문제를 즉시 도와드릴 수 있는 담당자에게 연결해 드리겠습니다.
B: 알겠습니다. 감사합니다.
① 다른 사람들도 종종 그런 실수를 합니다.
② 카드 사용 내역을 확인하시는 게 좋겠습니다.
③ 지불할 청구서를 자동 이체로 하십시오.
④ 결제 계좌를 바꾸셔야 합니다.

| **어휘 및 표현** |
report 신고하다
missing 분실한
suspend 중지하다, 정지하다
transfer 옮기다, (전화를) 바꿔주다
immediately 즉시
direct debit 자동 이체(= standing order)

21 회화 〉 공과금 납부　　　　　　답 ③

| **정답해설** | ③ 지어진 지 오래된 주택은 단열성이 떨어지기 때문에 전기 요금이 더 많이 나올 수 있는데 B가 최근에 오래된 집으로 이사했다고 했기 때문에 전기 요금이 많이 나온 이유는 ③임을 알 수 있다.

| **오답해설** | ④ 이사를 해서 전기 요금이 많이 나오는 것이 아니라 오래된 주택이라 전기 요금이 많이 나올 수 있는 것이므로 ④는 오답이다.

| **해석** | A: 좋은 아침입니다! 무엇을 도와드릴까요?
B: 전기세를 내야 하는데 요금이 많이 나와서 착오가 있는 것 같습니다.
A: 네. 고지서를 확인해 드리겠습니다. 음... 전기 요금에는 문제가 없습니다. 전기 요금은 계절별, 주택별로 기하급수적으로 차이가 납니다. 날씨가 가장 극단적인 동·하절기에는 전기 요금이 많이 나올 것으로 예상할 수 있습니다.
B: 그것도 가능할 거예요. 하지만 지금은 가을이라서 이해가 안 되네요.
A: 게다가 2010년대 이전에 지어진 주택은 단열성이 떨어지는 것이 일반적이기 때문에 오래된 건물에 살 경우 더 많은 요금을 지불할 수 있습니다.
B: 아, 알겠어요. 제가 최근에 오래된 집으로 이사를 했기 때문이군요. 이제야 이해가 되네요.
① 전기 요금에 오류가 있었다.
② 전기 요금이 날씨의 큰 변동에 영향을 받았다.
③ 오래된 집의 단열 문제로 전기 요금이 많이 나왔다.
④ 이사 때문에 전기 요금이 많이 나왔다.

| **어휘 및 표현** |
on account of ~때문에　　　　vary 다르다, 달라지다
exponentially 기하급수적으로　 insulation 단열, 절연
fluctuation 변동

22 회화 > 공과금 납부 답 ②

| 정답해설 | ② B가 공과금을 내야 하는 상황에서 빈칸에 대한 대답으로 Electricity and gas bills(전기세와 가스비입니다)라고 대답했기 때문에 공과금의 종류에 대한 질문을 받았다는 것을 알 수 있으므로 정답은 ②이다.

| 해석 | A: 무엇을 도와드릴까요?

B: 공과금을 내야 하는데 오늘까지 입금해야 합니다.

B: 알겠습니다. 어떤 종류의 공과금을 내야 하나요?

A: 전기세와 가스비입니다.

B: 네. 고지서 납부를 도와드리겠습니다. 음... 전기세가 3개월이나 연체됐네요. 꼭 매달 전기세를 내셔야 합니다.

A: 아, 정말요? 전혀 몰랐어요. 아마 지난 석 달 동안 전기세 고지서를 실수로 버린 것 같아요.

B: 괜찮아요. 다른 분들도 그런 실수를 많이 하시니까 보통 청구서 대금을 치르려고 자동 이체를 설정합니다.

① 인터넷 뱅킹을 이용하는 것은 어때요?

② 어떤 종류의 공과금을 내야 하나요?

③ 귀 은행의 상품들을 설명해주실 수 있나요?

④ 이 수표들을 제 저축예금 계좌에 입금해 주시겠어요?

| 어휘 및 표현 |

utility bills 공과금

make a deposit 입금하다

overdue 기한이 지난, 연체된

throw away 버리다

by accident 실수로, 사고로

set up 설정하다

standing order 자동 이체(= direct debit)

23 회화 > 온라인 뱅킹 답 ①

| 정답해설 | ① B가 After installing the app, log in with your ID and password to use various banking services(앱 설치 후, 아이디와 비밀번호로 로그인하시면 다양한 은행 서비스를 이용하실 수 있습니다)라고 말한 것으로 보아, A가 앱의 이용 방법에 대해 물어봤다는 것을 알 수 있으므로 정답은 ①이다.

| 해석 | A: 안녕하세요. 우체국에 계좌를 개설하려고 왔는데, 인터넷 뱅킹도 신청하려고요.

B: 안녕하세요. 환영합니다! 계좌 개설과 인터넷 뱅킹 신청 도와드리겠습니다. 양식을 적어주시고 신분증을 제출해주세요.

A: 네, 여기 있습니다.

B: 감사합니다. 계좌 개설되었습니다. 이제 스마트폰 앱스토어에 들어가셔서 '우체국 인터넷뱅킹' 앱을 검색하셔서 설치하시면 됩니다.

A: 설치 후에는 어떻게 사용하나요?

B: 앱 설치 후, 아이디와 비밀번호로 로그인하시면 다양한 은행 서비스를 이용하실 수 있습니다. 이 앱을 통해 송금, 입출금 내역 조회, 계좌 잔액 조회가 가능합니다.

A: 편할 것 같네요. 앱 설치해서 사용해볼게요.

B: 더 궁금하신 사항이 있으시면 언제든지 문의해주세요.

① 설치 후에는 어떻게 사용하나요?

② 인터넷 뱅킹을 이용하는 데 수수료가 있나요?

③ 인터넷 뱅킹으로 우편 서비스가 가능합니까?

④ 더 이상 우체국에 방문할 필요가 없을 것입니다.

| 어휘 및 표현 |

apply for ~을(를) 신청하다

submit 제출하다

install 설치하다

write down 적다, 작성하다

search for ~을(를) 찾다, 검색하다

various 다양한

24 회화 > 온라인 뱅킹 답 ①

| 정답해설 | ① 온라인 뱅킹 서비스는 as long as you have an internet connection(인터넷이 연결되어 있는 한)이라는 조건이 필요하기 때문에 regardless of internet(인터넷과 상관없이)이라는 표현은 옳지 않다.

| 해석 | A: 온라인 뱅킹 서비스는 인터넷이 연결되어 있는 한 언제 어디서나 계좌 관리 및 이체가 가능합니다.

B: 하지만 개인 정보 유출, 계좌 해킹 등의 사건도 흔히 발생합니다.

A: 그렇긴 합니다만, 온라인 뱅킹에는 다양한 보안 대책이 마련되어 있습니다.

B: 그렇다고 해서 인터넷에 의존하면 서비스 접근성에 한계가 있습니다. 예를 들어, 인터넷이나 은행 홈페이지가 다운되면 거래가 불가능합니다.

A: 하지만 대부분의 경우, 온라인 뱅킹은 실시간으로 정보를 업데이트하고 각종 금융 상품에 쉽게 접근할 수 있어 효율적입니다. 쉽게 거래 내역을 보고 빠르게 송금할 수 있습니다.

① 온라인 뱅킹 서비스는 인터넷과 상관없이 송금이 가능하다.

② 인터넷 연결은 온라인 뱅킹 서비스의 접근성을 제한한다.

③ 개인 정보 유출, 계정 해킹 같은 사이버 범죄는 드물지 않다.

④ 온라인 뱅킹은 실시간으로 정보 업데이트를 제공한다.

| 어휘 및 표현 |

incident 사건

common 흔한

measures 방안, 방법, 조치

leak 유출

security 보안

in place ~을(를) 위한 준비가 되어 있는

25 회화 > 보험 답 ②

| 정답해설 | ② 빈칸 다음에 B가 Okay, then please fill out this insurance form(네, 그럼 이 보험 양식을 작성해주세요)이라는 말을 했으므로 A가 이 보험에 가입하겠다고 말했음을 알 수 있다.

| 해석 | A: 안녕하세요. 보험 상담을 받고 싶은데요. 저는 원금이 보장되는 보험을 찾고 있습니다.

B: 안타깝게도 원금을 100% 보장해주는 보험은 없지만, 만기가 되면 원금의 50%를 돌려받을 수 있는 보험이 있습니다. 이것은 기본 질병 및 상해 보험입니다.

A: 그 보험에 대해 좀 더 알고 싶습니다.

B: 알겠습니다. 이 보험은 질병이나 상해로 인한 진료비를 주로 보장하며, 보험 계약 만료 시 원금의 50%를 돌려받을 수 있습니다.

A: 좋아요. 그럼 이 보험으로 가입할게요.

B: 네, 그럼 이 보험 양식을 작성해주세요.

① 죄송하지만, 저한테는 맞지 않습니다.

② 좋아요. 그럼 이 보험으로 가입할게요.

③ 다른 보험을 추천해주시겠습니까?

④ 그래서 좋은 보험을 드는 것이 중요합니다.

| 어휘 및 표현 |

consulting 상담

insurance 보험

look for ~을(를) 찾다	guarantee 보장하다
principal 원금	policy 정책, 보험 증권[증서]
expire 만기가 되다	cover 보장하다
medical expense 의료비	due to ~때문에
contract 계약	sign up 가입하다

---

26 회화 > 보험 답 ②

| **정답해설** | ② Which of 3, 5, or 10 years do you want to contract?(3년, 5년, 10년 중 어느 기간으로 약정하시겠습니까?) 라는 말로 보아, 가입 기간을 선택할 수 있다는 것을 알 수 있다.

| **해석** | A: 안녕하세요. 무엇을 도와드릴까요?

B: 안녕하세요. 저축 보험에 가입하고 싶습니다.

A: 우체국 저축 보험은 좋은 선택입니다. <u>가입 기간을 선택할 수 있습니다. 3년, 5년, 10년 중 어느 기간으로 약정하시겠습니까?</u>

B: 3년 약정을 원해요.

A: 알겠습니다. 3년 약정으로 가입하시는군요. 그리고 보험 만기일을 지키시면 추가 보너스 금리가 제공됩니다.

B: 네, 보험 만기일을 지키는 것이 좋겠네요. 어떻게 가입하나요?

A: 필요한 정보를 입력하고 등록 절차를 진행하실 수 있도록 도와드리겠습니다.

B: 감사합니다.

① 자세히 설명해 드리겠습니다.

② 가입 기간을 선택할 수 있습니다.

③ 저희는 세 가지 유형의 보험을 제공합니다.

④ 보험증서는 항상 보관해 주시기 바랍니다.

| **어휘 및 표현** |

savings insurance 저축 보험	contract 약정, 계약(하다)
expiry date 만기일	interest rate 이율, 금리
subscription 가입, 구독	

---

27 회화 > 정보 보안(피싱) 답 ③

| **정답해설** | ③ Could you please tell me your full name and account number?(성함과 계좌 번호를 알려주시겠습니까?)를 통해 개인 정보를 확인하고 있다는 것을 알 수 있다.

| **오답해설** | ④ If the message looks suspicious, do not click on it(메시지가 의심스러울 경우, 클릭하지 마십시오)은 스미싱과 관련된 내용이다.

| **해석** | A: 안녕하세요. 무엇을 도와드릴까요?

B: 안녕하세요. 보이스피싱 피해자인데 제 우체국 계좌 정지 좀 해주시겠어요?

A: 보이스피싱 피해자가 되셨다니 유감입니다. 경찰에 먼저 신고하셨나요?

B: 네, 이미 경찰에 신고했습니다.

A: 개인 정보를 확인해야 할 것 같습니다. 성함과 계좌 번호를 알려주시겠습니까?

B: 제 이름은 김민지이고, 계좌 번호는 623-011346-34019입니다.

A: 알겠습니다. 확인이 완료되면 계좌 정지를 해드리겠습니다.

B: 정말 감사합니다.

① 몸이 안 좋아 보이네요.

② 행운을 빌어 드리겠습니다.

③ 개인 정보를 확인해야 할 것 같습니다.

④ 메시지가 의심스러울 경우, 클릭하지 마십시오.

| **어휘 및 표현** |

victim 희생자
voice phishing 보이스피싱
suspend 정지하다
report 신고하다
verify 확인하다, 입증하다
verification 확인, 입증
suspicious 의심스러운
under the weather 몸이 안 좋은
keep one's fingers crossed 행운[좋은 결과]을 빌다

---

28 회화 > 기타 상황(전자 영수증/스마트페이) 답 ①

| **정답해설** | ① A가 Do you also need a paper receipt?(종이 영수증도 필요하신가요?)라고 물어봤고 B가 No라고 대답했기 때문에 전자 영수증으로 받겠다는 ①이 정답이다.

| **해석** | A: 안녕하세요! 올리브에 오신 것을 환영합니다. 저희 멤버십 앱에 가입하셨나요? 멤버십을 통해 포인트 적립이나 할인 혜택을 받으실 수 있습니다.

B: 네, 회원 가입을 했습니다. 포인트 적립을 하고 싶습니다.

A: 네, 회원 번호를 알려주세요. 결제는 어떻게 하시겠어요? 현금이나 카드로 결제 가능합니다.

B: 직불 카드로 결제하고 싶습니다.

A: 네. 결제가 완료되면 앱을 통해 전자 영수증을 발급해드리겠습니다. 종이 영수증도 필요하신가요?

B: 아니요, 환경 문제가 있으니 전자 영수증으로 받겠습니다.

A: 좋습니다. 앱을 통해 영수증을 보내드리겠습니다. 저희 서비스를 이용해주셔서 감사합니다. 다른 도움이 필요하시면 언제든지 물어보세요!

① 전자 영수증으로 받겠습니다.

② 영수증에 종이를 사용하지 않으면 많은 나무를 아낄 수 있습니다.

③ 종이 영수증뿐만 아니라 전자 영수증도 원합니다.

④ 점점 더 많은 사람들이 전자 영수증 앱을 사용하기 시작합니다.

| **어휘 및 표현** |

sign up 가입하다, 등록하다	accumulate 축적하다, 모으다
issue 발행하다, 쟁점, 문제	electronic 전자상의

---

29 회화 > 기타 상황(전자 영수증/스마트페이) 답 ②

| **정답해설** | ② B가 Okay, then I will pay with Samsung Pay(네, 그럼 삼성페이로 결제하도록 하겠습니다)라고 말했기 때문에 밑줄 친 부분에는 스마트페이로 결제한다는 내용이 들어가야 한다.

| **해석** | A: 안녕하세요! 무엇을 도와드릴까요?

B: 안녕하세요. 이 상품을 구매하고 싶습니다.

A: 현금이나 카드로 결제 가능합니다. 두 가지 방법 중 어떤 게 좋으세요?

B: 혹시 스마트페이로 결제가 가능한가요?

A: 그럼요.

B: 네, 그럼 삼성페이로 결제하도록 하겠습니다.

A: 감사합니다. 결제 완료되었습니다. 영수증 출력해드릴까요?

B: 네, 부탁드립니다.

A: 영수증 여기 있습니다. 더 필요한 게 있으신가요?

B: 아니요, 감사합니다.

A: 감사합니다. 좋은 하루 보내세요!

① 현금으로 결제하면 할인을 받을 수 있습니까?

② 스마트페이로 결제 가능합니까?

③ 저는 카드보다는 현금으로 결제하는 것을 더 선호합니다.

④ 카드로 결제하고 포인트 적립을 하겠습니다.

| 어휘 및 표현 |

purchase 구입하다   method 수단, 방법

prefer 선호하다   complete 완료하다

---

30   회화 > 기타 관용 표현   답 ④

| 정답해설 | ④ 편지를 부치러 가야 하는 상황에서 Jason은 이런 저런 핑계를 대며 못 갈 것 같다고 하고 엄마는 진짜 이유를 말하라고 했기 때문에 Jason이 진짜 이유가 아닌 다른 이유를 대고 있었다는 것을 알 수 있다.

| 해석 | A: 우체국에 편지 부치러 갈 준비됐니? Jason?

B: 갈 수 있을지 모르겠어요. 몸이 좀 아프기도 하고 세수도 아직 안 했거든요. 엄마가 가셔야 할 것 같아요.

A: 어서, Jason. 빙빙 돌려 말하는 건 그만둬. 난 널 아주 잘 알아. 넌 아픈 게 아니야. 진짜 이유가 뭐니?

① 서두르는 건

② 격노하는 건

③ 진정하는 건

④ 빙빙 돌려 말하는 건

| 어휘 및 표현 |

shake a leg 서두르다

hit the ceiling 격노하다(= hit the roof)

hold your horses 진정해, 흥분하지 마

beat around the bush 빙빙 돌려 말하다

CHAPTER 03	독해									문제편 P.157
01	⑤	02	②	03	①	04	④	05	④
06	④	07	③	08	④	09	④	10	③
11	④	12	③	13	④	14	①	15	④
16	④	17	②	18	③	19	②	20	④
21	①	22	②	23	④	24	④	25	①

---

01   독해 > 문맥상 다양한 추론   답 ⑤

| 정답해설 | ⑤ A BMI of 30 to 34.9 is mildly obese(BMI가 30에서 34.9는 경도 비만)라고 했기 때문에 ⑤가 옳다.

| 오답해설 | ① 미국 성인의 거의 60%가 과체중이거나 비만이라고 했지만 미성년자를 포함한 전체 미국인의 절반 이상이 30 이상의 BMI를 가지고 있는 지는 알 수 없다.

② BMI가 30이라고 해서 누구나 암에 걸리는 것이 아니라 종종 암과 같은 심각한 건강 문제로 이어진다고 했기 때문에 ②는 옳지 않다.

③④ 해당 선택지에 대한 정확한 언급은 없다.

| 해석 | 다음 중 지문에서 추론할 수 있는 것은?

비만은 오늘날 미국에서 가장 심각한 건강 문제를 나타낸다. 미국 성인의 거의 60%가 과체중이거나 비만이다. 이것은 단지 외모의 문제가 아니다. 비만은 종종 당뇨병, 심장마비, 고혈압 그리고 심지어 몇몇 종류의 암과 같은 심각한 건강 문제로 이어진다. 의료 전문가들은 일반적으로 체질량 지수(BMI)를 사용하여 비만을 정의한다. BMI는 킬로그램 단위로 잰 사람의 몸무게를 미터 단위로 잰 키의 제곱으로 나누어 쉽게 계산할 수 있다. 정상적이거나 건강한 BMI는 25 미만일 것이다. BMI가 25에서 29.9 사이인 사람은 과체중으로 간주될 것이다. BMI가 30에서 34.9는 경도 비만이고 35에서 39.9는 상당한 비만이다. BMI 수치가 40 이상인 사람은 고도 비만으로 간주된다.

① 미국인의 절반 이상이 30 이상의 BMI를 가지고 있다.

② BMI가 30 이상이면 누구나 암에 걸릴 것이다.

③ 미국인의 60% 이상이 자신의 BMI를 모른다.

④ BMI가 35 이상인 미국인은 거의 없다.

⑤ BMI가 30이면 보통 비만으로 여겨진다.

| 어휘 및 표현 |

obesity 비만   appearance 외모

diabetes 당뇨병   heart attack 심장마비

define 정의하다, 규정하다   calculate 계산하다

substantially 상당히, 많이, 주로

---

02   독해 > 내용 일치/불일치   답 ②

| 정답해설 | ② There are well over 4,000 described species of cockroach around the world, with some experts estimating that there are another 5,000 species that have yet to be classified by taxonomists(전 세계에 4,000종이 훨씬 넘는 바퀴벌레가 있고, 일부 전문가들은 분류학자들이 아직 분류하지 않은 또 다른 5,000종이 있다고 추정한다)라고 했기 때문에 정답은 ②이다.

| 오답해설 | ① But of the thousands of species out there, only a few can be considered pests(하지만 수천 종의 바퀴벌레 중 해충으로 간주될 수 있는 종은 얼마 되지 않습니다)라고 했기 때문에 ①은 옳지 않다.

③ I won't take a position on which suborder they're in, or how many families they consist of(나는 바퀴벌레가 어떤 하위 분류에 속하는지, 또는 몇 개의 과로 구성되어 있는지에 대해서는 입장을 취하지 않겠다)로 보아 ③은 옳지 않다.

④ but most people are likely to interact with no more than a dozen of them(대부분의 사람들은 12종 이하의 바퀴벌레를 접할 가능성이 높다)이라고 했기 때문에 ④는 옳지 않다.

⑤ 해당 선택지와 관련된 내용은 언급되지 않았다.

| 해석 | 다음 중 이 글의 내용으로 옳은 것은?

대부분의 사람들은 바퀴벌레가 역겹다고 생각한다. 주방 조명을 켰을 때 어두운 구석으로 빠르게 달려가는 바퀴벌레의 모습을 본 적이 있다면 아마도 동의할 것이다. 하지만 수천 종의 바퀴벌레 중 해충으로 간주될 수 있는 종은 얼마 되지 않는다. 전 세계에 4,000종이 훨씬 넘는 바퀴벌레가 있고, 일부 전문가들은 분류 학자들이 아직 분류하지 않은 또 다른 5,000종이 있다고 추정한다. 바퀴벌레의 분류는 사실 논쟁거리이다. 그래서 나는 바퀴벌레가 어떤 하위 분류에 속하는지, 또는 몇 개의 과로 구성되어 있는지에 대해서는 입장을 취하지 않겠다. 대략 60~70종의 바퀴벌레가 미국 대륙에서 발견되지만, 대부분의 사람들은 그들이 사는 곳에 따라 12종 이하의 바퀴벌레를 접할 가능성이 높다.

① 모든 바퀴벌레는 해롭다.

② 일부 전문가에 따르면 바퀴벌레는 세계적으로 약 9,000종에 달할 수도 있다.

③ 분류되지 않은 5,000종의 바퀴벌레가 어떤 유형에 속하는지에 대해서는 합의가 이루어지고 있다.

④ 대부분의 미국인들은 집에서 약 24종의 바퀴벌레를 만날 수 있다.

⑤ 미국에서 얼마나 많은 가정에 바퀴벌레가 살고 있는지 쉽게 알 수 있다.

| 어휘 및 표현 |

disgusting 역겨운	turn on (불을) 켜다
skitter 잽싸게 달리다	species 종, 종류
pest 해충	estimate 추정하다
classify 분류하다	taxonomist 분류학자
contention 논쟁	take a position 입장을 취하다
suborder 아목(분류학적 기준)	family 과(분류학적 기준)

03 독해 > 빈칸 추론 답 ①

| 정답해설 | ① The Portion Cap Ruling, commonly known as the soda ban, was to restrict the sale of sugary drinks larger than 16 ounces in restaurants, movie theaters, sports arenas and delis(일반적으로 탄산 음료 금지로 알려진 '부분 상한(= 한도) 판결'은 식당, 영화관, 스포츠 경기장 및 음식점에서 16온스 이상의 설탕 음료의 판매를 제한하는 것이었다)와 Without any legislative delegation or guidance, the Board engaged in law-making and thus violated the legislative jurisdiction of the City Council of New York(입법적인 위임이나 지침 없이, 위원회는 법 제정에 관여하여 뉴욕시 의회의 입법 관할권을 침해했다)이라는 것으로 보아 정답은 ①이다.

| 오답해설 | ②③④⑤ 비만이나 건강에 관련된 내용은 언급되지 않았으므로 답이 될 수 없다.

| 해석 | 다음 중 빈칸에 들어갈 것으로 가장 적절한 것은?

<u>뉴욕시는 16온스 이상의 설탕 음료의 판매를 제한하라는 최종 항소에서 패소했다.</u> 일반적으로 탄산 음료 판매 금지로 알려진 '부분 상한(= 한도) 판결'은 식당, 영화관, 스포츠 경기장 및 음식점에서 16온스 이상의 설탕 음료의 판매를 제한하는 것이었다. 뉴욕주 항소 법원은 부분 상한 판결에 대한 최종 결정을 발표했다. 뉴욕시 보건 위원회는 '설탕 음료 부분 상한 규칙'을 채택함에 있어 규제 권한의 범위를 초과했다. 입법적인 위임이나 지침 없이, 위원회는 법 제정에 관여하여 뉴욕시 의회의 입법 관할권을 침해했다.

① 뉴욕시는 16온스 이상의 설탕 음료의 판매를 제한하라는 최종 항소에서 패소했다.

② 섭취량은 수년에 걸쳐 기하급수적으로 증가했고 비만율도 급증했다.

③ 비만율을 줄이려면 음식 환경을 바꿔야 한다.

④ 설탕이 함유된 음료의 과다 섭취가 뉴욕 주민의 건강에 미치는 부정적인 영향은 명백하다.

⑤ 우리 아이들이 성장할 수 있는 보다 건강한 식품 환경을 조성하기 위해 모두 함께 노력할 수 있기를 바란다.

| 어휘 및 표현 |

restrict 제한하다

deli(= delicatessen) 델리카트슨(조리된 육류나 치즈, 흔하지 않은 수입 식품 등을 파는 가게)

issue 발포하다, 발행하다

adopt 채택하다

regulatory authority 규제 권한	
legislative delegation 입법적인 위임	
guidance 지침	
the Board 이사회, 위원회	
be engaged in ~에 종사하다, 참여하다	
violate 위반하다	
legislative jurisdiction 입법 관할권	

04 독해 > 문맥상 다양한 추론 답 ④

| 정답해설 | ④ pods may not be as wasteful as preparing coffee using a traditional coffee maker(캡슐이 전통적인 커피 제조기로 커피를 제조하는 것만큼 낭비적이지 않을 수 있다)로 보아 정답은 ④이다.

| 오답해설 | ① 마지막 부분에서 캡슐이 낭비적이지 않다는 내용이 언급되었으므로 ①은 옳지 않다.

② 폐기물을 줄이는 방법은 제시되지 않았으므로 ②는 옳지 않다.

③ 커피 마시는 사람 모두가 친환경적인 제품을 찾는 것이 아니기 때문에 ③은 옳지 않다.

④ 캡슐이 인기가 높아지고 있는 것은 맞지만, 가장 인기 있는 것은 아니기 때문에 ⑤는 옳지 않다.

| 해석 | 다음 중 지문에서 추론할 수 있는 것은?

커피 한 잔을 만들 때 캡슐은 재활용이 어려운 경우가 많아 환경 친화적이지 않다는 평이 있다. 커피가 다양한 방법으로 제조되는 가운데, 커피 캡슐의 인기도 높아지고 있다. 인기에도 불구하고 카페인 섭취 습관이 환경이 미치는 영향을 의식하는 커피 애호가들 사이에서 캡슐은 오랫동안 이견을 만들었다. 작은 플라스틱이나 알루미늄 포드는 생산에 에너지 집약적이며 불필요한 폐기물을 발생시킨다는 이유로 비판을 받아왔다. 그러나 캐나다 퀘벡 대학의 새로운 연구에 따르면, 생산부터 매립지에 버려지는 폐기물의 양에 이르기까지 한 잔의 커피가 거치는 전체 수명 주기를 고려했을 때, 캡슐이 전통적인 커피 제조기로 커피를 제조하는 것만큼 낭비적이지 않을 수 있다고 한다.

① 캡슐은 낭비이므로 금지되어야 한다.

② 새로운 연구는 커피를 만들 때 발생하는 폐기물의 양을 줄이는 방법을 제시한다.

③ 커피를 마시는 사람들은 모두 환경 친화적인 제품을 찾는다.

④ 캡슐은 다른 커피 제조 방법만큼 낭비가 아닐 수도 있다.

⑤ 캡슐은 세계에서 커피를 만드는 가장 인기 있는 방법이다.

| 어휘 및 표현 |

when it comes to ~에 관한 한

reputation 평판, 명성

a variety of 다양한

be conscious of ~을(를) 의식하다

pod (콩이 들어있는) 꼬투리, 유선형 공간

criticize 비평하다, 비판하다

end up in 결국 ~(으)로 끝나다

landfill 쓰레기 매립지

05 독해 > 내용 일치/불일치 답 ④

| 정답해설 | ④ virus changes or mutations are unlikely to make vaccines completely ineffective(바이러스의 변화나 돌연변이로 인해 백신의 효과가 완전히 사라질 가능성은 낮다)라는 것은 알 수

있지만 '무엇이 백신을 항상 효과적으로 만드는지'에 대한 부분은 언급되지 않았다.

| 오답해설 | ① When cases increase and transmission accelerates, it's more likely that new dangerous and more transmissible variants emerge(사례가 증가하고 전염이 가속화되면 위험하고 전염성이 높은 새로운 변종이 나타날 가능성이 높아지며)를 통해 알 수 있다.

② vaccines are proving effective against existing variants, especially at preventing severe disease, hospitalization and death(백신은 기존 변종에 대해 특히 중증 질환, 입원 및 사망을 예방하는 데 효과적인 것으로 입증되었다)를 통해 알 수 있다.

③ Vaccines are likely to stay effective against variants because of the broad immune response they cause(백신은 광범위한 면역 반응을 일으키기 때문에 변종에 대한 효과가 지속될 가능성이 높다)를 통해 알 수 있다.

⑤ WHO continues to constantly review the evidence and will update its guidance as we find out more(WHO는 지속적으로 증거를 검토하고 있으며 자세한 내용을 확인하는 대로 지침을 업데이트할 예정이다)를 통해 알 수 있다.

| 해석 | 다음 중 본문에 언급되지 않은 것은?

사례가 증가하고 전염이 가속화되면 위험하고 전염성이 높은 새로운 변종이 나타날 가능성이 높아지며, 더 쉽게 퍼지거나 더 심각한 질병을 일으킬 수 있다. 지금까지 알고 있는 바에 따르면 백신은 기존 변종에 대해 특히 중증 질환, 입원 및 사망을 예방하는 데 효과적인 것으로 입증되었다. 그러나 일부 변종은 백신이 가벼운 질병과 감염을 방어하는 능력에 약간의 영향을 미치고 있다. 백신은 광범위한 면역 반응을 일으키기 때문에 변종에 대한 효과가 지속될 가능성이 높다. 이는 바이러스의 변화나 돌연변이로 인해 백신의 효과가 완전히 사라질 가능성은 낮다는 뜻이다. WHO는 지속적으로 증거를 검토하고 있으며 자세한 내용을 확인하는 대로 지침을 업데이트할 예정이다.

① 변종이 언제 나타나는지
② 백신의 효용성
③ 백신이 변종에 어떻게 반응하는지
④ 무엇이 백신을 항상 효과적으로 만드는지
⑤ WHO의 역할

| 어휘 및 표현 |

transmission 전염, 전파, 전달 / accelerate 가속하다
variant 변종 / emerge 나타나다
hospitalization 입원 / infection 감염
immune 면역성의 / mutation 돌연변이
completely 완전히 / ineffective 효과 없는, 효과적이지 않은
constantly 끊임없이, 항상 / evidence 증거
find out 알아내다

---

06 독해 > 주제 답 ④

| 정답해설 | ④ you're comfortable taking some types of risk and find other types quite uncomfortable(여러분은 몇몇 종류의 위험을 감수하는 것에 편안함을 느끼고 다른 종류의 위험은 상당히 불편하다고 생각할 것입니다)을 통해 위험성에 대한 인식은 사람마다 다르다는 것을 알 수 있으므로 정답은 ④이다.

| 해석 | 이 글은 주로 무엇에 관한 것인가?

새로운 것을 시도한다는 것은 기꺼이 위험을 감수하려는 마음을 요구합니다. 그러나 위험 감수는 이진법이 아닙니다. 여러분은 몇몇 종류의 위험을 감수하는 것에 편안함을 느끼고 다른 종류의 위험은 상당히 불편하다고 생각할 것입니다. 여러분이 편안하게 받아들이는 위험은 그 위험성을 간과하면서 보지 못할 수도 있지만, 불안을 증폭시키는 것들의 위험은 더욱 부각될 가능성이 큽니다. 예를 들어, 여러분은 번개처럼 빠른 속도로 스키 슬로프를 내려오거나 비행기에서 뛰어내리는 것을 좋아할 수도 있고, 이러한 활동을 위험하다고 보지 않을 수도 있습니다. 그렇다면, 여러분은 심각한 신체적 위험을 감수하고 있다는 사실을 알지 못하는 것입니다. 저처럼 신체적 위험을 감수하지 않는 다른 사람들은 스키장에서 핫초코를 마시거나 비행기 좌석에 몸을 단단히 고정시키고 싶어 합니다. 또는, 여러분은 많은 군중을 대상으로 연설하는 것과 같은 사회적 위험에 완전히 편안함을 느낄 수도 있습니다. 이것은 제게 전혀 위험해 보이지 않습니다. 하지만 다른 이들은 비행기에서 뛰어내리는 것은 기꺼이 하면서도 파티에서 건배사를 하는 것은 상상조차 하지 못할 것입니다.

① 신체적 위험과 사회적 위험을 모두 감수하는 것이 우리에게 도움이 된다.
② 우리는 위험을 신체적 위험과 사회적 위험의 두 범주로 분리해야 한다.
③ 신체적 위험을 감수하는 것은 저자에게 큰 도전이 된다.
④ 위험성에 대한 인식은 사람마다 다르다.
⑤ 위험을 기꺼이 감수하는 것이 성공의 전제 조건이다.

| 어휘 및 표현 |

willingness 기꺼이 하는 마음
take a risk 위험을 감수하다
discount (무가치한 것으로) 치부하다, 무시하다
amplify 증폭시키다
lightning 번개
significant 중대한, 중요한
sip 조금씩 마시다
buckle 버클로 잠그다
alternately 또는
give a toast 건배사를 하다 참 make a toast, have a toast 건배하다

---

07 독해 > 내용 일치/불일치 답 ③

| 정답해설 | ③ 수도 회사의 손해 배상에 대한 언급은 없으므로 정답은 ③이다.

| 오답해설 | ① In the first week of May 2000, unseasonably heavy rain drenched the rural town of Walkerton, Canada(2000년 5월 첫째 주, 때 아닌 폭우가 캐나다의 시골 마을 Walkerton에 쏟아졌다)를 통해 알 수 있다.

② the town's drinking water was contaminated with a deadly strain of E. coli(마을의 식수가 치명적인 대장균 변종에 오염되었다는 것이다)를 통해 알 수 있다.

④ three adults and a baby died from their illnesses(성인 3명과 아기 1명이 병으로 사망했다)를 통해 알 수 있다.

⑤ In total, half of Walkerton's 5,000-strong population were infected in just a couple of weeks(Walkerton 인구 5,000명 중 절반이 불과 몇 주 만에 감염되었다)를 통해 알 수 있다.

| 해석 | 다음 중 본문에서 언급되지 않은 것은?

2000년 5월 첫째 주, 때 아닌 폭우가 캐나다의 시골 마을 Walkerton에 쏟아졌다. 폭풍우가 지나가자 Walkerton의 주민들 수백 명이 아프기 시작했다. 점점 더

많은 사람들이 위장염에 걸리고 피가 섞인 설사를 하기 시작하자, 당국은 상수도를 검사했다. 그들은 수도 회사가 며칠 동안 숨겨왔던 사실을 발견했다. 마을의 식수가 치명적인 대장균 변종에 오염되었다는 것이다. 그 수도 회사의 사장들은 그 마을의 우물 중 하나에 있는 염소 처리 시스템이 고장났다는 것을 몇 주 동안 알고 있었던 것으로 드러났다. 비가 오는 동안, 그들의 부주의로 인해 농지에서 유출된 분뇨의 잔여물이 상수도로 바로 유입되었다. 오염이 밝혀진 다음 날, 성인 3명과 아기 1명이 병으로 사망했다. 그다음 몇 주 동안, 3명이 추가로 사망했다. Walkerton 인구 5,000명 중 절반이 불과 몇 주 만에 감염되었다.

① 언제 어디서 사건이 일어났는지
② 질병 발병의 주요 원인
③ 수도 회사에 의한 손해 배상
④ 마을의 사망자 수
⑤ 마을의 인구 규모

| 어휘 및 표현 |

unseasonably 때 아닌	drench 적시다, 흠뻑 젖게 하다
rural 시골의	resident 거주자
develop (병·문제가) 생기다	gastroenteritis 위장염
diarrhoea 설사	contaminate 오염시키다
strain 변종	E. coli 대장균(= Escherichia coli)
transpire 드러나다, 밝혀지다	chlorination 염소 처리
negligence 태만, 부주의	run-off 지표수
residue 나머지, 찌꺼기, 잔여물	manure 거름, 비료
succumb 죽다, 굴복하다	

---

08 독해 > 제목 답 ④

| 정답해설 | ④ 첫 줄의 Variation in a characteristic that is a result of genetic information from the parents is called inherited variation(부모의 유전 정보로 인해 나타나는 특성의 변이를 유전 변이라고 한다)과 마지막 줄의 Gender is inherited variation too, because whether you are male or female is a result of the genes you inherited from your parents(성별 역시 유전적 변이인데, 당신이 남성인지 여성인지는 부모로부터 물려받은 유전자의 결과이기 때문이다)의 내용으로 '변이의 유전적 원인'에 대한 내용임을 알 수 있으므로 정답은 ④이다.

| 오답해설 | ①②③ 해당 선택지에 대한 언급은 있지만 전체적인 내용을 포괄하는 것이 아닌 일부분에 대한 정보이므로 정답이 될 수 없다.

| 해석 | 다음 중 이 글의 제목으로 가장 적절한 것은?
부모의 유전 정보로 인해 나타나는 특성의 변이를 유전 변이라고 한다. 아이들은 대개 아버지와 어머니를 조금 닮아 보이지만 부모 중 어느 쪽과도 똑같지는 않다. 이는 그들이 각 부모로부터 DNA와 유전 특징의 절반을 물려받기 때문이다. 난자 세포와 정자 세포 각각에는 개인에게 필요한 유전 정보의 절반이 들어 있다. 수정 시 이들이 결합하면 개인에게 필요한 모든 유전 정보를 지닌 새로운 세포가 형성된다. 눈 색깔, 머리 색깔, 피부색, 귓불이 튀어나오거나 붙은 귀, 혀를 마는 능력 등 인간의 유전적 변이를 보여주는 몇 가지 예가 있다. 성별 역시 유전적 변이인데, 당신이 남성인지 여성인지는 부모로부터 물려받은 유전자의 결과이기 때문이다.
① 성별 차이의 원인
② 자녀 및 부모 식별
③ 유전자 식별 및 DNA
④ 변이의 유전적 원인
⑤ 사회적 상속의 원인과 결과

| 어휘 및 표현 |

variation 변이	characteristic 특성
genetic 유전적인	inherited 유전의, 상속한
identical 동일한	feature 특징
egg cell 난자 세포	sperm cell 정자 세포
fertilization 수정	lobed ears 귓불이 튀어나온 귀
lobeless ears 귓불이 붙은 귀	

---

09 독해 > 문맥상 다양한 추론 답 ④

| 정답해설 | ④ the rebels had renounced their homage to the king and invited the son of the king of France to take the crown of England in John's place(이에 반란군은 왕에 대한 충성을 포기하고, 프랑스 왕의 아들을 불러들여 존 국왕 대신 잉글랜드의 왕좌를 차지하도록 했다)라는 부분에서 교황이 헌장을 무효화했다는 것을 알 수 있다.

| 해석 | 밑줄 친 단어와 의미가 가장 가까운 것을 고르시오.
마그나카르타(대헌장)는 두 무장 정당의 지도자들, 즉 한 쪽은 왕, 다른 한 쪽은 반란을 일으킨 남들 간의 협상에서 타결되었다. 어느 쪽이 이 문제가 해결될 것으로 기대하지 않았고, 양쪽 모두 왕과 남작 사이의 전쟁이 계속될 것으로 예상했다. Runnymede에서 헌장이 발표된 지 3개월 만에 교황 Innocent 3세는 그 헌장을 무효화했다. 이에 반란군은 왕에 대한 충성을 포기하고, 프랑스 왕의 아들을 불러들여 존 국왕 대신 잉글랜드의 왕좌를 차지하도록 했다.
① 지지하다
② 공증하다
③ 입증하다
④ 폐지하다
⑤ 극찬하다

| 어휘 및 표현 |

hammer out (문제를) 타결하다	negotiation 협상
armed 무장한	party 정당
rebel 반역자	baron 남작
settle 해결하다	charter 헌장
renounce 포기하다, 단념하다	homage 존경, 충성

---

10 독해 > 문맥상 다양한 추론 답 ③

| 정답해설 | ③ 내용상 it imposes upon them에서 it은 the human self를 지칭하고 them은 sense impressions를 지칭하고 있으므로 정답은 ③이다.

| 해석 | 밑줄 친 "it"이 가리키는 것을 고르시오.
형식주의적 이상주의라고도 불리는 초월적 이상주의는 18세기 독일 철학자 Immanuel Kant의 인식론에 적용되는 용어이다. Kant는 인간의 자아, 즉 초월적 자아가 감각적 인상과 그것(= 인간의 자아)이 범주라고 불리는 보편적 개념으로부터 지식을 구성한다고 주장했다.
① 초월적 이상주의
② 인식론
③ 인간의 자아
④ 지식
⑤ 용어

| 어휘 및 표현 |

transcendental 초월적인
formalistic 형식주의의
philosopher 철학자
universal 보편적인
idealism 이상주의
epistemology 인식론
construct 구성하다
impose 부과하다

---

11 독해 > 주제   답 ④

| 정답해설 | ④ This email is to inform you of upcoming change matter for your bank accounts(이 이메일은 귀하의 은행 계좌에 대한 예정된 변경 사항을 알려드리기 위한 것입니다)와 ~ you will be notified that your deposit and withdrawal transactions will be restricted as your account will be transferred to a suspended trading account ~ (~ 고객님의 입출금이 자유로운 예금 중 ~ 거래 중지 계좌로 편입되어 입출금 거래 등이 제한됨을 알려드립니다)의 내용으로 거래 중지 계좌에 대한 안내라는 것을 알 수 있다.

| 오답해설 | ②③ 보이스피싱과 대포 통장에 대한 내용도 나오지만 대책에 대한 세부 내용은 없으므로 '보이스피싱에 대한 특별 대책', '대포 통장 발생 방지 대책'을 글의 주제로 볼 수 없다.

| 해석 | 이 글은 주로 무엇에 관한 것인가?
받는 사람: Jane Austen〈pride1004@gmail.com〉
발신: 우체국 고객센터〈PCS@posa.or.kr〉
주제: 정보
날짜: 5월 7일

Austen 씨께
항상 우체국예금을 이용해 주시는 고객님께 진심으로 감사드립니다.
이 이메일은 귀하의 은행 계좌에 대한 예정된 변경 사항을 알려드리기 위한 것입니다.
금융감독원의 『보이스피싱 등 금융 사기 척결 특별 대책』 후속 조치로 대포 통장 발생을 사전적으로 차단하기 위해 『거래 중지 계좌 제도』가 시행됨에 따라 고객님의 입출금이 자유로운 예금 중 오는 '2023년 5월 28일(일) 기준으로 아래에 해당하는 경우 기준일(5. 28.)로부터 거래 중지 계좌로 편입되어 입출금 거래 등이 제한됨을 알려드립니다.
[거래 중지 계좌 편입 요건]
1. 예금 잔액이 1만 원 미만이며, 1년 이상 거래가 없는 계좌
2. 예금 잔액이 1만 원 이상 5만 원 미만이며, 2년 이상 거래가 없는 계좌
3. 예금 잔액이 5만 원 이상 10만 원 미만이며, 3년 이상 거래가 없는 계좌

관련 문의 사항은 우체국예금 고객센터(1588-1900)를 이용하시기 바랍니다.

우체국 고객센터
① 송금의 요건
② 보이스피싱에 대한 특별 대책
③ 대포 통장 발생 방지 대책
④ 장기 미사용 계좌 거래 정지 안내

| 어휘 및 표현 |
Financial Supervisory Service 금융감독원
countermeasure 대책
fraud 사기, 거짓
fake bankbook 가짜 통장, 대포 통장

in advance 사전에
notify 알리다
deposit 입금, 예금
withdrawal 인출, 출금
transaction 거래
restrict 제한하다
suspend 중지하다
balance 잔액, 잔고
long-term 장기적인

---

12 독해 > 빈칸 추론   답 ③

| 정답해설 | ③ 빈칸 (A)의 앞에 We will refund any overpaid charges(과다 지불한 요금은 환불해 드리겠습니다)라는 언급이 있기 때문에 환불과 관련된 말이 들어가야 한다.

| 오답해설 | ① 빈칸 (A)의 앞에서 이미 실수를 인정하고 환불을 해주겠다는 내용이 있으므로 환불을 받기 위해서 영수증을 가져올 필요는 없다.

| 해석 | 다음 중 빈칸 (A)에 들어갈 것으로 가장 적절한 것은?
2023년 2월 15일
Jean Webster
1750 W Loop Street
Houston, TX 77027

Webster 씨께
귀하의 국제 소포 요금 환불 요청에 대해 답변하기 위해 이 글을 쓰고 있습니다. 귀하의 요청을 검토한 결과, 소포의 무게가 1.3kg이었는데 3kg으로 잘못 기재되었음을 확인했습니다. 이로 인해 과다 지불한 요금은 27,000원입니다.
저희 실수에 대해 깊이 사과드립니다. 앞으로는 이런 일이 발생하지 않도록 최선을 다하겠습니다. 과다 지불한 요금은 환불해 드리겠습니다.
환불금은 1주일 이내에 귀하의 계좌로 입금될 예정입니다.
아래는 귀하의 환불을 진행하기 위해 필요한 계좌 정보입니다.
- 은행명:
- 계좌 번호:
- 예금주:
귀하의 신속한 회신을 부탁드립니다. 질문이나 우려 사항이 있으면 언제든지 저희에게 연락하십시오.
귀하의 이해와 협조에 감사드립니다.

우체국 고객 서비스
① 환불을 받으려면 영수증을 지참해야 합니다.
② 소포의 파손은 당사에서 보상해 드릴 겁니다.
③ 환불금은 1주일 이내에 귀하의 계좌로 입금될 예정입니다.
④ 소포 포장에 문제가 있었다니 유감입니다.

| 어휘 및 표현 |
international parcel charge 국제 소포 요금
review 검토하다
determine 결정하다, 판정하다
list 명부에 올리다
overpayment 초과 지불
apologize 사과하다
account holder 예금주
prompt reply 신속한 회신

concern 걱정, 우려, 관심
cooperation 협력, 협조
receipt 영수증
compensate 보상하다
credit 입금하다

---

13 독해 〉 배열   답 ④

| **정답해설** | ④ Remittance is delivered to the desired recipient only when all of the information you have provided is correct(입력하신 모든 정보가 정확한 경우에만 원하는 수취인에게 송금이 이루어집니다)는 우체국 해외 송금의 장점과 상관없는 내용이기 때문에 글의 흐름과 무관하다.

| **오답해설** | ①②③ What are the advantages of the post office in overseas remittance?(해외 송금에 있어서 우체국의 장점은 무엇인가요?)라는 질문에 챗봇은 요금(fee, charges)에 관련된 장점을 말하고 있으므로 글의 흐름에 적절하다.

| **해석** | 다음 ①~④ 중 글의 흐름에 맞지 않는 것은?
➡ 안녕하세요. 우체국금융 챗봇 '우정톡톡'입니다. 무엇을 도와드릴까요?
⬅ 해외 송금 방법을 알려주세요.
➡ 우체국의 해외 송금 종류는 다음과 같습니다.
   1. 국제환
   2. EUROGIRO
   3. SWIFT
   4. MoneyGram
   5. 간편 해외 송금
⬅ 해외 송금에 있어서 우체국의 장점은 무엇인가요?
➡ ① SWIFT의 경우, 타행과 달리 전신료를 받지 않습니다. ② 또한, 금액 구간별로 수수료를 달리 적용하지 않고 똑같이 적용함으로써 송금액이 커질수록 수수료 부담이 줄어듭니다.
③ MoneyGram의 비대면 채널의 경우, 은행별 평균 수수료는 미화 5달러인 것에 비해 미화 3천 달러 이하의 경우 우체국은 수수료가 미화 4.5달러입니다.
④ 입력하신 모든 정보가 정확한 경우에만 원하는 수취인에게 송금이 이루어집니다. 그래서 우체국을 이용하는 것이 유리합니다.
⬅ 환율 우대는 없던데 그래도 이득인가요?
➡ 타행에서도 미화 1만 달러 이상 혹은 주거래 고객을 대상으로 환율 우대를 적용하고 있습니다.
따라서 그 이하의 소액 송금을 한다면, 전신료가 없고 수수료가 저렴한 우체국 소액 송금이 유리합니다.

| **어휘 및 표현** |

remittance 송금	advantage 이점, 장점
telegraph fee 전신료	burden 부담, 짐
non-face-to-face 비대면	average 평균
desired 바랐던, 희망했던	preferential exchange rate 우대 환율
main transaction 주 거래	

---

14 독해 〉 제목   답 ①

| **정답해설** | ① Korea Post's rate system for international mail will be amended from the existing 4-zone based rating to destination country-based(우정사업본부의 국제 우편 요금 체계가 기존 4지

역별 요금에서 목적지 국가별 요금제로 개정됩니다)를 통해 '국제 우편 요금 체계 변경'에 대한 내용임을 알 수 있다.

| **오답해설** | ② 국제 우편 요금 체계를 등급 시스템으로 변경하는 것이므로 추가 할증과는 연관이 없다.

| **해석** | 다음 빈칸 (A)에 들어갈 제목으로 가장 적절한 것은?

[공지 & 이벤트]

번호 100004564
제목 국제 우편 요금 체계 변경
우정사업본부의 국제 우편 요금 체계가 기존 4지역별 요금에서 목적지 국가별 요금제로 개정됩니다. 새로운 등급 시스템은 국가별 배송 비용을 보다 정확하게 반영하고, 국가별로 이용 가능한 서비스를 확인할 수 있어 고객에게도 도움이 될 것입니다.
또한, 주로 2kg 미만 품목을 대상으로 하는 K-패킷 및 소형 포장물(항공)의 중량 척도를 기존 100g당 6단계에서 20단계로 세분화하여 소규모 인터넷 소매상들의 수출을 지원할 계획입니다.
이밖에도 선편 소포와 선편 소형 포장물을 통합하고, 선편 우편 고객의 부담을 줄이기 위해 1kg 가격대를 추가하는 등의 변화도 있습니다.
날짜 2023-07-12
① 국제 우편 요금 체계 변경
② 국제 항공 우편에 대한 추가 할증
③ 우편 배달 서비스 보관 시간 변경
④ 주 기초 자치구 제도에 따른 우편 번호 개정

| **어휘 및 표현** |

amend 수정하다, 개정하다	reflect 반영하다
available 이용 가능한	e-tailer 인터넷 소매상
integration 통합	surface parcel 선편 소포
lessen 줄이다	burden 부담, 짐
surcharge 추가 요금	postal code 우편 번호(= zip code)
reform 개혁하다, 개정하다	district 지역, 지구

---

15 독해 〉 요지   답 ④

| **정답해설** | ④ 생화학 테러, 종이 편지의 낭비, 천연 자원의 보호, 오염 방지 등의 이유를 들어 기존 우편 제도의 폐지를 주장하고 있으므로 정답은 ④이다.

| **오답해설** | ③ 생화학 테러의 위험을 경고하는 것은 여러 이유 중 하나일 뿐이므로 전체 글의 목적을 포괄할 수 없다.

| **해석** | 이 글의 목적으로 알맞은 것은 무엇인가?
우편 제도는 생화학 테러의 통로가 되었다. 편지에 담겨 보내진 치명적인 바이러스가 무고한 사람의 죽음을 초래하기도 했다. 그러한 공격은 우리가 우편 서비스를 영구히 중단하고 완전한 전자 우편 체계로 옮겨가는 것을 진지하게 고려해야 하는 이유가 된다. 그러나 편지가 사람에서 사람으로 실제로 전달되는 구식 우편 시스템을 폐쇄해야 하는 타당한 다른 이유들이 있다. 구체적으로, 종이로 된 편지를 여기저기로 보내는 것은 낭비일 만큼 비효율적이다. 분명 구식이 된 배송 체제를 없애면 우체국이 매년 입는 수백만 달러의 손실을 막을 수 있을 것이다. 또한 우리는 나무나 물과 같은 귀중한 천연 자원을 보호할 수 있고, 종이의 제조로 야기되는 오염을 없앨 수도 있다.
① 개인 정보 유출을 항의하려고
② 분실된 우편물에 대해 문의하려고
③ 생화학 테러의 위험성을 경고하려고
④ 기존 우편 제도의 폐지를 주장하려고

| 어휘 및 표현 |

avenue 길, 거리

old-fashioned 구식의

conserve 보호하다

permanently 영구적으로

eliminate 제거하다

abolition 폐지

---

16 독해 > 주제 답 ④

| 정답해설 | ④ 우체부가 개에게 물리지 않도록 특수 우산 사용하기, 스프레이 뿌리기, 위험한 개가 있는 집 건너뛰기 등의 방법들을 언급했으므로 정답은 ④이다.

| 오답해설 | ① 개에게 물리는 대상인 우체부에 관한 부분이 빠졌고, 개에게 물려 발생하는 위험에 대한 내용이 아니므로 ①은 오답이다. 정답으로 헷갈릴 여지가 높은 매력적인 오답이다.

| 해석 | 이 글은 주로 무엇에 관한 것인가?

매년 8,000명 정도의 우체부가 개에 물린다. 미 우편국에서 이 문제에 관한 조치를 취하기 위해 노력 중이다. 몇몇 도시에서는 우체부가 특수 우산을 들고 다닌다. 어떤 개들은 우산이 탁 펼쳐지면 도망간다. 또 어떤 개들은 우체부가 아니라 우산을 공격한다. 많은 우체부들은 "정지"라고 불리는 스프레이로 자신을 보호한다. 개가 공격을 할 때 이 스프레이를 뿌리면 잠시 개의 눈을 따끔거리게 만든다. 우체부들은 또한 위험한 개가 있는 집은 건너뛸 수 있는 권리도 있다.

① 개에게 물려 발생하는 위험
② 우편물 배송이 지연되는 사유
③ 우체부의 과중한 업무량
④ 우체부가 개에게 물리지 않는 방법

| 어휘 및 표현 |

halt 멈추다, 정지하다

sting 찌르다, 자극하다

skip 건너뛰다, 걸르다

---

17 독해 > 내용 일치/불일치 답 ②

| 정답해설 | ② all international mail items containing goods(EMS, parcels, small packets, K-packets, etc) sent to those countries must transmit customs data before shipping(해당 국가로 발송되는 물품이 포함된 모든 국제 우편물(EMS, 소포, 소형 패킷, K-패킷 등)은 선적 전에 세관 자료를 전송해야 합니다)에서 모든 국가가 아닌 해당 국가인 '미국, 영국, EU'로 가는 국제 우편물에 한해서 세관 자료를 전송해야 함을 알 수 있다. 또한 '선적 중'이 아니라 '선적 전'에 세관 자료를 전송해야 한다고 하였으므로 ②는 옳지 않은 선택지이다.

| 해석 | 다음 중 이 글에 의하면 옳지 않은 것은?

고객님께,

우리의 우체국 운영과 우편 사업에 대한 지속적인 지원에 항상 깊은 감사를 드립니다.

미국, 영국, EU의 새로운 관세 정책에 따라 해당 국가로 발송되는 물품이 포함된 모든 국제 우편물(EMS, 소포, 소형 패킷, K-패킷 등)은 선적 전에 세관 자료를 전송해야 합니다.

따라서 우리는 고객님께 품목 카테고리, 내용물의 가치, HS 코드 등을 포함하여 주소 라벨 또는 스마트 배송 프로세스를 완료할 때 정확한 품목 데이터를 제공해 줄 것을 요청합니다.

적절한 세관 자료가 없을 경우, 귀하의 상품은 배송이 지연되거나 반품될 수 있음을 알려드립니다.

이해와 협조에 감사드립니다.

① 국제 우편물에 대한 세관 자료 제공은 미국, 영국 및 EU의 새로운 세관 정책에 따라 이루어진다.
② 모든 국제 우편물은 선적 중에 세관 자료를 전송해야 한다.
③ 정확한 품목 데이터를 제공해야 한다.
④ 부적절한 세관 자료가 있을 경우, 물품 배송이 지연되거나 반송될 수 있다.

| 어휘 및 표현 |

subject to ~에 따라

goods 물건, 물품

transmit 보내다, 발송하다

shipping 선적, 운송

contents 내용물

HS code 국제통일상품분류체계(Harmonized Commodity Description and Coding System)

appropriate 적절한

in accordance with ~에 따라서, 일치하여

in case of ~의 경우

---

18 독해 > 내용 일치/불일치 답 ③

| 정답해설 | ③ 글의 첫 부분에서 all financial transaction(모든 금융 거래)이라고 언급하고 있으므로 배송과 관련된 서비스인 스마트 배송 프로세스는 이용 불가능한 서비스가 아니다.

| 해석 | 다음 중 본문에서 이용 불가능한 서비스로 언급되지 않은 것은?

서비스 중단 기간 동안 우정사업본부 계좌를 이용한 모든 금융 거래와 우정사업본부 계좌를 이용한 기타 금융 기관 플랫폼을 통한 금융 거래는 다음과 같은 서비스 기능을 포함하여 이용할 수 없습니다.

• 모바일 애플리케이션, 인터넷(PC), 폰뱅킹 등을 포함한 은행 및 보험 전자 금융 서비스
• 지역 사업자 바우처 충전 서비스, 현금 인출 서비스 등을 포함한 직불 카드 결제 등 모든 국내외 거래
• 입금, 출금, 계좌 이체, 보험 거래 등의 CD/ATM 자동화 뱅킹 서비스
• 보험 가입, 보험금 청구 및 납부, 보험료 납부 등
• 우정사업본부 계좌를 이용한 타행 ATM, 지하철역, 편의점 등의 약정 CD기기를 통한 금융 거래
• 우정사업본부 계좌 또는 직불 카드 등과 연결된 삼성페이 등 페이 서비스를 통한 거래

① 현금 인출 서비스
② 편의점의 CD기
③ 스마트 배송 프로세스
④ 직불 카드에 연결된 삼성페이

| 어휘 및 표현 |

suspension 중지, 정지

account 계좌

unavailable 이용 불가능한

electronic 전자의, 전자상의

voucher 바우처

insurance claim 보험 청구

transaction 거래

institution 기관

feature 기능, 특징

domestic 국내의, 가정의

subscription 구독

contracted 약정된, 계약된

19 독해 〉 요지   답 ②

| **정답해설** | ② we inevitably decided to apply an additional surcharge on international air mail items(부득이하게 국제 항공 우편물에 추가 할증을 적용하기로 결정하였습니다)로 정답을 알 수 있다.

| **해석** | 이 글의 요지는 무엇인가?
우정사업본부는 사업 현대화, 비용 절감 등을 통해 국민들에게 보다 편리한 우편 서비스를 제공하기 위해 항상 노력해 왔습니다. 그러나 코로나19 팬데믹으로 인한 지속적인 영향으로 항공편 운항이 중단되거나 축소되어 배송되지 못하는 도착지 국가가 늘어났으며 항공 운송 할증료가 크게 증가했습니다. 이러한 상황에서 우편 서비스의 안정적 제공과 공적 책임의 지속적 이행을 위해 부득이하게 국제 항공 우편물에 추가 할증을 적용하기로 결정하였습니다. 당사 서비스에 대한 깊은 이해와 지속적인 지원을 부탁드리며, 앞으로도 국제 우편 서비스의 향상을 위해 최선을 다할 것을 약속드립니다.
① 우편 사업의 현대화
② 국제 항공 우편에 대한 추가 할증
③ 국제 우편 서비스의 개선
④ 코로나19 팬데믹으로 인한 항공편 감소

| **어휘 및 표현** |

sustain 유지하다	pandemic 팬데믹, 전국적인 유행병
suspension 중단, 정지	reduction 감소
undeliverable 배달할 수 없는	destination 목적지, 도착지
transportation 운송, 수송	surcharge 추가 요금
ensure 보장하다	stable 안정적인
sustainable 유지할 수 있는	fulfillment 이행, 수행
responsibility 책임	circumstance 환경, 상황

20 독해 〉 내용 일치/불일치   답 ④

| **정답해설** | ④ The design shall not incorporate ~ the number representing the denomination or year of issue(도안에는 ~ 액면가나 발행 연도를 나타내는 숫자가 포함되어서는 안 됩니다)를 통해 정답을 알 수 있다.

| **오답해설** | ① the entry work should be attached on the front(출품작은 앞면에 부착되어야 합니다)라고 했기 때문에 ①은 옳지 않다.

② works(including computer graphics) that have not been submitted to other contests(다른 공모전에 출품되지 않은 작품(컴퓨터그래픽 포함))라고 했기 때문에 ②는 옳지 않다.

③ three-dimensional works will not be accepted(입체적인 작품은 허용되지 않습니다)라고 했기 때문에 ③은 옳지 않다.

| **해석** | 다음 중 이 글에 의하면 옳은 것은?
〈국제 우표 도안 공모전〉
• 주최: 우정사업본부
• 주제: 2024년 새해 인사
• 제출 지침
 – 디자인 사이즈: 15cm(폭) × 20cm(길이) 또는 20cm(폭) × 15cm(길이)
 – A4 크기의 하드보드는 앞면에 출품작, 뒷면에 신청서를 첨부해야 하며, 등기우편으로 출품할 수 있습니다.

 – 다른 공모전에 출품되지 않은 작품(컴퓨터그래픽 포함)에 한해 접수하며, 항상 원본을 제출해야 합니다.
 – 작품에 사용되는 소재와 색상의 범위는 제한이 없으나 입체적인 작품은 허용되지 않습니다.
 – 도안에는 우표 이름(테마, 부제), 액면가나 발행 연도를 나타내는 숫자가 포함되어서는 안 됩니다.
 – 신청서 배부: 전국 우체국에서 접수 가능(2023년 7월 15일 ~ 9월 13일)
* 양식은 우정사업본부 홈페이지(www.koreapost.go.kr)나 한국 우표 포털 서비스 홈페이지(www.koreastamp.go.kr)에서 내려 받을 수 있습니다.
① 작품은 A4 크기의 하드보드 뒷면에 부착해야 한다.
② 다른 공모전에 출품된 컴퓨터그래픽도 작품에 포함된다.
③ 입체적인 작품에는 제한이 없다.
④ 발행 연도를 나타내는 숫자가 디자인에 포함되면 안 된다.

| **어휘 및 표현** |

submission 제출
guideline 지침
entry work 출품작
attach 붙이다, 부착하다
application form 신청서
registered mail 등기우편
include 포함하다
accept 받아들이다, 수락하다
at all times 항상
restriction 제한
material 재료, 소재
three-dimensional 입체적인, 3차원의
incorporate 포함하다
represent 대표하다, 묘사하다, 그리다
subtitle 부제, 자막
denomination 액면가
distribution 분배, 배부

21 독해 〉 문맥상 다양한 추론   답 ①

| **정답해설** | ① If you are a smartphone user and you want to send your mail item abroad(만약 당신이 스마트폰 사용자이고 우편물을 해외로 보내고 싶다면)와 Moreover, you can get a 10% discount as well(게다가 10% 할인도 받을 수 있다)을 통해 ①의 내용을 유추할 수 있다.

| **오답해설** | ②④ If you choose to enter your credit card information on the app, you don't need to make payment at post office counter(앱에 신용 카드 정보를 입력할 경우, 우체국 창구에서 결제할 필요가 없고)를 통해 ②④가 옳지 않음을 알 수 있다.

③ There is no need of manually preparing an address label(주소 라벨을 수동으로 준비할 필요가 없다)로 ③이 옳지 않음을 알 수 있다.

| **해석** | 다음 중 지문에서 추론할 수 있는 것은?
우정사업본부가 고객이 스마트폰 앱에 필요한 정보를 입력한 뒤 직접 우편 요금을 낼 수 있는 EMS 스마트 우편 요금제를 도입한다. 만약 당신이 스마트폰 사용자이고 우편물을 해외로 보내고 싶다면, 더 이상 우체국 창구에서 긴 줄을 기다릴 필요가 없을 것이다. 게다가 10% 할인도 받을 수 있다. 고객은 미리 입력한 데이터를 바탕으로 우정사업본부 앱에서 제공하는 모바일 바코드만 보여주면 된다.

주소 라벨을 수동으로 준비할 필요가 없다. 앱에 신용 카드 정보를 입력할 경우, 우체국 창구에서 결제할 필요가 없고, 상품에 상품 번호와 전화 번호만 적어서 제출하면 된다. 고객의 신용 카드로 자동 결제되며, 우편 요금 결과는 SMS로 발송된다.

① 스마트폰 사용자는 앱에서 10% 할인을 받을 수 있다.
② 고객들이 우체국 창구에서 직접 우편 요금을 내야 한다.
③ 주소 라벨은 미리 인쇄해야 한다.
④ 카드 정보를 입력하지 않아도 자동으로 결제된다.

| 어휘 및 표현 |

introduce 도입하다, 소개하다	pay postage 우편 요금을 내다
input 입력하다	in advance 미리
manually 수동으로	prepare 준비하다

---

22 독해 > 빈칸 추론　　　　　　　　　답 ②

| 정답해설 | ② 빈칸의 관계대명사 which가 수식하는 선행사가 PET bottle-recycled fiber(페트병 재활용 섬유)이기 때문에 ②가 가장 적절하다.

| 오답해설 | ①③④ 페트병을 재활용하면서 얻게 되는 효과이므로 오답이다.

| 해석 | 다음 중 빈칸에 들어갈 것으로 가장 적절한 것은?
우정사업본부는 전국의 우편배달부들이 식수나 음료에 사용되고 있는 페트병 재활용 섬유를 착용할 것이라고 발표했다. 집배원 유니폼은 재활용 페트병을 잘게 썰어 정제 과정을 거친 페트 섬유로 만들어진다. 유니폼 한 벌을 만드는 데 최대 11개의 재활용 페트병이 사용되며, 35,000개의 유니폼을 제작하는 데는 약 389,000개의 페트병이 사용되고 있다. 즉, 이 친환경 의류는 약 22,000 킬로그램 상당의 이산화탄소를 흡수할 수 있으며, 이는 자동차 주행 거리 100,000 킬로미터의 온실 가스 배출량 감소분에 해당하는 양이다. 22,000 킬로그램 상당의 이산화탄소를 흡수하기 위해서는 50년 동안 1,300그루의 나무가 절대적으로 필요하다.

① 많은 양의 이산화탄소를 흡수할 수 있는
② 식수나 음료에 사용되고 있는
③ 온실 가스 배출을 줄일 수 있는
④ 많은 나무와 지구를 구하는 데 도움이 될

| 어휘 및 표현 |

announce 발표하다	mail carrier 우체부(= postman)
fiber 섬유	go through 겪다
refine 정제하다	approximately 대략
manufacture 제조하다, 만들다	absorb 흡수하다
equivalent 같은, 동등한	green house gas 온실 가스
emission 방출, 배출	

---

23 독해 > 제목　　　　　　　　　답 ①

| 정답해설 | ① 과거에 우체국쇼핑이 시작된 연유와 현재 제공하고 있는 서비스까지 전반적으로 우체국쇼핑이 어떤 것인지에 대한 소개글이므로 제목으로는 ①이 적합하다.

| 해석 | 다음 중 이 글의 제목으로 가장 적절한 것은?
우체국쇼핑은 1986년 우루과이라운드 협상으로 농수산물 수입에 위기감이 높아진 상황에서 경제 활성화와 농촌 신시장 개척을 위해 과학기술정보통신부가 우정사업본부의 일환으로 시작한 서비스이다. 전국을 거미줄처럼 연결하는 우체국망

을 활용해 우수한 우리나라 특산물을 소비자에게 직접 연결하는 우체국쇼핑은 대한민국 대표 특산물 쇼핑몰로 자리매김했다. 현재 우체국쇼핑은 특별 상품 외에도 꽃 배달, 생활마트(공산품), 제철 식품, 전통시장 등 다양한 점포를 설립해 서비스를 제공하고 있다.

① 우체국쇼핑에 대한 소개
② 우체국쇼핑의 인기
③ 우체국쇼핑: 수입의 시작
④ 우체국 우편 서비스 이용 방법

| 어휘 및 표현 |

launch 시작하다, 착수하다	revitalize 소생시키다, 부흥시키다
rural 시골의	negotiation 협상
crisis 위기	importation 수입
agricultural 농업의	leading 선두의, 가장 중요한
various 다양한	in addition to ~에 더하여, ~외에

---

24 독해 > 빈칸 추론　　　　　　　　　답 ④

| 정답해설 | ④ The phishing mail was found to induce payment(피싱 메일은 결제를 유도한 것으로 드러났다)와 there is no payment guidance through e-mail(이메일을 통한 결제 안내는 없다)을 통해서 빈칸에 결제와 관련된 내용이 포함되어야 하므로 정답은 ④이다.

| 해석 | 다음 중 빈칸에 들어갈 것으로 가장 적절한 것은?
우정사업본부가 피싱 이메일을 분석한 자료를 보면 우체국 택배를 사칭한 경우가 대부분이다. 피싱 메일은 메일 본문에 포함된 링크를 통해 배송료, 보관료, 과태료 등의 명목으로 이용자에게 결제를 유도한 것으로 드러났다. 우체국은 우편물 배달과 반송의 이유로 수취인에게 결제할 것을 요구하지 않는다. 유료 소포의 경우 수취인이 우체국 애플리케이션이나 인터넷 우체국 홈페이지에서 미리 결제하거나, 집배원이 우편물을 배달하는 방식이며, 이메일을 통한 결제 안내는 없다. 피싱 메일로 인한 피해를 예방하기 위해서는 본인이 구매한 물건이 맞는지 구매 내역을 확인해야 하며, 메일에서 출처가 불분명한 인터넷 주소(URL)는 클릭하지 말아야 한다. 특히 배송비와 반품비 지급 명목으로 개인 정보나 금융 정보를 요구할 때는 응하지 않는 것이 중요하다.

① 피싱은 속임수를 통해 사람들로부터 돈을 훔치는 것을 말한다.
② 우체국은 보안을 위해 신원 확인 절차를 강화하기로 했다.
③ 클릭하면 가짜 홈페이지로 이동하며 개인 정보를 알려달라고 요청한다.
④ 우체국은 우편물 배달과 반송의 이유로 수취인에게 결제할 것을 요구하지 않는다.

| 어휘 및 표현 |

according to ~에 따르면	analysis 분석
impersonate 가장하다, 사칭하다	induce 유도하다
storage fees 보관료	paid-in parcel 선불 소포, 유료 소포
purchase detail 구매 내역	return fee 반품비

---

25 독해 > 내용 일치/불일치　　　　　　　　　답 ①

| 정답해설 | ① a nearby post office that does not have the lunchtime closing system(점심 시간 휴무제가 없는 가까운 우체국)이라는 것으로 보아, 모든 우체국에서 점심 시간 휴무제를 하는 것은 아니라는 것을 알 수 있으므로 정답은 ①이다.

| 해석 | 다음 중 점심 시간 휴무제에 대한 것으로 옳지 않은 것은?

우정사업본부는 우체국 점심 시간 교대 근무 중 발생할 수 있는 사고를 예방하고 우체국을 이용하는 고객들에게 보다 편안한 우편 서비스를 제공하기 위해 점심 시간 휴무제를 운영한다. 이에 따라 점심 시간에는 우체국이 일시 휴무에 들어가 므로 고객들은 방문 전에 우체국의 점심 시간을 미리 확인해야 한다. 또한 점심 시간에 급한 업무가 있는 경우에는 해당 지점에 연락하거나 점심 시간 휴무제가 없는 가까운 우체국을 방문하여 업무를 처리해야 한다.

① 점심 시간에는 모든 우체국이 일시 휴무한다.

② 점심 시간 교대 근무 중 발생할 수 있는 사고를 예방하기 위해서다.

③ 고객들은 방문 전에 우체국의 점심 시간을 확인해야 한다.

④ 만약 당신이 급하다면, 점심 시간 휴무제가 없는 우체국을 방문하여야 한다.

| 어휘 및 표현 |

prevent 막다, 예방하다	lunch shift 점심 교대
comfortable 편안한	temporarily 일시적으로
in advance 미리	urgent 긴박한
contact 연락하다, 접촉하다	relevant 연관 있는
branch 지점	handle 다루다, 처리하다
furnish 제공하다	

문제편 P.172

01	④	02	④	03	③	04	①	05	②
06	②	07	④	08	④	09	①	10	①
11	①	12	③	13	③	14	②	15	②
16	①	17	③	18	④	19	③	20	④

---

01   운영 체제 > 기억 장치 관리 > FIFO 페이지 교체 알고리즘   답 ④

| **정답해설** | FIFO(First-In First-Out) 페이지 교체 알고리즘

요구 페이지	2	3	4	5	2	3	6	2	3	4	5	1
페이지 프레임	2	2	2	2	2	2	6	6	6	6	5	5
		3	3	3	3	3	3	2	2	2	2	1
			4	4	4	4	4	4	3	3	3	3
				5	5	5	5	5	5	4	4	4
페이지 부재	○	○	○	○			○	○	○	○	○	○

∴ ④ 페이지 부재는 10번 발생한다.

---

02   정보 보호 > 암호학 > 공개키 암호 시스템   답 ④

| **정답해설** | 공개키 암호 시스템에서 송신자는 수신자의 공개키를 이용하여 암호화를 수행하며, 수신자는 자신의 개인키를 이용하여 복호화한다. 따라서 괄호 안에 들어갈 내용은 다음과 같다.
ㄴ. Bob은 (㉠ Bob의 공개키)를 Alice에게 전송한다.
ㄷ. Alice는 (㉡ Bob의 공개키)를 사용하여 메시지를 암호화한다.
ㅁ. Bob은 (㉢ Bob의 개인키)를 사용하여 암호문을 복호화한다.

---

03   데이터 통신과 인터넷 > 인터넷 > IP 주소   답 ③

| **정답해설** | ③ 203.253.192.21에서 맨 앞의 203은 C 클래스 (192~223)에 해당한다.

┌ **함께 보는 이론** | 클래스별 연결 가능한 호스트 수 ─

구분	주소 범위	연결 가능한 호스트 개수
A 클래스	0.0.0.0 ~ 127.255.255.255	16,777,214개
B 클래스	128.0.0.0 ~ 191.255.255.255	63,534개
C 클래스	192.0.0.0 ~ 223.255.255.255	254개

---

04   정보 보호 > 정보 보안 및 보호의 개요 > 정보 보호 속성   답 ①

| **정답해설** | ① 인증은 수신자가 수신된 메시지가 정당한 송신자로부터 전송된 것인지를 확인할 수 있어야 한다.

---

05   컴퓨터 구조 > 자료 표현과 연산 > 부동 소수점 표현   답 ②

| **정답해설** | – C0400000(16진수): 11000000010000000000000000000000(2진수)
– 11000000010000000000000000000000(2진수): 부호 비트(1)
– 음수, 지수부(10000000), 가수부(10000000000000000000000)
– 지수 바이어스 128-127 = 1
– 가수부 10000000000000000000000이므로 나타나는 값으로는 1.1이 된다. 지수 바이어스의 계산이 1이고, 부호 비트가 음수이므로 $-1.1 \times 2^1 = \underline{-1.1 \times 2}$로 표기할 수 있다.

---

06   컴퓨터 구조 > 고성능 컴퓨터 시스템(병렬 처리) > 컴퓨터 클러스터링   답 ②

| **정답해설** | ② 개방형 클러스터가 다양한 통신 환경들을 지원해야 하기 때문에 통신 오버헤드가 높다. 폐쇄형 클러스터는 표준 프로토콜을 사용할 필요가 없어 통신 오버헤드가 낮다.

┌ **함께 보는 이론** | 개방형과 폐쇄형 클러스터의 이해 ─

– **개방형(Exposed) 클러스터**: 클러스터가 외부 노출되어 외부 사용자들도 쉽게 접속할 수 있는 구조이며, 클러스터의 노드들은 주로 인터넷과 같은 공공 네트워크에 연결된다. 개방형 클러스터는 다양한 통신 환경들을 지원해야 하기 때문에 통신 오버헤드가 높다. 통신 채널이 안전하지 못하여 보안이 보장되지 않는다. 하드웨어 추가가 거의 없으며 구축하기가 쉽다. 클러스터링을 위한 소프트웨어가 필요하다.
– **폐쇄형(Enclosed) 클러스터**: 클러스터가 외부에 차단되어 있는 구조이며, 주로 사설 네트워크에 연결된다. 폐쇄형 클러스터는 표준 프로토콜을 사용할 필요가 없어 통신 오버헤드가 낮다. 통신 보안이 보장될 수 있으며, 외부 트래픽의 영향이 없다. 구축 비용이 많이 소요되며, 외부 통신망과 접속하기 위해서는 브리지와 같은 별도의 통신 장비가 필요하다.

---

07   데이터 통신과 인터넷 > 인터넷 > 인터넷 관련 용어   답 ④

| **정답해설** | ④ 웹 캐시는 프록시 서버(Proxy Server)라고도 한다. 기점 웹 서버(Origin Web Server)를 대신하는 역할을 하는 네트워크 요소이다.
– 클라이언트가 웹 서버에 접속해서 어떤 정보를 얻고자 한다고 실제 웹 서버에 접속하는 것이 아니라 클라이언트로부터 가까이에 존재하는 프록시 웹 서버에 요청을 하여 원하는 정보를

얻게 된다.

- 웹 캐시는 클라이언트의 요청에 대한 응답 시간을 줄여줄 수 있고, 기점 서버(Origin Server)에 대한 과도한 트래픽을 막는 동시에 트래픽 분산 효과를 통해 병목 현상 또한 줄이는 장점이 있다.

---

08 소프트웨어 공학 > 소프트웨어 테스트와 유지 보수 > 소프트웨어 제품 평가 　답 ④

| **정답해설** | ④ 평가 모형은 주관성이 아니라 객관성을 가져야 한다(상대 비교가 가능하도록).

┌ | **함께 보는 이론** | 소프트웨어 제품의 평가 기준
- **반복성**: 동일한 제품에 대해서 동일한 평가자가 동일한 제품에 대해 평가할 경우 항상 같은 결과를 도출한다.
- **재생산성**: 동일한 제품에 대해서 다른 평가자가 동일한 평가 기준을 활용하여 다른 데이터로 측정해도 동일한 결과를 도출한다.
- **공평성**: 평가 결과를 유도하지 않고 편향되지 않는다.
- **객관성**: 평가자의 주관이 반영되지 않아야 한다.

---

09 스프레드시트 > 수식의 활용 > IF 함수 　답 ①

| **정답해설** | - IF 함수를 세 번 이용하여 조건을 표현할 수 있다.
- 조건 B2≥10과 C2≥3만을 만족하면 준회원이고, 조건 D2≥1까지 만족하면 정회원이 될 수 있도록 IF 함수를 표현하면 다음과 같다.
∴ ① =IF(B2≥10,IF(C2≥3,IF(D2≥1,"정회원","준회원"),""),"")

---

10 데이터 통신과 인터넷 > 통신 프로토콜 > DHCP 　답 ①

| **오답해설** | ② 서로 다른 통신 규약을 사용하는 네트워크들을 상호 연결하기 위해 통신 규약을 전환하는 것은 게이트웨이이다.
③ 데이터 전송 시 케이블에서의 신호 감쇠를 보상하기 위해 신호를 증폭하고 재생하여 전송하는 것은 증폭기이다.
④ IP 주소를 기준으로 네트워크 패킷의 경로를 설정하며 다중 경로일 경우에는 최적의 경로를 설정하는 것은 라우터이다.

---

11 데이터베이스 > 데이터 모델 및 언어 > 관계 연산 　답 ①

| **정답해설** | - π_{B,D}(S)의 결과:

B	D
b1	d1
b2	d2

- 릴레이션 R과 π_{B,D}(S)의 결과를 디비전 연산을 수행하면 차수(d|T|)는 2(A, C)이지만, 카디널리티(|T|)는 0이 된다. 카디널리티가 0인 이유는 (B, D)가 동시에 포함되는 (A, C)가 없기 때문이다.
∴ ① d|T| + |T| = 2 + 0 = 2

---

12 컴퓨터 구조 > 기억 장치와 입출력 장치 > 컴퓨터의 기억 장치 　답 ③

| **정답해설** | ③ 캐시 메모리는 중앙 처리 장치와 주기억 장치 사이의 속도 차이를 극복하기 위해서 사용되는 것이다.

---

13 데이터베이스 > 데이터베이스 개요 > 데이터베이스 관리 시스템(DBMS) 　답 ③

| **정답해설** | ③ 데이터의 중복성이 낮아지면 데이터의 일치성과 정확도가 높아져서 무결성 유지에 좋지만, 데이터베이스는 중복을 최소로 할 뿐이지 완전히 제거할 수는 없다.

---

14 기초영어 > 어휘 및 숙어 > 우체국 어휘 　답 ②

| **정답해설** | ② 해외 우편물은 통관 절차 중 하나인 X-ray 검사를 통과해야 반입이 가능하기 때문에 정답은 ②이다.

| **오답해설** | ① censorship은 글이나 언론을 '검열'한다는 뜻이므로 물건을 검사한다는 뜻으로는 쓰지 않는다.

| **해석** | 해외에서 선적되거나 반입되는 우편물은 X-ray에 의한 1차 통관 검사에 의해 통관 대상 물품과 면세품으로 분류된다.

| **어휘 및 표현** |

overseas 해외의	classify 분류하다
customs clearance 통관	duty-free 면세의
censorship 검열	inspection 조사
management 경영, 관리	coordination 조직, 조화

---

15 기초영어 > 어휘 및 숙어 > 우체국 어휘 　답 ②

| **정답해설** | ② peculiar는 '(특히 불쾌하거나 걱정스러울 정도로) 이상한, 독특한'의 뜻이므로 환율과는 어울리지 않는 단어이다.

| **오답해설** | ①③④ exchange rate benefit(환율 혜택)에 어울리는 단어는 preferential(우대의, 특혜를 주는)이며, 유의어인 special(특별한)과 privileged(특권을 가진)도 환율 혜택과 함께 쓸 수 있는 단어이다.

| **해석** | 간편 해외 송금은 WireBarley와 제휴하여 우체국 스마트뱅킹 앱을 통해 주요 43개국으로 송금하는 서비스로, 일반 해외 송금 대비 80% 우대 환율 혜택을 제공합니다.

| **어휘 및 표현** |

remittance 송금	exchange rate 환율
compared to ~와(과) 비교하여	special 특별한
peculiar 이상한, 독특한	privileged 특권을 가진
preferential 우대의, 특혜를 주는	

16 기초영어 > 어휘 및 숙어 > 우체국 숙어 답 ①

| **정답해설** | ① 괄호 안에 들어갈 표현은 '추가 보상을 받을 수 있는'의 뜻이어야 하므로 be eligible for(~할 자격이 있다)가 적절하다.

| **어휘 및 표현** |
since ~ 때문에, ~한 이후로
carrier 운송하는 사람 또는 회사
compensation policy 보상 정책
shipping insurance 배송 보험
additional 추가의
in case of ~의 경우에
issue 문제, 발행하다
be eligible for ~할 자격이 있다
be composed of ~(으)로 구성되다
be accustomed to N/V-ing ~하는 것에 익숙하다
be anxious about ~에 대해 불안해하다

17 기초영어 > 회화 > 카드(신청/분실신고/갱신/재발급) 답 ③

| **정답해설** | ③ B가 My debit card is near to expiry(제 직불 카드가 곧 만료돼요)라고 했고, 이후 어떤 절차를 거친 후, A가 Here is your debit card(카드 여기 있어요)라고 했으므로 빈칸에 가장 적절한 것은 카드 갱신과 관련된 ③이다.

| **해석** | A: 좋은 아침입니다! 무엇을 도와드릴까요?
B: 안녕하세요. 제 직불 카드가 곧 만료돼요. 그래서 카드를 갱신해야 합니다.
A: 알겠습니다. 제가 표시한 곳에 서명 부탁드립니다.
B: 네. 결제 금액이 출금되는 계좌는 기존과 동일한가요?
A: 물론이죠. 결제 계좌를 변경해드릴까요?
B: 아니요. 괜찮아요.
A: 다 됐습니다. 카드 여기 있어요.
B: 정말 감사합니다.
① 하지만 더 이상 작동이 안 돼요.
② 그리고 카드 내역을 확인하고 싶습니다.
③ 그래서 카드를 갱신해야 합니다.
④ 카드의 마그네틱 스트립이 손상되었기 때문입니다.

| **어휘 및 표현** |
debit card 직불 카드   near to ~에 가까운
expiry 만료, 만기   withdraw 출금하다, 인출하다

18 기초영어 > 회화 > 소포 답 ④

| **정답해설** | ④ 빈칸 앞에서 A가 Postage for 12.5kg is 170,000 won(12.5kg이고 요금은 170,000원입니다)이라고 했는데 빈칸 뒤에서 B가 The postage I checked on the rate table on the post office website was 142,000 won(우체국 홈페이지 요금표에서 확인한 우편 요금은 142,000원이었거든요)이라고 했으므로 B의 생각보다 요금이 더 비싸게 나왔다는 것을 알 수 있다. 따라서 정답은 ④이다.

| **해석** | A: 안녕하세요, 무엇을 도와드릴까요?
B: 안녕하세요, EMS로 호주에 택배를 보내고 싶습니다.
A: 네, 무게를 재어 보겠습니다. 12.5kg이고 요금은 170,000원입니다.
B: 요금이 예상보다 비싼 이유는 뭔가요? 우체국 홈페이지 요금표에서 확인한 우편 요금은 142,000원이었거든요.
A: 우편물의 배송비는 실제 무게와 부피 중 어느 쪽이 더 큰지에 따라 결정됩니다. 이렇게 함으로써 소포의 크기와 무게를 모두 고려한 요금을 책정할 수 있습니다.
B: 알겠습니다. 계산하겠습니다.
A: 네, 소포에 보험을 들어드릴까요?
B: 아니요, 보험은 필요 없어요.
A: 네, 영수증 여기 있습니다.
① 이 소포 안에는 깨지기 쉬운 것이 없습니다.
② 이 소포를 부치려면 요금이 얼마나 드나요?
③ 이 소포를 포장지로 포장해 주시겠습니까?
④ 요금이 예상보다 비싼 이유는 뭔가요?

| **어휘 및 표현** |
rate table 요금표   shipping charge 배송비
determine 결정하다   volumetric 부피 측정의
insure 보험에 들다   fragile 깨지기 쉬운

19 기초영어 > 독해 > 주제 답 ③

| **정답해설** | ③ All mail, except letters, is subject to customs inspection(편지를 제외한 모든 우편물은 세관 검사 대상이며)과 the inspection with an X-ray fluoroscopy(엑스레이 투시기로 검사)를 통해서 해외 우편물의 통관 검사라는 것을 알 수 있으므로 정답은 ③이다.

| **오답해설** | ④ 동물과 식물에 국한된 검역에 대한 내용이 아니므로 오답이다.

| **해석** | 이 글은 주로 무엇에 관한 것인가?
편지를 제외한 모든 우편물은 세관 검사 대상이며, 이러한 우편물에 대해서는 관세를 담당하는 세관공무원들이 우체국 직원의 입회하에 내용품 검사를 시행한다. 이러한 세관 검사는 우리나라에 국한되는 것이 아니며 모든 나라의 관세 정책에 따라 실시되고 있다. 우편물 발송 시 내용품 란에 기재한 내용과 엑스레이 투시기로 검사한 결과 동일하다고 판단되는 경우에는 내용품을 개봉하지 않고 관세를 부과한 뒤 배달할 수 있도록 조치한다. 내용품이 부정확하거나 허위로 기재된 경우, 또는 수입 제한 품목 등이 들어 있어 수취인의 수입 신고가 필요한 경우에는 우편물 도착 및 세관 안내서를 발송하여 수취인 또는 관세사를 통하여 세관 신고를 하고 있다.
① 통관 대행 수수료 조회
② 수취인 배송 위치 변경 서비스
③ 해외에서 도착한 우편물의 통관 검사
④ 국제 우편 동·식물 검역

| **어휘 및 표현** |
customs inspection 통관 검사   in charge of ~을(를) 담당하는
conduct 수행하다   in accordance with ~에 따라
determine 결정하다   column 칼럼, (기고)란
fluoroscopy 투시 진단(법)   impose 부과하다
import declaration 수입 신고   restrict 제한하다
file 제출하다   customs declaration 세관 신고
quarantine 격리, 검역

20   기초영어 > 독해 > 문맥상 다양한 추론   답 ④

| **정답해설** | ④ The Post Office will derive financial service innovation tasks using AI technology(우정사업본부는 AI 기술을 활용한 금융 서비스 혁신 과제를 도출할 예정이다)를 통해 우체국 금융 서비스에 AI를 도입하고자 함을 알 수 있다.

| **오답해설** | ① 신규 고객 유치, ② 고객의 소비 분석, ③ 투자 가능성 등에 대한 언급은 없었으므로 모두 오답이다.

| **해석** | 다음 중 지문에서 추론할 수 있는 것은?

우정사업본부는 우체국보험 장기 고객을 위한 상품 리밸런싱, 마케팅 전략 수립, 소액 보험 지급 심사·분석 자동화 등 AI 기술을 활용한 금융 서비스 혁신 과제를 도출할 예정이다. 기존 우체국 금융 고객군 분석 결과를 바탕으로 고객 전환 가능성을 예측하고 최적의 인프라도 연구한다. 연구를 통해 개발된 AI를 활용한 새롭고 혁신적인 초개인화 서비스 사업 중 우체국은 단기간에 검증 및 분석이 가능한 과제에 대해 시범 개발 및 운영을 통해 개념 검증을 추진한다. 아울러, 우정사업본부는 AI 기술 도입과 활용에 대한 문제점을 분석하고 해결 방안을 검토한 뒤 향후 AI 기술 적용 확대를 위한 고려 사항을 마련할 계획이다.

① AI를 통한 신규 우편 보험 고객 유치 전략
② AI를 이용한 기존 우체국 금융 고객의 소비 분석
③ 마케팅 전략 수립과 투자 가능성 예측을 위한 AI 기술 활용
④ 우체국 금융 서비스에 생성형 AI 도입 검토

| **어휘 및 표현** |

derive 끌어내다
long-term 장기의
microinsurance 소액 보험
conversion 전환
infrastructure 사회[공공] 기반 시설
verification 확인, 검증
come up with 제시하다, 생각해내다

innovation 혁신
strategy 전략
payment screening 지급 심사
optimal 최적의
hyper-personalized 초개인화된
pilot 시범의, 시험[실험]하는

제2회 실전동형 모의고사

문제편 P.177

01	①	02	①	03	②	04	③	05	④
06	②	07	②	08	③	09	②	10	①
11	③	12	②	13	①	14	②	15	①
16	④	17	②	18	①	19	①	20	④

---

01 정보 보호 > 악성 코드 및 해킹 기법 > 보안 공격 　　답 ①

| **정답해설** | ① Land 공격: 출발지 주소와 목적지 주소를 모두 공격 대상의 주소로 써서 보내어, 공격 대상은 자기 자신에게 무한히 응답하는 현상을 만드는 공격이다.

---

02 컴퓨터 구조 > 중앙 처리 장치와 명령어 > 중앙 처리 장치의 구성 요소 　　답 ①

| **정답해설** | ① 기억 장치에서 가져온 명령어는 누산기에 기억하는 것이 아니라, MBR을 통해 IR에 기억한다.

┌ | **함께 보는 이론** | 레지스터 이해 ─
- 프로그램 카운터(PC; Program Counter): 다음에 수행할 명령의 주소를 기억하는 레지스터이다.
- 메모리 주소 레지스터(MAR; Memory Address Register): 읽고자 하는 프로그램이나 데이터가 기억되어 있는 주기억 장치의 주소를 임시로 기억한다.

---

03 데이터베이스 > 데이터 모델 및 언어 > 후보키 　　답 ②

| **정답해설** | 후보키
- 후보키(Candidate Key): 속성 집합으로 구성된 테이블의 각 튜플을 유일하게 식별할 수 있는 속성이나 속성의 조합들을 후보키라 한다.
- 후보키의 슈퍼 집합은 슈퍼키이다.
- 후보키는 유일성과 최소성을 만족해야 한다.
∴ 후보키는 2개, 즉 (학과, 이름), 등록번호가 해당된다.

---

04 운영 체제 > 기억 장치 관리 > 페이지 교체 기법 　　답 ③

| **정답해설** | LRU(Least Recently Used) 알고리즘

요구 페이지	0	1	2	4	2	3	7	2	1	3	1
페이지 프레임	0	0	0	4	4	4	7	7	7	3	3
		1	1	1	1	3	3	3	1	1	1
			2	2	2	2	2	2	2	2	2
페이지 부재	○	○	○	○		○	○		○	○	

∴ ③ 페이지 부재는 8번 발생한다.

---

05 컴퓨터 구조 > 기억 장치와 입출력 장치 > RAID 　　답 ④

| **정답해설** | ④ RAID 레벨 5는 분산 패리티를 적용하여 패리티를 모든 디스크에 분산하므로 병목 현상이 발생하지 않는다.

| **오답해설** | ① RAID 레벨 1에서는 디스크 미러링을 이용하여 복구 능력을 제공한다.
② RAID 레벨 0에서는 성능 향상을 위해 스트라이핑 기법을 사용한다.
③ RAID 레벨 0+1은 RAID 0의 빠른 속도와 RAID 1의 안정적인 복구 기능을 합쳐 놓은 방식이다.

---

06 소프트웨어 공학 > 소프트웨어 개발 계획 > 기능 점수 산정 방식 　　답 ②

| **정답해설** | 기능 점수 산정 방식 중에서 소프트웨어 규모를 산정하기 위한 항목: 자료 입력(사용자(외부) 입력 수), 정보 출력(사용자(외부) 출력 수), 명령어(사용자(외부) 질의 수), 데이터 파일(파일 수), 외부 인터페이스 등이 있다.
∴ ② 내부 출력이 아니다.

┌ | **함께 보는 이론** | 기능 점수 ─
소프트웨어의 각 기능에 대하여 가중치를 부여하여 요인별 가중치를 합산해서 소프트웨어의 규모나 복잡도, 난도를 산출하는 모형이다.

---

07 컴퓨터 구조 > 중앙 처리 장치와 명령어 > 인출 사이클 　　답 ②

| **정답해설** | ② 인출 사이클은 주기억 장치에 있는 명령어를 CPU의 명령 레지스터로 가져와서 해독하는 단계로 순서는 다음과 같다.

MAR ← PC	PC에 있는 내용을 MAR에 전달
MBR ← M[MAR], PC ← PC + 1	기억 장치에서 MAR이 지정하는 위치의 값을 MBR에 전달하고, 프로그램 카운터는 1 증가
IR ← MBR	MBR에 있는 명령어 코드를 명령레지스터에 전달

---

08 정보 보호 > 악성 코드 및 해킹 기법 > 중간자 공격 　답 ③

| **오답해설** | ① Diffie-Hellman 키 교환 프로토콜은 중간자 공격에 취약하다.

② 공격 대상이 신뢰하고 있는 시스템을 불능 상태로 만들고 공격자가 신뢰 시스템인 것처럼 동작하는 것은 IP 스푸핑이다.

④ 여러 시스템으로부터 한 시스템에 집중적으로 많은 접속 요청이 발생하여, 해당 시스템이 정상적인 동작을 못하게 되는 것은 가용성을 떨어뜨리는 공격이다.

---

09 컴퓨터 구조 > 중앙 처리 장치와 명령어 > CISC/RISC 구조 　답 ②

| **정답해설** | ② 마이크로프로세서는 간단한 명령어 집합을 사용하여 하드웨어를 단순화한 RISC(Reduced Instruction Set Computer)와 복잡한 명령어 집합을 갖는 CISC(Complex Instruction Set Computer)가 있다.

┤ 함께 보는 이론 | CISC와 RISC의 이해 ├

CISC	RISC
− 명령어가 복잡하다.	− 명령어가 간단하다.
− 레지스터의 수가 적다.	− 레지스터의 수가 많다.
− 명령어를 고속으로 수행할 수 있는 특수 목적 회로를 가지고 있으며, 많은 명령어들을 프로그래머에게 제공하므로 프로그래머의 작업이 쉽게 이루어진다.	− 전력 소모가 적고 CISC보다 처리 속도가 빠르다.
	− 필수적인 명령어들만 제공하므로 CISC보다 간단하고 생산 단가가 낮다.
− 구조가 복잡하므로 생산 단가가 비싸고 전력 소모가 크다.	− 복잡한 연산을 수행하기 위해서는 명령어들을 반복 수행해야 하므로 프로그래머의 작업이 복잡하다.
− 제어 방식으로 마이크로프로그래밍 방식이 사용된다.	− 제어 방식으로 Hard−Wired 방식이 사용된다.

---

10 데이터베이스 > 정규형과 데이터베이스 설계 > 정규형 　답 ①

| **정답해설** | ① 제시된 함수 종속에서 릴레이션은 기본키가 〈A, B〉이고, 함수 종속 B → C가 있어 부분 함수 종속이 존재하므로, 제1정규형에 속한다.

┤ 함께 보는 이론 | 정규형 ├

− 제1정규형(INF): 어떤 릴레이션 R에 속한 모든 도메인이 원자 값(Atomic Value)만으로 되어 있다면, 제1정규형(1NF)에 속한다.

− 제2정규형(2NF): 어떤 릴레이션 R이 1NF이고 키(기본)에 속하지 않은 애트리뷰트는 모두 기본키의 완전 함수 종속이면, 제2정규형(2NF)에 속한다.

− 제3정규형(3NF): 어떤 릴레이션 R이 2NF이고 키(기본)에 속하지 않은 모든 애트리뷰트들이 기본키에 이행적 함수 종속이 아닐 때 제3정규형(3NF)에 속한다.

− 보이스/코드 정규형(BCNF): 릴레이션 R의 모든 결정자(Determinant)가 후보 키(Candidate Key)이면 릴레이션 R은 보이스/코드 정규형(BCNF)에 속한다.

---

11 데이터 통신과 인터넷 > 인터넷 > IP 주소 　답 ③

| **정답해설** | − 서브넷 마스크가 255.255.255.192(11111111.11111111.11111111.11000000)이므로 다음과 같이 4개의 서브넷으로 구분이 가능하다.

197.160.15.0	197.160.15.1 ~ 197.160.15.62
197.160.15.64	197.160.15.65 ~ 197.160.15.126
197.160.15.128	197.160.15.128 ~ 197.160.15.190
197.160.15.192	197.160.15.193 ~ 197.160.15.254

− 호스트 ID가 모두 0이거나 1이면, 서버 주소나 브로드캐스팅 주소로 사용되므로 위의 표에서는 제거된 후의 범위이다.

---

12 스프레드시트 > 수식의 활용 > HLOOKUP, VLOOKUP 　답 ②

| **정답해설** | − =HLOOKUP(찾는 값, 영역, 행 번호, 옵션)

− =VLOOKUP(찾는 값, 영역, 열 번호, 옵션)

− 옵션이 0 또는 false이면 정확하게 일치하는 값을 찾는 것이고, 1 또는 true 또는 생략하면 일치하는 값이 없을 때 근삿값을 찾는다.

---

13 운영 체제 > 기억 장치 관리 > 페이징/세그먼테이션 기법 답 ①

| **정답해설** | ① 세그먼테이션 기법에서는 가상 기억 장치를 가변 길이의 세그먼트로 구분하여 주기억 장치로 세그먼트 단위로 이동하여 주소가 변환된다.

---

14 기초영어 > 어휘 및 숙어 > 우체국 어휘 　답 ②

| **정답해설** | ② the exact time they would want(그들이 원하는 정확한 시간)라는 부분으로 시간을 지정할 수 있다는 것을 알 수 있으므로 '(구체적으로) 명시하다'의 뜻을 가진 ②가 정답이다.

| **해석** | 국내 특급 우편 서비스에서, 고객이 원하는 서비스 제공 시간과 택배 배송 시간을 정확히 지정할 수 있다.

| **어휘 및 표현** |

domestic 국내의　　　　　　　　render 주다, 제공하다
fulfill 수행하다　　　　　　　　specify 명시하다, 지정하다
generate 생성하다, 만들다　　　　preserve 지키다, 보존하다

15 기초영어 > 어휘 및 숙어 > 우체국 어휘 답 ①

| **정답해설** | ① 빨간 간판과 제비 세 마리는 speedy, safe, reliable을 상징하는 것이므로 '나타내다, 상징하다'의 뜻을 가진 단어들이 괄호 안에 적합하다. emulate는 '모방하다'의 뜻이므로 괄호 안에 들어가기에 적절하지 않다.

| **해석** | 한국 우체국은 빠르고 안전하며 믿을 수 있는 우편배달 서비스를 상징하는 빨간 간판과 제비 세 마리가 그려진 뚜렷한 로고가 쉽게 눈에 띈다.

| **어휘 및 표현** |

spot 발견하다, 알아채다 　distinct 뚜렷한, 명백한
swallow 제비 　reliable 믿을 수 있는
emulate 모방하다, 겨루다 　represent 나타내다, 의미하다
embody 상징하다, 구현하다 　symbolize 상징하다, 나타내다

16 기초영어 > 어휘 및 숙어 > 우체국 숙어 답 ④

| **정답해설** | ④ Article 4 of the Post Office Deposit Insurance Act는 우체국예금보험법 조항을 말하는 것이므로 in accordance with(~에 따라)가 적절하다.

| **어휘 및 표현** |

guarantee 보장하다 　principal 원금
interest 이자 　deposit 예금
Article 조 　Act 법
as for ~에 관해 　owing to ~때문에
on behalf of ~을(를) 대표하여 　in accordance with ~에 따라

17 기초영어 > 회화 > 우편 답 ②

| **정답해설** | ② It weighs 49g and the postage is 520 won(무게는 49g이고, 우편 요금은 520원입니다)이라고 했으므로 520원짜리 우표를 사야 한다.

| **해석** | A: 안녕하세요. 무엇을 도와드릴까요?
B: 안녕하세요. 친구에게 크리스마스 카드를 보내기 위해 우표를 사고 싶어요.
A: 네, 카드의 크기가 어떻게 되나요?
B: 일반 편지 봉투보다 커요.
A: 알겠습니다. 그렇다면 무게를 확인해 보는 게 좋을 것 같습니다. 50g 초과 시 추가 요금이 발생할 수 있습니다. 무게는 49g이고, 우편 요금은 520원입니다.
B: 좋아요. 520원짜리 우표 1장 주세요.
A: 네. 여기 있습니다.
B: 고마워요! 좋은 하루 보내세요.
① 우표는 몇 장이 필요합니까?
② 좋아요, 520원짜리 우표 1장 주세요.
③ 우표를 어디서 살 수 있는지 알려주시겠습니까?
④ 기념 우표가 있습니까?

| **어휘 및 표현** |

envelope 봉투 　apply to ~에 적용되다
commemorative stamp 기념 우표

18 기초영어 > 회화 > 소포 답 ①

| **정답해설** | ① B가 요금이 얼마인지 물었고 A가 5만 원이라고 대답했으므로 그 전에 소포의 무게를 재봤다는 것을 알 수 있다. 따라서 정답은 ①이다.

| **해석** | A: 무엇을 도와드릴까요?
B: 이 소포를 가장 빠른 우편으로 영국으로 보내고 싶은데요. 우편 요금은 얼마인가요?
A: 저울에 올려주세요. 음, 5만 원이네요.
B: 요금이 생각보다 비싸네요. 잠시만요, 몇 가지 뺄게요.
A: 알겠습니다. 혹시 위험하거나 깨지기 쉬운 물건은 없나요?
B: 네, 깨지기 쉬운 것들이 몇 가지 있어요.
A: 그럼 상자에 깨지기 쉽다는 표시를 꼭 해주세요.
B: 네, 그럴게요.
① 저울에 올려주세요.
② 너무 작아서 보낼 수 없을 것 같습니다.
③ 제가 이 소포를 배달해 드리겠습니다.
④ 소포, 인쇄물, 서적의 요금이 다릅니다.

| **어휘 및 표현** |

leave out 빼다 　contain 포함하다
fragile 깨지기 쉬운 　indicate 나타내다, 보여주다

19 기초영어 > 독해 > 내용 일치/불일치 답 ①

| **정답해설** | ① The Korea Parcel Service offers shipping door services to accommodate your orders via internet(한국 택배는 인터넷을 통한 주문을 수용하기 위해 배송 서비스 제공하고 있으며)를 통해서 알 수 있다.

| **오답해설** | ② 계약 고객에게만 제공하는 것은 아니다.
③ 인터넷으로는 24시간 이용 가능하다.
④ 배송이 어려운 일부 지역은 예외로 한다.

| **해석** | 이 글에 의하면 다음 중 옳은 것은?

ePOST 배송

1. 서비스 개요
　– 한국 택배는 인터넷을 통한 주문을 수용하기 위해 배송 서비스를 제공하고 있으며 전국 22개 주요 허브 네트워크 배송 시스템을 갖추고 있습니다.
　– 인터넷 우체국 택배 서비스는 일반 고객, 대량 주문 고객, 계약 고객에게 배송 정보, 배송 조회, 주문 목록 등을 제공합니다.
2. 주요 내용
　– 인터넷 우체국 택배 서비스는 인터넷을 통해 24시간 이용 가능합니다. 예약 후, 고객님의 자택이나 직장을 방문하여 원하시는 픽업을 진행해 드립니다. 영업 시간은 평일 09:00~18:00와 토요일 09:00~13:00입니다.
　– 계약 고객은 정기적으로 대용량 택배를 이용할 수 있으며, 인터넷상에서 택배 서비스 프로그램을 설치해야 합니다.
　– 택배 서비스의 소요 시간은 공휴일을 제외하고 1일을 보장하며, 배송이 어려운 일부 지역의 경우 2~3일이 소요됩니다.
① ePOST 배송은 인터넷을 통해 주문을 받는 택배 서비스입니다.
② 이 서비스는 계약 고객에게만 배송 정보, 배송 조회, 주문 목록 등을 제공합니다.
③ 인터넷 우체국의 택배 업무는 평일 09:00~18:00 인터넷을 통해 이용 가능합니다.
④ 택배 서비스의 소요 시간은 예외 없이 1일을 보장합니다.

| 어휘 및 표현 |

accommodate 수용하다   available 이용 가능한

make an appointment 예약하다   high-volume 대량의

install 설치하다

---

20   기초영어 > 독해 > 주제   답 ④

| 정답해설 | ④ Every customers can connect anywhere, everywhere in the mobile environment(모든 고객은 모바일 환경 어디서나 연결할 수 있으며)와 We provide application and mobile web that maximizing the postal service's effect(우리는 우편 서비스의 효과를 극대화하고)를 통해 정답이 ④임을 알 수 있다.

| 해석 | 이 글은 주로 무엇에 관한 것인가?

모든 고객은 모바일 환경 어디서나 연결할 수 있으며 실시간으로 주문할 수 있습니다. 모바일 환경 변화에 능동적으로 대처하고 고객과의 접점을 확대하는 등 새로운 채널로서의 역할을 수행하고 있습니다. 뿐만 아니라 우편 서비스의 효과를 극대화하고 장비 간의 차이를 최소화하는 애플리케이션과 모바일 웹을 제공합니다. 다양한 모바일 서비스도 이용 가능합니다: 우편 번호 조회, 배송 조회, 축하 카드, 축하 선물 카드, 맞춤형 우편 카드, 맞춤형 우표, 소포 배달, EMS, 픽업 및 배달 서비스, 사전 예약 우편 서비스, 핀디그 우체국, 포스트톡, ePOST 쇼핑, 전통시장, 꽃 배달 서비스, 전문 상품, 전통 주류, 해외 배송, 알뜰폰, 우편 요금 조회 등.

① 스마트폰 중독이 우리 건강에 미치는 해로운 영향

② 스마트폰으로 더 빠른 인터넷 연결

③ 스마트폰 간의 차이를 최소화하기

④ 스마트폰을 통한 편리한 우편서비스 이용

| 어휘 및 표현 |

equipment 장비, 장치   tailored 맞춤의

personalised 개인화된   pre-booked 사전 예약

specialised 전문화된   budget phone 알뜰폰

제**3**회 실전동형 모의고사

문제편 P.182

01	①	02	①	03	①	04	③	05	③
06	①	07	②	08	③	09	③	10	②
11	①	12	①	13	③	14	③	15	②
16	④	17	③	18	②	19	③	20	②

01 　정보 보호 > 정보 보안 및 보호의 개요 > 위험 관리 　답 ①

| **정답해설** | ㉠ 자산 식별 및 평가: 조직의 업무와 연관된 정보, 정보 시스템을 포함한 정보 자산을 식별하고, 해당 자산의 보안성이 상실되었을 때의 결과가 조직에 미칠 수 있는 영향을 고려하여 가치를 평가한다.

㉡ 위험 평가: 식별된 자산, 위협 및 취약점을 기준으로 위험도를 산출하여 기존의 보호 대책을 파악하고, 자산별 위협, 취약점 및 위험도를 정리하여 위험을 평가한다.

02 　컴퓨터 구조 > 자료 표현과 연산 > 해밍 코드 　답 ①

| **정답해설** | 해밍 코드(Hamming Code)

– 오류 검출과 교정이 가능하다.

– 2의 거듭제곱 번째 위치에 있는 비트들은 패리티 비트로 사용한다. (1, 2, 4, 8, 16, …번째 비트)

– 나머지 비트에는 부호화될 데이터가 들어간다. (3, 5, 6, 7, 9, 10, 11, 12, …번째 비트)

위치:

①	②	③	④	⑤	⑥	⑦
P1	P2	1	P3	0	1	0

P1의 패리티 값: 1, 3, 5, 7, … 번째 비트들 ⓟ1 100에서 짝수 패리티 비트를 적용하면 ⓟ1 = 1

P2의 패리티 값: 2, 3, 6, 7, … 번째 비트들 ⓟ2 110에서 짝수 패리티 비트를 적용하면 ⓟ2 = 0

P3의 패리티 값: 4, 5, 6, 7, … 번째 비트들 ⓟ3 101에서 짝수 패리티 비트를 적용하면 ⓟ3 = 1

따라서 완성된 해밍 코드는 다음과 같다.

1	0	1	1	0	1	0

03 　운영 체제 > 기억 장치 관리 > 배치 전략 　답 ①

| **정답해설** | – 5K: 최적 적합으로 6K 영역에 할당한다(내부 단편화 1K가 발생).

– 3K: 최적 적합으로 3K 영역에 할당한다(단편화가 발생하지 않음).

– 9K: 최적 적합으로 10K 영역에 할당한다(내부 단편화 1K 발생).

– 20K: 할당되지 못한다(15K 외부 단편화).

04 　소프트웨어 공학 > 객체 지향 프로그램 개발 > 다형성 　답 ③

| **정답해설** | 객체 지향 프로그래밍의 특성 중 다형성은 메서드 호출 시 호출되는 메서드가 실행할 때 결정되는 성질이 있으며, 대표적으로 오버로딩과 오버라이딩이 있다.

05 　데이터 통신과 인터넷 > 인터넷 > IP 주소 　답 ③

| **정답해설** | B 클래스: 네트워크 ID는 16비트, 호스트 ID 16비트

③ 호스트 ID 16비트에서 서브넷 64개를 표현하기 위해서는 6비트가 필요하며, 호스트 ID를 구분하기 위해 사용되는 비트는 10비트이므로 각 서브넷에서 사용할 수 있는 주소의 개수는 2^{10} = 1024개이다.

06 　컴퓨터 구조 > 중앙 처리 장치와 명령어 > 레지스터 　답 ①

| **정답해설** | ① 다음에 수행할 명령의 주소를 기억하고 있는 레지스터가 PC이며, 상대 주소 지정 방식은 주소 부분(Operand)와 PC가 필요하다. 프로그램 카운터(PC; Program Counter)는 다음에 수행할 명령의 주소를 기억하는 레지스터이다.

| **오답해설** | ② 누산기(AC; Accumulator): 산술 연산 및 논리 연산의 결과를 일시적으로 기억하는 레지스터이다.

③ 메모리 주소 레지스터(MAR; Memory Address Register): 읽고자 하는 프로그램이나 데이터가 기억되어 있는 주기억 장치의 어드레스를 임시로 기억한다.

④ 메모리 버퍼 레지스터(MBR; Memory Buffer Register): 어드레스 레지스터가 지정하는 주기억 장치의 해당 어드레스에 기억된 내용을 임시로 보관한다.

07 운영 체제 > 기억 장치 관리 > 페이지 교체 기법   답 ②

| 정답해설 |

요구 페이지	7	0	1	2	0	3	0	4	2	3	0	3	2	1	2	0	1	7	0
페이지 프레임	7	7	7	2	2	2	2	4	4	4	0	0	0	0	0	0	0	7	7
		0	0	0	0	3	3	3	2	2	2	2	2	1	1	1	1	1	0
			1	1	1	1	0	0	0	3	3	3	3	3	2	2	2	2	2
페이지 부재	○	○	○	○		○		○	○	○	○			○				○	○

∴ ② 페이지 부재는 <u>14번</u> 발생한다.

08 정보 보호 > 보안 기법 > 접근 통제   답 ③

| 정답해설 | ③ 접근을 허용할 때는 Label을 사용하는 것은 <u>강제적 접근 통제</u>(MAC; Mandatory Access Control)이다.

> **함께 보는 이론** | 임의적 접근 통제(DAC; Discretionary Access Control)
> – 주체나 주체가 속해 있는 그룹의 식별자에 근거하여 객체에 대한 접근을 제한하는 방법이다.
> – 접근하고자 하는 주체의 신분에 따라 접근 권한을 부여한다.
> – 구현이 쉽고 권한 변경이 유연한 것이 장점이다. 하지만, 하나의 주체마다 객체에 대한 접근 권한을 부여해야 하는 불편한 점이 있다.

09 소프트웨어 공학 > 소프트웨어 테스트와 유지 보수 > 소프트웨어 재사용   답 ③

| 오답해설 | ② 비용이나 위험이 적다고 판단될 경우에 기존 소프트웨어를 수명 연장시키기 위한 개념은 소프트웨어 재공학이다.
④ 기존 코드나 데이터로부터 설계 명세서나 요구 분석 명세서를 복구시키는 개념은 소프트웨어 역공학이다.

10 스프레드시트 > 수식의 활용 > OFFSET, COUNT   답 ②

| 정답해설 | – OFFSET(범위, 행, 열, 높이, 너비): 선택한 범위에서 지정한 행과 열만큼 떨어진 위치에 있는 데이터 영역의 데이터를 표시한다.
– COUNT(A1:B2): 지정된 영역의 숫자 개수이므로 이 범위의 요소(성명, 중간, 김나희, 100)에서 숫자는 100 한 개이므로 1이 반환된다.

11 데이터 통신과 인터넷 > 정보의 전송 방식 및 기술 > 베이스밴드   답 ①

| 정답해설 | ① <u>NRZ</u>가 비트 신호가 전송될 때마다 상태가 변하는 방식이다.

12 컴퓨터 구조 > 중앙 처리 장치와 명령어 > 주소 지정 방식   답 ①

| 정답해설 | ① 간접 주소 방식은 실제 데이터가 있는 유효 주소가 메모리에 있는 형태이므로 명령어 주소 필드의 길이가 짧고 제한되어 있어도 긴 주소에 접근 가능한 방식이다.
직접 주소 방식은 오퍼랜드에 유효 주소가 들어 있으므로 실제 데이터를 가져오기 위해 메모리를 1번 참조하지만, 간접 주소 방식은 유효 주소가 오퍼랜드가 가리키는 메모리에 들어 있으므로 메모리를 2번 이상 참조해야 한다.

13 데이터베이스 > 데이터 모델 및 언어 > 데이터베이스 스키마   답 ③

| 정답해설 | ③ 신입사원을 사원 릴레이션에 추가할 때 그 사원의 사원번호는 반드시 기존 사원의 사원번호와 같지 않아야 한다는 제약 조건은 <u>키 무결성</u>을 의미한다.
– 제1정규형(INF): 어떤 릴레이션 R에 속한 모든 도메인이 원자값(Atomic Value)만으로 되어 있다면, 제1정규형(1NF)에 속한다.

14 기초영어 > 어휘 및 숙어 > 우체국 어휘   답 ③

| 정답해설 | ③ 귀중품이나 중요한 서류를 보내는 경우이므로 소포에 보험을 든다는 내용이 적절하다.

| 해석 | 은행 수표와 같은 귀중품이나 매우 중요한 서류를 보낼 때는, 발송인이 소포나 물품에 일정 금액의 <u>보험을 드는</u> 것이 좋다.

| 어휘 및 표현 |

valuable 귀중한	advisable 바람직한
specific 특정한, 일정한	wrap 포장하다
waive 포기하다, 철회하다	insure 보험을 들다
confirm 확인하다	

15 기초영어 > 어휘 및 숙어 > 우체국 어휘   답 ②

| 정답해설 | ② maintained directly by the Korean government (한국 정부가 직접 유지하는)라는 부분으로 보아 빈칸에는 '관리하다'의 뜻인 단어가 들어가야 함을 알 수 있다.

| 해석 | E-Postbank라고도 불리는 인터넷 뱅킹 서비스는 한국 정부가 직접 관리하고 유지하며, 제한적이지만 안전한 은행 및 금융 서비스를 제공한다.

| 어휘 및 표현 |

maintain 유지하다	secure 안전한
run 운영하다	occupy 차지하다, 점령하다
manage 관리하다	administer 관리하다, 운영하다

16 기초영어 > 어휘 및 숙어 > 우체국 숙어 　　답 ④

| **정답해설** | ④ 국가에서 보험을 전액 보장하려면 우선 국가가 망하지 않아야 가능하므로 괄호 안에는 '파산하다'라는 뜻의 숙어를 넣어 unless(~하지 않는 한)와 의미가 맞도록 해야 한다.

| **해석** | 우체국 보험은 국민이 최소한의 보험 보장을 받을 수 있도록 국가가 만든 보험으로, 국가가 파산하지 않는 한 유일하게 전액 보장됩니다.

| **어휘 및 표현** |

bring up 불러일으키다, 양육하다　　break out 발생하다
come true 실현되다　　go bankrupt 파산하다

17 기초영어 > 회화 > 소포 　　답 ③

| **정답해설** | ③ A의 질문에 대한 대답으로 B가 Regular mail, please(보통 우편으로 보내주세요)라고 했으므로 어떤 우편으로 보낼지 물어봤음을 추측할 수 있다.

| **해석** | A: 좋은 아침입니다! 무엇을 도와드릴까요?
B: 네, 이 소포를 로스앤젤레스로 부치고 싶습니다.
A: 네, 무슨 소포인가요? 혹시 이 소포 안에 인쇄물이 들어있나요?
B: 아니요, 이 소포 안에는 책 한 권만 들어있습니다.
A: 책으로 보내기에는 너무 얇네요. 소포, 인쇄물, 책 요금이 다르거든요. 책만 보내신다면 가장 저렴한 방법은 일반 우편입니다.
B: 그렇군요. 알려주셔서 감사합니다.
A: 보통 우편으로 보내드릴까요, 속달로 보내드릴까요?
B: 보통 우편으로 보내주세요.
A: 알겠습니다. 요금은 5,000원입니다.
① 거기에 도착하는 데 며칠이 걸립니까?
② 어떤 종류의 계좌에 관심이 있습니까?
③ 보통 우편으로 보내드릴까요, 속달로 보내드릴까요?
④ 어떤 계좌가 저에게 가장 적합한지 알려주시겠습니까?

| **어휘 및 표현** |

printed matter 인쇄물(또는 제3종 우편물)
thin 얇은
sack mail 보통 우편(= ordinary mail, regular mail)

18 기초영어 > 회화 > 송금/이체 　　답 ②

| **정답해설** | ② 빈칸 뒤의 A의 대화에서 전신료 없이 창구에서 10,000원 또는 스마트뱅킹에서 5,000원으로 해외 송금이 가능하다고 말하고 있으므로 빈칸에서는 수수료에 대해 물어봤음을 추측할 수 있다.

| **해석** | A: 안녕하세요. 무엇을 도와드릴까요?
B: 안녕하세요. 캐나다로 200만 원을 송금하고 싶습니다.
A: 알겠습니다. 현재 환율은 1 캐나다 달러(CAD)당 986원으로, 약 202.43 캐나다 달러입니다.
B: 감사합니다. 환전 수수료는 얼마인가요?
A: SWIFT 서비스를 이용하면, 전신료 없이, 창구에서 10,000원, 스마트뱅킹을 이용하면 건당 5,000원에 해외 송금이 가능합니다.
B: 알겠습니다. 그럼 스마트뱅킹으로 송금하도록 할게요.
A: 네, 스마트뱅킹으로 송금하는 데 필요한 정보와 절차를 안내해드리겠습니다.

① 오늘 환율이 어떻게 됩니까?
② 환전 수수료는 얼마인가요?
③ 제 계좌의 잔액을 확인해 주시겠습니까?
④ 당신이 환전할 때, 한 통화를 다른 통화와 사고팔게 됩니다.

| **어휘 및 표현** |

exchange rate 환율
approximately 대략
Canadian dollar 캐나다 달러 (= CAD)
cable charge 전신료(해외 송금 시 발생하는 수수료)
per transaction 건당, 거래당
guide A through B A에게 B를 안내하다

19 기초영어 > 독해 > 내용 일치/불일치 　　답 ③

| **정답해설** | ③ you can cancel the purchase of internet stamps that have not been printed(출력하지 않은 인터넷 우표는 구매 취소할 수 있다)라는 부분만으로 출력한(사용하지 않았을 수도 있는) 우표의 구매가 취소되지 않는다는 것은 확실히 알 수 없으므로 정답은 ③이다.

| **오답해설** | ① they cannot be used alone and must include the recipient's address(단독으로 사용할 수 없으며 수취인의 주소를 기재해야 한다)라고 했기 때문에 옳다.
② you can preview the printed content for final confirmation before paying(요금 결제 전에 인쇄 내용을 미리보기로 최종 확인할 수 있다)이라고 했기 때문에 옳다.
④ If you wish to use an internet stamp whose expiration date has expired, you must apply for a reprint within 30 days after the expiration date(유효 기간이 경과한 인터넷 우표를 사용하려 할 경우에는 유효 기간 경과 후 30일 이내에 재출력을 신청해야 한다)라고 했기 때문에 옳다.

| **해석** | 다음 중 인터넷 우표에 대한 것으로 옳지 않은 것은?
인터넷 우표는 인터넷을 통한 발송 우편물에 해당하는 우편 요금을 지불하고 본인의 프린터에서 직접 우표를 출력하여 사용하는 서비스이다. 고객의 편의를 도모하고 위·변조를 방지하기 위해 단독으로 사용할 수 없으며 수취인의 주소를 기재해야 한다. 인터넷 우체국을 통하여 회원 또는 비회원으로 인터넷 우표를 이용할 수 있으며 요금 결제 전에 인쇄 내용을 미리보기로 최종 확인할 수 있다. 또한 구매한 후 출력하지 않은 인터넷 우표는 구매 취소할 수 있다. 인터넷 우표는 개별 고객의 프린터에서 출력하여 사용하기 때문에 우표의 품질이 일정하지 않으며, 장기간 보관에 따른 우표의 오염이나 훼손 우려가 있어 출력일을 포함하여 10일 이내에 사용하여야 한다. 유효 기간이 경과한 인터넷 우표를 사용하려 할 경우에는 유효 기간 경과 후 30일 이내에 재출력을 신청해야 한다.
① 인터넷 우표는 수취인의 주소 없이 사용할 수 없다.
② 결제 전 인쇄된 내용을 미리 볼 수 있다.
③ 인쇄된 인터넷 우표의 구매를 취소할 수 있다.
④ 인터넷 우표가 만료된 경우, 만료일로부터 30일 이내에 재출력할 수 있다.

| **어휘 및 표현** |

corresponding to ~에 상응하는　　improve 개선하다
forgery 위조　　falsification 변조
confirmation 확인　　consistent 일관된
contamination 오염　　long-term 장기간
storage 보관, 저장　　expiration 만료

20 기초영어 > 독해 > 빈칸 추론   답 ②

| **정답해설** | ② but within the delivery country, it may not be recorded or delivery information may not be provided(배달 국가 내에서는 기록 취급하지 않거나 배달 정보를 제공하지 않을 수 있습니다)라고 했기 때문에 우편물의 배달 정보를 알기 위해서는 보험에 가입하는 방법밖에 없다.

| **해석** | 다음 중 빈칸에 들어갈 것으로 가장 적절한 것은?

국제 소포 서비스는 만국우편연합의 소포 우편 규칙에 규정된 바에 따라 우정 당국 간에 교환되는 우편 서비스입니다. 물품이 담긴 우편물을 안전하게 외국으로 배달해 주는 국제 우편 서비스로서 국가 기관인 우정사업본부가 각국의 지정 우편 사업자와 함께 만국우편연합의 규칙에 따라 취급합니다. 소포 우편물은 국내에서는 기본적으로 기록 취급하나, 배달 국가 내에서는 기록 취급하지 않거나 배달 정보를 제공하지 않을 수 있습니다. 추후 우편물 수수 관계를 확인하기 위해서는 보험에 가입해 주시기 바랍니다. 발송 수단에 따라 항공 소포와 선편 소포로 구분됩니다. 항공 소포의 평균 송달 일수는 지역별로 5~20일이며, 선편 소포는 수개월 이상 소요될 수 있습니다.

① 팩스나 이메일로 보내 주시기 바랍니다.

② 보험에 가입해 주시기 바랍니다.

③ EMS 프리미엄 웹사이트를 이용하시기 바랍니다.

④ 국제 컴퓨터 네트워크에 연결하십시오.

| **어휘 및 표현** |

authority 당국   in accordance with ~에 따라

designated 지정된   relationship 관계

be divided into ~(으)로 나누어지다   average 평균

depending on ~에 따라

편저자 **컴퓨터일반 손승호**

■ 약력
- 숭실대학교 정보과학대학원 석사(소프트웨어공학과)
- 현) 에듀윌 계리직공무원 컴퓨터일반 대표 교수
- 전) 한국통신연수원 특강 강사
- 전) 한성기술고시학원 전임 강사
- 전) 서울시교육청 승진시험 출제/선제위원
- 전) 서울시 승진시험 출제/선제위원

■ 저서
- 에듀윌 계리직공무원 단원별 기출&예상 문제집 컴퓨터일반 · 기초영어

편저자 **기초영어 백세레나**

■ 약력
- 현) 에듀윌 계리직공무원 기초영어 대표 교수
- 전) 전주행정고시학원 영어 전임 강사
- 전) 대전/청주 한국공무원학원 영어 전임 강사
- 전) 대전 신계중학교 영어회화 전문 강사

■ 저서
- 에듀윌 계리직공무원 단원별 기출&예상 문제집 컴퓨터일반 · 기초영어
- 에듀윌 계리직공무원 기본서 컴퓨터일반 · 기초영어
- 참다움 9급공무원 백세레나 영어(문법심화편/독해편)
- 참다움 9급공무원 백세레나 노베이스 쌩기초 영어(문법 · 어휘/독해 · 생활)

여러분의 작은 소리
에듀윌은 크게 듣겠습니다.

본 교재에 대한 여러분의 목소리를 들려주세요.
공부하시면서 어려웠던 점, 궁금한 점,
칭찬하고 싶은 점, 개선할 점, 어떤 것이라도 좋습니다.

에듀윌은 여러분께서 나누어 주신 의견을
통해 끊임없이 발전하고 있습니다.

에듀윌 도서몰 book.eduwill.net
• 부가학습자료 및 정오표: 에듀윌 도서몰 → 도서자료실
• 교재 문의: 에듀윌 도서몰 → 문의하기 → 교재(내용, 출간) / 주문 및 배송

2024 에듀윌 계리직공무원 단원별 기출&예상 문제집 컴퓨터일반·기초영어

발 행 일	2024년 1월 7일 초판
편 저 자	손승호 · 백세레나
펴 낸 이	양형남
펴 낸 곳	(주)에듀윌
등록번호	제25100-2002-000052호
주 소	08378 서울특별시 구로구 디지털로34길 55
	코오롱싸이언스밸리 2차 3층

* 이 책의 무단 인용 · 전재 · 복제를 금합니다.

www.eduwill.net
대표전화 1600-6700

해설편

2024

에듀윌
계리직공무원
단원별 기출&예상 문제집
컴퓨터일반·기초영어

고객의 꿈, 직원의 꿈, 지역사회의 꿈을 실현한다

펴낸곳 (주)에듀윌 **펴낸이** 양형남 **출판총괄** 오용철 **에듀윌 대표번호** 1600-6700

주소 서울시 구로구 디지털로 34길 55 코오롱싸이언스밸리 2차 3층 **등록번호** 제25100-2002-000052호

협의 없는 무단 복제는 법으로 금지되어 있습니다.

| 에듀윌 도서몰 | • 부가학습자료 및 정오표: 에듀윌 도서몰 > 도서자료실 |
| book.eduwill.net | • 교재 문의: 에듀윌 도서몰 > 문의하기 > 교재(내용, 출간) / 주문 및 배송 |

에듀윌 직영학원에서
합격을 수강하세요

언제나 전문 학습 매니저와 상담이 가능한 안내데스크

고품질 영상 및 음향 장비를 갖춘 최고의 강의실

재충전을 위한 카페 분위기의 아늑한 휴게실

에듀윌의 상징 노란색의 환한 학원 입구

에듀윌 직영학원 대표전화

공인중개사 학원　02)815-0600

주택관리사 학원　02)815-3388

전기기사 학원　02)6268-1400

부동산아카데미　02)6736-0600

공무원 학원　02)6328-0600

경찰 학원　02)6332-0600

소방 학원　02)6337-0600

편입 학원　02)6419-0600

세무사·회계사 학원　02)6010-0600

취업아카데미　02)6486-0600

공무원학원
바로가기

업계 최초 대통령상 3관왕,
정부기관상 19관왕 달성!

2010 대통령상   2019 대통령상   2019 대통령상

대한민국 브랜드대상   국무총리상   문화체육관광부   농림축산식품부   과학기술정보통신부   여성가족부장관상
국무총리상   장관상   장관상   장관상

서울특별시장상   과학기술부장관상   정보통신부장관상   산업자원부장관상   고용노동부장관상   미래창조과학부장관상   법무부장관상

2004
서울특별시장상 우수벤처기업 대상

2006
부총리 겸 과학기술부장관 표창 국가 과학 기술 발전 유공

2007
정보통신부장관상 디지털콘텐츠 대상
산업자원부장관 표창 대한민국 e비즈니스대상

2010
대통령 표창 대한민국 IT 이노베이션 대상

2013
고용노동부장관 표창 일자리 창출 공로

2014
미래창조과학부장관 표창 ICT Innovation 대상

2015
법무부장관 표창 사회공헌 유공

2017
여성가족부장관상 사회공헌 유공
2016 합격자 수 최고 기록 KRI 한국기록원 공식 인증

2018
2017 합격자 수 최고 기록 KRI 한국기록원 공식 인증

2019
대통령 표창 범죄예방대상
대통령 표창 일자리 창출 유공
과학기술정보통신부장관상 대한민국 ICT 대상

2020
국무총리상 대한민국 브랜드대상
2019 합격자 수 최고 기록 KRI 한국기록원 공식 인증

2021
고용노동부장관상 일·생활 균형 우수 기업 공모전 대상
문화체육관광부장관 표창 근로자휴가지원사업 우수 참여 기업
농림축산식품부장관상 대한민국 사회공헌 대상
문화체육관광부장관 표창 여가친화기업 인증 우수 기업

2022
국무총리 표창 일자리 창출 유공
농림축산식품부장관상 대한민국 ESG 대상

에듀윌 계리직공무원
단원별 기출&예상 문제집
컴퓨터일반·기초영어

합격 커리큘럼

계리직공무원 기본서
기출분석 ▶ 필수이론 ▶ 핵심지문 O/X ▶ 기출&예상문제
※ 에듀윌 기본이론 강의 수강

➡

계리직공무원 단원별 기출&예상 문제집
기출&예상문제 ▶ 모의고사
※ 에듀윌 문제풀이 강의 수강

YES24 수험서 자격증 공무원 기능직 10급 컴퓨터 베스트셀러 1위
(2019년 1월~4월, 6월~11월, 2022년 4월 월별 베스트)

2017/2022 에듀윌 공무원 과정 최종 환급자 수 기준

2023, 2022, 2021 대한민국 브랜드만족도 계리직공무원 교육 1위 (한경비즈니스)
2020, 2019 한국브랜드만족지수 계리직공무원 교육 1위 (주간동아, G밸리뉴스)

고객의 꿈, 직원의 꿈, 지역사회의 꿈을 실현한다

펴낸곳 (주)에듀윌   **펴낸이** 양형남   **출판총괄** 오용철   **에듀윌 대표번호** 1600-6700

주소 서울시 구로구 디지털로 34길 55 코오롱싸이언스밸리 2차 3층   **등록번호** 제25100-2002-000052호
협의 없는 무단 복제는 법으로 금지되어 있습니다.

에듀윌 도서몰
book.eduwill.net
• 부가학습자료 및 정오표: 에듀윌 도서몰 > 도서자료실
• 교재 문의: 에듀윌 도서몰 > 문의하기 > 교재(내용, 출간) / 주문 및 배송

값 27,000원

13350

9 791136 030108

ISBN 979-11-360-3010-8